Le Bac Histoire-Géographie pour les Nuls

Hugues Vessemont
Nicolas Arnaud
Valérie Arnaud (cartographie)

FIRST Editions

Le Bac Histoire-Géographie pour les Nuls

ISBN 978-2-7540-0734-4
Dépôt légal : 1er trimestre 2008
Nous nous efforçons de publier des ouvrages qui correspondent à vos attentes et votre satisfaction est pour nous une priorité. Alors, n'hésitez pas à nous faire part de vos commentaires :

Editions First
2 ter, rue des Chantiers
75005 Paris – France
Tél. : 01 45 49 60 00
Fax : 01 45 49 60 01
e-mail : firstinfo@efirst.com

Production : Emmanuelle Clément
Mise en page : Stéphane Angot
Illustrations intérieures : Denis Truchi
Imprimé en France

Remerciements

d'Hugues Vessemont

À mes enfants qui m'apprennent beaucoup en tant que prof et qui ont souri à l'annonce du projet en disant “vas-y papou”.

À ma chère maman qui y est un peu pour quelque chose dans l'affaire non ?

Au *Canard enchaîné*, fil reliant quatre générations de Vessemont.

À Monsieur Royaux, Principal de collège, pour m'avoir botté les fesses il y a longtemps, alors qu'élève de troisième, je faisais le clown en classe d'histoire. Désolé de lui dire, je récidive encore...

Aux élèves et aux collègues du lycée Montesquieu qui supportent un prof atypique.

de Nicolas Arnaud

À Jean-Pierre Castille, professeur d'histoire-géographie dans l'académie de Besançon et ami de longue date, pour sa relecture précise et ses conseils dans l'amélioration de cette édition.

Sommaire

Introduction

Bien joué, vous avez pris une très bonne option en choisissant ce livre. Vous avez préféré l'approche dédramatisée des Nuls pour parfaire votre niveau en histoire et en géographie pour le bac. Vous avez peut-être parcouru nos concurrents. Votre cousin ou votre grande sœur vous ont sûrement déjà donné leurs manuels de préparation du bac et ils vous ont semblé soit trop soporifiques, soit trop proches du cours que vous n'avez pas digéré en classe, peut-être les deux à la fois.

Vous savez que ce livre, fidèle à la collection, est différent par le ton, par une certaine distance, par un détachement que l'on peut qualifier d'humour. Il a, avant tout, le souci premier de vous prendre au sérieux, tels que vous êtes et de vous amener aux buts que vous vous êtes fixés. Vous pouvez tout aussi bien combler une lacune, limiter les dégâts ou obtenir le bonus inespéré de toute votre carrière de candidat au baccalauréat.

L'épreuve d'histoire-géographie est certes hasardeuse à appréhender, les connaissances nécessaires vous échappent peut-être. Vous trouverez dans ces pages les éléments qui vous permettront de reprendre le fil. Tout sera abordé, clarifié, décodé, aussi bien pour méthode et ses trucs, que pour le long et lourd programme que vous êtes censés maîtriser.

Cet ouvrage vous propose un grand choix d'entrées que vous emprunterez de la façon que vous voulez. Vous y trouverez des conseils de méthode, des cours, des corrigés. Ne vous gênez pas, personne ne va râler si vous zappez ici. Chaque chapitre peut être lu indépendamment des autres. Cependant, de nombreux moyens sont déployés pour que votre déambulation sur les chemins de traverse devienne une trajectoire sûre et ferme vers la réussite.

Pourquoi ce livre

Pourquoi « le bac en poche pour les Nuls » ? Tous les candidats se sentent nuls à un moment ou à un autre. Le bac est une épreuve dont on rit… après l'avoir obtenu. Cet examen est l'aboutissement d'un effort collectif où vous, vos profs et votre environnement ont, consciemment ou non, concouru à vous hisser au niveau requis pour accéder à l'enseignement supérieur. Si vous vous plongez dans ces lignes, c'est que vous n'êtes pas totalement rassuré.

Émilie, consciencieuse élève depuis toujours, bûcheuse, collectionneuse de fiches, se retrouve complètement désarmée en histoire-géo. Ces tensions, ses guerres, ces manœuvres la dépassent. À chaque contrôle, les mêmes remarques reviennent : des connaissances juxtaposées sans aucun lien, le sujet n'est pas traité…

Daniel et Valérie, couple de cadres quadras, complètement crevés en fin de journée, ne sachant pas comment donner le coup de main nécessaire à leur junior, qui a trop vite grandi et qui n'accroche pas en histoire-géo.

Mathieu, joyeux fainéant, a cessé de prendre des notes depuis le mois d'octobre. Il écoute vaguement le prof depuis sa place, au fond de la classe, plus concentré qu'il est sur ses jeux de rôles. Il a décidé de s'y mettre un peu plus sérieusement parce que l'épreuve du bac a lieu dans une semaine.

Aurore est totalement paniquée, il lui faut passer l'oral. Obligée de prendre l'histoire-géo, n'ayant aucune idée de ce qui s'y passe, elle se plonge dans des notes lues, relues, rendues insipides par trop de séances de révisions. Rien ne rentre, le stress emporte le tout.

Fabrice, dégoûté par sa sale note du bac blanc...

Et bien d'autres, Malik, Laetitia, Tristan, Jennifer… Le doute peut à n'importe quel moment vous emporter. Doute sur la forme, les épreuves que vous ne maîtrisez pas. Doute sur le fond, des connaissances qui vous échappent. Doutes sur les trucs, tout ce qui n'est pas dit, ce qui est le fruit d'une initiation dont vous êtes resté à l'écart.

Vous trouverez donc les précisions nécessaires sur les méthodes, les connaissances essentielles et les usages, dits et non-dits, dont la compréhension est indispensable à votre réussite au bac.

Comment utiliser ce livre

Ne vous laissez pas impressionner par la taille de l'ouvrage. Ce livre répond à presque tous les cas de figure.

- Si vous souhaitez approfondir un point particulier, concernant une épreuve, un point de préparation ou un chapitre précis du programme, vous pouvez y accéder directement. Le sommaire est suffisamment détaillé pour que vous trouviez ce que vous cherchez avant même que l'expresso commandé soit versé par la machine.
- Si vous voulez approfondir un ou plusieurs chapitres, ceux-ci sont organisés de façon claire et systématique avec des chronologies, des cours, des documents commentés à la suite ou des cartes en annexe.

- Si vous voulez retrouver le sujet posé par votre prof, bonne chance ! Il y a certes quelques bribes de corrigés du bac 2005, mais regardez bien le sujet que vous devez traiter. Une virgule de plus, un mot changé et votre « travail de recherche » à base de copié-collé se retrouve hors sujet.
- Vous pouvez enfin vous laisser mener par le jeu des quizz à la fin de chaque point de cours.

Aperçu des différentes parties du livre

Du champ de Mars au champ de bataille...

Le *Bac Histoire-Géographie pour les Nuls* comporte cinq grandes parties. Le bac étant une épreuve unique où l'on donne tout son potentiel en un court moment, sa préparation peut s'imaginer comme une campagne... militaire. On définit les objectifs, on se renseigne, on accumule les munitions et les vivres pendant que l'on s'entraîne avant le grand jour. Quand vous quitterez le campement, vous aurez déjà gagné la bataille... Prenez une grande inspiration... mmmmm... Comme ça, ça peut marcher. Mais pour les pacifistes, il y aura toujours un sous-titre plus prosaïque...

Première partie : Le kit pratique de l'épreuve d'histoire-géographie

Au menu de cette partie : la description et le décodage de chaque épreuve, la revue de détail des figures imposées, des différents terrains où vous serez attendus. Commencer par un moment aussi didactique peut sembler superflu, voire ennuyeux... Il n'en est rien. Bien au contraire, vous risqueriez d'aller droit dans le mur si vous ne maîtrisiez pas le b.a.ba de chaque épreuve. À chaque exercice sa procédure, il faut bien passer par là, à l'écrit comme à l'oral. Pour chaque type d'épreuve vous trouverez un expose des exigences spécifiques, des méthodes nécessaires à son traitement et un exemple pas à pas.

Deuxième partie : Trucs, astuces et coups bas (ce qu'il faut savoir et qui n'est pas dit)

Eh oui ! ce n'est pas si simple. Le bac n'est pas seulement une épreuve où la réussite se joue selon un processus automatique et transparent. Il y a des règles implicites que respectent inconsciemment les très bons élèves. Et d'autres, qui tiennent certes de la loi de la jungle, dont on doit aussi tenir compte. Retranscrire tout ceci clairement peut être un sacrilège… C'est donc la partie non officielle de cet ouvrage. Il faut savoir faire feu de tout bois !

Troisième et quatrième parties : Les programmes d'histoire et géographie

Tout le programme de toutes les séries qui doivent passer un écrit en histoire et géographie. Programme infaisable et, presque jamais fait en cours. Même pour les candidats de la série S qui croient bénéficier d'un « spécial-double-allégé » alors que leurs correcteurs ont aiguisé leur exigence à leur égard. D'ailleurs, ne vous fiez surtout pas à la séparation des programmes. Le sujet de la session de juin 2005 pour la France métropolitaine était le même pour toutes les filières.

Cinquième partie : La partie des Dix

Conclusion classique pour tout ouvrage des Nuls, toujours efficaces en examen, source de motivation si vous avez quelque peu le moral à plat devant la somme assommante de connaissances à maîtriser.

Les icônes utilisées dans ce livre

Dans la marge de gauche de votre livre des icônes jalonnent le texte afin d'attirer votre attention sur des informations importantes.

L'HOMME

L'incontournable, l'indispensable biographie à connaître.

GROS PLAN

Une bonne copie de bac intègre toujours quelques exemples bien sentis afin d'argumenter une idée. Cette rubrique « Gros plan » vous proposera régulièrement de tels exemples, simples et efficaces, qui vous permettront de valoriser vos copies ou de mieux saisir une idée importante. Ce sera aussi l'occasion pour nous de mettre un petit coup de zoom de temps en temps sur un aspect intéressant d'une question.

VOCABULAIRE

En plus du lexique qui définit à la fin du livre un grand nombre de termes, nous vous signalerons au moyen de cette icône toutes les notions les plus importantes du programme, celles qu'il faut vraiment très bien connaître. Vous y ferez donc particulièrement attention !

Le petit plus qui fait la différence, le piment qui donnera du relief à votre prestation…

Il n'y a pas de géographie sans représentation des événements dans l'espace et donc sans des cartes ou des croquis. C'est plus vrai encore pour vous qui devrez faire obligatoirement un croquis si la géographie sort en épreuve courte le jour du bac ! Au début de chaque cours important, vous trouverez cette icône qui vous renverra à un croquis de synthèse en couleurs dans le cahier couleurs. Il y en a dix en tout. Ils sont fondamentaux.

En début de chapitre, vous trouverez quelques chiffres essentiels. Ils sont peu nombreux mais importants. Connaissez-les bien.

Faut-il en dire plus long sur le sens de cette icône ? Elle parle d'elle-même, non ? En tout cas, attention quand vous la verrez, car vous serez devant des notions fondamentales… À bien retenir !

Toutes ces petites choses que savent les profs et notamment les correcteurs, tous ces petits trucs souvent indispensables pour réussir, vous en trouverez beaucoup dans ce livre.

Encore une icône on ne peut plus claire, non ? Méfiance, méfiance quand vous la verrez…

Un document original ou tiré du bac, permettant de faire le point après chaque chapitre et dont le commentaire critique et décalé doit vous éviter bien des embûches !

Première partie

Le kit pratique de l'épreuve d'histoire-géographie

Méthode déconseillée le jour du Bac :

Dans cette partie…

Un peu de méthode pour commencer… Contrairement aux idées reçues, les compositions de géographie ne sont pas plus faciles que celles d'histoire. De même, apprendre à faire un croquis ne s'improvise pas ! Alors, faites un petit tour par cette partie du livre… essentielle pour maîtriser l'épreuve du bac d'histoire-géo !

Chapitre 1

L'épreuve d'histoire-géographie au bac, ça se passe comment ?

Dans ce chapitre :

- Quelles sont les épreuves au bac ?
- Coefficients, types d'épreuves… À quelle sauce allez-vous être « mangé » ?
- Et si je vais à l'oral, comment cela se passe-t-il ?

Horaires et coefficients

Le jour du bac, vous passerez l'histoire et la géographie en même temps. En tout, vous disposerez de quatre heures pour rédiger une copie d'histoire et une copie de géographie. Ni plus ni moins.

Les sujets sont désormais nationaux, il n'y a plus de différences entre les académies (je dis « désormais » car auparavant c'était le cas), c'est-à-dire que de Brest à Nice et de Perpignan à Strasbourg, tout le monde planche sur le même sujet !

Que « pèse » l'histoire-géographie au bac ? Cela dépend. Les coefficients diffèrent selon les filières. L'épreuve est essentielle en ES, importante en L et un peu moins en S :

À RETENIR

Les coefficients en histoire-géographie au bac : les TES en première ligne !

TS : coefficient 3 | TL : coefficient 4 | TES : coefficient 5

Une épreuve longue, une épreuve courte et un tirage au sort !

Autrefois, les candidats au bac devaient faire deux dissertations en quatre heures (à l'époque, on disait encore « dissertation » et pas « composition »). Inutile de vous dire qu'il ne fallait pas traîner ! Il fallait vite rédiger une première dissertation en deux heures et, à peine celle-ci terminée, attaquer la seconde dans la foulée ! Pour rendre deux longues copies en quatre heures, c'était le vrai marathon ! Aussi le ministère (dans sa grande bonté…) a-t-il réformé l'épreuve d'histoire-géographie : désormais, on ne vous demandera plus deux compositions en quatre heures.

Vous passerez toujours l'histoire et la géographie en quatre heures, mais l'**une des deux matières (l'histoire ou la géographie) sera plus importante que l'autre**. C'est-à-dire que vous aurez une première partie dite « longue » à laquelle vous pourrez consacrer environ trois heures de travail (une composition, par exemple) et une seconde partie dite « courte », que vous pourrez réaliser en une heure environ (en géographie, ce sera un croquis).

On choisit tous les ans l'épreuve longue par **tirage au sort** peu de temps avant le bac, ce qui fait que vous ne le saurez pas avant l'ouverture des sujets (les professeurs non plus !).

Voilà ce qu'a donné cette règle du tirage au sort depuis qu'elle existe :

- Juin 2000 : géographie épreuve longue
- Juin 2001 : géographie épreuve longue
- Juin 2002 : histoire épreuve longue
- Juin 2003 : géographie épreuve longue
- Juin 2004 : histoire épreuve longue
- Juin 2005 : histoire épreuve longue
- Juin 2006 : géographie épreuve longue
- Juin 2007 : géographie épreuve longue
- Juin 2008 : ???

En tout cas, pour vous, cette réforme instaurant une épreuve longue et une épreuve courte est une bonne affaire, car cela vous laisse réellement un temps suffisant pour réaliser deux bons devoirs. Donc pas de stress inutile : le jour du bac, vous aurez le temps !

Composition, étude de documents ou croquis ?

Épreuve longue ou épreuve courte ?

À RETENIR

Voilà ce qu'il faut bien comprendre et retenir : pour la matière qui tombe **en épreuve longue, vous aurez toujours trois sujets au choix**, toujours répartis de cette façon : deux sujets de composition et une étude de documents (pour être précis, on dit plutôt « étude d'un ensemble documentaire », ce qui, pour vous, ne change pas grand-chose…).

Et les épreuves courtes ? Pour la matière qui tombe **en épreuve courte, vous n'aurez que deux sujets au choix** (attention aux impasses, donc… fortement déconseillées !). Si c'est la géographie qui tombe en épreuve courte, vous devrez obligatoirement faire une carte (on dit plutôt « croquis », donc deux sujets de croquis au choix). Attention ! cela signifie que vous avez une « chance » sur deux d'avoir une carte à faire au bac : **si la géo tombe en courte, c'est le croquis obligatoirement !** Le croquis de bac répond à des exigences bien précises et il faut préparer cette épreuve. **Si c'est l'histoire qui tombe en épreuve courte**, vous aurez deux sujets au choix. En principe, **ce sont deux textes suivis de quatre à cinq questions**. Pas de problème particulier ici : il suffit de répondre le plus précisément et le plus complètement aux questions posées.

Vous reconnaîtrez tout de suite l'épreuve longue car, lorsque vous ouvrirez vos sujets le jour du bac, c'est elle qui sera en première partie avec trois sujets au choix. Il est tout de même assez rassurant d'avoir le choix entre plusieurs sujets, non ?

Concrètement, cela a donné quoi en 2007… ?

Concrètement, qu'est-ce que cela donne ? Eh bien, en juin 2007, la géographie est tombée en épreuve longue et l'histoire en épreuve courte avec, pour les séries ES et L, les sujets suivants au choix :

Épreuve longue, géographie :

- sujet 1, composition : « La superpuissance des États-Unis : aspects et inscription dans l'espace mondial » ;
- sujet 2, composition : « La Russie, un territoire en recomposition » ;
- sujet 3, étude d'un ensemble documentaire : « Quels sont les espaces moteurs de la mondialisation ? »

Épreuve courte, histoire :

- sujet 1, explication d'un document d'histoire : « Discours d'investiture du général de Gaulle, 1er juin 1958 » ;
- sujet 2, explication d'un document d'histoire : « Le plan Marshall et la conférence de Paris ».

Dans tous les cas de bien beaux sujets, ne trouvez-vous pas ?

Terminales ES et L, même combat !

Les terminales L et les terminales ES ont les mêmes programmes et planchent sur les mêmes sujets à l'examen. Pour les élèves de ces deux sections, tout est donc pareil, seuls les coefficients changent. Pour les terminales S, c'est en revanche un peu différent. En classe de première et en terminale, les S n'étudient pas le même programme que les L et les ES et ont donc des sujets différents, rien que pour eux, le jour du bac. Dans les faits, certains sujets sont souvent communs, mais pas toujours.

Et si je vais à l'oral ?

Bon ! Vous avez fait vraiment tout ce que vous avez pu, mais ça ne s'est pas passé comme prévu et vous voilà à l'oral. Vous avez eu au cours de l'année des notes plutôt médiocres en histoire-géographie et vous choisissez de présenter cette matière à l'oral. Entre nous, faites-le seulement si cela vaut le coup (notes basses et coefficient important donc si vous êtes en terminale ES ou L). Comment cela va-t-il se passer ?

La théorie...

Voici, en principe, ce à quoi vous devez vous attendre :

- Vous devriez être interrogé à la fois sur l'histoire et sur la géographie. Vous devrez donc présenter deux sujets, un de géographie et un d'histoire.
- On vous fera tirer des sujets au sort. Normalement, vous avez le choix entre deux sujets, parfois trois.
- Comme à l'écrit, une des deux matières devrait être « longue » et l'autre « courte ». La première devrait durer environ quinze minutes et la seconde guère plus de cinq minutes (ce qui est très peu...).
- Vous aurez environ vingt à trente minutes de préparation.

- Les sujets que l'on vous propose sont du même genre que ceux qui peuvent tomber à l'écrit. Vous pourrez donc avoir des documents et il est également possible que vous ayez à faire un croquis de géographie (eh oui !).
- Après vos exposés, l'examinateur vous posera quelques questions pour vous demander certaines précisions. Ces questions peuvent porter sur n'importe quelle partie du programme. Ce n'est pas pour vous faire souffrir, mais simplement pour que l'examinateur évalue au mieux votre niveau et qu'il soit le plus juste possible dans sa notation.

La réalité...

Tout cela, c'est de la théorie car certains professeurs adaptent un peu ces grands principes (j'en fais partie...). Si l'examinateur a pris du retard ou s'il a beaucoup de candidats, il se peut par exemple que vous ne soyez interrogé que sur une épreuve (l'histoire uniquement ou la géographie).

Ce que nous avons dit plus haut est donc valable dans les grandes lignes. Ne soyez pas surpris s'il y a quelques variantes. De toute façon, elles ne vous pénaliseront pas.

Et les indispensables conseils pour bien faire !

CONSEILS DU PROF

L'oral, cela va très vite ! Il faut peu de chose pour que votre prestation soit médiocre ou, au contraire, réussie. Voici quelques conseils pour que cela se passe bien :

- Soyez toujours correct avec l'examinateur. Surveillez votre look (bon, n'allez tout de même pas jusqu'à porter une cravate ou un tailleur...) et restez toujours poli. Ne vous énervez pas, ne vous emportez pas, évitez de critiquer ou de contester les remarques du professeur.
- Pour vos sujets, surveillez votre montre, soyez rapide et allez à l'essentiel. Vous n'aurez pas le temps de dire grand-chose, et l'oral n'est pas fait pour ressortir la totalité d'un cours. Vous aurez une bonne note si vous êtes capable d'exprimer les idées principales : c'est là que les plans détaillés et les fiches (bien apprises...) vont être utiles !
- Essayez de présenter vos idées de façon assez ordonnée, avec un peu de logique, afin d'éviter un indescriptible fouillis qui vous

pénaliserait. Si possible, tentez également d'énoncer une phrase de problématique et une idée forte de conclusion.

- Ne rédigez pas tout sur un brouillon, vous n'en avez pas le temps. Notez les idées clés, les chiffres. Vous construirez vos phrases directement à l'oral. Cela vous évitera en outre de rester les yeux collés sur vos notes, ce qui est souvent un peu pénalisant.
- Essayez d'être un peu précis et de donner quelques chiffres, lieux ou exemples.
- N'hésitez pas, comme à l'écrit, à faire un petit schéma en géographie pour répondre en partie au sujet si cela vous semble pertinent.

Dans tous les cas, ne paniquez pas ! Les examinateurs ne sont pas là pour vous « torpiller » et vous faire échouer ! Ils vous écouteront le plus souvent avec bienveillance et vous donneront des points si vous montrez que vous connaissez l'essentiel sur un sujet et que vous êtes capable de l'exprimer à peu près clairement.

Chapitre 2

Méthode : La composition

Dans ce chapitre :

- Comment faire une bonne composition en histoire ou en géographie ?
- Qu'est-ce qu'une introduction ?
- Comment faire un plan ?
- Que mettre en conclusion ?

Comment faire une bonne composition ?

La composition fait souvent un peu peur aux futurs bacheliers. À tort ! Ce n'est pas une épreuve difficile et vous aurez toujours le choix entre deux sujets de composition. Un des deux sujets au moins sera un sujet large, un sujet « classique » proche du cours, et qui ne présente pas grande difficulté… pour celui qui connaît son cours, bien évidemment !

Il faut donc dédramatiser cette épreuve : une composition, ce n'est rien d'autre qu'une question générale à laquelle on vous demande une réponse argumentée.

Maintenant, comment doit s'organiser une composition ? Dans les grandes lignes, vous le savez : une composition doit posséder une introduction, un développement et une conclusion. Rentrons un peu dans le détail pour voir comment bien mener ces différentes parties de votre devoir et décortiquons tout spécialement l'introduction, partie qui pose souvent le plus de difficultés.

Que faut-il mettre dans une introduction ?

À RETENIR

Une bonne introduction possède toujours les trois qualités suivantes :

- Elle définit et situe le sujet.
- Elle pose une problématique.
- Elle annonce un plan.

D'abord, bien définir le sujet...

Les premières lignes de votre introduction (et donc de votre copie) débuteront toujours par une présentation et une définition du sujet. Un passage obligé car il faut bien savoir de quoi l'on parle ! Indispensable également pour éviter tout hors sujet. Si le sujet porte, par exemple, sur la puissance de l'Asie orientale, vous commencerez par dire ce que l'on entend par « Asie orientale ». Et ne tournez pas autour du pot, attaquez d'emblée ! Je vous propose de décortiquer un exemple en géographie pour mieux comprendre ce que cela donne concrètement. Sachez que la logique est la même en histoire.

Exemple : les premières lignes de l'introduction sur le sujet « L'Asie orientale, une aire de puissance en expansion »

« L'Asie orientale comprend le Japon, la Corée du Sud, Taïwan, la Chine littorale et Singapour. Régions littorales, archipels ou presqu'îles, l'Asie orientale est un espace de puissance original, très éclaté géographiquement, mais aussi fortement littoralisé et donc entièrement tourné vers la mer et vers les marchés extérieurs. C'est également un espace de puissance d'une grande diversité, englobant des pays très différents tant du point de vue du développement que des systèmes politiques. C'est dire que nous sommes face à un espace complexe et très fragmenté, un espace de puissance bien différent des États-Unis, par exemple. »

Voilà ! En quelques lignes, vous venez de définir ce que l'on entend par « Asie orientale » et vous avez présenté la région.

Ensuite, la problématique !

Cela étant fait, il s'agit maintenant de problématiser, ce qui constitue le passage le plus délicat de l'introduction. Là aussi, il faut se préparer au cours de l'année, connaître les problématiques les plus pertinentes pour ne pas être totalement pris de court le jour du bac. La problématique donne du sens à votre copie, elle lui donne un fil directeur, un but. Elle permet d'éviter que votre copie ne soit qu'un simple exposé. Essayer de poser clairement un problème et tenter d'y répondre, c'est beaucoup plus intéressant que réciter des connaissances sans savoir où l'on va. Pensez ! Mettez la culture en mouvement pour comprendre !

Trouver une problématique n'est pas une opération si compliquée. Prenez le temps de réfléchir au sujet, de le lire et de le relire, d'en bien peser tous les termes afin de cerner précisément ce que l'on vous demande. Si j'osais (allez, j'ose !), je dirais qu'un sujet doit être longuement savouré en bouche, comme un bon vin, afin qu'il puisse révéler progressivement tous ses arômes, toutes ses subtilités…

Qu'est-ce qu'une problématique ?

Problématiser, c'est donc transformer votre sujet en une, deux ou trois questions fondamentales, les « problèmes » que pose le sujet. Sur votre copie, il convient de faire apparaître ces questions directement après avoir défini et situé le sujet. À nouveau, un exemple concret vous fera mieux comprendre comment vous y prendre.

Exemple : faire une problématique sur le sujet « Flux, lieux et acteurs de la mondialisation »

« L'histoire de la mondialisation s'est fortement accélérée après 1945 et plus encore à partir des années 1990, sous l'effet conjugué de la modernisation des moyens de transport et de communication ainsi que de l'extension du libéralisme à presque toute la planète. Jamais l'espace et le temps n'ont été comprimés dans de telles proportions. Jamais la mondialisation n'a concerné autant de peuples et de territoires. Le monde est entré dans une nouvelle étape de la mondialisation. Elle est d'une ampleur telle qu'elle est devenue un des phénomènes majeurs de notre époque. À la fin du XXe siècle, elle fait ainsi brusquement irruption dans le quotidien de plusieurs milliards d'êtres humains.

Dès lors, un certain nombre de questions se posent. Quels sont les flux qui parcourent cet espace mondial désormais globalisé ? Dans quelle mesure cette accélération de la mondialisation débouche-t-elle sur une nouvelle géographie du monde ? Quelqu'un contrôle-t-il ce nouveau Monopoly à l'échelle planétaire et, si oui, quels sont ces acteurs ? En quoi notre monde est-il transformé par la mondialisation et quels défis cette dernière pose-t-elle à l'humanité ? »

C'est un exemple possible, il en existe bien d'autres. En écrivant cela, vous allez traiter correctement des « Flux, lieux et acteurs de la mondialisation », mais vous problématisez également le sujet. Sans vous contenter de réciter, vous allez tenter d'utiliser vos connaissances pour éclairer et comprendre notre monde. Ce n'est pas grand-chose, mais cela change tout !

Problématique et définition : anticipez !

Connaissez parfaitement une définition courte et précise de toutes les notions clés inscrites au programme. Il faut vous en faire une liste et les apprendre par cœur. Cela pour une raison précise : ce sont ces notions que vous retrouverez dans les sujets de bac ! Savoir les définir, c'est vous assurer d'entamer correctement votre introduction. Ces notions clés, ce sont principalement les termes qui structurent chaque chapitre du programme. Par exemple : guerre froide, détente, bipolarité, mondialisation, développement, puissance, mais aussi, en géographie, les principaux espaces (comme l'Asie orientale évoquée ci-dessus)…

Enfin, annoncer votre plan

C'est le plus simple ! Une fois votre sujet défini puis problématisé, annoncez votre plan, c'est-à-dire votre démarche. Cela permettra au correcteur de vous suivre facilement, de savoir où vous allez. Alors guidez-le, installez-le confortablement avant de démarrer ! Faites-le de manière simple et élégante si possible, en évitant le traditionnel « Dans une première partie…, dans une deuxième partie… ». Encore que… cela soit mieux que rien du tout ! Vous pouvez écrire par exemple : « Pour répondre à ces questions, nous montrerons que… puis… et enfin… » Ou bien : « Nous nous demanderons si… » Autant de formulations simples possibles et qui ne posent pas de réelle difficulté.

Comment faire un plan ?

Il faut faire un plan !

Le plan… Indispensable ! Croyez-en mon expérience de correcteur : entre une copie avec un plan et une autre sans, la différence saute aux yeux ! Le plan organise et structure vos idées, il vous permet de construire intelligemment votre copie. Imaginez-vous rédiger votre devoir sans plan, à la « va-comme-je-te-pousse » ? C'est à coup sûr risquer de multiplier oublis et répétitions, de rendre un travail confus et embrouillé. À bannir absolument !

Maintenant, comment faire un plan ? Le plan doit structurer votre copie. Vous le ferez toujours en deux ou trois parties (en géographie comme en histoire, le plan en trois parties est très souvent le plus judicieux), chacune traitant un aspect de votre problématique.

Rédiger un plan sous forme de questions

Tentez de formuler chacune de ces deux à trois parties sous la forme d'une question, ce qui vous obligera à donner du sens à votre travail.

Votre plan doit être équilibré, avec trois parties de tailles à peu près équivalentes, sinon... c'est qu'il y a un problème et que le plan ne va pas ! Chacune de ces parties regroupe un certain nombre de sous-parties, c'est-à-dire toutes les idées que vous pensez devoir aborder dans votre devoir. Pour visualiser précisément comment faire, observez en détail tous les cours de géographie de ce livre : tous possèdent un plan apparent que vous retrouverez facilement et que nous vous conseillons de bien connaître ! Une fois vos idées bien structurées, vous pouvez vous lancer dans la rédaction...

Deux ou trois parties ?

Une partie, c'est une idée principale de votre copie, un des thèmes forts de votre composition. Le plus souvent, les plans en trois parties fonctionnent bien car ils structurent judicieusement le travail et permettent d'aborder l'essentiel. **Neuf sujets sur dix appellent des plans en trois parties**. De temps en temps, il peut se révéler judicieux d'opter pour un plan en deux parties. Mais, dans tous les cas, évitez les plans en quatre, cinq... parties : à ce stade, il n'y a plus de plan du tout !

Un paragraphe = une idée + un exemple !

Chacune de vos parties doit également être la plus lisible possible. Faites absolument des paragraphes pour séparer vos idées (vos sous-parties) en allant à la ligne. Une composition, c'est d'abord une suite d'idées, une argumentation. **Chacun de vos paragraphes doit donc développer une idée et une seule**. Mais évitez de rester trop vague. Comme nous l'avons indiqué plus haut, il faut pouvoir expliquer cette idée au moyen d'un exemple concret. Regardez nos cours dans cet ouvrage : tous sont construits en parties, elles-mêmes découpées en paragraphes. Chacun de ces paragraphes a souvent un titre, preuve qu'il développe une idée bien précise. À l'intérieur, vous verrez un exemple, un chiffre... Bref, une argumentation soutenant l'idée de votre paragraphe.

La conclusion : laissez le correcteur sur une bonne impression !

Trop de conclusions sont bâclées dans les copies du bac ! Quel dommage et quelle erreur ! Rédiger une bonne conclusion n'a rien d'insurmontable et c'est essentiel. Insistons lourdement : **en aucun cas vous ne rendrez votre copie sans conclusion** ou avec une conclusion expédiée en quatre lignes et trois minutes !

Cela étant dit, que devez-vous mettre dans votre conclusion ? Principalement une chose et une seule : **on attend de vous une réponse à votre problématique.**

Rappelez-vous qu'une composition n'est rien d'autre qu'une large question à laquelle vous devez répondre. Vous avez posé le problème en introduction, vous avez développé une argumentation au fil de votre devoir… La conclusion constitue donc le moment clé où vous apportez une (des) réponse(s) à votre (vos) problématique(s). Commencez par rappeler les idées essentielles développées dans votre copie, puis essayez d'apporter des réponses et de donner du sens à votre copie dans ces quelques lignes qui constituent la conclusion. Combien de lignes ? Comme pour l'introduction, il n'y a pas de « quantité imposée », développez ce que vous avez à dire sans vous imposer un certain nombre de lignes, mais en évitant tout de même une conclusion en deux phrases ou en deux pages ! Une dizaine à une quinzaine de lignes (tout dépend aussi de votre écriture !) semble constituer une bonne mesure.

Vous le verrez, tous les cours proposés dans ce livre s'achèvent par un certain nombre de ces idées importantes à utiliser en conclusion. Lisez-les et relisez-les, elles vous aideront à bien formuler votre conclusion. Je vous conseille même fortement de **connaître sur le bout des doigts les conclusions des cours de ce livre** car vous pourrez les réutiliser dans la plupart de vos copies de bac. Faire une bonne conclusion, ce n'est pas toujours facile, mais cela paie ! Profitez donc de celles de ce livre, elles ont été écrites pour cela.

Encore une fois, rien ne vaut un exemple concret pour comprendre ce qu'il faut faire.

Exemple : faire une conclusion sur le sujet « La mondialisation, une nouvelle géographie du monde ? »

« La mondialisation recompose donc en bonne partie la géographie de notre monde. L'actuel système-monde résultant de la mondialisation est un système très hiérarchisé et très inégalitaire : nous l'avons vu, trois centres d'impulsion largement dominants se différencient nettement de périphéries plus ou moins intégrées. Géographiquement, la mondialisation favorise les espaces de contact, et surtout les espaces les plus puissants et les mieux reliés. Elle survalorise donc les espaces déjà les plus favorisés et a pour effet d'augmenter les inégalités entre les territoires. Ces inégalités spatiales sont vérifiables à toutes les échelles, tant à l'intérieur des pays qu'entre les pays. Elles sont à l'origine de nouvelles difficultés pour nos sociétés : espaces saturés, espaces abandonnés, flux majeurs et instables... Il est temps que les hommes s'organisent davantage pour faire face aux défis posés par cette nouvelle géographie du monde. »

Chapitre 3

Méthode : L'étude d'un ensemble documentaire

Dans ce chapitre :

- L'étude documentaire décortiquée
- Comment réussir l'analyse des documents ?
- Que mettre dans la « réponse organisée » ?
- Tout comprendre sur cette épreuve moins facile qu'il n'y paraît…

Une épreuve en deux parties

L'épreuve piège par excellence, celle qui a l'air facile… mais qui en a seulement l'air, croyez-moi ! Trop de candidats fragiles se précipitent sur cette épreuve. Forcément, la présence des documents rassure. Mauvaise pioche ! Si vous vous croyez sauvé en vous reposant uniquement sur les documents, en improvisant une gentille paraphrase, sachez que vous allez au devant de lourdes déconvenues. Statistiquement, les notes à cette épreuve d'étude de documents sont plus basses que celles des compositions. Alors, attention !

Bon, cette nécessaire mise en garde étant faite, voyons de plus près de quoi il retourne. L'étude de documents au baccalauréat est une épreuve relativement nouvelle qui répond à des règles précises. Elle se présente toujours de la même façon : un sujet et cinq documents au maximum. Pour les documents, attendez-vous majoritairement à des textes en histoire et à des cartes ou des schémas en géographie.

Les questions qui composent l'étude de documents sont toujours divisées en deux parties :

- une première partie vous amène à analyser les documents ;
- une seconde partie vous demande de produire ce que l'on appelle une « réponse organisée ».

Première partie : analyse des documents

Pour la première partie, il s'agit d'une série de quatre à cinq questions portant sur les documents que vous aurez sous les yeux. Ils ne représentent pas de difficultés majeures, il suffit de répondre le plus précisément possible aux questions posées, l'une après l'autre. Elles peuvent amener à définir une notion ou à chercher des informations dans les documents. Elles appellent souvent une explication de votre part. Soyez précis, relevez des informations dans les documents. Citez-les et expliquez-les le cas échéant. N'allez pas beaucoup au-delà. Les questions ne sont pas des prétextes à faire des réponses très développées. L'objectif de cette première partie est de bien répondre aux questions et d'utiliser les informations contenues dans les documents.

Par exemple, en juin 2006 (tout comme en 2007), la géographie est tombée en épreuve longue, l'étude de documents étant donc un sujet de géographie, à savoir : « L'espace rhénan : quelles caractéristiques et quelle place en Europe ? » pour les terminales ES et L et « Les États-Unis, quel rôle dans la mondialisation ? » pour les terminales S. Les deux sujets ne comportaient pas de grandes difficultés et étaient bien centrés sur le programme (ce n'est pas toujours le cas !).

Pour le sujet « L'espace rhénan : quelles caractéristiques et quelle place en Europe ? », les questions étaient les suivantes :

1. Définissez et délimitez géographiquement l'espace rhénan.
2. En quoi cet espace apparaît-il comme un espace de carrefour et d'échanges ?
3. Quelles sont les particularités des villes de l'espace rhénan ?
4. Identifiez les aspects de la puissance économique de l'espace rhénan.

Il fallait répondre précisément en s'appuyant sur les documents.

Attention à la paraphrase !

Dans cette première partie, évitez surtout de paraphraser, c'est-à-dire de recopier des extraits de texte ou des séries de chiffres sans rien en tirer. Cela fait de la longueur sur votre copie mais reste sans valeur ! Repérez les éléments importants dans les documents et sachez leur donner du sens. C'est impossible à faire si vous ne connaissez pas un minimum votre cours… Il faut que vous apportiez de la valeur ajoutée ! Triez et classez les informations, expliquez ce qui doit l'être et ne vous contentez surtout pas de recopier des passages des documents. La paraphrase, cela fait des lignes… mais pas beaucoup de points sur la copie !

Seconde partie : une « réponse organisée »…

Ce que l'on appelle la « réponse organisée » constitue la seconde partie de votre étude de documents. Pas de surprise : elle est toujours formulée de la même façon : « À l'aide des réponses aux questions, des informations extraites des documents et de ses connaissances, le candidat rédigera une réponse organisée au sujet : … » Maintenant, qu'attend-on de vous exactement ?

On vous demande d'apporter une réponse au sujet. **Il ne s'agit donc pas d'une synthèse :** pas question de reprendre ce que vous avez fait dans la première partie (aucun intérêt, en effet !) ni de faire une synthèse des documents. Attention ! ce n'est pas non plus exactement une composition. On n'attend pas que vous fassiez une introduction, une conclusion et un plan comme vous le feriez pour une composition. Certains correcteurs peuvent en effet vous sanctionner si vous le faites ; ce serait vraiment trop bête ! La méthode est bien plus simple que cela…

Dans la « réponse organisée », vous vous contenterez de deux à trois phrases tant pour l'introduction que pour la conclusion, entre lesquelles vous développerez votre argumentation en une série de paragraphes (c'est ça, la « réponse organisée ») avec toujours le même et bon vieux principe d'une idée par paragraphe et le souci de traiter le sujet. C'est tout ! En termes de méthode, tout cela n'est donc pas très compliqué, l'essentiel étant d'avoir les connaissances nécessaires pour faire un bon développement. Vous prendrez donc du recul par rapport aux documents et utiliserez toutes vos connaissances personnelles pour apporter la meilleure réponse possible au sujet posé.

Quelle longueur doit faire cette réponse organisée ? Aucune taille précise ne s'impose. C'est comme vous le sentez ! Et si vous avez beaucoup de choses intéressantes à dire, eh bien… ne vous en privez pas ! Mais attention ! restez toujours dans les limites du sujet posé. Pas de hors sujet !

La « réponse organisée » n'est pas une répétition de la première partie !

Le risque majeur sur cette « réponse organisée » est de répéter ce que vous avez mis en première partie. Erreur très fréquente et assez catastrophique ! Une majorité de candidats ne parviennent pas en effet à s'extraire des documents dans cette seconde partie et ressortent la même chose que ce qu'ils ont développé en première partie ! Ce n'est pas du tout ce qu'il faut faire ! **Il est nécessaire de prendre du recul par rapport aux documents**, de les laisser un peu de côté **et de traiter totalement le sujet proposé, un peu comme s'il s'agissait d'une composition, mais sans la forme** (introduction complète, trois parties, conclusion complète). La première partie d'analyse apparaît alors comme une sorte de préparation à cette réponse organisée. Les documents vous montrent quelques aspects du sujet, mais pas tous. À vous, dans cette seconde partie, de reprendre le sujet de manière complète et donc d'utiliser fortement vos connaissances sur le sujet.

LE TRUC

Viva paranoïa

Trop de candidats prennent les documents au pied de la lettre. Que ce soit en épreuve longue ou en courte, on retrouve trop souvent cette source d'erreur et d'échec.

Développez votre méfiance vis-à-vis de ce que l'on vous propose. Une petite dose de paranoïa vous sera utile. Le premier indice que vous devrez souligner sont les (...) ou les (...) qui signalent, parfois, les coupures. Une phrase attirant l'attention dessus ne vous sera jamais reprochée. Surtout pour l'épreuve mineure, les documents vous sont condensés pour des questions de lisibilité et de temps. La comparaison avec l'original est parfois surprenante. Ne vous laissez pas désarçonner par une photo, souvent le candidat se retrouve très « sec » devant ce type de document. Pour approfondir l'approche, pensez aux multiples regards qui peuvent être exercés : celui du preneur de vue, d'un journaliste, d'un propagandiste ; à la différence entre cette image et le ressenti d'un spectateur, etc.

À la lecture de tout document, distillez ces quelques questions : qui a écrit ça, qui le publie, pourquoi, pour qui, veut-il dire exactement ce qu'il écrit, a-t-il quelque chose d'autre derrière la tête ? L'identité des auteurs, la nature des écrits, des images, les circonstances de leur publication, peuvent vous donner des indications quant à leur réelle interprétation. Mais pour être le plus efficacement réceptif à toutes ces indications implicites, il convient d'avoir un matelas de connaissances assurées. Pour le sujet de juin 2005, il fallait savoir que Georges Pompidou était non seulement président de la République, mais aussi qu'il avait effectué un brillant parcours par les prépas et Normale sup' avant d'être agrégé de grammaire, pour comprendre tout le poids de son avis sur la culture.

Une quantité de doute, mais pas trop. Une attitude à la Fox Mulder, du genre « le gouvernement nous ment », est stérile... À vous de trouver la juste dose.

Une année, lors d'un bac blanc dans mon lycée, nous (les professeurs d'histoire-géographie) avions décidé de tendre un petit piège à nos élèves. Oh ! rien de bien méchant : nous avions proposé un sujet sur la puissance américaine en étude documentaire et n'avions mis que des documents montrant les faiblesses de celle-ci. En clair, ceux qui s'en tenaient à ces seuls documents avaient une vision assez catastrophique des choses et voyaient les États-Unis comme une puissance secondaire et déclinante ! Nous nous étions dit : « Pas de problème, ils vont faire une analyse des documents avec les questions en première partie et ils rétabliront les choses en seconde partie en nous montrant que les États-Unis sont toujours la première puissance mondiale. » Eh bien… pas du tout ! Plus de la moitié de nos lycéens nous ont gentiment expliqué en seconde partie que les États-Unis étaient une puissance secondaire et totalement dépassée ! Quel choc ! Le piège n'avait pourtant rien de redoutable ! Utilisez donc vos connaissances sur le sujet pour le traiter et n'oubliez pas ce que vous savez ! Rétablissez une vision d'ensemble du sujet en seconde partie.

Pas de copies trop light !

Attention à ne pas faire trop court car vous seriez très certainement pénalisé ! **Faire une réponse organisée en une page ne suffit pas !** Au bac, les correcteurs attendent de vous un minimum d'argumentation. Ne faites pas moins de deux à trois pages.

Alors, une épreuve « piège » ?

Vous l'aurez compris, cette épreuve est moins facile qu'il n'y paraît. La plupart des candidats au bac prennent l'étude documentaire, croyant un peu trop vite que, parce qu'on a les documents, on pourra toujours s'en sortir. Et une bonne partie des candidats nous rendent de grosses copies, ce qui doit les rassurer… Hantise de la feuille blanche ? En tout cas, nombreuses sont ces copies remplies de vide ! C'est-à-dire de paraphrases, et donc sans valeur. Les sujets étant souvent pointus, on attend de vous une bonne utilisation des documents et de vos connaissances ainsi qu'une fine analyse des choses. Il faut revoir ce que vous pensiez jusque-là : l'étude documentaire est une épreuve difficile, sans doute plus difficile que la composition… Méfiez-vous-en. Avant de plonger dedans, étudiez bien le sujet, regardez attentivement les questions et les documents : êtes-vous capable de traiter correctement les questions ? Les documents vous posent-ils problème ? Bref, prudence.

Tableau 3-1 : Astuce anti-paraphrase…

Document	Paraphrase	Un cran au-dessus
Les faits prouvent que nombre d'abus ont été commis sous les ordres de Staline sans tenir compte des règles du parti et de la légalité socialiste. Staline était un homme très méfiant, maladivement soupçonneux. Il était capable de regarder quelqu'un et de lui dire « pourquoi vos regards sont-ils si fuyants aujourd'hui ? » ou « pourquoi vous détournez-vous autant aujourd'hui et évitez-vous de me regarder dans les yeux ? ».	Le comportement soupçonneux de Staline est la cause des abus perpétrés.	Selon K., le parti n'est donc pas **responsable** des abus, Staline en est le seul ordonnateur.
Cette suspicion maladive créait chez lui une méfiance générale, même à l'égard des travailleurs éminents du parti qu'il connaissait depuis des années. Partout et en toute chose, il voyait des « ennemis », des « gens à double face » et des espions.	Même les dirigeants du parti pouvaient être visés.	Le **pouvoir despotique** de Staline ne tient que par la crainte. Mais ces **excès** ne sont pas ceux du parti, d'ailleurs ses dirigeants pouvaient aussi en être victimes.
Possédant un pouvoir illimité, il se livrait à l'arbitraire et annihilait les gens moralement et physiquement. Quand Staline disait que tel ou tel devait être arrêté, il fallait admettre comme un fait qu'il s'agissait d'un « ennemi du peuple ».	Tous étaient soumis son arbitraire et devaient se plier sous peine d'être éliminés.	**La déstalinisation ne remet pas en cause la dictature du PCUS.**
Extrait du rapport secret de N. S Khrouchtchev lors du XXe Congrès du PCUS – 24 février 1956. Bac 2005 *Amérique du Nord – Extrait de dossier documentaire*		

Chapitre 4

Méthode : le croquis

Dans ce chapitre…

- Qu'est-ce qu'un croquis de bac ?
- Comment faire une bonne légende ?
- Tout ce qu'il faut savoir pour enfin s'en sortir avec cette épreuve essentielle du bac géo !

Une épreuve incontournable si la géographie tombe en épreuve courte !

Tout comme l'étude de documents, le croquis de géographie au bac n'est pas une épreuve difficile, mais il y a un certain nombre de règles précises qu'il faut bien respecter pour pouvoir obtenir une bonne note. Il faut bien vous préparer à cette épreuve, car, si la géographie tombe en épreuve courte (tout de même une chance sur deux !), vous devrez obligatoirement faire un croquis.

Dans ce cas, vous aurez deux sujets au choix présentés sous la forme d'une simple phrase. Par exemple, en juin 2005, nous avons eu les sujets suivants :

- Sujet 1 : « Centres d'impulsion et flux d'échanges en Asie orientale »
- Sujet 2 : « La puissance des États-Unis dans le monde »

À partir de là, à vous de vous débrouiller ! Les fonds de carte sont bien sûr fournis.

Alors, c'est quoi un bon croquis de bac ?

Un croquis de bac, ce n'est ni un schéma (une représentation très schématique et ultra simplifiée), ni une carte (une représentation précise d'un espace). Vous aurez un sujet et on vous fournira un fond de carte. Qu'attend-on de vous ?

Les cinq qualités d'un bon croquis

Dans tous les cas et pour tous les sujets, vos croquis devront toujours absolument posséder les cinq qualités suivantes :

- Apporter une réponse au sujet.
- Avoir un titre, c'est-à-dire le sujet du croquis.
- Posséder une légende organisée, propre et écrite sur une feuille séparée.
- Utiliser des symboles bien adaptés.
- Avoir une nomenclature précise (les principaux noms de lieux).

Pour vous faire une idée de l'allure finale que doit avoir votre croquis, regardez de près ceux qui sont présents à la fin de ce livre.

Maintenant, voyons ensemble tout cela d'un peu plus près…

N'oubliez pas que les territoires sont organisés !

En 2004, un des sujets de croquis était « L'organisation du territoire des États-Unis » et en 2005 « Centres d'impulsion et flux d'échanges en Asie orientale ». Qu'avaient en commun ces deux sujets ? On vous demandait de montrer comment s'organisaient des espaces. Relisez le passage que nous consacrons à cette notion dans le premier chapitre de ce livre. C'est le plus souvent cette organisation du territoire que l'on vous demandera de faire apparaître dans vos croquis. Votre croquis doit faire comprendre comment fonctionne un espace, où sont les pôles de commandements et où sont les espaces en marge, quels sont les axes majeurs et les interfaces de contact avec l'extérieur d'un territoire… Vous verrez avec un peu d'habitude que les sujets de croquis tournent presque tous autour de cette notion d'« organisation du territoire ».

Sur un espace, il y a des centres...

Pour étudier les espaces, les géographes utilisent souvent un modèle appelé « centre-périphérie ». C'est un modèle assez intéressant et que vous pourrez facilement utiliser dans tous vos croquis dont les sujets porteront sur les notions de « puissance » ou d'« organisation du territoire », c'est-à-dire la grande majorité des croquis qui vous aurez à réaliser le jour du bac.

Qu'est-ce qu'un « centre » ?

Dans un espace donné, le centre est la région dominante. Elle possède trois éléments clés : le pouvoir, le savoir et la richesse. C'est elle qui dirige un territoire. Dit plus simplement, le centre, sur un territoire, c'est un peu l'endroit où tout se passe. On y trouve donc les grandes villes, les grands centres industriels, les plus fortes densités de population, les sièges du pouvoir politique, économique, financier, culturel… C'est exactement le cas de Tokyo ou de la mégalopole américaine entre Boston et Washington (en France, ce serait bien sûr Paris !).

... et des périphéries

À coté, du (ou des) centre(s), on trouve des périphéries. Ce sont des régions moins puissantes et surtout qui possèdent moins (ou pas du tout) de centres de décisions. Elles dépendent donc du centre. Ceci dit, on trouve dans ces espaces périphériques des régions très différentes : des régions en crise industrielle, des régions rurales peu habitées ou des espaces en croissance qui sont en train de rattraper (et peut être demain supplanter ?) le centre.

Trois termes importants pour parler des périphéries :

- **Périphéries intégrées** : pour désigner une région souvent proche du centre et dynamique.
- **Périphéries secondaires :** pour désigner un espace de moindre importance.
- **Périphéries marginales :** pour désigner un espace très peu occupé et comptant très faiblement dans la puissance d'un pays.

Vous retrouverez souvent cette typologie dans nos croquis.

Quels symboles utiliser pour faire mon croquis ?

Pas de fantaisies ! Utilisez toujours les quelques symboles présentés ici pour réaliser vos croquis. Ils sont simples, connus de tous, et faciles à mémoriser et à reproduire. Bannissez le reste et notamment les petits dessins ou symboles personnels parfois très jolis mais peu pratiques et le plus souvent inconnus, difficiles à reproduire et illisibles ! Voici l'essentiel de ce que vous devez savoir à ce sujet.

Rouge, orange et jaune pour vos espaces

Pour hiérarchiser vos espaces, utilisez toujours des aplats de couleurs et utilisez de préférence un dégradé pour mettre en évidence vos centres et vos périphéries. Le mieux, c'est d'utiliser le rouge pour les centres, l'orange pour les périphéries dynamiques, le jaune pour les périphéries secondaires et éventuellement laisser en blanc (ou en vert bien pale) les espaces en déclin.

Hachures ou aplats de couleurs ?

Évitez les hachures. L'expérience montre que le rendu n'est pas très propre et moins lisible. N'utilisez les hachures qu'après avoir utilisé les aplats de couleurs et uniquement pour donner une seconde information d'un espace.

Des flèches et des traits pour les flux et les axes

Si vous devez représenter des axes (c'est-à-dire des axes de communication), faites simplement un trait (par exemple l'axe du Shinkansen sur la carte de la mégalopole japonaise). Si vous devez représenter des flux (c'est-à-dire des mouvements, des déplacements d'hommes, de capitaux, de marchandises…), utilisez toujours des flèches.

Dans tous les cas, faites vos traits et vos flèches proportionnels à l'importance du flux. Par exemple, si vous devez représenter les flux d'immigration arrivant aux États-Unis, faites une grosse flèche qui vient du Mexique et une petite flèche qui vient d'Europe, car les immigrés mexicains sont aujourd'hui bien plus nombreux que ceux en provenance d'Europe.

Des ronds pour les pôles

Les pôles, ce sont surtout les grandes villes. Vous les représenterez de préférence avec un rond (bien rond, si possible !) et, là aussi, de taille proportionnelle à l'importance de ce pôle (donc New York plus gros que Boston).

Des formes géométriques simples pour les figurés ponctuels

Vous aurez très souvent à localiser des ressources d'énergie, des pôles touristiques, des parcs technologiques, des sommets, etc. Dans tous les cas, faites simple et utilisez prioritairement des figures géométriques simples, c'est-à-dire d'abord des triangles, des carrés ou des étoiles. Vous trouverez de nombreux exemples dans nos croquis.

Une légende propre et organisée !

Votre légende est un élément essentiel de votre croquis, donc : soignez-la ! Comment bien faire ? On attend de vous une légende qui utilise les symboles énoncés ci-dessus et qui soit organisée en différents thèmes.

Une légende organisée, cela veut dire que vous ne mettrez pas tous vos symboles les uns au-dessous des autres sans logique. **On attend de vous que vous regroupiez tous les éléments de votre légende en deux ou trois rubriques auxquelles vous aurez donné un titre.** Un croquis, comme une composition, émet en effet des idées.

Comment organiser ma légende ?

Les trois rubriques de votre légende, c'est donc un peu les trois titres de vos parties de composition, c'est-à-dire les trois idées principales de votre croquis. Regardez de près les légendes des croquis que nous avons mis à la fin de ce livre, vous remarquerez qu'elles s'organisent pratiquement toujours de la même façon. Reprenez et utilisez cette façon de faire :

- La première rubrique offre une hiérarchie et une différenciation des espaces. Autrement dit, vous mettez là d'abord les pôles et vos espaces. **Cette première rubrique montre donc une organisation du territoire** (le centre, les périphéries, tous vos aplats de couleurs). Remarquez que cette première rubrique se trouve systématiquement sur tous les croquis.

Le langage cartographique à utiliser dans vos croquis

• Pour les espaces :

- Des aplats de couleurs pour hiérarchiser vos espaces :

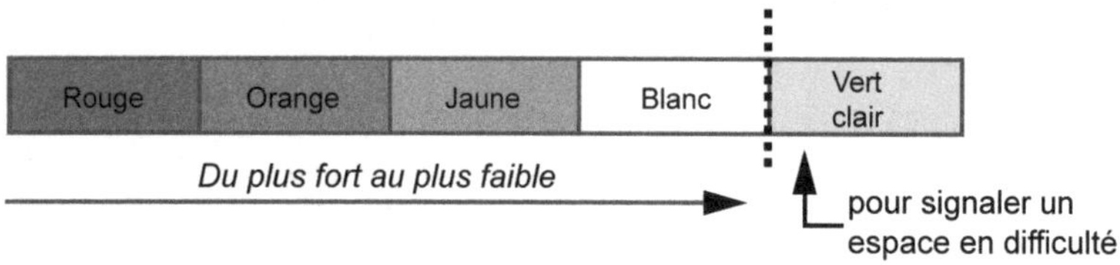

- Des hachures pour indiquer une seconde information :

• Pour les axes et les flux :

- Des traits proportionnels à l'importance de l'axe :

- Des flèches pour tous les flux (marchandises, hommes, capitaux...) :

• Pour marquer une limite sur un territoire :

- Un trait plus ou moins épais (climat, chaînes de montagnes) :

- **Pour localiser un point précis :**

  - Des ronds proportionnels pour les pôles et villes :

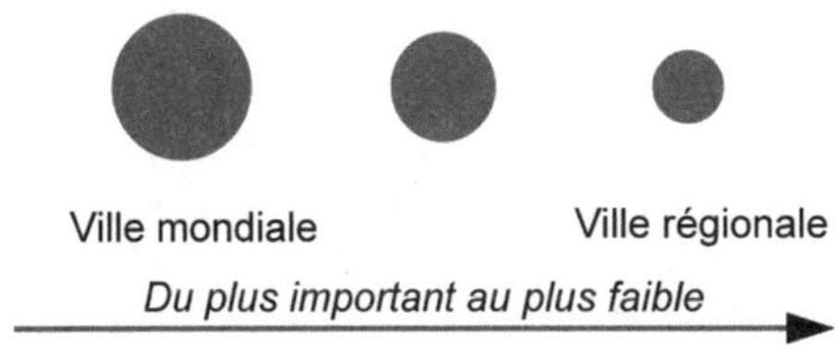

  - Des figures géométriques simples pour les facteurs de localisation ponctuels :

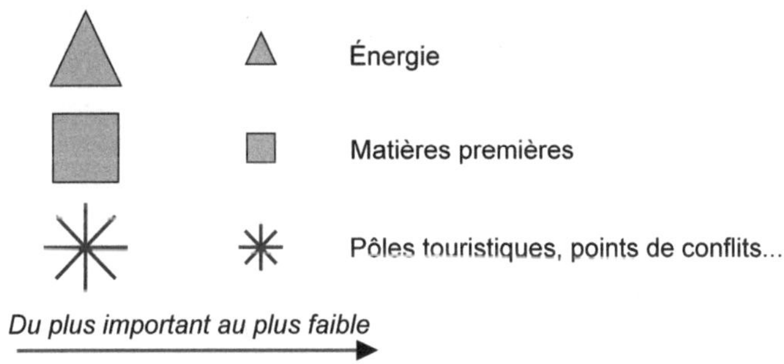

- **Vous pouvez aussi combiner les informations :**

  - Exemple :

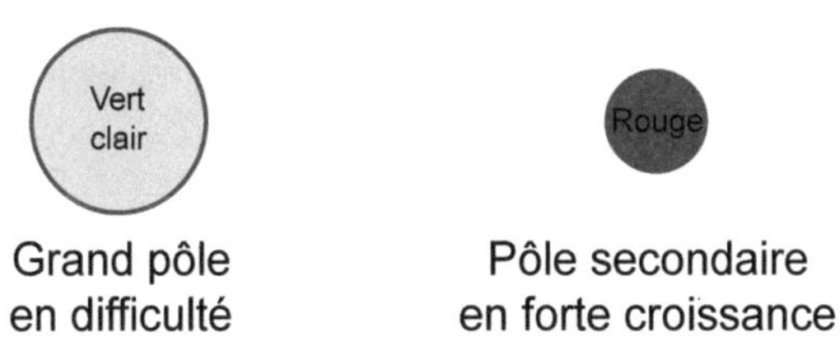

- **Une deuxième rubrique montrera les dynamiques spatiales**. Mais encore ? La première rubrique (l'organisation du territoire) montre une photo de la façon dont s'organise un territoire. Très bien, mais c'est une vision statique du territoire. Et comment tout cela bouge-t-il ? Quelles sont les évolutions en cours ? Quels flux parcourent ce territoire ? Il faut compléter cette vision statique par une vision dynamique. C'est la deuxième rubrique. Observez nos croquis : elle aussi vous la retrouverez presque systématiquement sur tous les croquis. Donc là, tous les flux, les axes et les mouvements.
- Reste à faire une troisième rubrique, pas toujours, mais presque. Là, il faut vous adapter au sujet. Souvent, vous montrerez **les facteurs de l'organisation de l'espace**. Autrement dit, vous partirez à la recherche du « Pourquoi ? ». Pourquoi ce territoire s'organise-t-il comme cela ? Quels éléments principaux peuvent expliquer cette organisation du territoire ? Ressources naturelles, chaînes de montagnes, limites climatiques…

Voilà un bon canevas général pour vos légendes. Bien sûr, il faut parfois vous adapter et quelques (rares) croquis ne rentrent pas très bien dans le plan général ci-dessus (c'est le cas du croquis intitulé « Des Nords, des Suds »). Mais en général, cela fonctionne bien car, le plus souvent, on vous demandera des croquis centrés sur la notion d'organisation du territoire.

Où mettre ma légende ?

ATTENTION !

Surtout ne l'écrivez jamais au dos de votre croquis ou en tout petit riquiqui en dessous de votre croquis ! Utilisez une feuille à part (en général il y en a une de fournie) de sorte que le correcteur puisse avoir sous les yeux en même temps le croquis et la légende écrite de manière propre et ordonnée. Appliquez-vous à soigner et à aérer sa présentation.

Trois atouts supplémentaires pour une bonne note au bac

Une nomenclature précise

N'oubliez pas les principaux noms de lieux ! Combien de croquis au bac retrouve-t-on tous les ans sans aucun nom ! Inutile de vous dire que c'est très pénalisant ! Grandes villes, fleuves, mers ou pays avoisinant… Autant de noms qui doivent figurer sur votre croquis.

À RETENIR

Pour que votre croquis conserve une bonne lisibilité, ayez une certaine cohérence dans les couleurs et les styles. Par exemple, tous les noms de fleuve en bleu, les noms de pays en noir, les noms de ville en rouge, etc.

Un croquis propre et lisible !

CONSEILS DU PROF

Faites le maximum pour réaliser la carte la plus propre et la plus lisible possible ! N'oubliez pas que le jour du bac, les correcteurs ont de grandes quantités de copies à corriger. Lorsque le correcteur ouvrira votre copie, il verra souvent la carte en premier. Une carte soignée sera un avantage immédiat. Donc, appliquez-vous ! Rappelez-vous l'école primaire où vous vous appliquiez à faire de beaux coloriages en tirant la langue ! Et n'oubliez pas que vous avez une heure pour réaliser votre carte, cela vous laisse le temps de peaufiner un peu…

Un beau croquis, avec de belles couleurs !

Eh oui, c'est essentiel ! Alors appliquez-vous, écrivez proprement, faites attention à ce que vos localisations soient justes, et faites un coloriage, avec de beaux aplats, de belles flèches et pas de vulgaires gribouillages ! Cela n'a l'air de rien, mais le soin sur le croquis compte pour beaucoup dans la note finale. D'autant que ces dernières années, la qualité des croquis réalisés au bac est en hausse, preuve que les élèves de terminale y accordent toute leur attention ! Et ils ont bien raison ! Le croquis n'est pas une épreuve difficile et elle rapporte facilement des points ! Avec la notation globale de votre copie, vous pouvez même être presque certain que, même si votre composition est en partie ratée, un excellent croquis vous sauvera la mise et vous empêchera d'avoir une note inférieure à 9 ou 10. Rassurant, non ?!

N'oubliez pas votre trousse de travail !

ATTENTION !

Pour réaliser un croquis propre et soigné, il vous faudra du bon matériel. Donc, n'oubliez pas vos crayons de couleur et bannissez absolument les surligneurs ! Vous aurez donc absolument :

- Des crayons rouge, orange, jaune, vert, bleu et brun (et bien taillés !).
- Des stylos de différentes couleurs ou des feutres fins pour écrire tous vos noms de lieux.
- Un crayon de papier et une gomme.

C'est tout bête, mais le jour du bac c'est tellement important ! Rien à faire, avoir de bonnes notes, cela se prépare !

Deuxième partie

Trucs, astuces et coups bas

Dans cette partie…

Place aux conseils, astuces et autres trucs… Mon premier conseil : ne le prêtez à vos camarades qu'avec un énorme élastique !

Chapitre 5

Quelques conseils au Nul qui sommeille en vous

Dans ce chapitre :

- Transcendez les interdictions
- Domestiquez le risque
- Méfiez-vous (un peu) de vous
- Apprivoisez le passé
- Ajoutez un parfum de fraîcheur à vos connaissances
- Devenez familier des grands de ce monde
- Domestiquez le risque
- Domptez vos lectures

Transcendez les interdictions

Il est strictement interdit de tricher, et vous ne trouverez nulle part ici un conseil qui vous pousserait à frauder. Si le bac vous fait peur… et si vous avez pris de mauvaises habitudes, il faut vous contraindre à la discipline de l'examen. Vous avez beaucoup trop à perdre si vous vous faites surprendre. Inutile de vous rappeler que tout examen vous est interdit pour cinq ans en cas de fraude avérée.

En revanche, vous pouvez recycler bien des choses. Si vous avez eu recours, pendant les contrôles, à ces pratiques malhonnêtes, il est déjà établi que vous savez gérer le stress… Ce qu'il vous faut, c'est une simple récupération d'énergie. Au lieu de veiller à la bonne synchronisation du coup d'œil salvateur avec l'inattention des surveillants, investissez votre potentiel d'attention sur l'épreuve proprement dite. Si consulter une pompe vous a rassuré, sachez que, en vous mettant en danger d'être surpris, vous vous êtes placé dans des conditions bien plus hostiles que celles du bac.

Pour les plus intoxiqués de la tricherie, les *desperados* qui n'ont peur de rien, qui ont leur escadrille d'antisèches peaufinées et toutes prêtes à l'emploi, je ne vous demande pas de les brûler. Trop de travail a été fait. S'il est vrai qu'en histoire, sans connaissance, on est vraiment perdu, et si vous ne pouvez pas vous passer du soutien de vos préparations, faites en sorte qu'elles soient sous vos yeux... virtuellement. Cela demande une bonne préparation et du matériel. Associez une fiche, un cours, un thème avec un objet que vous aurez sous les yeux lors de l'examen. Vous mettrez ainsi de votre côté le stade symbolique de la pensée. Les surveillants perçoivent un surligneur, un crayon, un capuchon, et vous, vous revoyez le contenu de la fiche qui lui est accolée. Ce truc marche, je vous le garantis... Il n'y a même plus tricherie, simplement un mode efficace d'intégration des connaissances. Vous avez le droit de ruser pour réussir, pas de tricher, vous savez très bien où se situe la limite.
En géographie, si vous ne pouvez graver la photographie des cartes et de leur légende dans un recoin de votre cerveau, utilisez le même truc en disposant ces objets les uns par rapport aux autres.

Apprivoisez le passé

L'historien ne travaille pas sur de la matière morte. Même si les événements qu'il relate sont enfouis dans un passé lointain, il doit s'imprégner des lieux, du contexte, des mentalités, de l'atmosphère pour rendre compte judicieusement des faits. Vous pouvez intégrer cette démarche en vous projetant... mentalement dans les époques du passé. Les soixante dernières années sont loin d'être uniformes. Pensez aussi aux différentes conditions sociales, au regard de la société, aux normes en cours alors. Faites-vous un jeu de rôle, mettez-vous dans la peau d'un quinquagénaire français à la Libération, d'un jeune appelé de 18 ans en 1958, d'une jeune fille enceinte au bord du mariage en 1965, d'un Russe soviétique de trente ans en 1975, d'un fellagha en 1961 et bien d'autres personnages traversant le vaste programme que vous intégrez. Fouillez leurs émotions, cherchez quelles sont leurs peurs, leurs espoirs. Pesez le contexte : que savent-ils ? comment sont-ils formés ? informé ? de quels moyens techniques disposent-ils ? l'environnement légal est-il une protection ou une menace ? Vous comprendrez ainsi la joie d'un républicain pur jus, à l'annonce de la victoire de Reagan. Si un anachronisme survient dans ce songe, comprenez-le et sachez évaluer en quelle mesure cela change la donne. Vous ne verrez pas un soixante-huitard envoyer un SMS à ses parents pour leur dire qu'il ne rentrera pas ce soir et qu'il est avec ses copains au Quartier latin. Plongez, vous avez le billet de retour en poche.

Devenez familier des grands de ce monde

Autre démarche presque similaire, mais là, il ne s'agit plus d'histoire d'en bas. Vous pouvez flatter votre côté mégalo. Cette fois-ci, tournez votre imagination vers les biographies nécessaires et obligatoires. Devenez l'éminence grise de tous ces personnages panthéonisés par votre manuel d'histoire, leur conseiller, celui qui a plus d'un coup en avance sur la partie d'échecs du temps. Prenez un moment crucial de leur carrière et glissez le commentaire que vous voulez, vous devez le convaincre de ne pas faire une erreur ou de faire le bilan. Cela peut être facile, du genre : « Non, pas de décapotable aujourd'hui, y'a un vent frisquet sur Dallas, et vous êtes déjà enrhumé, Monsieur le Président », mais cela peut soulever bien des interrogations. Que diriez-vous à Guy Mollet alors que se profile la crise de Suez ? Toute une argumentation doit être déployée, et elle doit tenir le coup. Cela vous force à connaître un peu mieux vos interlocuteurs aussi, avec peut-être leur défauts... du moins ceux qui peuvent être soulignés en classe de terminale. Les correcteurs ne sont pas friands de petite histoire, les maîtresses comptent peu, désolé Bill, François et les autres. En revanche un penchant sur l'alcool ou toute autre maladie est une bonne information. Ne vous en privez pas, lâchez-vous, l'imagination n'est surtout pas à mettre au rancard. Un historien désormais retiré, Antoine Prost, a récemment fait la liste de toutes ses incarnations dans un joli discours d'au revoir, cela n'a jamais nui à sa carrière.

Ajoutez un parfum de fraîcheur à vos connaissances

Ce point concerne surtout la géographie. Une semaine avant l'épreuve, faites le tour de l'actualité, de la situation économique générale et des régions étudiées. Vous pouvez retenir un fait nouveau par chapitre et l'assener à la fin de votre copie. Vous y ajouterez un commentaire approprié. Là, vous avez le choix entre deux pistes : dire soit « avec ce point, la situation change nécessairement », soit « cela confirme bien la situation décrite ». Au moment où cet ouvrage est rédigé, le baril de brut vient de franchir la barre des 100 $, imaginez la suite à donner à cette information.

Domestiquez le risque

L'histoire, en épreuve courte ou longue ? La part de hasard est grande dans cette discipline. Aucun pronostic n'est possible. Le tirage au sort est un fait réel, avec toutes ses surprises et incertitudes. Vous devez admettre ce fait, et travailler à part égale en histoire et en géographie. Cependant, pour l'histoire, il est possible de vous proposer une approche rationnelle... et économe en temps et en ressources mentales.

En se basant sur l'épreuve courte

Travaillez à fond cette épreuve : elle est courte et obéit aux mêmes consignes quel que soit le texte. Entraînez-vous régulièrement dans cette optique. C'est un très bon exercice d'ancrage du cours. Votre manuel regorge de documents de ce type. Certains d'entre eux se retrouvent régulièrement comme sujets du bac. Avec une certaine pratique, vous pourrez discerner les trois ou quatre questions pouvant accompagner un texte livré brut devant vos yeux. Je vous rappelle qu'il doit y avoir une présentation critique (traduction : vous devez définir de quelle nature est ce document, à qui il est destiné), un décodage de certaines expressions et la connaissance de la période avec ses tenants et ses aboutissants (retraduction : période précédente/suite, liens causes/conséquences). Le tout est que vous sachiez donner la mesure de ce document et son poids par rapport au contexte concerné. Enfin, que ce soit pour la composition, le plus souvent une question de restitution de cours, ou pour le dossier de documents, le savoir-faire déployé trouvera une application adéquate. En géographie, un croquis bien maîtrisé et bien mémorisé permet d'asseoir la façon dont les territoires concernés sont hiérarchisés, et donc d'y retrouver ce qu'il faut voir dans les études de documents multiples, et ce qu'il faut décrire dans les compositions.

En connaissant les impasses et les obligations tacites

Le baccalauréat est une institution, sachez que les sujets proposés ne doivent pas mettre en difficulté le gouvernement en responsabilité, voire le pays en entier, en soulevant des polémiques trop vives. Il a fallu attendre 2004 pour qu'un sujet soit axé sur la guerre d'Algérie, il n'y a jamais eu de sujet centré sur le Proche et le Moyen-Orient, les condamnations des hommes politiques par les tribunaux n'ont pas à être disséquées en cours, encore moins se retrouver au centre d'une composition de bac.

Cette règle implicite du politiquement correct ne cherche pas uniquement à ne pas déplaire. On y retrouve aussi une certaine complaisance, voire un certain esprit courtisan. Bien que l'histoire immédiate ne soit pas l'objet de votre programme, on a vu proposer, comme document aux épreuves d'histoire au bac, des extraits de discours du président Chirac ou de M. de Villepin. Ces documents donnent une image louable des dirigeants en fonction. Tenez-en compte.

Il faut en tirer le principe d'écarter tout ce qui peut déplaire et de discerner, dans la communication gouvernementale de ces dernières années, ce qui pourrait « coller » au programme du bac.

En possédant par cœur le programme minimum

Un programme minimum, vos professeurs vous diront qu'il n'y en a pas, que tout le programme doit être balayé et intégré. D'expérience, on peut dire, sans risque, que l'on peut se contenter d'un tiers du programme. Bien dominer tout ce qui est centré sur la France ne vous handicapera pas. Évidemment, toute la nuance est dans cette maîtrise. Il faut non seulement connaître la vie politique de 1945 à nos jours, en particulier l'intégralité du « petit de Gaulle illustré » mais aussi le chapitre sur l'évolution économique et sociale du pays ainsi que celui sur la place de la France dans le monde. Par la bande, vous aurez effleuré le processus de construction européenne, la décolonisation et la guerre froide…

Ayant fait cela, il n'y a aucun risque de se retrouver totalement « à sec » au bac. Cependant ce conseil vous fait simplement partir à la guerre avec une seule balle dans son fusil. Il faut savoir tirer juste, un seul sujet se présentera à vous… et vous devrez être particulièrement brillant si vous vous retrouvez avec l'histoire en épreuve courte.
En géographie, cet exercice est vain, surtout pour les S dont le programme est très resserré sur quelques questions assez précises.

En intégrant le clan des minoritaires

- **minoritaire** dans le tas de copie… en prenant la composition. Cela demande que vous vous entraîniez pour maîtriser l'exercice ;
- **minoritaire** géographique si vous êtes d'une contrée « exotique » : Pondichéry, océan Indien, Amérique du Nord, Liban ; vous pourrez remarquer que les sujets comportent une inflexion régionale.

Méfiez-vous (un peu) de vous

L'histoire est une science, humaine certes, mais c'est une science. Depuis Thucydide, les historiens s'efforcent d'avoir un regard objectif sur les faits de société, sur les joies et les malheurs des hommes.

Vous devez vous mettre dans la position de ces observateurs pour comprendre la démarche de l'historien. Trois attitudes totalement différentes y font obstacle :

- Une posture de looser… l'indifférence, l'ignorance, le désintérêt, voire l'abrutissement… etc. Vous avez peut-être perçu une critique de ce genre de la part de vos profs. Ce comportement ne vous est pas marqué éternellement au fer rouge : je suis sûr que c'est plutôt la coquille scolaire et obligatoire qui vous pèse et vous rend imperméable aux cours et à des exercices tout à fait artificiels.

- **Solution** : pour vous sortir de cette ornière, reposez-vous sur votre orgueil. On dit que vous êtes un piètre chasseur ? Les connaissances qu'il vous faut intégrer, ce sont des cartouches. Mettez-vous à la chasse de la naïveté, traquez les sous-entendus, pistez les causes et dénichez les conséquences. Réveillez le prédateur qui hiberne et remplissez votre gibecière. L'auteur de ces lignes n'est pas du tout chasseur. Faites simplement un effort sur vous pour ne pas rester coincé par des résultats peu reluisants.
- Une démarche partisane. C'est tout le contraire, rentrez les flingues !
- **Solution** : l'histoire ne vous est pas indifférente. Mais il semble que c'est votre perception de l'histoire que vous défendez. Vous avez tout faux aussi. Prenez de la distance : comprenez que d'autres positions, d'autres avis existent, découvrez quels en sont les logiques. On est dans le cadre d'une discipline scientifique et non dans un débat électoral. Si vraiment vous êtes un militant convaincu, imaginez le pire pour vous : avoir à commenter un texte défendant totalement l'inverse de vos convictions… et faites-le.
- Une série de clichés trop fortement ancrés : si pour vous l'Extrême-Orient, c'est partout du chinois et que l'Amérique se limite aux séries vues et revues depuis que vous regardez la télé, il vous faut réagir promptement.
- **Solution** : envisagez toutes les diversités. Qu'est-ce qui distingue la Corée de la Chine, du Vietnam et du Japon ? En quoi un « red neck » du Middle West est-il aussi pauvre qu'un habitant des quartiers défavorisés de Nouvelle-Orléans, que représentent-ils dans la société, sont-ils proches pour autant ? Si vous faites l'effort plusieurs fois de dépasser des lieux communs erronés, vous serez sur la bonne voie en géographie.

Pour les plus acharnés des militants fanatiques, imaginez le sourire de votre adversaire politique si vous échouez au bac à cause de lui.

Paraphrasez Henri IV, le bac vaut bien une pause partisane. Et la vie en commun aussi : la guerre civile, vous savez, ce n'est pas exaltant…

Domptez vos lectures

Votre comportement se trahit de lui-même. Vous lisez ce livre pour rechercher les indications que vous n'avez trouvées ni dans votre cours ni dans votre manuel. D'autres lectures sont valables mais comment se repérer dans cette foultitude de livres ? Pour le bac, laissez-vous guider par les éditeurs scolaires. Ils ont trop à perdre, le mien aussi, pour vous refiler un contenu discutable. Mais quand il s'agit d'approfondir sur un point qui vous intrigue, vous êtes beaucoup plus démuni.

Comment savoir si ce qui vous est proposé est sérieux ou non si vous ne connaissez ni la maison d'édition ni l'auteur ? Voici quelques critères de sérieux qui peuvent vous guider. Regardez la table des matières ou le sommaire. Est-ce détaillé et explicite ? Quelle est la teneur des notes, contiennent- elles les références précises à des ouvrages, documents ou archives ? Regardez l'index : sépare-t-on les lieux des personnes ? Si tous ces éléments sont réunis, vous avez dans les mains un ouvrage qui se veut historique. Aucune autre chose peut être dite, il peut être rigoureux dans la forme et complètement loufoque, au minimum, quant au contenu.
En géographie, regardez surtout de quand date l'information. En effet, même si le relief ne change guère, vous ne pouvez pas recycler l'ouvrage qui a permis à vos parents d'avoir leur bac ni celui qui a sauvé votre cousine il y a dix ans. La situation économique s'étant emballée, des manuels ou des informations vieilles de cinq ans sont déjà trop anciennes. Les grandes lignes se voient certes mais les commentaires n'ont plus la même acuité. C'est bien pour ça que, pour ce livre, on renouvelle scrupuleusement les informations d'une année sur l'autre.

Si vous recourez à Internet, vous vous retrouvez avec le même problème multiplié par cent. Vous pourrez toujours trouver quelque chose qui vous dépannerait, une antisèche peut-être, mais sans trop de garantie de sérieux. Ayez toujours votre sagacité en alerte pour dénicher les partis pris.

CONSEILS DU PROF

Suivez ces quelques pistes pour ne pas vous perdre. D'abord, copinage et compétence obligent, les clionautes, association de profs d'histoire et de géographie scotchés sur leur clavier, www.clionautes.org, puis ces sites, au départ animés par de simples profs qui se sont professionnalisés par la suite : Éric Ranguin avec http://erra.club.fr/index.html et François Caremel http://www.histoire-geo.org/ . Tous ces sites vous proposent une sélection de renvois qui suffiront largement pour vous préparer au bac. N'oubliez pas aussi de confronter vos connaissances à une sélection très complète de documents. La base cliotexte, http://hypo.ge-dip.etat-ge.ch/www/cliotexte sert à tout le monde, y compris à vos profs pour préparer les contrôles… vous pouvez les devancer.

Chapitre 6

Mobilisez vos ressources

Dans ce chapitre :

- Détournez les programmes annexes
- Connaissez le mode d'emploi du correcteur
- Sachez que vous avez des alliés dans la place

Détournez les programmes annexes

En vous appuyant sur l'ensemble de vos matières

Les connaissances engrangées peuvent venir d'autres horizons. Les candidats qui préparent un bac ES sont particulièrement gâtés sur ce point. Le programme d'histoire chevauche quelque peu ce qui est abordé en économie. Il faut absolument savoir faire la distinction entre les deux approches… et les deux publics de correcteurs. Pour résumer, en histoire, il est attendu une plus grande précision chronologique, la prise en compte des différents points de vue et un regard critique sur les documents d'alors. En géographie, il faut s'intéresser aux répercussions spatiales des phénomènes économiques étudiés en cours d'économie.

Les littéraires pourront recycler leur bagage culturel propre, oui, vous en avez, rigolez pas…. Pour les S, on vous a tellement dit que vous êtes sur la voie royale qu'il doit y avoir une part de vérité, non… en tout cas, il semble que vous avez de grandes ressources.

Pour l'ensemble, vous avez abordé les questions de fond concernant l'histoire en philosophie. Dans tous les cas, il ne faut ni cloisonner son esprit en petites cases scolaires étanches, ni avoir un cerveau gainé de téflon sur lequel tout, ou presque, glisse.

En réorientant l'ECJS de façon utilitaire

L'éducation civique, juridique et sociale vous est dispensée depuis la seconde à raison d'une heure toutes les quinzaines. Souvent ces séances sont assurées par un enseignant d'histoire-géo. Vous pouvez, si votre professeur ne l'a pas décidé seul, mettre ce temps scolaire au profit de votre préparation au bac… tout en respectant les textes. Les quatre thèmes à aborder peuvent aisément être détournés pour se caler sur le programme d'histoire. On ne doit pas dire ici que bien des profs considèrent cette heure ainsi.

Si vous vous y prenez à temps, il ne tient qu'à vous d'être suffisamment organisé et convainquant pour persuader votre classe et le professeur de se pencher sur telle ou telle question plus qu'une autre. Après tout, l'un des objectifs majeurs de l'ECJS n'est-il pas de savoir mener un débat ?

Détournement de l'ECJS, mode d'emploi

Tableau 6-1 : Un peu de recyclage…

Thèmes	Mode d'emploi utilitaire
Citoyenneté et évolution des sciences et techniques	Recoupe le premier point du programme, une question du type : « Comment les sociétés ont-t-elles réagi aux innovations techniques ? » vous permettrait de faire le bilan.
Citoyenneté et exigence de justice et d'égalité	Se retrouve avec le bilan de la Seconde Guerre mondiale (Nuremberg) et avec tous les points concernant les relations internationales : voyez le rôle que jouent Amnesty International ou les époux Klarsfeld.
Citoyenneté et construction européenne	À traiter surtout si vous êtes en S, puisque un sujet peut tomber là-dessus, comme en 2005, alors que ce n'est pas au centre de votre programme.
Citoyenneté et mondialisation	Conduisez un débat sur l'ONU, son rôle, son organisation et son bilan dans l'histoire… Voyez bien si la mise en concurrence des territoires est la seule manifestation de la mondialisation.

En se mettant les langues dans la poche

Le programme que doivent suivre vos professeurs de première langue vivante doit traiter de thèmes très proches de ce qui est demandé en ECJS. En outre, en plus du vocabulaire, vous étudiez la société des pays dont vous apprenez l'idiome. Vous mobiliserez donc des éléments de connaissances communs avec ce que vous voyez en histoire, que ce soit en anglais, avec les modèles américain, en allemand, avec tout ce qui concerne la guerre froide, les réfugiés et la réunification, en espagnol avec la movida, Cuba et les années de dictature militaire en Amérique du Sud. Voyez aussi dans quels lieux se déroulent les scènes des films ou séries. Sont-ils précis ou génériques ? En quoi ce choix soutient-il l'histoire ? Il se peut que quelques films comme *Forest Gump* ou *Good bye Lenin* vous soient conseillés en VO… ou même que des extraits vous soient projetés, car tout enseignant sait qu'il est illégal et antipédagogique de transformer une heure de cours en séance de cinéma. En tout cas, tout cela peut renforcer votre réserve de connaissances utiles, ne vous en privez pas en cloisonnant trop.

Sachez jauger un sujet bancal

Oui, quelquefois, le sujet peut devenir votre pire ennemi. Cette éventualité n'est pas si rare : d'expérience, au bac 2003, l'épreuve courte à partir d'un texte de Primo Levi, et en 2005, le dossier de documents sur la culture jeune, ont permis de constater que les questions mettaient le candidat en difficulté s'il venait à y répondre littéralement.

Ayez donc en arrière-plan un programme de veille qui tourne… une ritournelle qui doit revenir de façon récurrente : nous sommes en histoire – nous sommes en histoire – nous sommes en histoire – nous sommes en histoire – et pas en littérature, en sociologie et encore moins en morale. Votre correcteur s'attend à une démonstration de votre maîtrise de la connaissance des épisodes du passé. Veillez donc toujours à centrer votre travail sur des points d'histoire, à étayer votre argumentation sur des événements, des faits, des comportements, des personnages clairement situés. Vérifiez toujours si vous avez précisé de QUOI il est question, QUI sont les protagonistes, QUAND et OU cela s'est passé, COMMENT et POURQUOI, enfin, quelles sont les CONSEQUENCES. Bref, n'oubliez surtout pas la consigne QQQOCPC en route.

Et si la question semble vous en exonérer, désobéissez, c'est un ordre et faites-nous une copie d'histoire.

Apportez cette bonne valeur ajoutée qui fera la différence.

Connaissez ce qu'il faut d'un correcteur

Le correcteur est une espèce éphémère d'humain. C'est une métamorphose saisonnière de certains professionnels de l'éducation qui connaissent bien ce qu'on peut attendre d'un candidat au terme de sa terminale. Quelques-uns y échappent, et sont jalousés par le reste de la corporation, mais tous sont sous la menace d'une convocation tardive mettant en pièces tout projet d'évasion anticipée. La première émotion, annonçant la mutation du prof, vient à la lecture de la convocation. Enfin, il, ou elle, sait où prendre ses copies.

Au moment où vous passez l'épreuve, comme tout professeur consciencieux, il se précipite sur un sujet. Il râlera tout seul dans son coin ou s'épanchera sur le Net contre l'ineptie de certains sujets. Ça arrive régulièrement, hélas, mais une fois proposés, on ne peut revenir dessus. En même temps, il établit les grands axes de sa propre correction. Il lira, ou ne lira pas, les consignes généreuses qui accompagnent le tas de copies. Une fois celles-ci retirées, il dispose d'une bonne semaine, chez lui, pour corriger et donner son verdict sur près de 80 candidats : ce n'est pas un boulot harassant, mais le travail est accompli avec un grand sérieux. La correction d'une copie complète prend une demi-heure en moyenne : vous leur faciliterez grandement le travail en étant lisible.

CONSEILS DU PROF

Des pressions, vous dites des pressions ?

Innovation majeure du bac 2006 confirmé en 2007, les modalités de correction sont désormais étroitements encadrées. Le correcteur n'est plus laissé seul face aux copies pendant tout le temps de correction. Toute une procédure pyramidale de coordination est mise en place. Pour votre copie, elle comprend trois étapes, une première où tous les correcteurs du jury doivent s'entendre sur le niveau de notation en travaillant sur les mêmes copies, une seconde, à mi-correction, où les notes sont communiquées à un coordinateur... qui s'empresse de signifier à l'un ou à l'autre que ses moyennes sont particulièrement « dissonantes ». Enfin, après la restitution, le correcteur se voit rendre un profil détaillé de ses notes en fonction des options qu'ont présentées les candidats. Les correcteurs se voient le plus souvent dire de remonter leurs notes, rares sont ceux à qui l'on demande de les diminuer.

Au mieux, cette procédure évite les corrections chaotiques, au pire, cela témoigne d'une volonté de rabaisser le niveau d'exigence.

Là, plusieurs approches se dessinent. Les copies peuvent être corrigées les unes après les autres dans l'ordre du paquet ; ou dans un désordre anarchique, du genre « tiens ; j'ai une petite heure ; je fais deux copies » mais une très grande partie d'entre eux sont méthodiques. Ils font des paquets de copies par sujet. Il y a donc, en théorie cinq à six tas sur le bureau. En réalité, on ne voit qu'une pile, et quelques copies éparses. Un long soupir accompagne ce constat : « Pff… Ils ont encore tous pris le commentaire d'un dossier de documents… » Puis les plaintes ponctueront de longs silences ; avec quelques exclamations, de joie parfois. Ces deux expressions sont dûment rythmées par des annotations en rouge sur la copie. Une fois les copies rendues, le correcteur revoit ces travaux lors de la réunion du jury qui préside aux quelques ajustements décidant du sort des candidats. La note peut alors évoluer, jamais baisser, au gré de votre dossier et de l'impression que donne l'ensemble de vos copies aux correcteurs réunis.

Après cette séance, le correcteur ne sait pas du tout ce qu'il va faire les jours suivants. Ne sachant pas si les candidats ont choisi ou non leur matière au rattrapage, il se rend une nouvelle fois au centre d'examen pour parfois apprendre qu'il n'y a personne à interroger… S'il ne se présente que deux ou trois candidats, c'est pire, car il ne peut prétendre à être totalement indemnisé de cette journée… Sachez-le, vous pourrez décoder le sourire crispé qui vous accueille. Enfin, si la joie se lit pour la majorité de candidats reçus, elle est là aussi dans le cœur du correcteur. Il va avoir un mois et demi de vacances pour retrouver, en peine forme, son état de professeur.

Savez-vous qu'on vous facilite la vie en haut lieu ?

Là, on entre vraiment dans la zone interdite, celle qu'il ne faut pas dévoiler aux élèves sous peine de perdre totalement une crédibilité péniblement installée. En effet, pour un prof normal, l'épreuve du baccalauréat demande constamment travail et rigueur, les connaissances doivent être maîtrisées pour permettre aux meilleurs de faire part d'un esprit critique apprécié à sa juste valeur. Et voilà, l'inspection générale, c'est-à-dire la plus haute instance pédagogique supervisant le bac, annonce, fin 2006, que les sujets de composition ne peuvent excéder une douzaine, encore moins pour les séries S. Tous les sujets reprenant l'intitulé des chapitres du programme. Donc, en haut lieu, il est dit, entre les lignes, qu'un candidat moyen qui a appris par cœur une dizaine de plans types en sachant presque écrire convenablement doit être assuré d'avoir la moyenne. À vous d'en tirer les conséquences pratiques…

LE TRUC

Les attentes du correcteur face aux copies

- Une présentation claire et structurée
- Une bonne maîtrise des connaissances
- Une lecture fine et critique des documents
- Une copie se jouant des pièges de consignes mal fagotées

Troisième partie

Le programme d'histoire

Dans cette partie…

Le programme d'histoire fait parfois peur ! Il faut dire qu'il est ÉNORME !!! Mais pas de panique, le voici présenté de façon claire et synthétique… Au programme du bac : le monde depuis 1945, l'Europe depuis 1945… et enfin… la France. Un vrai plan en poupées russes.

Chapitre 7

Le monde en 1945

Dans ce chapitre :

- Les connaissances que vous avez certainement mémorisées
- Le plus lourd bilan du siècle
- Les bases du second XXe siècle

CONSEILS DU PROF

Apprendre à décoder le programme

On vous fait commencer par un état des lieux en 1945. En réalité, il faut faire un véritable *flash-back*. Surtout si votre professeur a quelque peu traîné dans son traitement du programme de première et que, de ce fait, la Seconde Guerre mondiale est passée à la trappe. On ne va pas vous dire que c'est de votre faute, que vous avez tout oublié pendant les vacances… si ? ah bon !

Attention, ce chapitre introductif est souvent vite expédié. Il vous prend alors que vous n'êtes pas encore dans le rythme, la tête encore embrumée de ces sacrées vacances. Si vos professeurs abordent consciencieusement le programme, portez-y toute votre attention, vous ne retrouverez nulle part ailleurs un approfondis-sement sur le fonctionnement de l'ONU.

Petit jeu pour s'échauffer dans la première partie : où est-il fait mention des personnages suivants – Staline, Churchill, Eisenhower, Rommel, Mac Arthur et Joukov… Vous pouvez souligner les allusions.

Les connaissances que vous avez certainement mémorisées

1937-1941 : deux foyers de guerre

Les causes profondes trouvent leurs sources dans la Première Guerre mondiale et dans la crise de 1929 : peur du bolchévisme-stalinisme, sentiment d'humiliation allemand, stratégie de sortie de crise par l'effort de guerre et la conquête impérialiste.

Le conflit sino-japonais commençant en 1937 marque le début de cette période de guerre.

En Europe...

À RETENIR

En Europe, plusieurs coups de force permettent à Hitler d'extorquer des agrandissements du territoire allemand. La faiblesse des puissances européennes conduit Staline à réviser son attitude hostile à son encontre. Le 23 août 1939, un **pacte de non-agression** germano-soviétique est signé. Le 1er septembre, l'Allemagne s'attaque à la Pologne. La France et le Royaume-Uni soutiennent leur allié, la guerre est déclarée le 3.

La Pologne est balayée en moins d'un mois, elle est démembrée entre Allemands et Soviétiques, concrétisant les clauses territoriales du pacte. Les belligérants se font face avec deux approches différentes de la guerre : les Alliés optent pour un siège, espérant voir s'écrouler leur ennemi faute de ressources, l'Allemagne porte toutes ses forces sur des coups décisifs, brefs, où le choc créé par des divisions blindées et la mobilité des troupes permettent de submerger l'adversaire. La **Blitzkrieg** réussit, le Danemark et la Norvège sont pris en avril 1940. En mai-juin, la France subit une défaite cuisante en six semaines. En avril 1941, l'Allemagne et ses alliés prennent le contrôle des Balkans.

En Asie...

En Asie, le Japon contrôle la « Chine utile ». Depuis 1937, une guerre massive et inexpiable est livrée. Les massacres perpétrés à la suite de la prise de Nankin en sont l'exemple.

1941 : changement de dimension, la guerre devient mondiale

Les États-Unis entrent dans la guerre par étapes. Dès 1939, les Américains vendent des armes à la France et au Royaume-Uni. Au printemps 1941, la **loi prêt-bail** permet de livrer sans contrepartie armes, munitions, approvisionnement aux Alliés. En signant la **Charte de l'Atlantique**, pendant l'été 1941, le président Roosevelt s'implique politiquement en définissant un but précis au combat à livrer, dans le cadre de la défense des principes démocratiques. Lorsque le Japon attaque par surprise les États-Unis le 7 décembre 1941, ce pays a déjà un rôle décisif dans le conflit mondial. La machine de guerre est déjà en place, il lui faut un certain temps pour tourner à pleine vitesse.

En Europe, le 21 juin 1941, l'offensive massive contre l'URSS surprend une armée totalement désorganisée. Les Allemands et leurs alliés progressent profondément dans le territoire soviétique mais ne peuvent pas prendre Moscou. Dès les premières conquêtes commencent des séries de massacres où juifs et communistes sont exécutés. Les Allemands changent de type de guerre, c'est désormais une lutte à mort idéologique et raciale.

1942 : guerre totale et retournement

Toutes les ressources de l'Europe occupée sont mobilisées pour soutenir l'effort de guerre de l'Axe. Le rationnement touche désormais les civils allemands. Lors de la **conférence de Wahnsee**, au début de l'année, les dirigeants nazis prennent la décision d'exterminer tous les juifs d'Europe. Sa mise en œuvre est rapide.

L'armée japonaise connaît une progression foudroyante, chasse les Américains des Philippines, atteint les portes de l'Inde, prend Singapour et menace le nord de l'Australie. Les Allemands avancent jusqu'aux contreforts du Caucase.

Mais l'Axe éprouve ses premiers revers, Midway et Guadalcanal pour le Japon. En Afrique du Nord, après avoir perdu la bataille d'El-Alamein, l'Afrika Korps se retrouve pris en tenailles par le débarquement au Maroc et en Algérie. La bataille de Stalingrad, par son ampleur, sa durée et le grand nombre de prisonniers allemands faits à son issue, prend tout son caractère symbolique.

De 1943 à 1945 : un long chemin vers la victoire

En 1943, les Anglo-Américains débarquent en Sicile puis en Italie. Bien qu'ils ont pris pied sur le continent, nous sommes loin du **second front** que réclame Staline pour soulager ses troupes. Celui-ci n'est créé qu'en juin 1944 par le débarquement en Normandie, puis en Provence en août. À la fin du printemps 1944, l'intégralité du territoire soviétique est libérée.

Une grande partie des généraux allemands tentent alors de se débarrasser d'Hitler : une tentative d'attentat à son encontre échoue en juillet 1944. L'Allemagne lance ses armes secrètes contre les Alliés, missiles et avions à réaction, et organise de violentes contre-offensives pendant l'hiver (Ardennes, Budapest). En 1945, les armées alliées entrent en Allemagne, passent le Rhin à l'ouest et envahissent la Prusse à l'est. Elles découvrent l'horreur des camps allemands. Soviétiques et Américains se rejoignent en avril 1945, à Torgau, sur l'Elbe. Berlin est prise après un long bombardement de l'artillerie soviétique. Hitler se suicide. Ses successeurs signent la **capitulation** le 7 et le 8 mai 1945.

Dans le Pacifique, les Américains avancent par « saut de mouton », en concentrant leurs efforts sur certains archipels ou îlots étapes vers les conquêtes ultérieures, en ignorant d'autres. Le contrôle des mers est effectif à la fin de 1944. La prise d'Iwo Jima, en mars 1945, met le Japon à portée des bombardiers. Le 6 août 1945, la ville d'Hiroshima subit **le premier bombardement nucléaire** ; le 8, l'armée soviétique fond sur les troupes japonaises en Chine ; le 9, une seconde explosion nucléaire détruit Nagasaki. Le Japon capitule le 2 septembre 1945.

À RETENIR

1945, l'année des capitulations en série

Gravez ceci dans votre mémoire ! En 1945, pour l'Allemagne et le Japon, il n'y a que des capitulations. Et pour vous excuser, ne venez pas dire que tout le monde fait cette gaffe. C'est vrai, même les plus hautes instances s'emmêlent à ce propos.

Pour vous en souvenir, sachez qu'en cas d'armistice, il y a toujours deux armées, deux gouvernements : Il y a certes des vainqueurs face au vaincus… mais les deux pouvoirs se reconnaissent.

En cas de **capitulation**, seule existe la loi du vainqueur…

Le plus lourd bilan du siècle

La plus grande catastrophe humaine du XXe siècle

Le monde pleure ses morts. On compte de **50 à 60 millions de victimes**. Les disparitions, destructions d'archives et l'absence d'état civil, comme pour la Chine, ne permettent pas d'avoir un bilan précis.

Certains pays ont de lourdes pertes militaires. Les dirigeants de l'URSS, ont peu épargné leurs propres troupes, les Allemands ont traité inhumainement leurs prisonniers de guerre soviétiques. On compte plus de 9 millions de morts dans l'armée Rouge. La prise de Berlin se fit au coût de 300 000 soldats tués. À un degré moindre, les pertes de l'Allemagne (4 millions), du Japon (1,9 million), montrent le niveau d'intensité de la guerre qu'ils ont mené. *A contrario*, les États-Unis ont été économes de leurs G.I.*, on n'y dénombre qu'environ 300 000 morts pour tout le conflit.

Les civils sont les principales victimes. Les populations subissent des massacres ou sont visées par les bombardements. Le **génocide** – le mot a été créé à cette occasion – des juifs fit à lui seul près de 5,2 millions de victimes, environ 60 % de la population juive d'Europe a été exterminée. Un tiers des tsiganes d'Europe ont aussi été liquidés, 240 000 victimes. Après 900 jours de siège, Leningrad, ville d'environ 3 millions d'habitants, ne compte plus que 800 000 survivants. Le massacre de Nankin en décembre 1937 fit entre 150 000 et 300 000 morts. Les bombardements « classiques » de Dresde et de Tokyo font tous deux plus de 100 000 victimes. L'invasion de la Birmanie par les Japonais, privant l'Inde des approvisionnements de riz, a aggravé une famine qui a fait plus de 2 millions de morts en 1942-43.

La détérioration de la situation sanitaire des populations, affaiblies par les privations, entraîne aussi une surmortalité. L'Est de l'Europe, – Pologne, URSS, Yougoslavie – est, durement touché. Une « **classe creuse** » s'est formée, affectant la démographie de ces pays pour deux ou trois générations.

Pays	*Nombre de morts*	*Civils*	*% population totale*
U.R.S.S.	21 300 000	11 000 000	12 %
Chine	13 500 000	?	2,2 %
Allemagne	7 060 000	1 800 000	7 %
Pologne	5 420 000	5 200 000	14 %
Japon	2 060 000	400 000	3 %
Yougoslavie	1 700 000	1 200 000	10 %
France	610 000	400 000	1,5 %
Italie	420 000	?	1 %
Royaume-Uni	400 000	80 000	1 %
États-Unis	300 000	60 000	0,02 %

Deux grandes meurtrissures morales : les camps et la bombe

La découverte des camps nazis est un choc pour les troupes et les opinions publiques alliées. L'horreur révélée dépasse l'imagination. En France, en conséquence, les députés décident la fermeture des bagnes.

La dénazification est opérée en profondeur. Les principaux responsables du régime et quatre institutions nazies sont jugés lors du **procès de Nuremberg**. Ces dignitaires sont confrontés à leur responsabilité personnelle. La notion de **crime contre l'humanité** se veut universelle, dépassant le cadre même des lois des pays. Cependant, tous les nazis ne sont pas condamnés : certains sont utiles pour leurs compétences techniques, et l'aérospatiale américaine, soviétique et française doit beaucoup aux ingénieurs SS*. D'autres disposent d'un savoir-faire moins louable comme Heinrich Muller, le chef de toute la Gestapo et des sinistres Einzatzgruppen*, passé chez les Soviétiques, ou Klaus Barbie, chef de la Gestapo* de Lyon, au service des États-Unis. Enfin, l'Autriche est moins dénazifiée que l'Allemagne.

Les deux explosions atomiques sont le résultat d'une entreprise scientifique et militaire inédite : le **plan Manhattan***. La principale motivation des savants est de mettre au point cette arme avant que l'Allemagne ne le fasse. À peine construite, des dissensions apparaissent quant à son utilisation. Au mois d'août 1945, peu de voix expriment leur crainte et leur désarroi face à cette première. Mais le monde intellectuel et scientifique se pose rapidement des questions morales. Oppenheimer et Sakharov, les pères de la bombe américaine et de la bombe soviétique, deviennent progressivement pacifistes. L'ensemble des populations va rapidement ressentir toute la menace que fait peser cette technologie.

Un bilan économique contrasté

L'ampleur des destructions est inédite. La France est touchée profondément. Pendant les quatre ans d'occupation, ses ressources ont été systématiquement pillées, les combats et bombardements ont détruit usines et infrastructures, et la paysannerie n'a plus fait d'investissement depuis le milieu des années vingt. L'Est de l'Europe est au bord de la famine. Les villes japonaises ne sont que ruine, le pays ne peut nourrir sa population gonflée de 7 millions de Japonais obligés de quitter les régions anciennement dominées. La population de l'URSS est particulièrement touchée par l'arrêt du prêt-bail, le grain y manque aussi..

Les destructions sont importantes aussi en Allemagne, mais elles affectent surtout les habitations. 13 millions de réfugiés y affluent, quittant la Prusse, la Pologne ou la Tchécoslovaquie. On compte 7,3 millions de sans-abri. Pourtant l'appareil industriel est relativement peu touché, moins de 25 % des usines sont détruites, 7 % en ce qui concerne les machines-outils, technologie de pointe alors.

Cependant, à l'échelle du monde, des régions entières connaissent une croissance forte. L'Amérique du Sud, le Canada et surtout les États-Unis ont retrouvé la prospérité. Mais si les USA bénéficient de la guerre, ils en supportent largement le coût en prodiguant leur aide à tous leurs alliés, soviétiques compris.

Les bases du second XXe siècle

Une nouvelle géopolitique mondiale

L'URSS et les États-Unis n'ont plus aucun rival sur la scène internationale. Les autres puissances sont meurtries par la guerre, qu'elles soient dans le camp des vainqueurs ou des vaincus.

À la **conférence de Yalta**, en février 1945, il est décidé que l'Allemagne sera découpée en quatre zones d'occupation dont l'une est dévolue à la France. Les seuls accords conclus à son propos ne concernent que sa **dénazification** et sa **démilitarisation**. Après sa capitulation, le Japon est sous l'autorité des États-Unis. Le général Mac Arthur s'y comporte en véritable **proconsul***.

Le prestige de l'URSS est à son apogée en 1945. Les sacrifices endurés et la bravoure de ses soldats sont admirés par toutes les opinions publiques. Ce pays dispose de l'armée la plus nombreuse mais il est durement affecté par les destructions et n'arrive pas à nourrir sa population. Les territoires occupés par l'**armée Rouge** se voient imposer le communisme.

Avec un territoire presque totalement épargné par la guerre, les États-Unis disposent d'une suprématie économique, industrielle et technologique. Détenant les trois quarts des réserves mondiales d'or et une formidable machine industrielle remise sur pied par la guerre, ils ne manquent pas de moyens pour aider à la reconstruction. Le nouvel ordre économique, basé sur le dollar, sa convertibilité en or et la libéralisation des échanges ne va pas concerner la partie soviétisée du monde. Enfin, les Américains ont le **monopole de l'arme nucléaire** jusqu'en 1949.

Les métropoles coloniales, affaiblies, ne peuvent conserver la même autorité sur les territoires qu'elles dominent. Leur faiblesse, les idéaux défendus par les Alliés et l'hostilité des deux superpuissances annoncent la décolonisation. Les troubles qui éclatent en 1945 indiquent que ce processus ne sera pas partout paisible.

Yalta et son mythe

Bien que l'expression soit entrée dans le vocabulaire politique, le partage de l'Europe entre les deux blocs n'a pas été clairement effectué au cours de la conférence de Yalta. Le traité stipule que chaque puissance libérant les territoires est chargée d'y organiser des élections libres. La coupure de l'Europe est donc plus un état de fait dû à la présence des troupes soviétiques ou américaines que le résultat d'un marchandage effectué en février 1945.

La guerre terminée, le monde n'entre pas dans une ère de paix. Les deux super-grands passent rapidement d'une méfiance réciproque à une attitude hostile. La « **Grande Alliance** » est déjà moribonde lors de la **conférence de Postdam**, en juillet-août 1945. Churchill dénonce le « **rideau de fer** » en mars 1946. La guerre froide éclate en 1947, elle a mis trois ans à émerger. Peut-être fallait-il ce temps pour que l'image du brave soldat soviétique devienne une source de craintes.

La fondation de l'ONU

L'échec de la SDN n'a pas invalidé les principes qui l'avaient fait naître. La Charte de l'Atlantique, au contraire, préconise la création d'un « système de sécurité collective plus large et permanent ». La mise en place de cet organisme international est assurée dès 1944 par le travail d'experts de tous les pays membres de l'alliance. L'accord officiel de Staline, Churchill et Roosevelt lors de la conférence de Yalta, en février 1945, vient parachever ces travaux d'ébauche.

CONSEILS DU PROF

L'ONU

Le rôle de l'ONU dans les relations internationales, est un sujet souvent oublié par les candidats, ce point étant à peine survolé tout au début de l'année. Retenez bien le fonctionnement de l'institution et retrouvez dans les crises internationales le moment où il est fait mention de l'ONU... ça peut toujours servir.

L'ONU, ou Organisation des Nations unies, est fondée en avril 1945 au cours de la conférence de San Francisco. Les délégués des 46 premiers pays membres souscrivent aux objectifs de l'institution qu'ils définissent dans la **Charte des Nations unies**. Reprenant plusieurs organismes spécialisés auparavant attachés à la **SDN*** (BIT*, Commissariat aux réfugiés, etc), l'ONU choisit d'implanter son siège à New York où elle s'installe en 1946.

Pour réussir dans sa mission de maintien de la paix et pouvoir imposer, par la force parfois, ces décisions, l'ONU dispose d'un Conseil de sécurité où siègent, au départ, onze membres.

Cinq d'entre eux en sont « **membres permanents** » : États-Unis ; URSS, puis Russie en 1991 ; Grande-Bretagne ; France ; Chine, Chine nationaliste jusqu'en 1946, puis Formose, Chine populaire après 1971. Aucune décision ne peut être prise sans leur accord. Ils disposent d'un droit de veto. Le Conseil de sécurité peut décider d'une intervention militaire. Des troupes doivent être mises à disposition par les pays membres. Elles pourront porter un casque bleu, mais ce n'est pas obligatoirement le cas.

L'assemblée générale désigne le secrétaire général. Chargé de l'administration et représentant l'institution, il est élu pour un mandat de cinq ans.

Même si son action et sa réelle influence peuvent être discutables, l'existence de l'ONU a changé les rapports internationaux. Aucun pays, même les plus puissants, ne désire se voir incriminé devant cette assemblée.

Les résolutions du Conseil de sécurité

À RETENIR

Elles sont un indicateur permettant de faire le point des tensions internationales, à un moment donné. Il suffit de voir les régions concernées par ces décisions pour avoir une carte des points chauds de l'époque. C'est aussi un indice du degré d'importance donné à l'ONU. Enfin, les textes de référence devant être rédigés en anglais et en français, on peut voir des querelles d'interprétation. La formulation française de la résolution 242 étant plus précise et injonctive, celle-ci est brandie par les pays arabes alors qu'Israël se contente du texte anglais pour dire qu'il s'y conforme. Et tout cela pour un simple article défini dans la version française...

La guerre froide semble avoir confiné l'ONU à un programme minimum, avec un rythme d'une quinzaine de résolutions parmi lesquelles on compte les admissions des nouveaux membres. 18 nouveaux pays sont admis en 1960, par exemple. Même pendant les années de forte tension, l'activité du Conseil de sécurité paraît molle, seulement 10 résolutions sont prises en 1956. Tous les « grands » bloquent lorsqu'ils sont en cause... Il faut toujours se rappeler que, pour qu'une résolution ne soit pas votée, il suffit que l'un des cinq s'abstienne... ou soit absent, comme en 1950. L'URSS n'a alors pas pu empêcher que l'ONU soutienne la Corée agressée.

L'activité du Conseil est nettement plus productrice à partir des années 1990. La résolution 660 est votée le 2 août 1990 en réaction à l'invasion irakienne du Koweït. La résolution 1000 date de 1995. La résolution 1580 termine l'année 2004. La résolution 1600 est votée en mai 2005, elle concerne la situation en Côte d'Ivoire. Fin octobre 2007, nous en étions aux résolutions 1780.

L'année 2006 se signale par le vote de la résolution 1701, à la mi-août, renforçant la présence de la Finul et mettant fin, par ce biais, aux combats entre le Hezbollah et Israël et par la résolution 1737 imposant quelques sanctions à l'encontre des responsables iraniens pour infléchir ce pays afin qu'il accepte de ne pas s'équiper de l'arme nucléaire.

Actuellement, la situation au Darfour voit le Conseil de sécurité bloqué par une nouvelle configuration. Les États-Unis ne peuvent mener une intervention, paralysés par leur engagement en Irak... Et la Chine s'y oppose de bien des manières, le Soudan étant l'un de ses principaux pourvoyeurs de pétrole.

Une image marquant la fin d'une époque.

Le procès de Nuremberg

© Bettmann/CORBIS

Ce procès a duré près d'une année, du 14 novembre 1945 au 1er octobre 1946. Les accusés doivent répondre de quatre grands chefs d'accusation :

- Plan concerté, ou complot contre la paix
- Crime contre la paix
- Crime de guerre
- Crime contre l'humanité

Ici, en novembre 1945, nous voyons Goering en train de se ronger les ongles, il se suicidera avant sa pendaison. À sa gauche se trouvent Rudolf Hess, condamné à la réclusion à perpétuité, et Joachim von Ribbentrop, condamné à mort. Dans le box se retrouvent vingt et un inculpés, M. Bormann est le seul jugé, et condamné par contumace. Outre les personnes, sont condamnées les institutions suivantes : le parti Nazi, la SS, la Gestapo et la SD, service de sécurité de la SS. Trois acquittements furent prononcés.

On procéda aux pendaisons des onze condamnés à mort, dans la prison, quinze jours après la sentence, et l'on fit incinérer les corps sous de fausses identités et, enfin, disperser les cendres dans l'Isar.

Chapitre 8

De la société industrielle à la société de communication

Dans ce chapitre :

- Trente années de transformation industrielle
- Crise, crises ou mutation
- Des sociétés tiraillées entre fluidité et blocages

CONSEILS DU PROF

Pourquoi ce chapitre ?

Premier véritable chapitre du programme, il a l'ambition de faire le point sur les infrastructures avant de se pencher sur les événements. Cette démarche se justifie par l'idée que les secousses politiques, événements politiques et autres mobilisations partisanes sont le produit d'une société, des facteurs de production, de l'atmosphère économique et non l'inverse. Je ne vais pas faire de longues digressions sur le courant de pensée historique qui prône cette démarche, mais cette approche se tient. Personnellement, je sauterais le chapitre ; en histoire, je me comporte comme au cinéma… ce que je préfère, c'est la grande scène de baston générale…

Deux approches du sujet peuvent vous avoir été enseignées. L'une fait de 1973 une rupture, l'autre s'inscrit dans la continuité générale de la croissance. Aucune n'est erronée, le cours qui suit est un mélange des deux. Enfin, il faut garder en mémoire que l'accent est porté sur les pays occidentaux industrialisés ; le monde socialiste et les pays très mal développés ne sont pas trop concernés par le propos.

Pour le bac, ce chapitre est parfaitement adapté à l'étude d'un dossier documentaire. Est-ce utile de vous rappeler que les candidats de la série ES sont attendus au tournant ?

Trente années de transformation industrielle

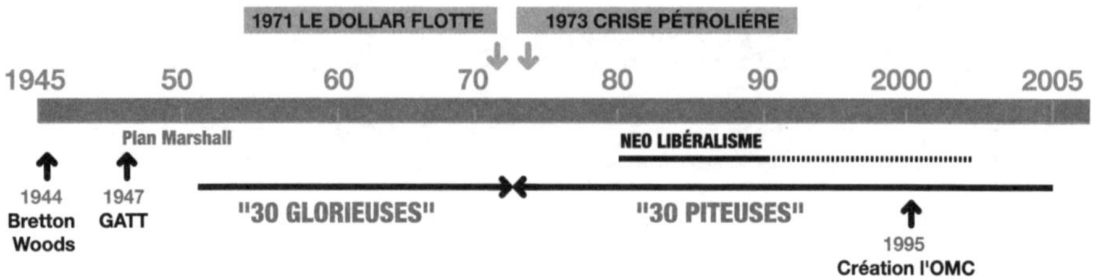

Une croissance inédite centrée sur de vieux pays industriels

Avec un taux de croissance continu de 5 % l'an pendant la période 1945-1950, le monde connaît une expansion sans aucun précédent historique. Cette croissance soutenue est portée par les pays industriels : URSS, USA, Japon, RFA, France, Royaume-Uni et Italie détiennent 70 % du produit mondial brut. Cependant tous ne prospèrent pas au même rythme. L'URSS profite de l'éclaircie post-stalinienne pour tenter de combler son retard en biens de consommation. Les États-Unis sont les seul pays à connaître des périodes de courtes et brutales récessions et restent le pays où se succèdent des cycles « stop and go ». Le spectaculaire rétablissement de l'Italie, du Japon et de la RFA se voit qualifié de « **miracle** ». La Grande-Bretagne peine à se moderniser et la France ne bénéficie totalement de la croissance qu'après les guerres coloniales.

Une conjonction de facteurs favorables

Le facteur humain est important. La période de pleine croissance générale correspond certes au **baby-boom***, mais les jeunes nés à cette époque n'arrivent sur le marché du travail qu'au terme de celle-ci. Leur présence stimule certes la demande, tant en constructions qu'en infrastructures, mais le **plein emploi** concerne leurs parents.

L'effet sur les populations diffère selon les pays. Les Japonais doivent leur rétablissement industriel à la « **génération de la revanche** ». En France, le besoin de main-d'œuvre est comblé par des ruraux qui abandonnent leur activité et par les femmes. Le manque de bras peut être tel que l'appel à une main-d'œuvre immigrée est nécessaire, en France et en Allemagne, pour éviter une « surchauffe » salariale. Il faut souligner aussi l'impact majeur de la diffusion des antibiotiques : on ne meurt plus autant de maladies infectieuses. Adultes comme enfants voient leur espérance de vie et leur capital de travail s'accroître.

L'amélioration constante du niveau de vie entre aussi en considération, les marchés intérieurs s'en trouvent confortés. En Europe, l'équipement des foyers en électroménager stimule une industrie qui peine à approvisionner la clientèle en premier équipement. Le crédit à la consommation permet d'accélérer les achats. Les États encouragent la hausse du niveau de vie en fixant des salaires minimaux, autant pour le confort de leur population que pour apaiser le climat social.

Enfin les États jouent un grand rôle. Dans certains pays (France, Japon), ils planifient les grandes lignes de la politique industrielle, en liaison avec les grandes entreprises. Les moyens d'action sont importants. La France dispose d'un fort secteur nationalisé dans le domaine des transports, de la banque et de l'énergie. La production est aussi stimulée par les commandes publiques, tant dans le domaine militaire que pour les infrastructures. En 1963, il y a 63 km d'autoroutes en France, l'État prévoit d'en construire 2 000 d'ici à 1975.

L'aube d'une nouvelle ère d'innovation

Avec la Seconde Guerre mondiale, est née la « big science ». Les équipes de chercheurs succèdent au savant isolé dans son petit laboratoire. Certains secteurs scientifiques ont besoin de grands investissements pour avancer dans les recherches. Les États investissent donc dans la recherche fondamentale. Le CNRS*, créé en 1939, s'oriente vers la **recherche fondamentale** en 1945. Si la motivation principale de ces dépenses publiques reste militaire, comme le plan Manhattan* ou le programme Apollo, d'autres secteurs sont aussi concernés : en 1971, le président Nixon lance un grand plan de recherche destiné à lutter contre le cancer. Les retombées sont multiples. Si la recherche fondamentale est du ressort quasi exclusif des États, les entreprises font de grands efforts en **recherche et développement*** afin d'ajuster leur production à leur clientèle et surpasser la concurrence. De nouvelles branches industrielles naissent :

- l'industrie nucléaire, industrie militaire à l'origine : la mise au point de la bombe atomique a nécessité la construction de trois établissements industriels dispersés aux USA. Les applications civiles ont suivi ; en 1956, la première centrale électrique nucléaire entre en activité en Grande-Bretagne.
- l'industrie spatiale : reprenant l'héritage allemand, les pays vainqueurs ont immédiatement compris l'avantage que donnent les missiles balistiques. La course à l'espace que se livrent les USA et l'URSS est autant une question de prestige qu'un banc d'essai militaire. Ce domaine se « civilise », l'envoi de satellites de

communication et d'observation sert progressivement autant les militaires, les chercheurs que les entreprises privées. Toutefois cette activité a des applications toujours très poreuses d'un secteur à l'autre.

- l'électronique et l'informatique : ENIAC, le premier ordinateur, conçu en 1946, tient dans deux salles de classe, pèse 30 tonnes et consomme 150 kWh. Il a des performances moins rapides qu'une calculette. La mise au point du transistor en 1948 permet de miniaturiser les appareils et de réduire la consommation électrique. En 1969, 2 300 transistors sont rassemblés en un seul circuit intégré permettant de stocker de plus en plus d'informations. En août 1969 est procédé au premier dialogue d'ordinateurs distants, la technologie menant à Internet balbutie.

Ces industries sont en phase de mise au point pendant les années 50-60. Le secteur phare de l'économie est alors l'industrie automobile. Le pétrole a remplacé le charbon en moins de 20 ans, c'est l'énergie triomphante des trente glorieuses.

Des tensions spécifiques

Loin d'être ressenties comme une période de prospérité, les trente glorieuses sont traversées par de profondes tensions sociales. Les transformations de la production et la modernisation de l'économie touchent de nombreux secteurs. De vives réactions accompagnent ce déclin, comme dans la distribution traditionnelle et dans le secteur des mines.

L'ensemble de la population est préoccupé par l'inflation*. La hausse des prix perturbe la perception des contemporains. Le réel gain de pouvoir d'achat a un effet moindre dans les mentalités contrariées par ce phénomène constant.

La croissance connaît aussi des périodes de surchauffe. Au milieu des années 1960, le marché de l'emploi connaît une pénurie de main-d'œuvre. Après avoir absorbé des ruraux devenus excédentaires du fait de la modernisation, les employeurs de l'industrie font organiser une migration de main-d'œuvre pour pouvoir répondre à la forte demande.

Au tournant des années 1970, avant qu'il entre en crise, le modèle de croissance est déjà remis en cause. Les atteintes à l'environnement commencent à être dénoncées par une opinion publique à la fois nostalgique d'un passé idéalisé et craintive quant aux conséquences à venir. Les jeunes générations plus instruites refusent de se fondre dans la « société de consommation ». Des chercheurs s'inquiètent de la raréfaction des ressources dans un monde où triomphe un certain gaspillage. Le rapport effectué en 1972 pour le club de Rome par des économistes du MIT* a d'énormes retentissements.

Crise, crises ou mutation ?

Des tournants plus ou moins fortement ressentis par l'opinion publique

À la fin des années 1960, le dynamisme industriel de l'Europe et du Japon bouleverse le commerce mondial. Les États-Unis, perdant leur prééminence industrielle, lancés dans la guerre coûteuse du Vietnam, ne peuvent plus garantir la valeur du dollar. Richard Nixon décide en 1971 l'**abandon de la convertibilité du dollar en or**. Les autres devises suivent, leur valeur flotte désormais au gré de la confiance des milieux financiers et des taux de base du crédit. L'inflation s'emballe.

L'opinion publique ressent le basculement de période en 1973. La crise pétrolière déclenchée en octobre 1973, est autant le résultat d'un conflit politique opposant les pays arabes aux pays occidentaux favorables à Israël qu'une réaction des producteurs devant la perte de pouvoir d'achat due au paiement des livraisons de pétrole en dollars grandement dévalués. L'augmentation du prix des hydrocarbures achève de déstabiliser des industries déjà en prise avec des difficultés. Le second **choc pétrolier** de 1979 est catastrophique pour des secteurs entiers, textile et sidérurgie, en prise avec la concurrence de pays émergents. Cependant le contre-choc pétrolier, consécutif à la guerre entre l'Irak et l'Iran de 1980 à 1988, ne permet pas de revenir à la situation précédente. L'augmentation du prix du pétrole n'a fait que précipiter des décisions lourdes. De nouveaux secteurs industriels naissent. Dès ses débuts, loin de plonger le monde dans la récession comme en 1929, la crise voit la croissance simplement diminuer dans les pays riches.

Des réactions politiques convergentes à la longue

Face à cette situation inédite de stagflation*, les gouvernements réagissent de manières très diverses. Certaines politiques voudront ignorer la crise en tentant de relancer la consommation, comme les politiques **keynesiennes*** pratiquées en France en 1976 et 1981 et aux États-Unis en 1976-80. D'autres mettent en œuvre une réduction drastique des dépenses publiques et prônent un une politique **néolibérale***où l'État se désengage de l'économie en privatisant comme au Royaume-Uni sous M. Thatcher en 1979 et aux États-Unis de R. Reagan en 1980. Après 1983-1985, le libéralisme semble l'emporter : la reconversion des économies soviétisées dans les années 1990 se fait au nom de l'orthodoxie néolibérale. En tous cas, les pays industriels se concertent. En 1976, VGE* prend l'initiative d'organiser une rencontre entre les chefs d'État et de gouvernement des pays les plus riches pour éviter que des initiatives singulières ne déstabilisent totalement les échanges mondiaux. Les réunions du G7 se tiennent régulièrement et ont toujours cette même fonction.

CONSEILS DU PROF

G6, G7, G7+1, G8 et la suite...

Le groupe de pays les plus riches n'est pas une institution fixe. Aucune administration n'en émane, c'est une instance de concertation destinée à faire se rencontrer et se connaître les dirigeants des États les plus puissants de l'économie mondiale. Ce groupe comprenait six membres à sa création en 1975, États-Unis, Japon, RFA, France, Italie et Royaume-Uni. Le Canada est rapidement venu s'adjoindre à la troupe l'année d'après. À la fin des années 1980, il y fut ajouté le président de la Commission européenne, on parlait alors des sommets du groupe G7+1. Enfin la Russie fut admise en 1998, le groupe s'appelant désormais G8. Dans l'avenir proche, il est quasiment sûr que le club admette de nouveaux membres.

Progressivement, une approche politique identique se dessine, déréglementation, ouverture des frontières et moindre intervention des États dans le secteur économique semblent être inévitables. L'économie, devenue globale, est abordée de façon similaire d'un côté ou de l'autre de la planète. Tous ces pays réussissent à moderniser leur économie et à conserver une certaine croissance. Dans les anciens pays industriels, la rupture avec les temps précédents réside dans la masse de population pauvre, plus ou moins au travail. Un fort **chômage structurel*** s'est installé partout ; le plein emploi n'est plus nécessaire pour faire tourner convenablement l'économie.

Une troisième révolution industrielle

La crise des années 1970 est aussi la traduction d'une mutation dans l'organisation de la production. Le modèle fordien* sur lequel repose la prospérité des trente glorieuses est dépassé par des techniques permettant des gains notoires de productivité. Le **toyotisme*** s'impose dans les entreprises. La production est éclatée, le recours à des sous-traitants permet de réduire les coûts de production. Le suivi informatique de la production à tous ces stades permet de rationaliser les flux. Les télécommunications jouent un rôle primordial dans cette organisation.

Dans les vieux pays industriels, des secteurs entiers sont restructurés, abandonnés ou modernisés, comme la sidérurgie et le textile, en réaction au dynamisme d'une concurrence désormais mondiale. La main-d'œuvre employée y est beaucoup moins nombreuse mais bien plus qualifiée.

Les technologies de pointe génèrent de nouveaux secteurs industriels ou transforment les anciens. L'ordinateur devient un produit grand public au tournant des années 1980. L'informatique trouve des applications dans tous les secteurs industriels. Les entreprises sont obligées d'innover constamment et d'investir en recherche et développement*. Les groupes chimiques et pharmaceutiques intègrent les biotechnologies et les manipulations génétiques dans leur stratégie de recherche.

Des sociétés tiraillées entre fluidité et blocages

Une société postindustrielle ?

Les innovations techniques affectent profondément les sociétés. La population active des pays riches travaille majoritairement dans le secteur tertiaire, celui-ci générant le plus de richesse. La main-d'œuvre employable dans l'industrie y est de plus en plus qualifiée. Malgré le souhait des plus convaincus des néolibéraux, partisans de l'abandon de ce secteur, les pays riches restent des puissances industrielles. C'est la population industrielle qui a changé. Les ouvriers, moins nombreux dans la population, deviennent des opérateurs ou sont des techniciens reconnus. La logique de classe et la culture ouvrière ne sont plus leur quotidien.

Les nouveaux modes de production permettent à la fois de produire plus et de s'adapter au client. Contrairement aux années 1970, à l'époque de la « **société de consommation** », celui-ci ne semble plus être fondu dans une masse, au contraire, tout lui laisse penser que l'on prend soin de son individualité. Les médias qui s'adressent à lui se sont grandement diversifiés. Le consommateur est plus ciblé.

Des disparités de plus en plus grandes

Les sociétés riches font face à de nouvelles contraintes démographiques. La majorité d'entre elles sont confrontées au vieillissement de leur population. La question des retraites est un problème récurrent qui interpelle soit les pouvoirs publics quand le système est lié à l'**État-providence***, soit les entreprises et les milieux financiers lorsque le versement des retraites repose sur un système de protection individuelle.

La politique de santé est aussi affectée par le vieillissement. Les dépenses médicales augmentent et la prise en charge du quatrième âge* pèse sur les finances publiques.

L'État joue beaucoup moins un rôle de redistribution des fruits de la croissance, les réductions d'impôt bénéficient plus aux couches les plus fortunées de la société. Une partie plus ou moins grande de la population des pays riches se trouve mise à l'écart. La société moderne, faisant profiter la grande majorité des habitants d'un certain confort et d'un niveau de vie décent, ne parvient plus à pourvoir aux besoins de l'ensemble des populations. Elle est devenue **duale**. Si les politiques nationales diffèrent à ce propos, une proportion plus ou moins importante de la population se trouve sans réelle protection sociale, sans qualification et sans perspective. L'**exclusion*** est un phénomène corollaire à la modernisation.

Une société de communication ?

Les secteurs du loisir et de la communication prennent une importance économique majeure dans ces pays. La production audiovisuelle est l'un des premiers secteurs d'exportation industrielle pour les États-Unis.

L'approche des médias a évolué. Si l'on retrouve encore une certaine standardisation dans la production audiovisuelle, le **Village planétaire*** n'est plus à l'horizon. La télévision n'est plus trop un média de masse fédérateur. Chacun choisit de consacrer son attention à ce qui lui plaît ou zappe. Les radios sont formatées pour un auditoire précis. Désormais, les médias pourvoient aux besoins d'une société segmentée en catégories très différenciées. Les populations migrantes peuvent de leur côté conserver un lien plus fort avec leur pays d'origine grâce à la transmission par satellite.

L'évolution des techniques permet une nouvelle approche de la communication beaucoup plus dynamique. Avec Internet, les consommateurs produisent aussi l'information, communiquent beaucoup plus directement et interagissent. Les pouvoirs publics sont interpellés par des interlocuteurs plus informés et beaucoup plus réactifs. Le fait que les pays autoritaires limitent l'accès ou interdisent à leurs citoyens d'utiliser ce nouveau média n'est pas innocent. Même dans les pays riches et démocratiques, tout le monde ne bénéficie pas de la même façon de la démultiplication des possibilités de communication qu'offre le net.

Êtes-vous au point ?

- Quelle est la différence entre le fordisme et le toyotisme ?
- Qu'est-ce que la « big science » ?
- Vous sentez vous keynésien ou libéral ?
- La crise des années 1970 est-elle le résultat de la hausse du prix du pétrole ?
- Pourquoi ne vivons-nous plus dans une société industrielle ?
- Qu'est-ce que l'État providence ?

Les personnages

Keynes – Thatcher – Reagan – Nixon

Un message que l'on doit creuser

Publicité Arthur Martin de la fin des années 1950.

(avec l'aimable autorisation d'Arthur Martin Electrolux)

Cette publicité permet d'explorer beaucoup de pistes.

- Le plus facile à voir est cette ambiance optimiste typique de la période d'expansion. Cependant, au-delà des apparences, la période n'est pas si facile… Le prix des objets promus, en anciens francs, est à comparer avec les revenus de l'époque. L'achat de la cuisinière représente plus d'un mois de salaire moyen. C'est toutefois une période de nouvel équipement pour une cuisine qui se veut moderne.
- Le support est significatif. On touche le client dans un encart de la presse locale, ce n'est pas une grande campagne de communication, tout juste un écho qui rappelle et renforce une image de qualité déjà bien installée.
- Le message social est à prendre en compte. À qui est adressée cette publicité, une femme, son mari ? En tout cas, nous nous retrouvons avec une image très conventionnelle d'une ménagère dont la vie est facilitée par ces nouveaux appareils. Travaille-t-elle à l'extérieur ?
- La dimension du marché et de l'entreprise. La cuisinière est la plus vendue en Europe, le nom de l'entreprise sonne bien français, double fierté pour ce produit, mais aussi signe que le marché national ne suffit plus pour une entreprise de ce genre. L'internationalisation n'annonce-t-elle pas la mondialisation ? D'ailleurs l'entreprise sera intégrée dans le groupe Electrolux en 1976.

Chapitre 9

Le système colonial du premier XXe siècle

(TS uniquement)

Dans ce chapitre :

- Une seconde ère coloniale découlant de la première révolution industrielle
- Les moyens du colonialisme
- Colons et colonisés
- Limites de la colonisation
- Le colonialisme, quel bilan ?

CONSEILS DU PROF

Un sujet polémique

Ce point de programme, réservé uniquement aux S, est devenu un sujet d'actualité et de polémique. Les historiens, chercheurs et enseignants ont immédiatement exprimé leur indignation à la suite du vote d'une loi, le 23 février 2005, stipulant, dans son article 4, que « les programmes scolaires reconnaissent en particulier le **rôle positif** de la présence française outre mer, notamment en Afrique du Nord ». La réaction internationale fut très forte, surtout auprès des dirigeants des pays autrefois colonisés par la France. Le problème s'est posé encore plus crûment dans les départements d'outre-mer et fut exposé à l'automne devant l'Assemblée Nationale.

La décision tardive de supprimer cet article 4 prise par le Président Chirac, fin janvier 2006, ne met pas un terme à la polémique qui a déjà rejailli plusieurs fois depuis. Au bac 2006, une étude de texte était proposée et une réponse sommaire était attendue. Il fallait se limiter à dire que Clemenceau présentait des arguments défavorables à la colonisation alors que Jules Ferry la défendait. Évidement si le candidat creusait quelque peu, il pouvait mettre en évidence d'autres subtilités. Les autorités, en délimitant le sujet l'avaient cadré dans un registre très neutre et il n'était pas attendu que l'on mobilise des connaissances tirées du programme… de première.

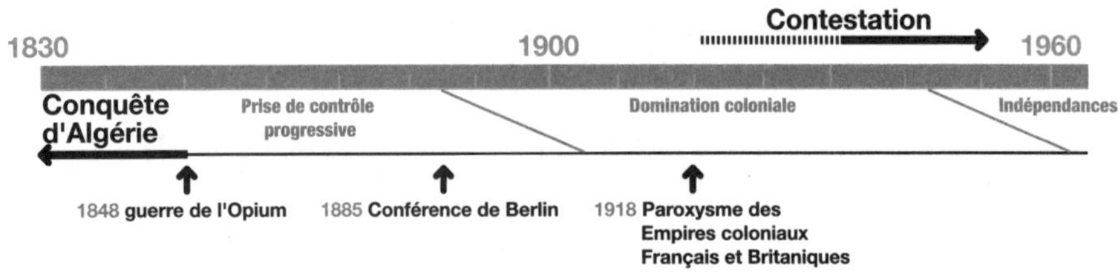

Une seconde ère coloniale découlant de la première révolution industrielle

La colonisation n'est pas un phénomène contemporain. Les Grecs et les Phéniciens ont essaimé sur le pourtour méditerranéen pendant l'Antiquité. Dès la renaissance, l'Europe a poussé l'avantage de l'esprit aventureux de ses marins et commerçants pour contrôler les grandes routes de l'océan Indien et conquérir le nouveau monde. **Une première époque coloniale** voit se constituer de grands empires américains reposant sur une économie de plantations où le besoin de main d'œuvre justifie la traite négrière. L'indépendance des colonies américaines vis-à-vis de leurs métropoles (Angleterre, Espagne) met fin à ce type de relation.

En 1825-1830, hormis le Canada et les Indes, la présence européenne dans le monde se fait sentir sur les **îles à sucre**, ou à épices, quelques **comptoirs**, points d'entrée en Asie et en Afrique, et des colonies pénitentiaires, Australie, Guyane.

À RETENIR

Le regard sur le reste du monde change pendant la seconde moitié du XIXe siècle. Si d'un côté **l'esclavage est aboli** progressivement, 1834 en Grande-Bretagne, 1848 pour la France, 1865 (au prix de la guerre de sécession) aux États-Unis, de l'autre, les puissances industrielles s'empressent de faire des conquêtes territoriales comme la France en Algérie à partir de 1830. Une forte **curiosité** se focalise sur l'Afrique. Les géographes et explorateurs cherchent à dévoiler la dernière « terra incognita ». Des expéditions plus militaires poursuivent les trafiquants d'esclaves, comme celles menées par Brazza. Rapidement, ces incursions à l'intérieur du continent africain soulèvent la question du contrôle de ces territoires. La **conférence de Berlin**, réunie en 1884, à la demande du roi des Belges, Léopold II, officialise un partage des terres entre les puissances européennes. Les tracés actuels des frontières africaines y sont définis par les diplomates européens. Le roi des Belges s'y voit attribuer personnellement un territoire soixante-seize fois plus grand que son pays.

L'intérêt des puissances est autant avivé par la concurrence des autres pays conquérants que par la **profonde crise économique** qui secoue les économies européennes dans la période 1875-1890. Les nouveaux territoires et ces nouvelles populations sont autant de marchés captifs pour des industries en mal d'approvisionnement et de débouché. L'ensemble des pays industriels est en train, à la fin du XIe siècle, de passer du libre-échange au protectionnisme. La constitution de grands Empires coloniaux devient un enjeu économique majeur. Cette nouvelle période coloniale est donc marquée par l'impérialisme.

Cette démarche n'est pas exclusivement européenne. L'expansionnisme japonais se coule dans la même logique. Après avoir pris le contrôle direct des îles Ryu-Kyu en 1879, les Japonais colonisent l'île de Formose, prise à la Chine en 1895. Le Japon prend pied aussi sur le continent asiatique, colonise la Corée en y imposant sa langue en 1905-1910. Les États-Unis, déjà très actifs en Asie et en Amérique centrale, s'approprient les Philippines et Porto Rico au terme de la guerre américano-espagnole en 1898.

La Première Guerre mondiale est la dernière grande phase d'expansion. Si l'Empire colonial allemand, le troisième en superficie en 1914, est totalement démantelé, la France, la Grande-Bretagne et le Japon voient croître encore leur emprise sur le monde.

Les moyens du colonialisme

À RETENIR

L'idéologie coloniale est mue par deux moteurs apparemment opposés : la **philanthropie** et sentiment de supériorité raciale.

La motivation philanthropique ne doit pas être écartée : beaucoup de responsables pensent qu'il est du devoir des Européens de faire bénéficier les peuples indigènes des bienfaits du progrès. Des personnages louables se voient glorifiés comme Brazza, ou le docteur Schweitzer. Les colonisateurs insistent sur la bienfaisance, la paix, la prospérité, la santé que génère leur action. Le propos est autant développé devant leur propre opinion publique que devant les populations indigènes.

L'humanité de ce thème est toutefois limitée par un **grand sentiment de supériorité raciale**.

Il s'agit, pour les Européens, de prendre soin d'une humanité mineure. La domination ne peut se justifier que par la certitude de la supériorité raciale des colons, quels qu'ils soient. Le racisme est même une certitude scientifique à l'époque de la conquête coloniale, à la fin du XIXe siècle et au début du XXe. Le principe d'inégalité qui en découle permet d'appliquer des lois différentes de la métropole sur le sol colonial.

Plus pragmatiquement, le colonialisme occidental a profité de sa supériorité économique, technique et militaire.

On ne peut dissocier colonisation et industrialisation. L'inégalité dans la puissance est l'un des premiers facteurs de soumission. Un empire colonial ne peut tenir outre-mer sans un réseau de communication et de relais permettant de réagir et d'exploiter les colonies. Ce n'est pas un hasard si la principale puissance maritime, la Grande-Bretagne, détient aussi le plus grand empire colonial au début du XXe siècle.

À RETENIR

La guerre de l'Opium

La Chine, puissance gigantesque du XXIe siècle conserve cet épisode de l'histoire amèrement gravé dans sa mémoire. Au début du XIXe siècle, le commerce avec la Chine se résumait à un échange de marchandises ou de denrées contre de l'argent en métal ou en monnaie. L'opium, produit en Inde, s'est retrouvé être la valeur de substitution pour les marchands britanniques, ajoutant une nouvelle plus-value dans une activité déjà très bénéficiaire pour eux. Entre 1821 et 1837, les importations d'opium furent multipliées par cinq. Les autorités chinoises, constatant les dégâts sur la santé de leur population, réagissent et détruisent la marchandise stockée en mai 1839. Les Britanniques sont chassés des ports chinois. En représailles, deux navires britanniques détruisent 29 navires chinois au mois de juillet. En 1841-42, leurs troupes prennent le contrôle de l'embouchure de la rivière des Perles et du Yangzi. Battus, les Chinois signent le traité de Nankin, perdent le contrôle du commerce avec les Européens et consomment l'opium...

Peu de colonies sont le résultat d'une conquête militaire comme pour l'Algérie. La plupart voient combiner contacts commerciaux, diplomatiques et « protection » militaire. Mais souvent les armées sont utilisées pour « pacifier » c'est-à-dire asseoir la domination durablement par un coup de force. La Chine voit son empire démembré progressivement par des défaites militaires auxquelles succèdent des traités commerciaux inégaux. La Russie progresse en Asie centrale en construisant un domaine colonial sans outre-mer. Enfin, toute une structure économique est en œuvre pour permettre l'extension d'une puissance coloniale. La finance peut même être le principal outil de conquête. C'est par le poids de sa dette que l'Égypte est assujettie, perdant progressivement le contrôle de ses ressources fiscales et douanières pour rembourser les financiers franco-anglais.

Colons et colonisés

Même dans des colonies de peuplement comme le Canada, l'Australie et l'Algérie, la société est hiérarchisée. Colons et autochtones ne bénéficient pas des mêmes droits. Lorsque le rapport de force le permet, les indigènes sont relégués dans des réserves. Les Britanniques pratiquent la « **self administration** », laissant exister les cadres politiques, juridiques et sociaux préexistants, comme en Inde pour peu qu'ils reconnaissent l'autorité coloniale. Les colonies françaises, allemandes et belges préfèrent dissoudre l'autorité politique, exception faite du Maroc, et imposent une législation spécifique très répressive condamnant la moindre marque d'irrespect envers le colon. Les punitions incluent une série de pratiques, amendes collectives, coups de fouet ou de chicote, comme en Afrique équatoriale française, prise en otage des femmes et des enfants comme aux premiers temps de l'exploitation du Congo, mutilations, proscrites sur le continent européen. Ces pratiques, toutes provisoires à leur installation, perdurent dans le temps. Le colonisé a un statut inférieur, on exige sa soumission. Les tentatives d'introduction d'un droit normal, aussi bien sur le plan juridique que politique se sont toujours heurtées à l'hostilité des colons et de l'administration coloniale. Dans l'Afrique coloniale française, l'accession à la citoyenneté française pleine et entière n'était possible que pour les habitants de Dakar et de Saint-Louis, anciens comptoirs. Pour les autres indigènes, il fallait faire preuve de son intégration, souvent par un parcours scolaire brillant, dépassant, de loin, les capacités intellectuelles moyennes des colons.

Dans l'institutionnalisation de l'inégalité, les peuples dominés voient leur culture dévalorisée. Les missions d'évangélisation, protestantes ou catholiques, sans être vraiment coordonnées aux administrations coloniales, contribuent aux bouleversements culturels consécutifs à la domination. En Asie centrale, les gouverneurs tsaristes russifient tous les territoires sous leur contrôle.

L'exploitation des colonies repose aussi sur cette inégalité de traitement. Les administrateurs imposent des cultures d'exportation aux villages africains qui doivent respecter ces ordres sous peine d'amendes collectives, voire de représailles. Le recours au travail forcé est institutionnalisé. La corvée vide de nombreux villages, soit par la ponction faite parmi les hommes, soit par la fuite des habitants avant l'arrivée des troupes. Le bilan de cette pratique se chiffre en millions de morts.

L'HOMME

Brazza

Véritable héros républicain, Pierre Savorgnan de Brazza, officier italien, naturalisé français en 1874, arrive, en trois voyages, de 1875 à 1884, à placer sous la protection de la France les territoires qu'il traverse. Faisant signer des traités d'amitié et de protectorat, il fonde Brazzaville en 1880 et prend le contrôle de la rive nord du Congo à la barbe de Léopold II, fort mécontent de l'affaire. La France se voit reconnaître ses positions sur le fleuve lors de la conférence de Berlin. Le personnage se distingue par une attitude très honorable, refusant maintes fois de recourir à la force, obtenant et conservant la confiance des chefs africains. Il effectue son dernier voyage en 1905 à la demande du gouvernement pour mener une enquête sur les conditions de l'exploitation des colonies. Horrifié par ce qu'il constate lors de son inspection, il rédige un rapport cinglant mais il décède sur le chemin du retour. Des funérailles nationales sont organisées mais son témoignage ne sera jamais publié.

Dans les **métropoles**, la colonisation est un bruit lointain. Les opinions publiques sont relativement fières des conquêtes, mais il ne faut pas qu'elles coûtent aux contribuables. L'exposition coloniale organisée en 1931 est la manifestation publique qui a connu le plus grand succès populaire en France, avec plus de 31 millions d'entrées payées à ses différentes sections et 8 millions de visiteurs français. Dans cet engouement, il faut voir un moyen de se persuader de la grandeur retrouvée d'un pays meurtri par la Grande Guerre plutôt qu'une manifestation strictement coloniale. L'ignorance et la curiosité du public métropolitain sont exploitées, des populations indigènes sont montrées en attraction dans de véritables zoos humains.

Les limites du processus colonial

À l'aube du XXe siècle, vu la supériorité technique des puissances industrielles, rien ne semblait pouvoir s'opposer à une mise en coupe réglée du reste du monde.

L'indépendance politique n'atteste pas que l'on soit soustrait à l'impérialisme colonial. L'Amérique du Sud échappe à la domination directe, mais la richesse qui y est produite profite grandement aux marchands et investisseurs européens. Dès la fin du XIXe siècle, les États-Unis font de l'Amérique centrale leur « **arrière-cour** », intervenant militairement dès que sont menacés leurs intérêts. Si l'Égypte recouvre son indépendance en 1922 après trois années de dures émeutes, la Grande-Bretagne garde la haute main sur la défense. Les quelques pays demeurés libres durant toute cette période sont soit des États-tampons coincés entre deux puissances coloniales, le Siam pour la France et la Grande-Bretagne, soit trop coûteux à conquérir après une défaite cuisante, comme l'Éthiopie pour l'Italie, soit les deux à la fois comme l'Afghanistan pour les Britanniques.

La colonisation asservit aussi des Blancs. La guerre des Boers voit s'opposer, de 1899 à 1902, des colons d'origine néerlandaise, les Afrikaaners, aux armées britanniques. Le monde semble être quand même trop grand pour être totalement digéré. La Chine, puissance économique majeure du XVIIIe siècle, n'est que partiellement dépecée. Les Britanniques laissent une grosse partie du monde aux Français, beaucoup moins dangereux pour eux que toute autre puissance européenne. Ils vont même jusqu'à accepter leur présence à Djibouti, sur le tracé primordial de la route des Indes. Les capacités des pays colonisateurs ne sont pas infinies, leur puissance limitée réfrène leur appétit.

À RETENIR

Fachoda

En juillet 1888, 8 gradés français, 120 tirailleurs et leurs porteurs, partis du Congo, atteignent le Nil au sud de Khartoum. Ils sont rejoints quelque temps plus tard, sur le site de Fachoda, par 20 000 soldats d'une armée égypto-britannique. Après une période de tension internationale très vive, les Britanniques laissent les Français rejoindre Djibouti, terme de leur parcours. La situation montre qu'il fallait peu de moyens pour prendre le contrôle de gigantesques territoires à l'intérieur de l'Afrique et que la France ne pouvait pas faire le poids face aux Britanniques qui disposent, outre-mer, d'une formidable force militaire : l'armée des Indes.

La colonisation, quel bilan ?

Quels bienfaits peut-on voir pour la colonisation ?

Mise en valeur des territoires : certes, mais où et à quel prix. La colonie la mieux équipée en chemins de fer est l'Inde, les capitaux qui ont permis la construction de ce réseau sont partiellement détenus par de riches Indiens. Ailleurs, les travaux d'infrastructure, ports, route, voies ferrées, sont souvent faits selon les besoins d'un colonisateur relativement avare de ses moyens. En Afrique sous administration belge, française ou allemande, l'usage de la corvée fait que les routes et voies ferrées construites se paient d'un fort coût humain pour les populations locales. De plus, les investissements sont soumis aux aléas de la conjoncture économique des métropoles. Après une courte période d'investissements nécessaires à l'exploitation des colonies et une stagnation durant l'entre-deux-guerres, la France a effectué la plus grosse dépense d'investissement, en travaux d'infrastructure notamment, durant la période 1950-1960.

L'éducation

Quelques réussites flamboyantes, comme la carrière universitaire, politique et littéraire de L. S. Senghor ne peuvent tenir lieu de preuve. L'ambition de l'instruction est très limitée. Généralement, l'enseignement de base se limite à la compréhension des ordres du colon comme l'illustre la consigne des missions catholiques belges au Congo : « Pas d'élite, pas de problème. » La diffusion du savoir ne concerne presque pas l'enseignement supérieur. Les colonisateurs méprisent même les systèmes d'éducation élaborés, comme le mandarinat pour les cultures sous influence chinoise. Il faut plutôt parler d'**acculturation**, les 60-70 années de présence française et belge en Afrique n'ont rendu une grande partie de ce continent que superficiellement francophone. Mais cette langue ne s'est pas substituée aux parlers locaux. Elle est simplement devenue la langue de l'administration et des élites de pays construits sur des frontières héritées des arrangements coloniaux.

Le bilan sanitaire

Il est contrasté. Des efforts ont été accomplis par les autorités coloniales, la motivation principale étant d'améliorer la force de travail plus que toute autre considération humaniste. L'institut Pasteur essaime dans toutes les colonies, faisant reculer les maladies infectieuses par un rigoureux travail de recherche et de présence sur place. Cependant l'encadrement sanitaire reste très lâche, le nombre de soignants par habitant restant dramatiquement bas.

Enfin, il ne semble pas y avoir eu de limite morale dans les colonies. Le très petit nombre de colons, dans la majorité des cas, justifie un rapport de forces brutal institutionnalisé. La moindre offense est durement punie, les révoltes, fréquentes, violemment réprimées. Les historiens des deux guerres mondiales voient dans l'épopée coloniale une sorte de répétition générale de l'ensauvagement des armées. Si l'on considère que l'éducation en France doit éclairer de futurs citoyens convaincus de l'idéal démocratique, la colonisation doit être condamnée, de façon raisonnée, mais sans appel.

Êtes-vous au point ?

- La conquête militaire est-elle le seul moyen de s'approprier des colonies ?
- Par quels arguments humanistes a-t-on défendu la colonisation ?
- Pourquoi certains États ont-ils gardé leur indépendance ?
- Quelle opinion les populations européennes ont-elles de la colonisation ?

Les temps forts.

Conférence de Berlin – Fachoda – *self administration – Guerre de l'opium – corvée*

Les personnages

Brazza – Stanley – Léopold II

LE DOCUMENT

Une fiction dénonciatrice… et hélas annonciatrice

Le Kurtz originel avait été élevé en partie en Angleterre [...] Sa mère était à demi anglaise, son père était à demi français. Toute l'Europe avait contribué à la création de Kurtz ; et par degrés j'appris que, [...] l'Association Internationale pour la Suppression des Coutumes Sauvages lui avait confié la préparation d'un rapport, pour sa gouverne future. [...] Je l'ai vu. Je l'ai lu, il était éloquent, vibrant d'éloquence, mais trop tendu, à mon sens. Dix-sept pages d'écriture serrée, il en avait trouvé le temps ! Mais ce dut être avant que ses – disons ses nerfs – se détraquent [...] C'était un beau morceau d'écriture. Le paragraphe d'ouverture, toutefois, à la lumière d'informations ultérieures, me frappe maintenant. Il commence par l'argument que nous autres blancs, du point de développement auquel nous sommes arrivés, « doivent nécessairement leur apparaître (aux sauvages) comme une classe d'êtres surnaturels » [...] La péroraison était magnifique [...] Elle me donnait l'idée d'une Immensité exotique gouvernée par une auguste Bienfaisance. Elle me donna des picotements d'enthousiasme. C'était là le pouvoir sans bornes de l'éloquence, des mots, des mots nobles et brûlants. Il n'y avait pas une suggestion pratique pour interrompre le cours magique des phrases, à moins qu'une espèce de note au bas de la dernière page, griffonnée évidemment beaucoup plus part, d'une écriture tremblante, ne put être regardée comme l'exposé d'une méthode. C'était très simple, et à la fin de cet appel émouvant à tous les sentiments altruistes qu'il faisait flamboyer devant vous, lumineux et terrifiant comme un éclair dans un ciel serein : « Exterminez toutes ces brutes ! » Le curieux de la chose, c'est qu'il avait apparemment oublié complètement ce précieux post-scriptum.

James Conrad, *Au cœur des ténèbres*

Dans ce roman, Marlow, le narrateur, remonte le Fleuve (le Congo) pour sa première mission au profit de la Compagnie coloniale. Il s'agit de venir à la recherche de Kurtz l'employé modèle... qui ne donne plus de ses nouvelles... En effet celui-ci a complètement disjoncté, il se comporte maintenant, dans son poste, comme un roi cruel assoiffé de rituels barbares. Cet extrait est l'un des nœuds du roman.

Véritable charge contre l'exploitation des colonies écrite par un témoin – James Conrad était capitaine dans la marine marchande britannique –, ce roman, publié en 1902, peut être vu aussi comme une belle fable avertissant des dangers des utopies modernes. Ceux qui veulent faire le bonheur des autres malgré eux ne peuvent qu'être conduits à réduire leur pupille en cendre. Cependant, quoi qu'étant un succès dès sa parution, ce texte, et bien d'autres, ne font que témoigner qu'une partie de l'opinion publique européenne était consciente des excès entraînés par le processus colonial. Ils n'ont empêché ni le rapport de force, ni l'exploitation qui en résultaient.

Enfin on doit souligner l'adaptation cinématographique de ce roman, transposé en pleine guerre du Vietnam dans *Apocalypse now*. On y retrouve le lent processus de déshumanisation au cours de la remontée du fleuve et la dénonciation de la folie humaine.

Chapitre 10

Indépendance et émergence du tiers-monde

Dans ce chapitre :

- L'Asie bouge dès 1945
- La vague d'indépendance touche ensuite l'Afrique
- L'émancipation en question

CONSEILS DU PROF

Le sens du chapitre

Ce chapitre est beaucoup plus encyclopédique que celui sur la guerre froide. En effet, quoique toujours en second plan par rapport à l'antagonisme des superpuissances, les forces en présence jouent de façon beaucoup plus complexe. L'accession à l'indépendance se fait de multiples manières, on peut se retrouver face des nationalismes de tous bords et de tous genres. L'indépendance une fois acquise, les puissances coloniales ne prennent pas automatiquement le large, sans oublier que la guerre froide déteint toujours et que jouent aussi les ambitions des nouvelles puissances régionales.

Dans cette partie, vous remarquerez l'absence de la décolonisation algérienne ; vous la retrouverez largement traitée dans le chapitre concernant la IVe et les débuts de la Ve République.

Un sujet de composition sur ce sujet est nécessairement une question de cours, un dossier de documents sera toujours lacunaire et une épreuve courte ne pourra porter que sur une région précise ou sur Bandung. Méfiez-vous, si vous passez le bac dans des contrées outre-mer comme le Liban ou Pondichéry, en tant que « régional de l'étape » vous devrez connaître plus particulièrement l'histoire se rapportant à votre zone.

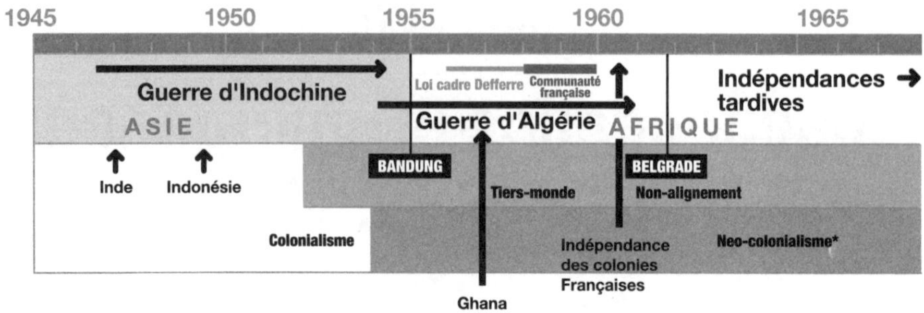

Les temps ont changé

La Seconde Guerre mondiale porte un coup fatal à la domination de type colonial. Les vaincus (Italie, Japon) perdent le contrôle de toutes leurs colonies à la suite de leur défaite. Les autres métropoles européennes, quoique victorieuses, ont perdu puissance et prestige. Leur faiblesse ont été non seulement mises à découvert, mais les principes mêmes que soutiennent les alliés vont à l'encontre des rapports coloniaux ; la **charte de l'Atlantique*** défend « le droit de tous les peuples à choisir la forme de gouvernement qu'ils veulent vivre ». La guerre paraît même être une occasion d'accéder à l'indépendance. Le parti du Congrès, en 1942, alors que les Japonais sont aux portes, en Birmanie, lance une violente campagne dont le mot d'ordre « **Quit India** » est sans équivoque ; le sultan du Maroc demande la fin du protectorat français à Roosevelt au lendemain du débarquement anglo-américain, en janvier 1943.

Les deux superpuissances elles-mêmes, sorties de la Seconde Guerre mondiale, ne portent pas le colonialisme dans leur cœur pour des raisons très différentes.

Pour l'URSS, l'anticolonialisme est le prolongement du combat contre le capitalisme. Un grand nombre de mouvements d'indépendance sont d'inspiration communiste, soutenus et armés par Moscou au nom de l'internationalisme **anti-impérialiste**, les puissances coloniales étant toutes dans le camp occidental.

Les États-Unis, pays né de l'insurrection de colons contre leur métropole d'origine, ont toujours été hostiles au colonialisme. Leur conception du commerce international s'y oppose aussi. Le monopole des puissances coloniales sur leurs dépendances ne peut aller avec le **principe de « la porte ouverte** » que défendent les États-Unis.

Il est habituel de commencer l'énumération des indépendances par l'Asie, c'est une convention, il faut ne pas perdre de vue que ce processus est en cours simultanément dans l'ensemble des colonies. Les grandes puissances colonoiales, France et Grande-Bretagne, affrontent plusieurs foyers d'incendie dans toutes leurs dépendances. Leur politique coloniale ne suit pas les étapes d'un plan pré-établi.

L'Asie bouge dès 1945

L'Extrême-Orient n'aime pas le vide

L'éloignement et la faiblesse de la France et des Pays-Bas ont permis aux nationalistes vietnamiens et indonésiens d'affirmer unilatéralement leurs indépendances dès la capitulation japonaise de 1945. Ces deux métropoles réagissent de façon similaire, prennent d'abord une attitude conciliatrice, le temps d'amener sur place un corps expéditionnaire puis ils conduisent une guerre coloniale sous la pression d'une opinion publique influencée par les lobbies coloniaux et de partis d'extrême droite nationalistes trouvant, à cette occasion un moyen de réapparaître dans la sphère politique.

Les Pays-Bas vont rapidement abandonner, sous la pression des États-Unis et de l'ONU. Soekarno, le leader nationaliste, voit reconnaître en 1949, l'indépendance de l'Indonésie par son ancienne métropole coloniale.

La situation diffère en Indochine, où le Vietminh est un mouvement d'inspiration communiste. Les négociations entreprises en 1946 échouent à l'initiative de l'amiral Thierry d'Argenlieu qui fait tirer sur le port de Haïphong, causant des centaines de morts en novembre 1946. En représailles, des Européens sont massacrés à Hanoï. La guerre d'Indochine commence.

La nature des combats et le cadre de la guerre changent en 1949. On passe d'embuscades, menées par une guérilla insaisissable, à de véritables opérations militaires mettant en difficulté les troupes françaises. La Chine voisine, devenue communiste, aide le **Vietminh** et l'approvisionne en armes et en matériel. L'Indochine devient donc un théâtre de la guerre froide. Les États-Unis soutiennent alors les Français. En 1953, il est envisagé de réunir une conférence à Genève pour régler l'ensemble des conflits dans la région. Voulant y arriver en position de force, la France décide de défier le Vietminh, implante une place forte au milieu de ses lignes de communication en concentrant ses troupes à **Dien Bien Phu**. Cette opération est un double échec : le Vietminh a à sa disposition une artillerie puissante, ce que les militaires français n'avaient pas prévu, et l'aviation américaine ne vient pas à leur secours. Après cinquante-quatre jours de combat, le 7 mai 1954, la cuvette est prise, 35 000 militaires français sont faits prisonniers. La France ne peut plus rien négocier à la conférence de Genève. En juillet 1954, le Vietnam est coupé en deux États, un communiste au nord, un pro-occidental soutenu par les États-Unis au sud. Si la guerre d'Indochine est terminée, cette région ne trouve pas la paix pour autant.

Indépendance et éclatement des Indes

La « perle de l'empire britannique » est secouée depuis longtemps par des mouvements indépendantistes. Le **parti du Congrès** existe depuis 1886 et les deux leaders, Nehru et Gandhi mènent un combat au sein des institutions, – il existe un parlement à Delhi –, et une agitation non violente à l'encontre du colonisateur britannique. La campagne « *Quit India* », orchestrée en 1942 ne s'est arrêtée qu'avec la promesse de l'indépendance au sortir de la Seconde Guerre mondiale. La promesse est d'autant plus tenue que le gouvernement britannique change à la suite des élections de 1945. Au conservateur Churchill, attaché à l'empire, succède le travailliste Atlee, convaincu de la nécessité de tenir parole : il nomme vice-roi lord Mountbatten et le charge de mettre en œuvre l'indépendance de l'Inde. Le principal problème est de trancher entre deux projets : le parti du Congrès veut réunir l'ensemble de la colonie en un seul État, la **ligue musulmane** et son leader, Mohammed Ali Jinnah, souhaitent la constitution d'un pays des hommes purs, « Pakistan ». Malgré l'opposition du Congrès, l'indépendance se fait dans la partition. En juillet 1947, deux États naissent dans la douleur, l'Union indienne et le Pakistan. Un gigantesque transfert de population en résulte, des massacres interconfessionnels font plus d'un million de morts. Les deux nouveaux pays ne tardent pas s'affronter directement, le rajah du Cachemire ayant choisi de s'intégrer à l'Union indienne alors que la majorité de sa population est musulmane. En 1948 une première guerre indo-pakistanaise éclate.

Un Proche et un Moyen-Orient volcaniques

Pendant la guerre, la Syrie et le Liban, territoires placés sous mandat français par la SDN, ont vu combattre les forces fidèles à Vichy contre les FFL en 1941. La Grande-Bretagne, voulant conserver le contrôle de toute la région, encourage les nationalistes arabes. En mai 1945, des troubles contre la domination française éclatent et sont sévèrement réprimés. Le Liban et la Syrie en appellent à l'ONU et la France se voit contrainte d'accorder une indépendance promise dès 1936.

La Palestine, sous mandat britannique, est un problème bien plus épineux. Les **mouvements sionistes*** projettent de créer un foyer national juif et les pays de la **Ligue arabe*** sont partisans de l'indépendance d'une Palestine majoritairement arabe, à l'image de la population, qui en 1945 compte 1 200 000 arabes et 560 000 juifs. Les Britanniques subissent une double pression, celle des groupes paramilitaires sionistes et arabes et celle d'une opinion publique bouleversée par le sort que les nazis ont fait subir à la majorité de la population juive d'Europe. La Grande-Bretagne saisit l'ONU en novembre 1947 qui décide le partage de la Palestine en deux États. Le 14 mai 1948, l'indépendance d'Israël est proclamée dans un climat de guerre, les armées de la Ligue arabe* franchissant les frontières. Cette

première guerre israélo-arabe prend fin en janvier 1949, les troupes arabes sont repoussées, les Israéliens bénéficiant d'armes livrées par les pays communistes. Les pays voisins annexent la partie arabe de la Palestine : en annexant les terres à l'ouest du Jourdain, le royaume de Transjordanie change de nom pour devenir la Jordanie. Israël voit son territoire s'agrandir de 40 %. Cette guerre occasionne un transfert massif de population arabe cantonnée dans des camps. Le **problème palestinien** prend naissance ainsi qu'un grand sentiment d'humiliation dans les pays battus en 1948.

À Bandung s'affirme un tiers-monde anticolonialiste

La **conférence afro-asiatique** de Bandung, organisée en avril 1955, à l'initiative du président indonésien Soekarno, rassemble plus de mille représentants de 29 États indépendants et de trente mouvements anticoloniaux. Cette réunion est la première manifestation internationale d'un **tiers-monde*** résolument opposé à la domination coloniale. Ces représentants, porte-parole de 50 % de l'humanité, condamnent le colonialisme et en appellent à l'ONU pour soutenir la lutte pour l'indépendance des peuples encore dominés.

La conférence connaît un grand retentissement en Afrique et Senghor parle du « coup de tonnerre de Bandung ». La plupart des futurs dirigeants s'y rencontrent. Des leaders assoient leur image internationale, Nehru et Nasser y brillent particulièrement.

Nerhu, une nation, deux cultures

Nehru est le type même des leaders nationalistes faisant accéder leur pays à l'indépendance. Il fait à la fois partie de l'élite de son pays, issu d'une famille de brahmanes, fils d'un membre important du Parti du Congrès. Il maîtrise aussi parfaitement la culture de la puissance dominatrice, ayant terminé ses études à Cambridge. Nous retrouvons souvent ce genre de personnalité, véritables passerelles entre colonisateurs et indépendantistes à ce moment déterminant de l'histoire (Gandhi, Senghor, Bourguiba).

L'impact réel de la conférence est toutefois limité. Parmi les participants, on retrouve aussi bien de fidèles alliés des États-Unis : Turquie, Irak, Ceylan, que Zhou En Laï, représentant la Chine communiste. L'heure n'est pas au refus de la logique des blocs. À Bandung, en 1955, il semble plus facile de s'accorder contre les puissances coloniales que de remettre en cause les coalitions centrées sur les deux superpuissances.

L'interruption de l'offensive franco-britannique sur le canal de Suez contre Nasser, en novembre 1956, est ressentie comme le symbole de la victoire morale des pays nouvellement indépendants sur les principales métropoles coloniales. Bandung a montré la voie, Suez en est la concrétisation.

À RETENIR

Suez 56

Événement majeur d'une année très riche en bouleversements, le fiasco franco-britannique sur le canal de Suez démontre la faiblesse des anciennes puissances coloniales. Elles n'arrivent plus à s'imposer seules dans le concert mondial.

Nasser a besoin de fonds pour lancer la modernisation de son pays. En juillet 1956, il nationalise les biens de la société du canal de Suez. La France et la Grande-Bretagne réagissent vivement, ils considèrent cet acte comme une agression. Les milieux d'affaires se retrouvent spoliés des fructueux droits de passage qu'ils percevaient depuis 1869. La France de Guy Mollet voit en Nasser un dangereux agitateur panarabe* trop favorable aux indépendantistes algériens.

Ces deux puissances mettent au point un scénario avec Israël. Ce pays en veut aussi au leader égyptien qui soutient les incursions militaires de Palestiniens sur son sol. Selon ce plan, Israël attaque l'Égypte, puis les deux grandes puissances ordonnent aux belligérants de se séparer de part et d'autre du canal de Suez et envoient des troupes pour s'interposer.

L'ONU ne se laisse pas manœuvrer. L'envoi des troupes, en novembre 1956, est une véritable opération de guerre. L'armée égyptienne est battue sur tous les fronts mais les États-Unis et l'URSS ne veulent pas accepter ce coup de force. L'URSS brandit la menace atomique, le Trésor américain vend à perte des livres sterling, faisant dégringoler la valeur de la monnaie. Devant le torpillage de leur monnaie, les Britanniques cèdent, les Français sont obligés de les suivre.

Battu militairement, Nasser sort pourtant victorieux de cette crise ; il a humilié les anciennes puissances coloniales. Son prestige est alors immense dans le tiers-monde.

L'Afrique bouge

L'accession à l'indépendance des territoires africains n'est pas uniforme.

À RETENIR

Pour la plupart, on retrouve un même mécanisme progressif, une autonomie s'élargissant pour parvenir à l'indépendance politique.

Les colonies britanniques

La Grande-Bretagne prend l'initiative de décoloniser en Afrique subsaharienne. Ce processus commence avec la Côte de l'Or, autonome depuis 1951, qui devient indépendante en 1957 sous le nom de Ghana. Son leader indépendantiste, N'Krumah, malgré son prestige, n'arrive pas à convaincre les autres indépendantistes de constituer l'unité panafricaine. Il les persuade toutefois de la nécessité de conserver les frontières héritées du colonialisme. Le Nigeria devient indépendant en 1960, la Sierra Leone en 1961. Il faut noter que l'attitude britannique n'est pas uniquement pacifique. Les troupes anglaises répriment durement à partir de 1952 une guérilla née de l'insurrection Mau-Mau au Kenya.

Les colonies françaises

La France de la IVe République intègre des députés africains dans son Parlement comme l'Ivoirien Houphouët-Boigny et le Sénégalais Senghor. La répression sanglante de 1947 à Madagascar semble être le seul moment où la violence a atteint son paroxysme dans les possessions africaines. Mais la pression indépendantiste est forte. Pour éviter de se retrouver face à de nouvelles guerres coloniales, un protocole menant à l'indépendance est défini en 1956 : **la loi-cadre Defferre**. Ce texte prévoit une autonomie accrue des territoires, le personnel des administrations devenant progressivement de plus en plus indigène. En 1958, de Gaulle accélère le processus en proposant aux colonies d'adhérer à la Communauté française* ; seule la Guinée refuse, devenant indépendante immédiatement en se tournant vers l'Union soviétique. Les autres colonies françaises d'Afrique se voient octroyer l'indépendance pendant l'été 1960.

Cette partie du monde n'est toujours pas coupée de la métropole, de puissants liens de dépendance existent encore. En 1994, Édouard Balladur décide de dévaluer de 50 % le franc CFA depuis son bureau de l'hôtel Matignon. La **Françafrique*** est encore bien vivante de nos jours.

Indépendances africaines tardives

D'autres types d'indépendances peuvent avoir lieu. En Afrique australe, la puissance de l'Afrique du Sud influe sur son entourage en y imposant son modèle. En Rhodésie voisine, les colons prennent le pouvoir et y appliquent une ségrégation institutionnalisée. Le boycott international ne gène pas trop l'économie de ce pays. Ce régime tient jusqu'en 1980, la ségrégation cesse, le nom du pays change. Le Zimbabwe est alors gouverné par des noirs africains. En Afrique du Sud, **l'apartheid*** ne prend fin qu'en 1994 avec les premières élections multiraciales. La Namibie, administrée par l'Afrique du Sud, ne devient indépendante qu'en 1990.

Pour les colonies portugaises, la guerre contre les mouvements de libération au Mozambique et en Angola use la dictature portugaise à tel point que le régime s'effondre en 1974. Le Portugal en révolution donne immédiatement l'indépendance aux mouvements communistes naguère combattus.

Le cas du Congo belge, une décolonisation improvisée

Possession personnelle du roi Léopold II, léguée à son pays en 1908, le Congo belge intéresse trois organismes : une administration coloniale prenant ses ordres directement à Bruxelles, les compagnies minières et les missions catholiques. La discrimination est instituée dans la colonie. Malgré un certain paternalisme, les Noirs n'ont aucune chance d'accéder au même statut que les Blancs : les quelques indigènes éduqués sont catalogués comme étant en cours d'assimilation.

Les timides réformes voulues par le pouvoir belge rencontrent l'hostilité des colons et des missionnaires. L'évolution des autres colonies africaines pousse les indépendantistes congolais à l'action. En 1959, réagissant à des émeutes à Léopoldville, le roi des Belges Baudouin 1er promet l'indépendance qu'il vient proclamer le 30 juin 1960. Le lendemain, le pays sombre dans le chaos. Une extrême violence se déchaîne à l'encontre des Blancs. La mutinerie des troupes coloniales en réaction à l'attitude de leurs officiers belges ouvre une période d'anarchie que le gouvernement, dirigé par Patrice Lumumba, ne peut juguler. Profitant du désordre, les compagnies minières suscitent **la sécession de la riche province du Katanga** en installant à sa tête Moïse Tshombé et lui fournissant des mercenaires, les « Affreux », pour protéger son territoire. Lumumba exige et obtient l'intervention de l'ONU, en menaçant de se tourner vers l'URSS s'il n'est pas aidé.

Si les mercenaires sont effectivement chassés par l'envoi de casques bleus et le Katanga réintégré au Congo en 1963, Lumumba est éliminé. Le chef de son armée, le colonel Mobutu, le livre à ses ennemis en décembre 1960. Il n'est plus question de recourir au soutien soviétique. Mobutu sera ultérieurement un allié fidèle de l'Occident, qui le laisse bénéficier seul des richesses de son pays en bon kleptocrate*.

L'émancipation en question

Dans les années 1960, la géographie du monde a profondément changé, des dizaines de nouveaux pays sont apparus. Forte de cette nouvelle dynamique, l'idée de se soustraire à la logique de la guerre froide est défendue par les leaders emblématiques : Tito, Nehru, Nasser. En 1961 se tient la conférence de Belgrade ou émerge l'idée du **non-alignement***. Ce concept, pourtant séduisant, n'aboutit pas : le développement des pays du tiers-monde a besoin de financement, qu'il vienne des superpuissances ou des anciennes métropoles coloniales. De plus, les nouveaux dirigeants s'accommodent largement d'une dépendance militaire et économique si celle-ci leur permet de conserver le pouvoir sur leur pays. La guerre froide et le **néocolonialisme*** s'installent très rapidement dans le Sud. La dénonciation de ce phénomène reste souvent au stade des discours.

Dans le camp procommuniste, la conférence de La Havane, organisée autour de Ho Chi Minh, de Castro et de « Che » Gevara en 1966, veut créer plusieurs Vietnam dans le tiers-monde en constituant une **tricontinentale***. Cette initiative, tournée contre les États-Unis, n'est qu'une compétition à la pureté révolutionnaire interne au bloc soviétique. La nationalisation de l'exploitation des ressources naturelles puis leur spectaculaire augmentation en 1973 n'ont pas donné aux pays du Sud l'autonomie qu'ils espéraient en tirer : l'OPEP ne porte pas de projet politique.

À la fin des années 1960, le tiers-monde n'arrive pas à s'unifier. Des rivalités de puissance de tout ordre touchent les pays du Sud et les conduisent à s'aligner sur les superpuissances. La Yougoslavie de Tito n'a pu survivre depuis 1948 que grâce a la bienveillance américaine. En 1963, l'Inde, en guerre contre la Chine doit faire appel au soutien des États-Unis pour éviter d'être submergée par les troupes chinoises dans l'Himalaya.

À RETENIR

Êtes-vous au point ?

- Les conférences de Genève et de Bandung portent-elles sur le même sujet ?
- Qu'est-ce que le parti du Congrès ?
- Quelle est la première colonie d'Afrique noire à obtenir l'indépendance ?
- Quel est le programme de la tricontinentale ?
- Pourquoi la loi-cadre Defferre est-elle si importante ?
- Qui sont les Affreux ?

Les temps forts – *Connaître les dates et les liens de cause à effet.*

L'indépendance de l'Inde – Bandung – Suez – le processus français de décolonisation en Afrique noire – l'anarchie congolaise

Les personnages

Nehru – Gandhi – Jinah – Ho Chi Minh – Soekarno – Nasser – Houphouët-Boigny – Senghor – Lumumba – Che Guevara.

Lire entre les lignes, entre sous-entendus et non-dits

La fin des Indes britanniques (Baccalauréat, Pondichéry, juin 2005)

> « Depuis longtemps, la politique des gouvernements britanniques successifs a été de travailler à la réalisation du *self-government* dans l'Inde. En fonction de cette politique, une responsabilité croissante a été dévolue aux Indiens et aujourd'hui, l'administration civile et les forces armées indiennes sont dans une large mesure aux mains de fonctionnaires et d'officiers indiens. En matière constitutionnelle, les lois de 1919 et de 1935 votées par le Parlement britannique représentent un substantiel transfert de pouvoir politique. En 1940, le gouvernement de coalition reconnut que les Indiens devaient construire eux-mêmes une nouvelle constitution pour des Indes pleinement autonome, et par l'offre de 1942, ils l'invitèrent à établir une assemblée constituante dans ce but aussitôt que la guerre serait terminée.
>
> Le gouvernement de Sa Majesté croit que cette politique a été juste et, en accord avec les principes démocratiques [...], le gouvernement pense que le moment est venu de faire passer la responsabilité du gouvernement des Indes dans les mains indiennes.
>
> La mission interministérielle, envoyée l'année dernière dans les Indes, eut pendant trois mois des consultations avec les leaders indiens pour les aider à se mettre d'accord sur une méthode propre à définir la future Constitution des Indes, de façon que ce transfert puisse avoir lieu rapidement et sans heurt. Ce n'est que lorsqu'il parut évident que sans une initiative de la mission, aucun accord ne pourrait être obtenu que les propositions furent formulées par elle [...]
>
> Le gouvernement de sa majesté désire transmettre ses responsabilités à des autorités établies par une Constitution approuvée par toutes les parties de l'Inde, conformément au plan de la mission. Malheureusement, il n'existe pas actuellement de perspective nette d'une telle Constitution et que de telles autorités puissent apparaître. Le présent état d'incertitude est plein de dangers et ne peut indéfiniment se prolonger. Le gouvernement de Sa Majesté souhaite faire savoir clairement qu'il est de son intention définitive de prendre les mesures nécessaires pour effectuer le transfert de pouvoir entre les mains responsables au plus tard en juin 1948.
>
> Le gouvernement de Sa Majesté ne peut terminer sa déclaration sans exprimer au nom du peuple de ce pays sa bienveillance et ses bons vœux, au peuple de l'Inde dans sa marche vers l'étape finale et

l'accomplissement du gouvernement autonome. Ce sera le souhait de tous les habitants de nos îles, que, malgré les changements constitutionnels, l'association des peuples britanniques et indiens ne connaisse pas son terme. »

Atlee, Premier ministre du Royaume-Uni,
Déclaration à la Chambre des communes (extraits), 20 février 1947

1. Quelle décision majeure le Premier ministre Atlee annonce-t-il dans cette déclaration ?
2. D'après ce document, quelle définition les Britanniques donnent-ils du *self-government ?*
3. À quels « leaders indiens et à quels dangers Atlee fait-il allusion dans le point 3 de la déclaration ?
4. Peut-on considérer que le transfert a pu avoir lieu « rapidement et sans heurt » ?

CONSEILS DU PROF

Principale difficulté : lire entre les lignes d'un discours rédigé dans le plus pur style diplomatique. Il est certes destiné aux députés de la chambre des communes, mais surtout à prendre date dans un avenir plus ou moins proche au nom de la Grande-Bretagne éternelle. Déjà, le Premier ministre, plus partisan que bien d'autres de la décolonisation car travailliste, gomme les épisodes de tension et de répression. Il ne dit pas sous quelle pression « l'offre de 1942 » a été faite. Le gouvernement britannique tient à présenter une bonne figure en oubliant les périodes de dure répression exercée contre les manifestations indépendantistes pendant l'entre-deux-guerres. Ensuite, il faut bien revenir aux faits, l'idéal de *self-government* en Inde est en réalité un ensemble très complexe de régime parlementaire et de soumission féodale : une multiplicité de principautés ne sont pas régies par la règle générale. Enfin, le problème de la coexistence des communautés religieuses vient encore plus compliquer l'affaire. La revendication de constituer un État musulman soutenue par Jinah est la pierre d'achoppement faisant tarder l'accession à l'indépendance négociée avec le Parti du Congrès.

Chapitre 11

Les grands modèles idéologiques

Dans ce chapitre :

- Un modèle états-unien forgé par 230 années de tradition républicaine
- Rayonnement et limite du rêve américain
- Un système soviétique aux fondations marxistes-léninistes et staliniennes
- L'avatar chinois, de Mao au socialisme de marché

À RETENIR

Un chapitre assurément clé

L'ambition de ce chapitre est de présenter les ressorts idéologiques des deux puissances qui, ensemble, ont mis à bas l'Allemagne nazie. Ces idéologies évoluent, tout comme varie le regard porté sur les deux superpuissances. Loin d'être un exposé statique, ce tableau pourrait résumer à lui seul la guerre froide, ce chapitre vous détaille cette confrontation vue de l'intérieur.

La difficulté de ce point de programme réside dans le fait qu'il y est fait référence à des événements survolés en seconde ou en première. D'autre part, il tient à la fois de l'histoire des mentalités et des sciences politiques. Un néophyte ou un indifférent au débat politique s'y perdra, un candidat plus averti s'y retrouve plus à l'aise.

On ne peut guère avoir de composition pour ce chapitre, un document isolé à la rigueur. À coup sûr, vous vous retrouverez face à une série de documents.

Un modèle états-unien forgé par 230 années de tradition républicaine

Les fondements historiques ancrés dans l'insurrection de treize colonies

L'insurrection coloniale, qui a donné naissance à ce pays, à la fin du XVIIIe siècle, est portée autant par les idéaux d'égalité des Lumières que par le souci de commercer librement sans être exploité par la métropole anglaise. L'idéal de liberté politique est indissociable de la liberté économique. L'Américain indépendant est libre de s'épanouir et surtout de prospérer.

Les riches dirigeants, comme Washington, ne sont pas partisans du suffrage universel. Les pratiques politiques états-uniennes ont mis quelques dizaines d'années pour devenir démocratiques. Elles ont encore conservé des modes de désignation indirects (sénateurs, Président) qui peuvent démontrer une certaine méfiance envers l'expression directe de la volonté des citoyens.

On retrouve un autre trait spécifique dans les circonstances de l'indépendance : une attitude ambiguë envers le fédéralisme. Les **treize colonies** insurgées ont certes créé un nouvel État, en 1776, mais elles ne se sont aucunement fondues. Chaque État est un lieu de débat, d'administration, de lois spécifiques correspondant aux orientations de ses électeurs. L'électeur est d'ailleurs sollicité pour désigner les magistrats et les chefs de la police. Le gouvernement fédéral peut paraître assez éloigné des préoccupations quotidiennes. Les décisions fédérales sont parfois interprétées comme des intrusions autoritaires.

Dès l'indépendance, les Américains ont construit un régime présidentiel : le Président dispose d'un **veto** suspensif, il peut gouverner malgré l'opposition du Congrès, mais, pour garantir la séparation des pouvoirs, il ne peut pas le dissoudre. Il nomme les hauts fonctionnaires et les juges de la Cour suprême. Son pouvoir est toutefois limité : le Congrès peut décider de démettre le Président en votant l'***impeachment***. D'autre part, depuis Truman un Président ne peut pas exercer plus de deux mandats.

Comme l'a réclamé et obtenu le général Washington, par souci de cohésion, le chef de l'exécutif en exercice ne voit pas ses décisions discutées. Cela justifie le fait que, dans de nombreux scrutins, le candidat arrivé en tête emporte tous les sièges (*the winner takes all*). En temps de guerre, contester les décisions du Président peut devenir antipatriotique. La personne du Président est même quasiment sacrée. Si un Président est pris à mentir, tricher ou porter atteinte aux libertés fondamentales, comme Nixon en 1974, au-delà du personnage déshonoré, ce sont les institutions qui se trouvent profondément ébranlées. Après leur mort, les Présidents, devenus modèles moraux, peuvent se voir dédier de magnifiques monuments.

Deux grosses machines à élire les Présidents

Le système du *winner takes all* a contribué à limiter le champ politique à l'affrontement de deux grands partis majeurs. D'autres partis existent, des candidats indépendants peuvent même se présenter aux présidentielles. Leur présence affaiblit le parti qui lui est le plus proche politiquement. La candidature de Ross Perot en 1992 et 1996 a pris des voix aux Républicains, celle de Ralf Nader, en 2000, a coûté sa victoire au vice-président démocrate.

Le **bipartisme** voit s'affronter les partis républicain et démocrate. Ces organisations sont beaucoup plus des machines électorales que des instances de réflexion sur la société. La coûteuse organisation d'une campagne électorale demande une infrastructure solide et un réseau de personnes couvrant tout le territoire. Les budgets deviennent gigantesques lorsqu'il s'agit d'une présidentielle.

- Le Parti républicain, dont la mascotte est l'éléphant, regroupe un électorat conservateur attaché au libéralisme économique. Violemment anticommuniste, il est le parti des WASP et des agriculteurs et, par son discours aux consonances religieuses traditionalistes, touche les classes moyennes en quête de repère. Fortement hostile aux systèmes étatiques, il pense que l'aide aux pauvres devrait être du ressort d'œuvres charitables privées.
- Le Parti démocrate est plus complexe à définir. Jusqu'aux années 1960, sous la mascotte de l'âne, on pouvait discerner deux groupes très différents : les Démocrates du sud, opposés aux Républicains du nord, ont maintenu longtemps le système ségrégationniste ; les Démocrates du nord, alliés aux syndicats, porte-parole de la classe ouvrière et défenseurs de l'État-providence. La distinction n'est plus d'actualité, de nos jours, les anciens Démocrates du sud votent « républicain ». Le Parti démocrate recueille les voix des minorités et des intellectuels de la gauche liberale. Il prône une plus large tolérance morale et éloigne la religion de la sphère politique.

Ces deux partis ne monopolisent pas le débat public : des groupes de pressions, les ***lobbies***, pèsent lourd sur l'opinion publique, soit directement, en mobilisant leurs adhérents et sympathisants, comme le NRA (association des détenteurs d'armes à feu) ou les mouvements pour l'égalité civique, soit indirectement, en « conseillant » l'entourage des hommes politiques ou en participant au financement des campagnes électorales. On y retrouve toutes les composantes de la société et de l'économie du pays, les groupes militaro-industriels, les sociétés pétrolières ou les mouvements de consommateurs.

L'élection présidentielle, une longue procédure aux étapes bien définies

Une élection présidentielle américaine est une longue course de fond d'un an au cours de laquelle se définissent progressivement les candidats qui s'affronteront dans la première semaine du mois de novembre.

Au début de l'année électorale se tiennent une série de consultations destinées à départager les candidats à la candidature des deux grands partis. Ce sont soit des **primaires** (*primary*), où tous les électeurs sont consultés et votent à bulletin secret, soit des **caucus** (*caucuses*) ouverts aux seuls membres et sympathisants des partis qui, à la fin d'une réunion où les délégués de tous les prétendants sont écoutés, manifestent publiquement leur choix. Le rythme de ces élections augmente assez vite, commençant par des scrutins isolés dans de petits États pour rapidement en concerner plus d'une dizaine en une seule journée. Les candidats recueillent alors un nombre de représentants suffisant ou jettent l'éponge. Une fois ces consultations terminées, pendant l'été, le candidat est désigné au cours de la convention de son parti. Il arrive rarement que ce soit une surprise. Le résultat des primaires suffit généralement pour le désigner mais, loin de n'être qu'une fête médiatique, la convention est le lieu où est formé le « **ticket** ». Le choix du candidat à la vice-présidence obéit autant aux rapports de forces à l'intérieur du parti qu'à une stratégie électorale toute simple consistant à balayer le plus large possible. La personnalité du vice-candidat sert souvent à contrebalancer celle du candidat.

La campagne électorale reprend pendant tout l'automne. Les candidats sillonnent le pays et visitent particulièrement les États où les sondages sont incertains. L'élection survient pendant la première semaine de novembre. Il ne s'agit officiellement que de la désignation des délégués des États, ceux-ci ont un mandat impératif. Plus rien ne peut inverser le résultat. Le Président élu n'est aux commandes qu'à la fin du mois de janvier suivant. Ce délai, où coexistent Président en exercice et Président élu, permet de mettre sur pied une nouvelle administration. Le ***spoil system*** permet au Président de nommer des hommes de confiance à la tête de tous les services de l'État. Les déménageurs se frottent les mains à Washington lorsque se profile une alternance…

Le rêve américain

Au sortir de la guerre, les régions du monde en reconstruction regardent les États-Unis avec envie. Les visions de la crise de 1929 sont enterrées dans les mémoires. En 1950, le niveau de vie moyen d'un Américain est 2,5 fois supérieur à celui d'un Européen. L'opulence, le confort et la modernité sont associés dans l'image qu'offrent les États-Unis. L'industrie cinématographique, renforcée rapidement par la télévision, inonde le monde de ses productions, rendant familières les normes de la société américaine. Le mode de vie renvoyé est celui d'une immense classe moyenne, banlieusarde, vivant dans de vastes pavillons semblables ouverts sur une large rue, éduquée, – les hommes comme les femmes sont passés par les universités –, et superéquipée, se rendant au travail en voiture, dès les années 1950.

Loin de se limiter à cette image, les États-Unis sont à la pointe de la modernité dans presque tous les secteurs. La puissance des entreprises et des universités permet à leurs scientifiques d'être à la pointe du progrès. De 1946 à 1975, 78 Américains se voient décerner le prix Nobel (14 en chimie, 26 en physique et 38 en médecine). La compétition spatiale avec l'URSS est aussi une source d'admiration. La course à la Lune est beaucoup plus un stimulant pour la recherche aérospatiale et un formidable défi de propagande qu'une véritable aventure exploratoire.

Tous les domaines de la culture sont touchés, les peintres, comme Jason Pollock, démontrent que l'avant-garde picturale est aussi américaine. La construction du musée Guggenheim en 1959 prouve que New York n'oublie pas la culture dans le symbole de modernité active que cette cité incarne.

Limites et failles du système

Les Américains ont d'ailleurs cru, pendant les années 1950, que la croissance entraînerait l'établissement d'une société idéale. Mais dans la communauté afro-américaine ou dans les lieux très isolés du midwest, des poches de misère subsistent. L'inégalité, loin de n'être qu'une survivance de l'esclavagisme, parvient à déstabiliser la puissance américaine.

Le combat contre la ségrégation commence à avoir quelques résultats au milieu des années 1950 par l'action du **mouvement des droits civiques**, présidé par le pasteur Martin Luther King. Il devient une des priorités des présidents démocrates Kennedy, puis Johnson. L'administration fédérale impose la déségrégation dans les États réticents. Une série de lois civiques sont adoptées en 1964-1965. À ce dispositif s'ajoute l'*Affirmative action act*, obligeant de réserver des emplois aux minorités visibles dans les universités, les entreprises et les services publics.

Les présidents démocrates mettent aussi en place des programmes de solidarité envers les plus pauvres :

- Medicare, prise en charge des soins pour les plus de 65 ans,
- Medicaid, remboursement des soins aux plus démunis,
- aide aux familles pour élever les enfants et tickets d'alimentation.

Ces actions, dans la continuité du **New Deal**, illustrent le projet de « **nouvelle société** » défendu par le président Johnson, mais les inégalités sont loin de disparaître. Au contraire, l'envoi des appelés à la guerre au Vietnam vient d'en ajouter une nouvelle, les jeunes Noirs américains étant plus souvent envoyés dans cette région que d'autres. La situation se radicalise, des émeutes urbaines éclatent dans les ghettos de New York (1964) et de Los Angeles (1965). Des mouvements, comme le *Black Power*, défendent l'idée d'assurer son avenir en dehors de la nation américaine.

À cette contestation s'ajoute celle de la génération du baby-boom arrivant à l'âge adulte, touchée elle aussi par la guerre du Vietnam. Une contresociété tente de s'édifier, mêlant pacifisme, humanisme, féminisme et refus de la société de consommation. Les campus, hauts lieux d'édification de la classe moyenne et supérieure, deviennent des foyers d'agitation. *L'american way of life* est remis en cause par ses principaux bénéficiaires.

Du doute à la certitude des conservateurs néolibéraux

Les États-Unis sont secoués par une triple crise au milieu des années 1970.

- Une crise économique qui bouleverse l'équilibre social sur lequel reposait le fordisme. Les entreprises qui ferment ou licencient massivement sont souvent des bastions ouvriers tenus par les syndicats. L'Amérique rooseveltienne s'essouffle. Les Américains importent massivement des marchandises de bien meilleure qualité que leur propre production.
- Une crise d'identité internationale où la superpuissance se retrouve comme paralysée de l'intérieur. La victoire des communistes au Vietnam est un traumatisme profond pour les Américains. Pendant presque dix ans, les citoyens ne veulent plus mettre en danger la vie de leurs soldats dans des interventions extérieures.
- Une crise politique et morale majeure. L'affaire du Watergate n'est pas un scandale politique ordinaire. Il affecte les valeurs fondamentales du pays. En espionnant systématiquement ses

> adversaires, le président Nixon porte atteinte aux libertés fondamentales et profane la figure révérée du Président. Il démissionne avant que la procédure d'impeachment* soit mise en route par le Congrès.

L'élection du démocrate Jimmy Carter est l'illustration même de cette période. D'un côté, il apparaît comme un rédempteur, s'évertuant à remettre la politique internationale plus en phase avec ses propres valeurs, de l'autre, il se heurte à de nombreuses difficultés : second choc pétrolier, intensification de la guerre froide, irruption de l'islamisme dans les relations internationales… La faiblesse économique et le retour des tensions font ombrage à de nettes avancées comme la signature des accords de Camp David.

Ronald Reagan se fait élire en 1980 avec une propagande très hostile à l'URSS, accusant, entre autres, le président Carter de faiblesse. Son image est associée au durcissement envers les Soviétiques. Mais son principal apport est économique : il applique une politique de déréglementation et de baisse des impôts inaugurant un nouveau modèle américain, celui d'une société néolibérale, prospère pour une grande majorité et répressive pour les pauvres. Les États-Unis n'ont guère dévié de cette ligne, aucun Président ne peut survivre politiquement à une hausse d'impôt. L'effort de guerre actuel est financé à crédit, par le déficit du budget fédéral.

De nos jours le modèle américain est certes décrié, ses réussites comme ses échecs peuvent être montés en épingle. C'est toutefois un modèle de démocratie dont la première contestation s'exprime à l'intérieur même du pays.

À RETENIR

Attention 2008, année électorale

Quand vous passerez les épreuves du bac, vous aurez plus d'informations sur l'élection qui se déroulera début novembre 2008. Comme le président actuel, désavoué par l'opinion publique, ne peut se représenter, quel que soit le vainqueur, il y aura nécessairement de profonds changements à venir. En juin, les primaires et *caucuses* seront terminés, les candidats préparant au mieux les conventions. A l'heure où ces lignes sont rédigées, il serait inutile de citer un quelconque candidat à la candidature. Vous devrez cependant avoir en mémoire le nom des principaux prétendants et peut-être mentionner qui se tient en tête dans les sondages.

Un système soviétique aux moteurs marxistes-léninistes et staliniens

Des ingrédients marxistes et un tour de main léniniste

Les régimes communistes puisent leurs fondements dans les écrits du philosophe Karl Marx. Selon lui, le moteur des rapports sociaux est **la lutte des classes** où une minorité exploite la majorité et accapare pouvoir et fortune. Cette lutte des classes évolue. L'Antiquité voit se développer une société esclavagiste, à qui succède une société féodale, puis, à l'époque contemporaine, une société capitaliste. On passe d'une phase à l'autre par des bouleversements sociaux profonds, à l'image des révolutions de la fin du XVIIIe siècle qui ont vu la bourgeoisie supplanter la noblesse en tant que classe dirigeante. La bourgeoisie confisque la richesse, « plus-value » produite par le reste de la population, le prolétariat.

À RETENIR

Marx prétend que la compétition économique conduit, à terme, le capitalisme à l'effondrement : la recherche permanente de la compétitivité, par des entreprises de plus en plus grandes, aboutissant à la constitution de monopoles, met fin aux profits. La vanité du système capitaliste devient alors apparente et il s'écroule de lui-même. Dans le bouleversement né de cette crise, le prolétariat, conscient de sa force, prend le contrôle de l'État, des moyens de production et entreprend de modifier la société à son avantage. Pendant cette phase intermédiaire, s'exerce une dictature du **prolétariat**. Cette période n'est que transitoire avant que s'établisse une société sans classe où l'État, outil de répression bourgeois, disparaît et où chacun reçoit ce dont il a besoin.

En avant pour l'édification du socialisme !

Ce slogan est répété de nombreuses fois, sous toutes les formes, timbres, fresques, affiches, etc. dans les pays communistes. Sa complète compréhension nécessite d'avoir intégré quelques notions de la pensée marxiste. Le socialisme, ce sont les « lendemains qui chantent » qu'évoque le député communiste Gabriel Péri dans sa dernière lettre avant d'être fusillé, c'est aussi « le temps des cerises », chanson communarde, c'est une sorte de futur radieux pour lequel combat le militant convaincu. Il permet d'accepter un présent pas trop présentable. Il y a donc une part visionnaire, voire mystique, dans le marxisme, même si cette philosophie est défendue par d'authentiques athées.

Toujours selon Marx, la **bourgeoisie**, consciente des contradictions de son système, dispose de deux grands auxiliaires pour conserver sa place dominante, les religions et les nations. Les religions permettent d'apaiser la confrontation sociale en promettant aux plus pauvres des jours meilleurs dans l'au-delà : elles sont « **l'opium du peuple** ». Les nations permettent de faire diversion en mobilisant la force et la colère des prolétaires à l'encontre d'autres populations. Les guerres ne se limitent pas à ce rôle d'exutoire. En constituant des empires, elles sont l'illustration de l'aspiration au monopole des élites bourgeoises. Un bon marxiste est donc internationaliste, anti-impérialiste et athée.

Lénine reprend toute cette analyse ; il y ajoute le mode opératoire. Selon lui, la chute du capitalisme doit être accélérée par une **avant-garde** de révolutionnaires professionnels. La dictature du prolétariat doit être conduite par le **parti**. Le syndicat n'est qu'une **courroie de transmission** de celui-ci vers le peuple.

Marx a imaginé le communisme, Lénine, lui, le parti communiste et son rôle dirigeant.

Une pratique de guerre civile détournée au profit du despotisme totalitaire stalinien

La révolution de novembre 1917 porte au pouvoir Lénine et les bolcheviques. Ils le conservent en imposant une terreur implacable au cours de la guerre civile de 1917 à 1921. Le parti communiste, parti unique, est pris en main par Staline en 1929 après une phase de détente économique destinée à permettre de reconstruire une Russie dévastée. Il impose un pouvoir despotique et personnel sur le pays et le parti. La construction d'une nouvelle humanité sert de prétexte aux décisions brutales aussi bien dans le domaine économique qu'à l'encontre des personnes.

En 1945, ce système est relativement rôdé. En outre, ayant conduit « la grande guerre patriotique », il est auréolé par la victoire. La période 1945-1953 marque l'apogée du stalinisme. Il se caractérise par :

- Un pouvoir personnel. Staline cumule la fonction de chef de l'État et de chef du parti. Il gouverne par des entretiens seul à seul avec les responsables concernés. Un seul congrès du PCUS* est organisé en 1952, il se limite à un hommage au « **petit père des peuples** ».
- Un **culte de la personnalité** porté au paroxysme. La figure de Staline est apposée partout. Les personnes les plus prestigieuses, pouvant lui porter ombrage, comme le maréchal Joukov, sont mises à l'écart. Les artistes sont obligés de se soumettre aux objectifs de la propagande. Leurs œuvres doivent mettre en valeur les héros du

communisme. En peinture, le réalisme soviétique est la seule forme admise, toute autre forme d'expression n'est que dégénérescence bourgeoise.

- Un outil de répression implacable. Les déportations reprennent à la fin de 1945 : elles touchent les minorités accusées d'avoir trop approché les Allemands. Dans les États baltes, la résistance armée à l'annexion ne s'éteint qu'en 1954. En 1949, des purges sont organisées par Beria, chef de la police politique, dans l'armée et dans le parti. En 1953, la dénonciation du « complot les blouses blanches » annonce une nouvelle purge aux relents antisémites. Il est difficile de dénombrer exactement les déportés politiques : à la mort de Staline, les chiffres oscillent entre 5 et 12 millions de zeks*.

Loin d'être un pouvoir absolu exercé sur un pays, le stalinisme est plutôt le résultat du contrôle sans limite d'un parti totalitaire par un seul homme. Si ses membres sont tout aussi soumis à son arbitraire que l'ensemble des Soviétiques, ils détiennent toutefois une part du pouvoir, sont préservés des pénuries et partagent une conviction politique commune. Sans la *nomenklatura**, l'appareil stalinien ne peut tenir.

La mort de Staline, en mars 1953, est un événement mondial. Selon la propagande communiste, il est pleuré par un tiers de l'humanité.

Réussites et limites de la déstalinisation

Dès la mort de Staline (1879-1953), ses successeurs se sont prémunis d'une nouvelle dictature despotique. Le pouvoir, à la tête du PCUS et de l'URSS, est désormais **collégial**. Si une individualité est mise en avant, celle-ci n'est que le porte-parole d'un groupe restreint de 15 à 20 hauts responsables, le ***politburo****. Les décisions sont prises après débat au sein de ce groupe. L'élimination de Beria, chef de la police, en 1953 prouve que le débat peut encore coûter la vie de ses protagonistes. La personnalité de Khrouchtchev (1894-1971) pointe peu à peu pour s'affirmer à la tête de l'URSS à la fin de 1955.

En février 1956, au **XXe congrès du PCUS***, les excès du camarade Staline sont dévoilés dans un rapport lu par le camarade Khrouchtchev lors d'une séance tenue à huis clos. Le culte de la personnalité dénoncé, on souligne les erreurs du camarade Staline, y compris pendant la guerre ; le caractère répressif et arbitraire du personnage est même exposé. La déstalinisation est proclamée.

La répression devient moins pesante, des déportés sont libérés, individuellement ou par populations entières comme les Tchétchènes ou les Allemands de la Volga. Le plan permet que les industries produisent un peu plus de produits de consommation. Un vaste projet de mise en valeur des terres vierges est censé remédier aux manques alimentaires. La pénurie est moindre.

Le monde soviétique offre une nouvelle image de modernité. Une image d'autant plus positive que se succèdent des réussites spatiales spectaculaires (Spoutnik, 1957 ; Y. Gagarine, 1961) et que les athlètes soviétiques font jeu égal avec les Occidentaux dans presque tous les sports.

À RETENIR

La déstalinisation est toutefois limitée :

- Il n'est pas question de liberté d'opinion. Certains écrits critiques sont publiés, soit à l'étranger, comme, en 1957, Le Docteur Jivago de Boris Pasternak, prix Nobel de littérature en 1958 – ce livre n'est édité en Union soviétique qu'en 1988 ; soit par autorisation expresse de Khrouchtchev, comme, en 1962, UneJournée d'Yvan Denissovitch d'Alexandre Soljenitsyne, racontant le quotidien d'un zek, un déporté du **goulag**.
- Il n'est pas question de multipartisme. Les troubles causés par la déstalinisation dans les pays satellites en 1956 démontrent que la libéralisation du régime entraîne rapidement des revendications démocratiques. La répression soviétique en Hongrie prouve que le rôle dirigeant du parti unique ne doit pas être mis en cause.

Khrouchtchev, rendu responsable des échecs internes à l'URSS (production agricole décevante), et diplomatiques (reculade apparente lors de la crise de Cuba en 1962), est démis de ses fonctions en 1964. Officiellement, il démissionne « pour raison de santé ».

Une gérontocratie usée par les dysfonctionnements

Le politburo, qui a évincé Khrouchtchev du pouvoir en 1964, est constitué d'**apparatchiks** ayant eu leur premières responsabilités politiques sous Staline : Gromyko, Podgornyï, Kossyguine et surtout Brejnev. La déstalinisation est stoppée. La réaction soviétique au « printemps de Prague », en 1968, la « **normalisation*** » en est le plus fort exemple.

L'image de l'URSS se ternit progressivement au milieu des années 1970. Avec la publication, en 1973, de *L'Archipel du goulag*, le caractère totalitaire du communisme est désormais admis dans les cercles intellectuels occidentaux. La censure et la répression sont toujours actives avec toutefois un degré moindre dans la brutalité. Les opposants et les **dissidents** les plus connus, comme l'écrivain Soljenitsyne, sont expulsés et se voient retirer leur citoyenneté soviétique ou sont contraints à un exil intérieur comme le physicien Sakharov. Les hôpitaux psychiatriques traitent le cas des dissidents* « ordinaires ».

Le culte de la personnalité semble même réactivé. En 1977, Leonid Brejnev (1906-1982), cumulant alors les fonctions de chef de l'État, de l'armée et premier secrétaire du PCUS, est l'homme le plus décoré de l'URSS.

La priorité donnée à la production militaro-industrielle accélère la détérioration du système.

Le pays se retrouve confronté à des difficultés croissantes. La société soviétique devient de plus en plus inégalitaire. Une majorité de Soviétiques constatent l'existence d'une coupure les séparant des privilégiés, que ce soit des nomenklaturistes*, membres du parti, académiciens, sportifs, ou de personnes tirant leurs revenus d'activités souterraines. Le pouvoir laisse se développer ce secteur, qui devient indispensable à la survie du système. Le népotisme* s'installe au plus haut degré du parti.

L'intervention soviétique en Afghanistan, décidée en décembre 1979, contribue à accélérer la détérioration du régime. L'armée s'y enlise et s'y use.

Le régime soviétique se mue en **gérontocratie***. Après la mort de Brejnev, en 1982, deux autres personnes de la même génération, Andropov puis Tchernenko, lui succèdent sans pouvoir remédier à l'immobilisme et à l'usure d'un modèle soviétique à bout de souffle.

Une ultime tentative de réforme

Mikhaïl Gorbatchev, arrivé au pouvoir en 1985, met plus d'une année pour voir les premiers effets de sa politique. Entre-temps la catastrophe de Tchernobyl, le 26 avril 1986, dévoile l'état de fragilité du colosse soviétique. En 1986, se met en place la ***perestroïka***, qui ouvre timidement l'économie à l'initiative privée et qui réduit les contrôles sur les entreprises d'État. Les réformes économiques s'accompagnent d'une révolution politique, la ***glasnost*** qui bouleverse la société soviétique. La politique extérieure soviétique est aussi affectée par la *perestroïka* : les accords de désarmement, le repli de l'Union soviétique sur son espace proche et les changements de régime en Europe de l'Est sont autant de moyens de réaliser des économies.

La libéralisation économique ne donne pas de fruit immédiatement, et les poussées séparatistes profitent de la glasnost. L'URSS assiste à la défaite de son ex-allié irakien sans pouvoir rien faire. Des apparatchiks* tentent un coup d'État en août 1991 : leur échec discrédite totalement le parti communiste. Boris Eltsine, nouvel homme fort qui fit échouer leur aventure abolit le parti en 1991.

Il n'y a plus de modèle soviétique, il se dessine désormais des modèles de sortie du communisme très différents les uns des autres, allant de l'intégration européenne au repli ultranationaliste.

En Russie, la présidence de Vladimir Poutine s'illustre par un tournant autoritaire qui se réapproprie une partie de l'héritage soviétique notamment en faisant du service de sécurité, le FSB, l'une des colonnes vertébrales de l'état.

L'avatar chinois, de Mao au socialisme de marché

D'inspiration lui aussi marxiste, un régime communiste s'installe en Chine en 1949 après avoir triomphé des nationalistes pendant une **longue guerre civile** interrompue en 1937 par la guerre contre le Japon. Se basant les premiers temps sur le modèle soviétique, la Chine populaire, sous la direction de Mao Zedong, construit en tâtonnant, sa propre voie et, de 1976 à nos jours, donne naissance à un modèle particulier où, paradoxalement, restent en place des structures communistes malgré une ouverture économique très libérale.

L'affirmation d'un communisme spécifique

La Chine rompt progressivement avec l'URSS à la fin des années 1950. Cette rupture trouve autant sa cause dans un rejet de l'assujettissement économique vis-à-vis de Moscou, lorsque sont rapatriés les « experts soviétiques » en 1960, que par la manifestation d'une spécificité politique. La rupture est consommée en 1963. La Chine reproche surtout aux Soviétiques d'avoir reculé face aux Américains à Cuba, d'avoir trahi l'idéologie révolutionnaire internationale et d'avoir déstalinisé. En reprenant le flambeau révolutionnaire, Mao dénie aux Soviétiques leur position de chef de file du camp révolutionnaire. Selon lui, ils sont devenus de vulgaires « **déviationnistes bourgeois** ». Un conflit de puissance se greffe sur ces querelles idéologiques. Les Chinois disposent de l'arme atomique en 1964 : de multiples « incidents de frontières » ont lieu à la frontière sino-soviétique. En 1969 ; les « incidents de l'Oussouri » sont en réalité une brutale bataille de chars. Pendant cette période, la Chine s'attend à un bombardement nucléaire venu du nord.

Sur le plan idéologique, Mao se repose sur le fait que la victoire communiste chinoise a été portée par des paysans. Le « **Grand Bond en avant** » lancé en 1958 est censé remédier au manque de capitaux et de techniciens par la mobilisation de toutes les forces humaines. Les campagnes doivent subvenir à leur propre besoin industriel (mini-hauts fourneaux). L'encadrement de la population se fait au sein de « communes populaires », à la fois unités de production et centres de formation idéologique et militaire. En 1960-61, l'échec de ce plan conduit à une famine faisant entre 20 et 40 millions de victimes. La politique chinoise amorce un revirement. Mao est écarté du pouvoir, il perd sa première place au profit de Liu Shaoqi sans toutefois être proscrit. Il reste le grand vainqueur de la guerre civile. Durant les années 1961-65, un profond débat oppose une tendance pragmatique défendue par Liu Shaoqi, Zhou Enlai et Deng Xiao Ping et une ligne dure défendue par Mao.

La révolution culturelle

Ce mouvement a soulevé l'enthousiasme de nombreux baby-boomers*. En 1965, Mao lance « **la grande révolution culturelle prolétarienne** » en s'appuyant sur une jeunesse organisée en « **gardes rouges** » : Ces jeunes gens de quinze à vingt ans remettent en cause les responsables du parti : « feu sur l'état-major ». Il s'agit de traquer le moindre signe d'embourgeoisement et de rompre avec tout ce qui peut y amener, musique classique, livres occidentaux, etc. Cette « révolution dans la révolution » doit préserver la pureté révolutionnaire et stigmatiser tout révisionnisme. Guidé par les écrits du président Mao, l'enthousiasme des gardes rouges ne tarde pas à dégénérer. En 1967-68, la masse des gardes rouges, brandissant leur « petit livre rouge* » finit par être encadrée par l'armée dirigée par un Lin Biao en pleine ascension. Par l'intermédiaire de la révolution culturelle, Mao a pu reprendre les rênes du pays. En 1968, le PCC est épuré, Deng Xiao Ping et Liu Shaoqi sont démis de leurs fonctions. L'exaltation de la jeunesse n'a été, en réalité, qu'un instrument de reconquête du pouvoir. Lin Biao est éliminé, disgracié, son avion s'écrase sans qu'on sache s'il a été descendu ou non. Mao peut vieillir tranquille, plus personne viendra disputer son pouvoir.

Continuité et évolution du communisme chinois

Le modèle maoïste s'est appliqué au Cambodge de 1975 à 1979. La mystique révolutionnaire des **Khmers rouges***, similaire à celle de la révolution culturelle, y a fait plus d'un million et demi de morts dans la population civile. Le Sentier lumineux, groupe armé opérant au Pérou pendant les années 1980-95, s'en est aussi inspiré. Aujourd'hui, le Népal est presque totalement contrôlé par une des dernières guérillas se réclamant de Mao.

En Chine, Mao n'est certes pas oublié mais la référence est beaucoup plus lointaine. Après une dernière tentative de réactivation de la révolution culturelle, juste après la mort du « Grand Timonier » en 1976, Deng Xiao Ping reprend la direction du PCC*, se débarrasse des extrémistes, « la Bande des Quatre », dont la veuve de Mao, et donne la priorité à la modernisation du pays. Depuis, les dirigeants chinois conservent le même cap, laissent une grande autonomie à un secteur privé qui, pour l'agriculture, arrive à nourrir les Chinois et, pour l'industrie et les services, assure une forte croissance continuelle depuis plus de vingt ans. Le système se garde de tout libéralisme politique, le parti unique est toujours d'actualité. Il est toujours possible de retrouver la vigueur de la répression dont furent victimes en 1989 des milliers d'étudiants campant sur la place Tien An Men. La Chine est donc passée du maoïsme au **socialisme de marché**.

À RETENIR

Êtes-vous au point ?

- Pourquoi ne faut-il pas confondre Congrès et Convention ?
- Pourquoi Truman a-t-il limité le nombre des mandats présidentiels ?
- Glasnost et perestroïka, est-ce la même chose ?
- Pourquoi les communistes doivent-ils être internationalistes et athées ?
- Pourquoi les Chinois disent-ils que les Soviétiques sont révisionnistes ?
- Que veut dire ce slogan « feu sur l'état-major » ?

Les temps forts. *Connaître les dates et les liens de cause à effet.*
Les retournements des années 1960 aux USA, l'époque stalinienne et la déstalinisation, la gérontocratie, la révolution culturelle.

Les personnages :
Staline – Khrouchtchev – Jdanov – Brejnev – Gorbatchev – Truman – J.-F. Kennedy – Nixon – Carter – Reagan – Mao Zedong – Deng Xiao Ping.

LE DOCUMENT

Un document dévoilant une idéologie

Culte de la personnalité, réalisme soviétique, de la photo à l'icône.

Cette image, de toute évidence retravaillée, posée, met en scène des ouvriers écoutant la nouvelle de la mort de Staline au cœur même de leur atelier. Tous les attributs du monde du travail s'y retrouvent : la classe sociale est affirmée, blouse des femmes, casquette chez les hommes, on y voit un monde du travail en pleine activité, le décor d'atelier et les lunettes de protection signifient bien que nous sommes loin des lieux de pause, privés ou de loisir. L'attachement est tangible, tristesse et recueillement sont retransmis par les mines graves saisies par l'objectif.

Cependant trop de choses annoncent que cette image n'a pas été saisie spontanément. L'échafaudage improvisé sur lequel siège l'appareil de radio montre que ce n'est pas là sa place habituelle. Le format de l'image et la perspective faisant converger les regards et les lignes de fuite vers le centre de l'image, le message transmis par la radio, et par-delà la voix, la présence de Staline malgré sa mort.

Cette image de propagande est du plus pur style réaliste soviétique : une valorisation du travail ouvrier, des poses académiques pour édifier moralement une population et célébrer son grand chef. La lueur éclairant le monde vient de s'éteindre… Cette image de deuil si parfaite rejoint d'autres dans la culture occidentale. On peut parler de culte de la personnalité ne serait-ce qu'en faisant le rapprochement entre cette image et les multiples scènes où l'on voit des personnes éplorées dans les églises chrétiennes.

Chapitre 12

La confrontation Est-Ouest 1947-1975

Dans ce chapitre :

- Fin de la grande alliance et cristallisation des camps
- Les premières crises de l'ère stalinienne
- Coexistence et pics de crise
- Une détente sans réel désarmement

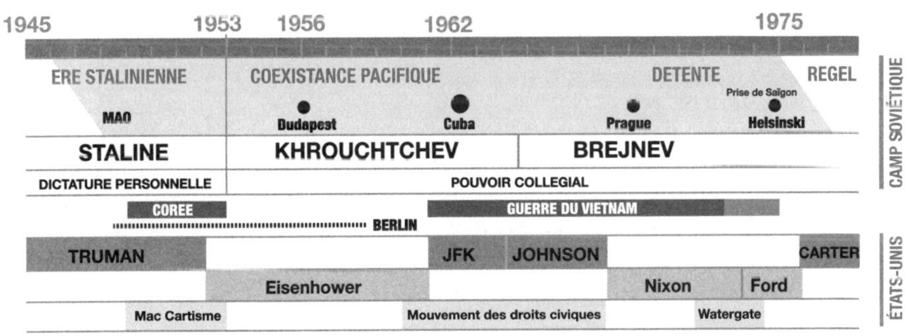

CONSEILS DU PROF

Le morceau de bravoure du programme

Celui-ci a pourtant pris un sérieux coup de vieux depuis quelques années. Vous êtes né, cher candidat standard, à l'agonie de cette période. De nos jours, les logiques de confrontation sont sorties du champ politique pour entrer dans l'histoire. Vous êtes la première génération postcommuniste… Une frontière se dessine entre vous et vos professeurs, même les plus jeunes. Ils ont connu, vécu, intégré, surtout en devenant prof d'histoire, cette mécanique… pas vous. Et vos enseignants ont du mal à comprendre que cela commence à devenir étranger aux *dj'euns*.

Pour le bac, avec ce chapitre, toutes sortes de sujets peuvent vous tomber dessus. N'oubliez pas que les thématiques plus resserrées, centrées sur l'Asie, l'Allemagne, l'Europe ont besoin d'un agrandissement des perspectives à l'échelle mondiale.

Fin de la grande alliance et cristallisation des camps

L'opposition entre les deux superpuissances est palpable dès la fin de la guerre. Les dissensions ne sont plus cachées pendant la conférence de Potsdam. En 1946, des communistes se battent contre des nationalistes en Grèce et en Chine. Le conflit est déjà présent, la rupture ne devient officielle qu'en 1947. La guerre froide, mot dont on ne peut donner l'auteur et l'origine exacts, naît dès lors que les deux camps se mobilisent l'un contre l'autre.

Dans ce sens, les États-Unis sont les premiers à conforter leur camp. En mars 1947, devant le Congrès, le président Truman dresse les grandes lignes de la politique américaine. La « **doctrine Truman** », l'**endiguement*** consiste à éviter toute extension du communisme. Les États-Unis doivent faire barrage à une puissance qui menace la prospérité économique et le modèle démocratique américain.

En juin, le secrétaire d'État Marshall, dans son discours de Harvard, dévoile les moyens que l'administration Truman veut déployer en Europe pour parer la menace de l'extension du communisme : il s'agit d'une stratégie économique visant à combattre la misère par des dons massifs et des prêts préférentiels. Le choix du « **plan Marshall** » illustre bien la suprématie financière dont jouissent les États-Unis. Cette offre s'adresse à tous les pays d'une Europe exsangue qui peine à trouver les forces de se reconstruire.

L'HOMME

Truman

Trente-troisième président des États-Unis, il se distingue de tous les précédents en n'ayant pas terminé ses études universitaires. Ainsi, il se démarque d'un Roosevelt, quasi aristocrate descendant d'une grande famille fortunée, par une démarche très utilitariste rappelant ses débuts professionnels en tant que fermier puis commerçant. C'est donc une personnalité pragmatique ne s'embarrassant pas des convenances diplomatiques qui se retrouve à la tête des États-Unis au commencement de la guerre froide.

Le camp communiste ne tarde pas à être mobilisé. Huit représentants de partis communistes européens, dont deux occidentaux, italien et français, rassemblés en Pologne, à Slarska Poreba, publient, le 5 octobre, une déclaration informant de la création du Kominform*. La réunion est présidée par l'idéologue du PCUS*, Jdanov, qui fait lire un long texte dénonçant les visées expansionnistes du capitalisme américain. Le **camp anti-impérialiste** est formé. Il semble monolithique et fermement tenu par les Soviétiques.

Dans ce rapport Jdanov, l'agressivité des propos hostiles aux États-Unis et à leurs alliés contraste avec les consignes de prudence données aux deux puissants partis communistes italiens et français qui ont quitté le gouvernement au début de l'année 1947. Loin de les pousser à l'insurrection, il leur est simplement enjoint de défendre leur propre nation face à la domination américaine. Le bloc qui se dessine, avec les **démocraties populaires***, n'est pas destiné à s'étendre sur toute l'Europe. C'est en réalité un **glacis*** protecteur pour l'URSS.

La prise de pouvoir des communistes en Tchécoslovaquie clôt cette phase de rupture. Le dernier régime pluraliste de l'Est devient à son tour une démocratie populaire en février 1948.

Les premières crises de l'ère stalinienne

Le blocus de Berlin

La première confrontation des deux superpuissances concerne l'Allemagne. Partagée en quatre zones entre les vainqueurs, ce pays sort peu à peu du statut d'occupation. L'URSS veut garder le contrôle de tout le pays tout en jetant les bases d'une démocratie populaire dans sa zone d'occupation. Les Occidentaux entament la reconstruction politique de l'Allemagne sur un tout autre modèle. Lorsque les trois zones occidentales se réunissent économiquement, les accès aux zones occidentales de la capitale se ferment un à un. Le blocus de Berlin-Ouest dure alors d'avril 1948 à mai 1949. Un **pont aérien** est vite mis en place par les États-Unis. Des milliers de tonnes sont transportées pour approvisionner les habitants. Les Américains deviennent les protecteurs de l'Europe occidentale et, le 4 avril 1949, est créée l'**OTAN**. Le blocus est levé au mois de mai. La **partition de l'Allemagne** est établie dans les faits. La RFA (République fédérale d'Allemagne) est fondée au mois de mai, la RDA (République démocratique allemande) suit de peu, en octobre. Cependant, à l'échelle mondiale, le camp occidental n'a pas triomphé ; Mao vient alors de remporter la guerre civile en Chine.

CONSEILS DU PROF

Au bord du gouffre, y'a des règles

Le blocus de Berlin est la première crise qui amène « au bord du gouffre » : nous trouvons dans l'enchaînement des décisions, toutes les précautions pour que la confrontation ne dégénère pas : les voies d'accès terrestres sont fermées pour cause de travaux... les forcer serait un acte de guerre, un général américain avait imaginé passer avec un train blindé... Les couloirs aériens ne pouvaient pas être interdits, l'aviation soviétique a « escorté » de près les appareils américains sans tirer... Une convention implicite s'est vite installée : le premier qui dégaine a perdu.

La guerre de Corée

La guerre de Corée est un conflit d'une intensité bien supérieure. La péninsule, ancienne colonie japonaise, avait été divisée en deux États conformes aux orientations politiques des puissances qui contrôlent le territoire. Le 25 juin 1950, les Nord-Coréens, communistes, attaquent massivement le Sud. Le 27, le Conseil de sécurité de l'ONU, en absence du délégué soviétique, enjoint les membres des Nations unies « à apporter à la république de Corée toute l'aide nécessaire pour repousser les assaillants ». Le général Mc Arthur prend la tête du corps expéditionnaire américain qui combat sous le drapeau bleu de l'ONU. Il organise une contre-offensive, les Américains débarquent à Inchon le 15 septembre 1950 et entrent en Corée du Nord. En novembre, la guerre prend une nouvelle dimension, des soldats chinois, des « volontaires », combattent aux côtés des Nord-Coréens.

Truman et Mc Arthur s'opposent sur la conduite de la guerre. Le général menace de porter la guerre en Chine, alors que le Président se satisferait du retour aux frontières antérieures le long du 38e parallèle. Ayant lancé personnellement un avertissement aux Chinois, Mc Arthur est limogé en avril 1951. L'exécutif américain dose son effort de guerre et impose le respect des limites qu'il s'est fixées, même au plus glorieux de ses militaires. La guerre se stabilise sur un front solidement tenu par les Américains. La mort de Staline permet d'envisager la fin des combats. Un **armistice** est signé en juillet 1953. Les combats ont cessé mais l'état de guerre perdure jusqu'à nos jours.

Une guerre idéologique mobilisant les populations des deux blocs

Chacune des deux puissances brandit la menace que fait peser l'adversaire sur sa population. La propagande produite dans les deux camps porte sur des thèmes majoritairement défensifs. Mais avec l'expérience des massacres de la Seconde Guerre mondiale et la possession, à partir de 1949, de la bombe atomique par les deux armées, la perception de la menace terrorise les opinions publiques.

En URSS, la propagande stalinienne mobilise le nationalisme, pour faire face à la « culture décadente américaine », l'esprit révolutionnaire, pour combattre l'impérialisme et le pacifisme, pour se poser en victime.

Aux États Unis, la population est soumise à une véritable psychose nucléaire. Des exercices d'alertes sont organisés et les mesures de protection individuelles sont rappelées dans les classes et dans les films d'actualité au cinéma. La crainte du communisme conduit à rechercher une éventuelle **cinquième colonne***. La **commission des activités antiaméricaines**, présidée par le sénateur Mc Carthy, est l'une des instances d'une véritable chasse aux sorcières paranoïaque.

En Europe occidentale se confrontent les deux idéologies. Les communistes présentent principalement l'argument pacifiste. L'appel de Stockholm, lancé en 1950 par le savant Frédéric Joliot-Curie, rassemble 150 millions de signatures dont 3 millions en France (notamment celle du jeune Jacques Chirac). **Compagnons de route*** et chroniqueurs proatlantiques se disputent par journaux interposés.

Coexistence et pics de crise

Nouveau personnel, nouvelles approches mais toujours la même règle

En 1953 de nouveaux responsables prennent la direction des deux camps. Aux États-Unis le général Eisenhower est élu grâce au Parti républicain : son prestige personnel de commandant en chef des opération en Europe, pendant la Seconde Guerre mondiale, lui permet de se passer de démonstrations de force excessives. En URSS, après une période de flottement, Nikita Khrouchtchev est le porte-parole d'un **pouvoir collégial** décidé à infléchir la main de fer stalinienne pour moderniser le pays.
La confrontation baisse de quelques crans. Les deux camps semblent reconnaître mutuellement leurs aires d'influence. Le peu d'empressement qu'ont eu les Américains pour soutenir les insurgés hongrois en 1956 entre dans cette nouvelle logique. De leur côté, les Soviétiques ne réagissent que symboliquement au renversement du Premier ministre iranien organisé par la CIA en 1953. Cependant chacun se prévaut toujours de l'autre.

La création du **pacte de Varsovie** en 1955, officiellement en réponse au réarmement de la RFA, n'est que l'officialisation d'une mainmise soviétique sur les armées des **pays satellites**.

Les Américains tentent d'organiser le *containment** en créant des alliances régionales sur le modèle de l'OTAN. La diplomatie s'évertue à faire enter le plus de pays dans ces alliances, une véritable **pactomanie** l'anime.

Une compétition de prestige sur un fond de terreur nucléaire

Les 4 octobre et 3 novembre 1957, les Soviétiques lancent les deux premiers spoutniks. Le prestige est énorme, Khrouchtchev peut alors déclarer que l'URSS dépassera les États-Unis au cours des années 1970. Les États-Unis mobilisent de grands moyens pour surpasser leur adversaire dans cette compétition. Le président Eisenhower crée la NASA et relève le défi du vol spatial humain, le président Kennedy, celui de la course à la Lune.

L'affaire est loin de n'être qu'une question d'orgueil. En réussissant à mettre sur orbite des charges lourdes, Spoutnik II pèse 508 kg, les Soviétiques démontrent leur capacité balistique. Un missile peut désormais embarquer une charge nucléaire. Le temps est diablement raccourci ; il faut moins de 40 mn pour faire 12 000 km. Les premiers missiles intercontinentaux sont moins vulnérables que les bombardiers mais moins précis. Les militaires conçoivent donc des bombes de plus en plus puissantes destinées à raser des cités entières.

Un bruit de fond berlinois qui cesse en 1961

Peu de temps après la mort de Staline, en juin 1953, une insurrection ouvrière éclate à Berlin, et touche toute la RDA. Les ouvriers réagissant, au départ, contre l'augmentation des cadences de production, s'en prennent aux troupes soviétiques. La répression est rapide et violente. Après, le pouvoir est-allemand desserre légèrement sa pression sur la population en améliorant le niveau de vie et le confort de nouveaux logements. Cependant il ne peut empêcher la fuite régulière de ses citoyens qui franchissent le rideau de fer en passant par Berlin. Cette ville devient un problème majeur. Les Soviétiques mettent la question à l'ordre du jour de toutes les réunions internationales en faisant peser un lourd chantage sur « le **cancer berlinois** ». Les objectifs sont toutefois différents. Pour la RDA, il s'agit d'une question de survie : ce pays connaît une véritable hémorragie de ses forces vives, la population passant de 18,4 à 17,2 millions d'habitants entre 1949 et 1961. Pour les Soviétiques, cette ville pourrait servir de monnaie d'échange pour obtenir la **finlandisation*** de la RFA ou, au minimum, être démilitarisée et placée sous le contrôle de l'ONU. La fin des années 1950 voit donc surgir régulièrement le problème berlinois à l'occasion de coups de menton ou de gesticulations militaires aux frontières.

Pendant la nuit du 12 au 13 août 1961, les garde-frontières est-allemands finissent par boucler les derniers points de passage entre Berlin-Est et la partie occidentale. Les Occidentaux ne font qu'assister à l'édification d'un mur qu'ils réprouvent certes, mais à laquelle ils ne peuvent rien, ce rempart étant construit sur le sol est-allemand. La population de la RDA est désormais captive. La RDA est sauvée… jusqu'à ce qu'on rouvre les portes 28 ans plus tard.

Rhum et guerre froide, un mélange explosif

Depuis son indépendance en 1898, Cuba est une véritable chasse gardée des États-Unis. Le 1er janvier 1959, le dictateur Batista est chassé par l'insurrection de la capitale La Havane. Fidel Castro, chef d'une guérilla populiste, s'installe au pouvoir, nationalise les biens appartenant aux entreprises américaines et se glorifie d'avoir ainsi libéré les Cubains du joug américain. Les milieux d'affaires spoliés et les services secrets soutiennent alors des réfugiés hostiles à la révolution castriste. La situation à Cuba est certes un problème mis en avant pendant la campagne présidentielle américaine de 1960 mais il n'est pas déterminant. En avril 1961, une tentative de débarquement effectuée par des anticastristes sur la « **baie des Cochons** » est rapidement repoussée par les Cubains. L'échec de la CIA conduit Castro à se rapprocher des Soviétiques.

À la mi-octobre 1962, le président Kennedy est informé que des missiles soviétiques et leurs bases de lancement ont été repérés par des avions de reconnaissance survolant Cuba. Le 22, le Président américain informa les Américains de l'affaire. La marine américaine est déployée dans les Caraïbes, l'île est mise en **quarantaine**. Des navires soviétiques croisent dans l'Atlantique nord. Les alliés, dont la France, se mettent en état de prémobilisation.

Le 26, l'URSS annonce qu'une issue est possible. Fin octobre, la tension retombe, les Soviétiques promettent de démanteler leur base tandis que les États-unis garantissent qu'ils n'interviendront plus à Cuba.

LE TRUC

Allo y'a quelqu'un ?

La mise en service du téléphone rouge, en réalité un télescripteur relié à une ligne cryptée, s'est avérée nécessaire au sortir de cette crise. La communication d'une puissance à l'autre prenait beaucoup trop de temps, les armes étaient devenues trop rapides. La communication institutionnelle, par ambassade interposée, nécessite un temps incompressible de codage, de transmission et de décodage des messages. En outre, une fois le message arrivé au ministère des Affaires étrangères ou au secrétariat d'État, on n'est pas sûr qu'il soit entre les mains du bon responsable. Enfin, pour cette crise, si l'on tient compte de toute la ribambelle de précautions prises par les protagonistes afin de se contacter à un stade non officiel en utilisant des contacts indirects, d'honorables correspondants, certes fiables mais rocambolesques quand même, il y aurait eu largement le temps pour que des missiles fassent trois ou quatre allers et retours dévastateurs.

Les adversaires tirent rapidement les conclusions de la crise de 1962. L'année suivante voit les premiers signes de détente se concrétiser. Un télex relie directement les deux camps. Les deux puissances signent le **traité de Moscou** en août 1963. Il interdit les essais nucléaires dans l'atmosphère, dans les mers et dans l'espace. Cependant, avant la signature, chacun essaie les bombes les plus puissantes qu'on a jamais fait exploser pour démontrer à quel point il serait suicidaire d'entamer le combat.

Une détente sans réel désarmement

Des blocs fissurés

Dans les années 1960-70, les deux superpuissances voient leur hégémonie disputée dans le monde et au sein même de leur camp.

Le tiers-monde tente de s'organiser indépendamment de la logique de la guerre froide. En 1961 se réunit à Belgrade une **conférence des non-alignés**. Le manque de moyens et la disparité des personnalités présentes ne permettent pas d'aller au-delà des simples déclarations.

Le monde communiste n'est plus un bloc après la rupture de 1963 : la Chine de Mao s'affirme en prétendant reprendre le flambeau de la pureté révolutionnaire entachée par des Soviétiques embourgeoisés. La brouille ne tarde pas à devenir une franche hostilité. Des pays communistes sont séduits par l'exemple chinois, certains changent même de protecteurs comme l'Albanie. Troupes chinoises et soviétiques se heurtent régulièrement à la frontière sino-soviétique. En 1969, les incidents de l'Oussouri sont de véritables opérations de guerre.

En Europe, le **printemps de Prague** est une menace pour tous les dirigeants communistes. L'URSS y met fin en août 1968, avec l'appui de la majorité des pays du pacte de Varsovie. L'image des Soviétiques est à nouveau ternie par cette intervention qui rappelle Budapest.

Dans le camp occidental, de Gaulle entend mener une politique propre à la France, faisant des gestes d'ouverture à l'Est et s'émancipant de la tutelle américaine, notamment en critiquant leur intervention au Vietnam. Il **quitte le commandement militaire intégré de l'OTAN** en 1966 mais reste cependant fidèle à l'alliance. En Allemagne, l'action de Willy Brandt contrarie moins les intérêts américains. L'***Ostpolitik**** est toutefois une initiative menée de façon autonome par le chancelier allemand de 1969 à 1974.

Des signes de détente probants

Les deux superpuissances s'entendent pour encadrer leur confrontation. La doctrine américaine évolue, passant des **représailles massives*** à la **riposte graduée***. La signature, en 1968, du traité de non-prolifération nucléaire marque leur volonté de se réserver le monopole de l'arme nucléaire. En 1972, les **accords SALT** fixent le même nombre limite de missiles pour les deux pays. Les États-Unis conservent toutefois un avantage, leurs fusées peuvent emporter plusieurs têtes nucléaires.

La diplomatie internationale connaît un net apaisement. La Chine populaire intègre l'ONU en 1971, prenant à Taïwan son siège de membre permanent au Conseil de sécurité. Après avoir mis fin à une politique hostile à la RDA, la RFA rassure ses voisins de l'Est. En 1973, les deux Allemagnes entrent à leur tour à l'ONU. En 1975, l'ensemble des pays européens, réunis dans la CSCE*, signe les **accords d'Helsinki**. La souveraineté de tous les pays d'Europe y est reconnue et tous s'engagent à respecter les droits de l'homme.

Des conflits régionaux d'intensité variable

La période de **détente** n'est pas une période de paix. En Europe, les troupes de l'OTAN et celles du pacte de Varsovie sont toujours déployées. Dans de nombreux pays du tiers-monde, des guérillas tentent de renverser des dictateurs ou des régimes militaires favorables à l'Occident. En 1967, Che Guevara est fait prisonnier, puis exécuté, par les forces gouvernementales de Bolivie. Les États-Unis mettent fin à des régimes qu'ils ne jugent pas fiables. Le 11 septembre 1973, le président du Chili, Salvador Allende, est renversé par un coup d'État militaire soutenu par la CIA et se suicide. Le général Pinochet, porté au pouvoir, réprime violemment la **subversion***.

À partir de 1960, les États-Unis s'impliquent de plus en plus dans leur soutien aux dirigeants sud-vietnamiens contre les **vietcongs*** afin que l'ensemble de l'Asie du Sud-Est ne devienne pas communiste. En 1968, 550 000 GIs sont au Vietnam. La guerre en mobilise bien plus dans tout le Sud-Est asiatique. Ce conflit coûteux devient progressivement impopulaire hors et dans les États-Unis. Les appelés ne sont même plus fiables, le sigle FTA* fleurit sur les casques. Une fois élu en 1968, le président Nixon entreprend de se désengager du **bourbier vietnamien** sans perdre la face. Son conseiller, devenu par la suite secrétaire d'État, Henry Kissinger, mène alors une politique d'ouverture en jouant sur les rivalités entre Soviétiques, Chinois et communistes vietnamiens. Les États-Unis, convertis à la ***Realpolitik****, animent une diplomatie triangulaire. Au Vietnam, les Américains alternent des périodes d'apaisement et d'autres d'intenses combats, faisant basculer le Cambodge dans la guerre en 1970. Les visites du président Nixon en Chine et en URSS en 1972 sont plus un moyen de peser sur l'autre adversaire qu'une réelle ouverture.

En 1973, les accords de Paris permettent aux États-Unis de se retirer du conflit. Le Sud-Vietnam est balayé deux ans plus tard, en mars 1975. Le pays est réunifié sous la direction des communistes, Saigon devient Ho Chi Minh-Ville.

Hippies et raquettes

Le rapprochement entre la Chine communiste encore soumise aux répliques de la révolution culturelle et les États-Unis présidés par le républicain Nixon s'est effectué de façon rocambolesque. Le premier échange officiel fut une tournée de pongistes américains venus gentiment se faire battre par les athlètes chinois. Cet épisode fit la une des journaux, il est relaté dans *Forest Gump*.

Il n'y a aucune image du premier véritable contact de haut niveau. En juillet 1971, Henry Kissinger s'est rendu secrètement en Chine en passant par l'Afghanistan, déguisé en « baba cool ». Il serait passé inaperçu, il y en avait par centaines alors dans la région. Une photo de « dear Henry » avec le sac grec en bandoulière, un manteau en mouton retourné et une fausse tignasse, si ça existe quelque part, cela vaudrait de l'or. Au fait, le faux hippie avait-il en poche tous les accessoires pour faire vrai ?

Des colosses fragiles

La détente est aussi nécessaire pour l'URSS de Brejnev. Les Soviétiques achètent du blé aux États-Unis en 1972 à un prix dérisoire, profitant des primes américaines à l'exportation. L'industrie soviétique a besoin d'importer machines et technologie. L'*Ostpolitik** s'accompagne d'accords économiques liant les pays de l'Est avec les financiers occidentaux. Cependant l'effort de développement est principalement orienté vers l'industrie militaro-industrielle. Le reste de la société soviétique voit ses conditions de vie se détériorer.

Au milieu des années 1970, les États-Unis connaissent une crise profonde. Crise politique avec le scandale du **Watergate**, le Président démissionne en 1974, avant d'être déchu par *empeachment**, crise morale, la défaite au Vietnam est un véritable traumatisme, crise économique, commencée en 1971 avec le décrochement du dollar vis-à-vis de l'or, amplifiée par le choc pétrolier de 1973 et entretenue par une concurrence industrielle impitoyable.

À RETENIR

Êtes-vous au point ?

- Quelles sont les étapes de l'internationalisation de la guerre de Corée ?
- Les accords SALT sont-ils une preuve de détente ?
- Pourquoi le président Kennedy parle-t-il de quarantaine au lieu de blocus pour Cuba en 1962 ?
- L'action de Kissinger est qualifiée de diplomatie triangulaire, qu'est-ce que cela signifie ?
- Qu'es-ce que Spoutnik change dans la guerre froide ?
- Qu'est-ce que la théorie des dominos ?

Les temps forts. *Connaître les dates et les liens de cause à effet.*

Blocus de Berlin – guerre de Corée – crise des fusées – guerre du Vietnam – printemps de Prague.

Les personnages :

Staline – Khrouchtchev – Brejnev – Mao Zedong – Truman – Eisenhower – Kennedy – Nixon – Kissinger – de Gaulle – Willy Brandt – Allende – Pinochet – Che Guevara.

LE DOCUMENT

Une analyse américaine de la situation en Asie dans les années 1960

Épreuve courte (Baccalauréat, France, juin 2006)

> « Vers la même époque [1964], nous avons reçu un texte de la Commission des synthèses nationales de la CIA. Il répondait à une question que le président avait posée quelques jours plus tôt sur les possibilités d'un « effet domino » en Asie orientale en cas de chute du Sud Vietnam et du Laos. [Suit l'extrait de la note de la CIA] :
>
> "*La perte du Sud Vietnam et du Laos au profit des communistes détériorerait gravement la position américaine en Extrême-Orient, tout spécialement parce que les États-Unis se sont engagés depuis longtemps, énergiquement et publiquement, à empêcher une prise du pouvoir communiste dans ces deux pays. L'échec ici serait dommageable au prestige américain et saperait sérieusement la crédibilité de la volonté et de la capacité à contenir l'expansion du communisme ailleurs dans la région. Nos ennemis seraient encouragés, et l'on verrait croître dans d'autres États la tendance à s'orienter vers un accommodement plus marqué avec les communistes. […] Outre la joie immédiate du Nord Vietnam d'avoir accompli ses objectifs nationaux, l'effet principal concernerait la Chine communiste, à la fois en stimulant sa confiance en soi déjà remarquable et en augmentant son prestige en tant que leader du communisme mondial. Pékin a déjà commencé à présenter dans sa propagande le Sud Vietnam comme preuve de ses thèses : le monde sous-développé est mûr pour la révolution, les États-Unis sont un tigre de papier, et une insurrection locale peut être menée jusqu'à la victoire sans*

trop de risques de précipiter une guerre internationale majeure. L'issue au Sud Vietnam et au Laos soutiendrait de façon tout à fait manifeste les conseils tactiques agressifs de Pékin en ce qu'ils s'opposent aux positions plus prudentes de l'URSS. Jusqu'à un certain point, ce phénomène tendra à encourager et à renforcer les mouvements révolutionnaires plus militants dans diverses régions du monde sous-développé."

L'analyse de ces experts semblait confirmer la peur – déplacée avec le recul, mais non moins réelle à l'époque – que je ressentais, avec d'autres : la politique occidentale de *containment* courait un grave danger au Vietnam. Et c'est ainsi que nous avons continué à glisser le long de cette pente savonneuse. »

Avec le recul : la tragédie du Vietnam et ses leçons, Robert McNamara, Paris, Le Seuil, 1996 (McNamara fut secrétaire à la défense de Kennedy et Johnson).

Questions

1. Ce texte associe deux types de sources historiques. Lesquelles ?
2. Qu'est-ce que la politique de *containment ?*
3. D'après ce texte, par quel « effet domino » est-elle remise en cause ?
4. Quelles autres menaces, révélées par la CIA, les États-Unis perçoivent-ils ?
5. Que désigne McNamara par l'expression « pente savonneuse » ?

Si vous vous êtes penché sur cet épisode, un peu plus profondément que Stallone dans *Rambo II,* vous êtes à l'aise. En tout cas, ne comptez pas trop sur votre cours. Votre prof, s'il suit les directives et se tient au programme, ne survole la guerre du Vietnam qu'à très haute altitude, en B52. Normalement, pas possible d'aller très loin avec ce texte qui, pourtant, est relativement riche. Donc vous avez sous les yeux l'exemple type d'un document dont le traitement va frustrer d'emblée les correcteurs. Si vous ne faites pas un exposé correct du *containment* en le situant clairement dans le temps et en soulignant que nous nous trouvons ici entre quinze et vingt ans plus tard, vous allez susciter de mauvaises vibrations…

Au bac, vous n'avez aucune idée de l'importance du propos. L'auteur, McNamara, est l'exemple type des « têtes d'œuf », intellectuels jeunes et brillants faisant partie de l'entourage proche des présidents démocrates. Il a été choisi pour ses compétences de gestionnaire et la pertinence de ses calculs. Il seconde Kennedy lors de la crise des fusées de Cuba. Vous n'avez pas le temps de l'intégrer dans votre apprentissage… très dommage.

La « théorie des dominos », évoquée dans cet extrait, est le fil directeur de la politique américaine dans la région. Selon elle, les pays d'Asie tomberaient un à un dans le communisme, jusqu'au Japon. À ce moment éclaterait la Troisième Guerre mondiale. Cette ligne d'analyse est soutenue par de savants calculs d'économistes. Quand les républicains, avec Nixon, gagnent les élections de 1968, ils déclarent : « cette guerre, nous sommes en train de la gagner »… avec plus 550 000 hommes engagés sur le terrain, dans ce qui devint le bourbier vietnamien.

Ce témoignage, qui, il faut le noter, vient plus de vingt années après la défaite. Là encore vous gagnez des points en le faisant remarquer. Vous pouvez même aller jusqu'à la provoc et dire qu'il est malin de faire le fier une fois la guerre froide terminée. Pas de *mea culpa,* est-ce une question d'orgueil ? Le fait de citer un rapport de la CIA ne serait-il pas une manière de s'en laver les mains ?

Notez enfin que la compétition révolutionnaire entre la Chine et l'URSS sera instrumentalisée par une autre « tête d'œuf », Kissinger, pour parvenir au désengagement des États-Unis cette fois.

Chapitre 13

Regel et fin de la guerre froide 1975-1991

Dans ce chapitre :

- Progression communiste, faiblesse occidentale
- *America is back*, l'URSS se grippe
- La guerre froide, une confrontation remportée par forfait

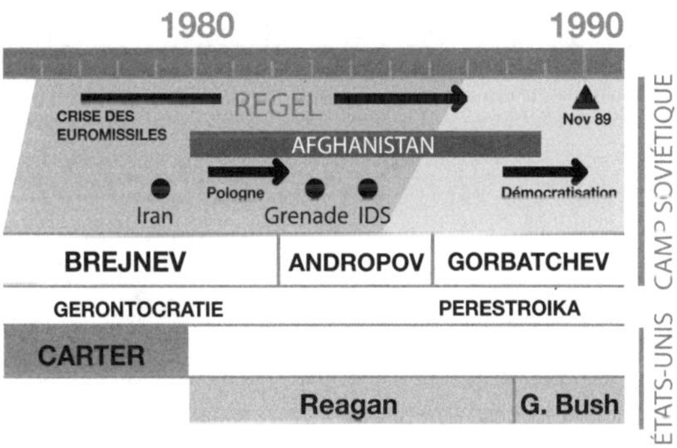

ATTENTION !

Chapitre le plus ardu

Le scénario du regel est certes cohérent avec la logique de guerre froide mais la suite semble plus difficile à appréhender, tout se bouscule et nous connaissons la fin. Il faut vraiment comprendre le regard et la surprise des contemporains. En peu de temps, à peine trois-quatre ans, l'inconcevable devient réalité : l'URSS implose. Ce processus n'a rien d'inéluctable. Malgré tous les signes de faiblesse, aucun chef d'État ne s'imagine en 1985 que l'une des deux superpuissances s'éclipsera aussi subitement et sans trop de dommage.

Cette période est l'un des pièges du bac. Le candidat trop superficiel rend des conclusions très hâtives du genre : Staline est mort puis, hop, y'a eu Gorbatchev et la guerre froide est finie. Il faut absolument maîtriser une chronologie précise et savoir comment évoluent les personnages. Gorby est encore perçu comme un brejnévien en 1986, Bush père est un anticommuniste indécrottable en 1987... officiellement.

Pour le bac, toute sorte de sujets peuvent sortir du chapeau : le dernier discours de Gorbatchev est une pièce incontournable qu'il faut étudier avec attention... c'est un bon exercice pour l'épreuve courte.

Progression communiste, faiblesse occidentale

La carte se couvre de rouge

La victoire communiste au Vietnam en 1975 n'est pas la seule avancée communiste de la période. Dans le monde arabe, bon nombre de dictatures, dites progressistes, les « pays frères », s'inspirent plus ou moins du modèle soviétique, leurs armées sont équipées de matériel soviétique. L'URSS avance en Afrique. En 1974, en Éthiopie, le vieil empereur est détrôné par des militaires qui se tournent vers l'URSS. Le Mozambique et l'Angola deviennent indépendants après une longue guerre d'indépendance ayant épuisé la dictature portugaise. Un régime communiste s'y installe. En Amérique centrale, la victoire des sandinistes au Nicaragua en 1979 et la guerre civile au Salvador font craindre de nouveaux Cuba.

Les alliés de l'URSS sont aussi offensifs. En 1979, le Vietnam envahit le Cambodge et met fin au régime pro-chinois khmer rouge.

L'URSS dispute aussi la prééminence américaine sur les océans. Des bases navales concédées par les pays amis permettent le déploiement d'une flotte soviétique dans l'océan Indien. Les Soviétiques déploient des porte-avions.

Une apparente apathie occidentale

Les États-Unis ne peuvent pas réagir directement. La guerre du Vietnam a traumatisé une opinion publique désormais réticente à toute intervention. Le pays est aux prises à d'importantes difficultés économiques causées par les deux chocs pétroliers et la restructuration industrielle. Cependant, la diplomatie est toujours active. L'Égypte d'Anouar el-Sadate rompt avec l'URSS en 1976 et s'ouvre aux Occidentaux en 1977. En 1979, les États-Unis poussent Israéliens et Égyptiens à conclure **un accord de paix à Camp David**.

En Afrique, les deux puissances délèguent leurs alliés pour se combattre. Les Français aident le Zaïre à retrouver le contrôle du sud du pays en 1977. En Afrique australe, les Sud-Africains interviennent en Angola et au Mozambique et y affrontent des Cubains et des Allemands de l'Est.

Le raidissement diplomatique se fait sentir en Europe dès 1977. Les Soviétiques modernisent leurs missiles et implantent des SS20 d'une précision de 300 m sur des rampes mobiles pouvant se déplacer sur tout leur territoire. En 1979, l'OTAN réplique en décidant d'installer des missiles similaires, les Pershing, ainsi que des missiles de croisière. Les Européens prennent conscience que l'usage d'une arme nucléaire est probable sur leur sol, d'autant plus que les Américains mettent au point la bombe à neutrons*. La crise des **euromissiles** commence. Les populations des deux côtés du rideau de fer participent à de grandes manifestations pacifistes. Un climat d'angoisse les taraude.

«Rambothérapie» à Hollywood

L'industrie cinématographique américaine illustre bien ce revirement idéologique de la fin des années 70. Après un court temps de silence apparaissent des films très critiques sur la guerre au Vietnam comme « Voyage au bout de l'enfer » (1978) ou « Apocalypse now » (1979). L'esprit des années Reagan va souffler aussi en Californie : Rambo, type paumé, homme perdu, perturbé par la guerre dans le premier film, devient un héros inversant le verdict de l'histoire en triomphant des vietnamiens dans le deuxième film. Plus clairement manichéen, il vient au secours des afghans contre les soviétiques dans le troisième. Un quatrième épisode sort en février 2008... Il se passe en Birmanie. Le titre français aurait pu être « John Rambo contre l'axe du mal » ?

Le fondamentalisme musulman, nouvel élément mal compris des deux superpuissances

Le shah d'Iran, principal allié des États-Unis au Moyen Orient, est renversé par un soulèvement populaire en janvier 1979. Une république islamique y est proclamée en avril. Le chef de cet État, le leader religieux Khomeini, désigne les États-Unis comme le « **grand Satan** ». En novembre 1979, l'ambassade américaine étant envahie par des manifestants, des diplomates américains sont pris en otages. Le président Carter semble incapable de les libérer ; les négociations traînent en longueur durant toute la campagne électorale.

En Afghanistan voisin, un gouvernement communiste s'installe en 1978. Ce gouvernement, paralysé par des dissensions internes, fait face à une résistance immédiate des milieux traditionnels. Les Soviétiques interviennent le 27 décembre 1979 au nom de la solidarité internationaliste. La **doctrine Brejnev*** joue pour la dernière fois. Les Américains soutiennent immédiatement les résistants afghans, quels qu'ils soient. Ils croient pouvoir instrumentaliser la guerre sainte pour combattre l'adversaire communiste, mais les extrémistes religieux se retourneront contre eux.

America is back, l'URSS se grippe

Un sursaut américain accaparé par Ronald Reagan

L'intervention soviétique en Afghanistan déclenche une réaction immédiate de la part du président Carter. Symboliquement, il interdit aux athlètes américains de participer aux JO de Moscou en 1980. Au plan économique, la cessation des livraisons de céréales est censée être plus préjudiciable à l'URSS mais d'autres fournisseurs, comme l'Argentine, se dépêchent de fournir le blé nécessaire. Malgré cela, Ronald Reagan gagne les élections de 1980 en menant une campagne violemment anticommuniste, réclamant un renforcement de la puissance militaire américaine et stigmatisant la faiblesse du Président. Sitôt qu'il est élu, les otages américains en Iran sont libérés. Sa politique violemment anticommuniste s'illustre par un soutien massif aux « **contras** » du Nicaragua et aux résistants afghans. Les États-Unis renouent avec l'usage de la force militaire en intervenant sur l'île de Grenade en 1983 et en bombardant le dirigeant libyen, Kadhafi, en 1986. Le Président n'hésite pas à diaboliser l'adversaire en le qualifiant d'« Empire du mal », devant les parlementaires britanniques, en juin 1982. Enfin la décision, prise en 1984, d'engager le **programme d'initiative stratégique, l'IDS***, relance une course aux armements que ne peut soutenir l'économie affaiblie de l'URSS.

Une sclérose progressive du camp soviétique

En 1973, la parution de *L'Archipel du Goulag*, enquête dénonçant « l'industrie de la déportation stalinienne », contribue à la dégradation de l'image du communisme dans le monde occidental. Son auteur, Soljenitsyne, a fait sortir le manuscrit clandestinement. Il est arrêté en 1974, déchu de sa nationalité et expulsé.

La signature, en 1975, des accords d'Helsinki, ouvre une brèche dans tous les pays du bloc soviétique. Des **dissidents*** exigent son application dans leur pays en rappelant l'engagement pris de respecter les droits de l'homme. D'autres, les ***refuzniks****, réclament la possibilité d'émigrer en Israël. Le président Carter soutient ces initiatives et insiste sur le respect des droits de l'homme, quitte à se heurter à l'hostilité de dictatures présumées amies, comme l'Argentine.

En juillet 1980 éclate en Pologne une grève qui force ce gouvernement à reconnaître un **syndicalisme indépendant, Solidarnosc***. L'Église catholique soutient et structure ce mouvement tant à l'intérieur, où elle est devenue un véritable contre-pouvoir, que depuis l'étranger, où la désignation, en 1978, d'un pape polonais donne plus de poids à la puissance morale que représente le catholicisme romain. Les Soviétiques laissent l'armée polonaise prendre le pouvoir en décembre 1981 pour conserver le régime communiste plutôt que d'intervenir directement comme auparavant. La **normalisation*** doit se faire en interne.

La puissance militaire soviétique est aussi remise en cause. Les Soviétiques ne parviennent à contrôler qu'un quart du territoire afghan. Cette guerre sape le moral des soldats. L'armée Rouge se retrouve en échec.

Enfin, les dirigeants sont atteints par l'âge. La mort de Léonid Brejnev, en 1982, n'est pas une surprise ; ses successeurs disparaissent rapidement aussi. La génération poststalinienne n'est plus en mesure de faire face aux problèmes de l'URSS en 1985.

La guerre froide, une confrontation remportée par forfait

Désescalade militaire globale

Gorbatchev écarte progressivement les vieux responsables. Une fois son pouvoir affermi, il lance des réformes, *perestroïka* et *glasnost*. Sa politique étrangère vise autant à apaiser les tensions mondiales qu'à faire diminuer les dépenses allouées à la défense. En 1987, la crise des euromissiles trouve son terme à la signature du traité de Washington. En 1991, le traité **START** réduit d'un tiers le nombre des missiles balistiques intercontinentaux. Toutes ces armes sont irrémédiablement détruites selon un protocole bien défini. En complément, le président Clinton décide, en 1993, de mettre fin au programme IDS*. Lors de l'éclatement de l'URSS, les nouvelles républiques renoncent à l'arme nucléaire, seule la Russie reprend l'arsenal, la dissémination est évitée.

Les conflits périphériques sont aussi apaisés. L'armée soviétique quitte l'Afghanistan en janvier 1989. Un accord est trouvé pour le Nicaragua en 1990. Les Vietnamiens se retirent du Cambodge et laissent à l'ONU la responsabilité d'y reconstruire un État.

En novembre 1990, la **conférence de la CSCE*** à Paris aboutit à un accord de désarmement sans précédent. Les armées situées en Europe vont réduire d'un tiers. 125 000 armes lourdes, chars, blindés, avions, hélicoptères, seront majoritairement détruits. Le président Mitterrand espère « toucher les dividendes de la paix ».

La fin du bloc soviétique

En 1987, l'URSS reconnaît désormais la souveraineté totale des pays frères. La menace d'intervention soviétique est levée, la doctrine Brejnev* est forclose. Gorbatchev pousse ses alliés à effectuer des réformes. Il est entendu en Pologne, qui trouve un accord menant à la démocratisation en 1988, et en Hongrie, qui organise des élections pluralistes en juillet 1989. Les autres leaders sont hostiles et conservent les pratiques communistes orthodoxes. L'ouverture des frontières de la Hongrie, au printemps 1989, bouleverse l'ensemble du bloc, des milliers de personnes fuyant l'Allemagne de l'Est. La RDA finit par s'ouvrir en novembre, suivie par la Tchécoslovaquie puis, dans une situation chaotique, la Roumanie en décembre. Après la disparition du rideau de fer, ses membres décident sa dissolution de la CAEM en 1990. Les anciens pays satellites se tournent vers l'Europe et, au travers de l'OTAN, vers les États-Unis.

L'URSS réduit considérablement le soutien aux autres pays amis, Vietnam et Cuba. Le bloc soviétique n'existe plus. Le **pacte de Varsovie** n'a plus aucune raison d'être et disparaît en 1991.

Disparition de l'URSS

L'abandon du **glacis*** européen n'apporte pas les fruits escomptés. Gorbatchev n'arrive pas à redresser une situation économique qui ne cesse de se dégrader. De plus, la ***glasnost*** affaiblit l'État, le recouvrement des impôts devient problématique. Après l'organisation d'élections libres dans les différentes Républiques de l'URSS, de nombreuses régions préfèrent s'approprier le bénéfice de leur économie. L'autorité de Boris Eltsine, le Président de la République de Russie, concurrence puis dépasse celle du Président de l'URSS. Les indépendantistes, qui ont bénéficié de la libéralisation du régime, deviennent majoritaires dans les républiques Baltes et dans le Caucase et manifestent leur volonté de s'émanciper. L'État central affaibli entend toujours se faire respecter et use de la force en Lituanie en février 1991 et en Géorgie.

La **tentative de coup d'État** de l'été 1991 achève de miner le pouvoir de Gorbatchev. Le Président de la Russie le faisant échouer, ce dernier devient l'homme fort de la situation. Le démembrement de l'URSS se décide pendant l'automne 1991, il est autant le fait de nationalistes convaincus que de dirigeants communistes, des *apparatchiks**, prenant opportunément le pouvoir dans leurs régions.

Après avoir défini un cadre commun, la CEI, les nouveaux dirigeants s'entendent pour liquider l'URSS. C'est un Président sans plus aucun pouvoir qui dresse le bilan de son action le soir du dernier jour de l'Union soviétique. Le 24 décembre 1991, à 23 h 59, le drapeau rouge est descendu du Kremlin, les trois couleurs tsaristes montent à 0 h 00 à Noël. Ce n'est pas l'heure de la revanche de Nicolas II, c'est simplement le début d'un autre temps pour la Russie.

À RETENIR

Êtes-vous au point ?

- Quelle est la différence entre START et SALT ?
- Comment les Américains perçoivent-ils l'action de l'URSS entre 1975 et 1980 ?
- L'arrivée de Reagan à la présidence correspond-elle au raidissement américain vis-à-vis de l'URSS ?
- Quelle est la stratégie de Gorbatchev concernant l'Europe de l'Est ?

Les personnages.
Brejnev – Andropov et Tchernenko (les citer apporte un plus) – Gorbatchev – Eltsine – Carter – Reagan – Bush père – Clinton

LE DOCUMENT

Un texte « patrimonial » : un acteur de l'histoire passe le relais et devient témoin.

« En raison de la situation qui s'est créée avec la formation de la Communauté des États indépendants, je mets fin à mes fonctions de président de l'URSS. J'ai défendu fermement l'autonomie, l'indépendance des peuples, la souveraineté des républiques. Mais je défendais aussi la préservation d'un État de l'Union, l'intégrité du pays.

Les événements ont pris une tournure différente. La ligne du démembrement du pays et de la dislocation de l'État a gagné, ce que je ne peux pas accepter [...]

M'adressant à vous pour la dernière fois [...] j'estime indispensable d'exprimer mon évaluation du chemin parcouru depuis 1985. [...]

Le destin a voulu qu'au moment où j'accédais aux plus hautes fonctions de l'État, il était déjà clair que le pays allait mal. Tout ici est en abondance, la terre, le pétrole, le gaz, le charbon, les métaux précieux, d'autres richesses naturelles, sans compter l'intelligence et les talents que Dieu ne nous a pas comptés. Et pourtant, nous vivons bien plus mal que dans les pays développés, nous prenons toujours plus de retard par rapport à eux.

La raison en était déjà claire : la société étouffait dans le carcan du système de commandement administratif, condamné à servir l'idéologie et à porter le terrible fardeau de la militarisation à outrance. Elle était à la limite du supportable. Toutes les tentatives de réformes partielles, et nous en avons eu beaucoup, ont échoué l'une après l'autre. Le pays perdait ses objectifs. Il n'était plus possible de vivre ainsi. Il fallait tout changer radicalement. [...]

Aujourd'hui encore, je suis persuadé de la justesse historique des réformes démocratiques entamées au printemps 1985. [...] Une œuvre d'une importance historique a été accomplie

La société a obtenu la liberté, s'est affranchie politiquement et spirituellement [...]

Le système totalitaire, qui a privé le pays de la possibilité qu'il aurait eu depuis longtemps de devenir heureux et prospère, a été liquidé.

Une percée a été effectuée sur la voie des transformations démocratiques. Les élections libres, la liberté de presse, les libertés religieuses, des organes de pouvoir représentatif, et le multipartisme sont devenus une réalité. Les droits de l'homme sont reconnus comme le principe suprême.

La marche vers une économie multiforme a commencé, l'égalité de toutes les formes de propriété s'établit. Dans le cadre de la réforme agraire, la paysannerie a commencé à renaître, le fermage est apparu, des millions d'hectares sont distribués aux habitants des villages et des villes. La liberté économique du producteur est entrée dans la loi, la liberté d'entreprendre, la privatisation et la constitution de sociétés par actions ont commencé à prendre force. En dirigeant l'économie vers le marché, il est important de rappeler que ce pas est franchi pour le bien de l'individu. [...]

Nous vivons dans un nouveau monde : la guerre froide est finie, la menace d'une guerre mondiale est écartée, la course aux armements et la militarisation insensée qui a dénaturé notre économie [...] sont stoppées. [...]

L'ancien système s'est écroulé avant que le nouveau ait pu se mettre en marche. »

Mikhaïl Gorbatchev, *Allocution radiotélévisée* prononcée le 25/12/1991, et publié dans Le Monde, le 26/12/1991

Brillant discours pour une piteuse sortie du maître déchu de l'Union soviétique, ce texte, à destination des ex-Soviétiques, plus que toute autre personne, est un plaidoyer d'un procès qui, à cette époque, n'a pas le temps d'être instruit. Les successeurs, Eltsine et autres hiérarques du PCUS, sont trop occupés à s'installer au pouvoir de leurs nouveaux États issus du démembrement de l'URSS.

La description de l'échec de la politique soviétique, que dresse Gorbatchev à son arrivée au pouvoir, est un monument de lucidité entremêlée d'autocensure. Selon lui, le centre du problème est le militarisme et le système totalitaire… Notez qu'aucun nom n'est cité, aucune organisation. Car telle est la contradiction irrésoluble de Gorbatchev, il est foncièrement communiste et partage l'idéal d'égalité que porte cette philosophie politique. Il ne peut ni condamner explicitement toutes les soixante-dix années de pouvoir exercé au nom de cette idéologie, ni se résoudre à opérer des réformes économiques bouleversant la construction économique et sociale installée au fil du temps. Une « économie multiforme » est à peine concédée du bout des lèvres. Tout juste défend-il la libéralisation politique et intellectuelle, car elle est en conformité avec une vision humaniste du communisme. Cependant la Perestroïka l'a emporté dans son flot, en permettant la contestation de sa politique et l'expression des forces nationalistes centrifuges.

La guerre froide est finie, l'appareil militaro-industriel soviétique est en panne. Les successeurs de Gorbatchev ne s'embarrassent pas de scrupules en bouleversant leur population par des réformes économiques brutales et en s'appropriant les ressources. De la classe des apparatchiks naît une puissante oligarchie adaptée aux premiers temps du libéralisme, en se moulant dans une nouvelle règle du jeu socio-économique qui ressemble beaucoup à la loi du plus fort et du plus rusé.

Chapitre 14

L'organisation du monde aujourd'hui, un défi global

Dans ce chapitre :

- Échec d'un nouvel ordre mondial
- Éclatements et déstabilisation
- L'unilatéralisme et ses limites
- Un monde aux prises avec des enjeux de plus en plus globaux

ATTENTION !

Danger !

Partie hautement risquée, mais pas du tout improbable pour le bac. Vos professeurs, par honnêteté historienne, éprouvent une certaine difficulté à l'aborder en cours. Pour eux, il est difficile de s'extraire de l'actualité. Il faut humblement se limiter à constater l'enchaînement des faits. De plus, l'histoire immédiate est d'autant plus compliquée à faire aujourd'hui que l'on manque de repères. Le monde a perdu sa boussole de base. La guerre froide avait tissé tout un ensemble de références permettant d'évaluer, de comprendre ou de réagir. En ce moment, il est difficile d'avoir un système aussi simple et manichéen pour comprendre le monde... Ceux qui s'y adonnent se trompent, leurs contemporains le savent.

Pour le bac, ce chapitre est incontournable, que ce soit pour des sujets directement centrés sur la période ou pour des sujets allant jusqu'à nos jours.

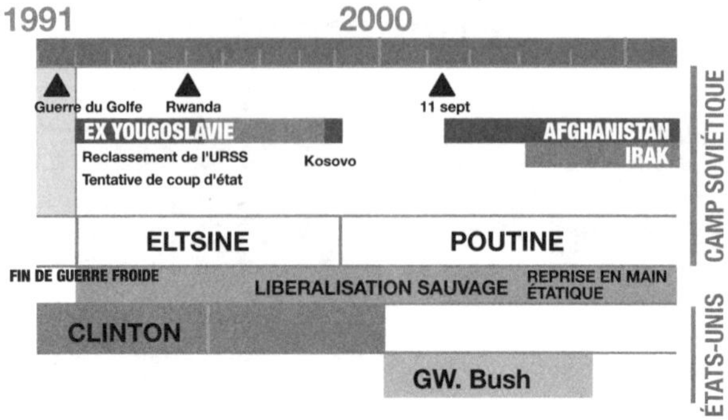

Échec d'un nouvel ordre mondial

L'ONU au centre du monde ?

En même temps que se termine la guerre froide, l'ONU procède au règlement de nombreux conflits. En 1988, un armistice est signé entre l'Irak et l'Iran par l'intermédiaire de l'ONU. La même année, elle permet de conclure un accord entre l'Afrique du Sud et la guérilla indépendantiste pour l'indépendance de la Namibie. Toujours en 1989, le désarmement des deux camps qui s'opposaient dans la guerre civile au Nicaragua est obtenu. En 1991, l'ONU prend le Cambodge sous sa tutelle dans le but de reconstruire un minimum d'institutions étatiques pour organiser des élections en 1993.

La première guerre du Golfe

En juillet 1990, l'ONU réagit immédiatement à l'invasion du Koweït par l'Irak. Le Conseil de sécurité vote la résolution 660 le jour de l'invasion. Une force multinationale est constituée sous commandement américain. Après un ultimatum lancé en novembre 1990, la force multinationale attaque l'Irak le 17 janvier 1991. L'Irak réplique aux bombardements en lançant des missiles sur Israël pour tenter de l'impliquer dans le conflit. À la fin février, le Koweït est libéré. L'essentiel de l'armée irakienne est détruit mais Saddam Hussein reste aux commandes du pays. L'ONU en organise le désarmement, démantelant la grande totalité des programmes balistiques chimiques et biologiques. L'**AIEA*** y enquête sur l'état des recherches nucléaires.

Les limites de l'espoir onusien

Si la **guerre du Golfe**, menée sous la direction des Américains, a quelque peu affaibli l'image d'indépendance de l'ONU, l'institution semble ne plus être capable de réagir adéquatement. De plus, ne disposant pas de moyens militaires en main propre, l'institution dépend du bon vouloir et de la détermination de puissances militaires pouvant organiser des opérations **multilatérales***.

L'intervention en 1992 en Somalie se solde par un cuisant échec ; les troupes américaines de « maintien et d'imposition de la paix en Somalie » mandatées par l'ONU se replient en 1995 sans avoir réussi à stabiliser le pays.

En avril 1994, au Rwanda, l'ONU semble paralysée. Après que dix casques bleus belges ont été tués, elle ordonne l'évacuation des soldats présents alors que le massacre commence. Le génocide, entre 600 000 et 1 million de victimes en deux mois, n'a pas été évité. Fin 1984, le **TPIR*** est mis en place, mince consolation.

La situation en ex-Yougoslavie met l'ONU devant ses propres limites. 14 0000 casques bleus sont envoyés pour s'interposer dès 1992. En 1993, l'ONU définit des zones de sécurité qui ne seront pas respectées et crée le TPI* pour l'ex-Yougoslavie. Ce n'est qu'au printemps 1995 que la situation se dénoue avec le retournement militaire en faveur des Croates et l'intervention directe des Français, de l'OTAN et des Américains. Les Américains contraignent les forces en présence à signer les **accords de Dayton** en octobre 1995. L'ONU est singulièrement affaiblie aux yeux de tous les pays, qu'ils soient puissants ou non.

Éclatement et déstabilisation

Éclatement ou restructuration de l'ex monde soviétique

L'éclatement de l'URSS n'a pas été conduit sans heurts et sans conséquences graves. Si tous les nouveaux pays décident de se dénucléariser, la paix n'est pas tout autant établie sur l'ancienne Union soviétique. Dans le Caucase, de 1988 à 1994, Azéris et Arméniens se disputent la souveraineté d'un territoire enclavé. La Géorgie est soumise à des poussées séparatistes. En 1992, à la frontière roumaine, Moldaves et russophones se battent pour le contrôle de ce nouvel État pétrolier ; depuis, deux pouvoirs coexistent dans ce petit pays, la minorité russophone contrôlant de fait la région la plus industrielle sans aucune reconnaissance internationale.

Pour la **Tchétchénie**, la Russie n'accepte pas que son territoire soit démembré. Une première guerre est déclenchée en 1994. L'armée russe envahit le pays, les combats font de lourdes pertes et de nombreuses destructions. En 1996, les Russes se retirent laissant un pouvoir fragile. Le pays se radicalise alors, la charia* y est imposée en 1999.

Une série d'incidents dans le Caucase et des attentats à Moscou à l'automne 1999 provoquent un changement à la tête du pouvoir à Moscou. Vladimir Poutine remplace un Boris Eltsine usé. La guerre reprend alors en Tchétchénie. Le pays est reconquis, Grozny, la capitale, est pilonnée un mois durant avant que les Russes y entrent.

Avec Poutine, la Russie entend raffermir son pouvoir sur son propre pays et contrôler son aire d'influence, l'**étranger proche***, en contrant et se préservant des influences étangères, les puissances occidentales, UE et USA entre autres.

L'intégrisme musulman, nouvelle contestation

L'**islamisme*** a trouvé ses origines politiques dans deux foyers. En Arabie, où s'est structuré le noyau **wahhabite** au XVIIe siècle autour de la tribu d'Ibn Saoud ; en Égypte, où s'est constituée, en 1928, la confrérie des **Frères musulmans** en réaction à l'occidentalisation du pays. La fin de la guerre froide fait de cette utopie l'un des seuls moyens de contester tout à la fois les pouvoirs autoritaires en place dans les pays musulmans et les injustices économiques mondiales, au nom de la religion. Les plus convaincus des partisans veulent réislamiser les pays du monde musulman afin de les unir pour combattre un Occident honni. L'islamisme touche donc principalement les pays musulmans.

Les islamistes se sont retrouvés aux prises avec le pouvoir en Algérie. À la fin des années 1990, le **FIS*** est la seule véritable opposition au parti indépendantiste désormais institutionnalisé, le **FLN***. Fort d'un réel soutien populaire, ayant remporté le premier tour des élections législatives, le FIS se voit privé de sa victoire par l'annulation des élections. Une guerre civile éclate, l'armée venant au secours du pouvoir détenu par le FLN. L'intensité des exactions perpétrées par les deux camps décroît à partir de 1995, le conflit faisant plus de 100 000 victimes.

En février 1989, le départ des troupes soviétiques de l'Afghanistan laisse un pouvoir relativement démuni face aux multiples résistants. Kaboul est prise en 1992, mais les différents groupes ne tardent pas à s'entredéchirer.

Le pays connaît un état d'anarchie. En réaction, se forme, en 1994, le mouvement des **Talibans***, soutenu par le voisin pakistanais. Ils prennent la capitale en septembre 1996 et imposent leur loi dans presque tout le pays : une pratique austère de l'Islam, une stigmatisation des femmes, une proscription de tout loisir (cerf-volant, musique ou cinéma) et une intolérance allant jusqu'à dynamiter les restes des cultures préislamiques dans le pays. Peu soucieux de la diffusion de leur modèle, les Talibans abritent pourtant les plus radicaux des combattants islamiques.

L'unilatéralisme* et ses limites

Une affirmation progressive de l'hyperpuissance* américaine

Les États Unis sont traditionnellement réticents à tout transfert de souveraineté à une autre autorité que la leur. Il ne peut y avoir de casques bleus américains. Les interventions américaines en application de décisions du Conseil de sécurité se font toujours sous la bannière étoilée. Ainsi les troupes envoyées par Clinton en Somalie ou en Bosnie restent sous commandement américain. Ce principe va jusqu'à refuser l'éventualité que la **CPI*** juge des ressortissants américains.

La diplomatie américaine se raidit dès l'élection de George W. Bush en 2000. Les États préoccupants deviennent des **États voyous***. L'attentat du 11 septembre 2001 traumatise une population américaine jamais frappée par la guerre sur son propre sol depuis des siècles. Le régime des Talibans* est immédiatement incriminé. Les États-Unis, aidés de leurs alliés, conduisent une offensive, légitimée par l'ONU, qui délivre, en novembre, l'Afghanistan de la dictature religieuse.

Le sentiment de menace autorise les États-Unis à désigner les pays qui lui sont hostiles et à se prémunir préventivement contre eux sans se soucier des instances internationales. Avec l'Irak, l'administration Bush renoue avec le concept de guerre préventive.

Un fragile et inconsistant axe de la paix

Après avoir mis fin au régime des Talibans, les États-Unis désignent, en 2002, une série d'États qui menaceraient la sécurité internationale, les États voyous*, qui formeraient « **l'axe du mal** ».

Le gouvernement des États-Unis prétexte une menace nucléaire et chimique venant de l'Irak. Malgré leur insistance, l'ONU ne souscrit pas au projet de guerre préventive contre l'Irak de Saddam Hussein, les enquêteurs de l'**AIEA*** ne trouvant pas de trace d'ADM* (armes de destruction massive).

Le Conseil de sécurité est divisé. La France, la Russie et l'Allemagne, rejoints par un grand nombre de nations, défendent avec constance une approche négociée contraignant l'Irak au désarmement. Dans toutes les capitales européennes, les populations manifestent leur refus de cette guerre. Cette opposition ne parvient pas à infléchir la détermination de l'administration Bush.

Les États-Unis, rejoints par quelques leaders européens totalement déconnectés de leur propre opinion publique, décident de faire la guerre à l'Irak. En mars 2003, la guerre tant voulue est déclenchée, l'Irak est envahi en un mois. Mais les États-Unis n'arrivent pas à asseoir le régime de l'après Saddam Hussein. Les fondamentalistes musulmans, les nostalgiques du régime de Saddam Hussein et les Chiites soutenus plus ou moins ouvertement par l'Iran voisin mènent à tour de rôle une guérilla déstabilisatrice. L'opinion publique étatsunienne désavoue maintenant la politique de son président. Elle s'est exprimée dans ce sens en élisant une majorité de démocrates au Congrès en 2006. Elle n'est absolument pas convaincue de l'utilité d'une extension du conflit à l'Iran malgré le souhait pressant de G.W. Bush.

Un monde aux prises avec des enjeux de plus en plus globaux

Le monde de nos jours est bousculé par des changements importants auxquels les populations et les responsables politiques ont peu de réponses.

L'incursion du **terrorisme global** n'en est qu'une. Le mode d'action des groupes affiliés à Al Qaida est essentiellement médiatique. Les attentats perpétrés sont peu coûteux à organiser et font, somme toute, peu de dommages. L'effet spectaculaire est surtout recherché. Cependant la menace d'un usage d'ADM* par ces groupes est plausible. La guerre asymétrique* conduit les pays à renforcer leur sécurité intérieure, quelquefois au détriment des libertés et des droits fondamentaux.

La dissémination des ADM est aussi une menace fondamentale. Il n'y a plus de monopole nucléaire des grandes puissances. En 1998, l'Inde et le Pakistan ont procédé à une série d'explosions atomiques dans une période de tension. Cette gesticulation nucléaire pouvait conduire à l'escalade. Si certains pays ont renoncé à se pourvoir d'armes comme le Brésil et la RSA, d'autres poursuivent des programmes d'armement. La provocation de la

Corée du Nord qui a réussi, à l'automne 2006, son premier essai nucléaire et la ténacité de l'Iran à poursuivre des recherches dans le but de maîtriser toute la filière montrent à quel point un pays décidé peut parvenir à ses fins malgré toutes les menaces, rodomontades et négociations appuyées. Les instances internationales et les superpuissances semblent même impuissantes à empêcher la **prolifération nucléaire**. La prolifération est un fait incontournable, même le Japon, seule victime des bombardements, se pose la question de se pourvoir de cette arme.

D'autres problèmes moins apparents sont source d'inquiétude. Un certain nombre d'États et de régions du monde se situent en dehors du champ de la loi. Un **monde gris** existe, il se nourrit de tout genre de trafics, drogue, armes, personnes. La puissance des revenus engrangés par ces activités est à elle seule un facteur de déstabilisation. Il est tout aussi difficile de le saisir qu'il utilise des éléments encourageant la mondialisation comme les paradis fiscaux.

Enfin nous sommes tous tributaires d'une seule Terre bien mal en point. La raréfaction de ressources réputées inépuisables comme l'eau est déjà une source de tension internationale. Le **réchauffement global** des températures va bientôt submerger des États insulaires entiers faisant apparaître un nouveau type de migrant ; le réfugié climatique.

Le tableau n'est ni triste ni joyeux, c'est une liste lacunaire des problèmes qui se présenteront dans un proche avenir. Mais nous ne sommes plus en histoire, laissons donc place à la prospective.

À RETENIR

Êtes-vous au point ?

- Qu'est-ce que l'étranger proche ?
- Quelles réussites peut-on imputer à l'Onu à la fin des années 1980 ?
- Que signifie l'expression États voyous ?
- Pourquoi les États-Unis refusent-ils de reconnaître le CPI ?
- Qu'est-ce que l'AIEA ?

Les personnages

Vladimir Poutine – Saddam Hussein – George Bush – Bill Clinton – George W. Bush.

Un texte clair, des questions piégées

L'ONU : le rapport du millénaire (Baccalauréat, Amérique du Nord, juin 2006)

> Le 3 avril 2000, Kofi Annan, secrétaire général de l'Organisation de Nations unies depuis 1996, présente, devant l'Assemblée générale des Nations unies, dans son rapport du millénaire intitulé : « nous les peuples », le rôle des Nations unies au XXIe siècle.
>
> « En 1945, les pères fondateurs ont créé un système de coopération ouvert, adapté à une société internationale. C'est le bon fonctionnement de ce système qui a permis l'émergence de la mondialisation. Nous vivons maintenant dans une société mondiale. [...] Dans ce monde nouveau, de plus en plus de groupes et de particuliers établissent des relations transfrontalières auxquelles les États ne sont pas associés. Cet état de fait n'est pas sans dangers. Criminalité, drogues, terrorisme, pollution, maladies, armes, réfugiés et migrants se déplacent bien plus vite et sur une bien plus grande échelle que par le passé [...]. Si nous voulons que la mondialisation tienne ses promesses tout en nous préservant de ses effets néfastes, nous devons apprendre à gouverner mieux, et à gouverner mieux ensemble. [...]
>
> Le monde a enregistré des progrès économiques sans précédent au cours des cinquante dernières années. Pourtant, 1,2 milliard d'êtres humains ont moins d'un dollar par jour pour vivre. L'extrême pauvreté, combinée à de profondes inégalités entre les pays et parfois au sein même des pays, fait honte à l'humanité, et ne fait qu'aggraver d'autres problèmes, notamment des conflits. [...] nous devons prendre des mesures pour diminuer de moitié, d'ici à 2025, le nombre de personnes vivant dans le dénuement, et ce, dans toutes les régions du monde. [...] Les guerres entre États se font plus rares. Toutefois, les conflits internes des dix dernières années ont fait plus de 5 millions de morts, et ont chassé des dizaines de millions de personnes de chez elles. [...] La souveraineté nationale ne saurait justifier les violations aveugles des droits de l'homme et les tueries. Face à des massacres, il ne faut pas écarter la possibilité d'une intervention armée autorisée par le Conseil de sécurité. [...]
>
> L'influence qu'exerce l'Organisation des Nations unies dans le monde découle non pas de son pouvoir, mais des valeurs qu'elle incarne, du rôle qu'elle joue dans le domaine de l'élaboration des normes internationales, de sa capacité à sensibiliser et mobiliser l'opinion au niveau mondial et de la confiance qu'inspirent les actions qu'elle mène sur le terrain pour améliorer les conditions de vie des populations. Nous devons miser sur ces atouts, en particulier en insistant sur l'importance de l'état de

droit. Mais il nous faut aussi adapter l'Organisation au monde actuel, notamment en réformant le Conseil de Sécurité de façon qu'il soit en mesure de travailler efficacement, tout en jouissant d'une légitimité incontestée. [...] »

Kofi Annan, rapport du millénaire *Nous les Peuples,* 03/04/2000

Questions

1. Rappelez le contexte de la création de l'ONU et les missions qui lui étaient alors assignées.
2. Dégagez trois aspects fondamentaux du bilan économique et social dressé par Kofi Annan.
3. D'après l'auteur, quels sont les types de conflit que le monde a connu au cours de la décennie 1990-2000 ? En vous appuyant sur deux exemples, précisez le rôle qu'y a joué l'ONU.
4. Quelles sont les priorités d'action définies par Kofi Annan en 2000 ?

CONSEILS DU PROF

L'étude de ce texte est très difficile à appréhender puisqu'il vous oblige à faire le bilan du monde juste avant le 11 septembre... Certains points peuvent l'annoncer, dans l'énumération des dangers, le terrorisme a gagné quelques places et doit caracoler en tête depuis l'an 2000. Nous nous trouvons plus de six ans plus tard, et bien peu de choses ont changé, si ce n'est un affaiblissement notoire du rôle de l'ONU dans les affaires internationales depuis la seconde guerre du Golfe.

Pour répondre à la première question, vous devez restituer des connaissances glanées tout au long de l'année. Deux chapitres se télescopent, le premier, le monde au sortir de la Seconde Guerre mondiale, et le dernier concernant les relations internationales. Donc, ne cloisonnez surtout pas votre mémoire...

Répondre à la deuxième question conduit facilement à la paraphrase. Si vous n'avez pas en tête les mots clés suivants : bonne gouvernance, développement durable, coopération internationale, multilatéralisme et régulation, vous êtes bien en panne.

Pour la troisième question, le catalogue des crises et conflits de la décennie est largement ouvert. Vous pouvez en faire ce que vous voulez. Une réaction massive avec la première guerre du Golfe, une mission de reconstruction aboutie avec le Cambodge. Ces deux exemples peuvent prouver l'efficacité de l'ONU. Cependant, si vous faites mention des guerres en ex-Yougoslavie, et surtout du Kosovo, ici, l'ONU est un partenaire parmi d'autres du règlement du conflit, même si Kofi Annan y fait mention en disant que les pays ne doivent pas se sentir à l'abri de leur souveraineté pour commettre des massacres. Enfin si vous faites mention de l'échec de l'intervention en Somalie et surtout du génocide rwandais, vous aurez un tout autre tableau de l'efficacité de l'ONU. Mixer les deux serait le plus honnête intellectuellement.

La dernière question est la plus piégée. Le candidat candide, ou un peu bébête, s'engouffrera dans la paraphrase. Il vous est demandé une analyse de ce que présente le Secrétaire général. Six ans après, qu'en est-il ? Il est significatif de savoir que la montagne annoncée a accouché d'une souris, aucun changement dans la composition du Conseil de sécurité, alors que bien des pays revendiquent leur place comme membres permanents. Enfin, quel rôle joue l'ONU de nos jours face aux problèmes liés aux conflits israélo-arabes, à la dissémination nucléaire et aux volontés musclées des grandes puissances, États-Unis, Russie, Chine ? Poser la question est une belle conclusion.

Chapitre 15

L'Europe au sortir de la Seconde Guerre mondiale

Dans ce chapitre :

- Le lourd bilan d'une guerre totale
- La nouvelle configuration de l'Europe
- Le dessin d'avenirs divergents

ATTENTION !

Le sens du programme

Ce chapitre s'éloigne de la lecture stricte des programmes, mais un sujet centré sur l'Europe n'est jamais à écarter. Se poser la question de savoir pourquoi et comment la séparation en deux camps antagonistes s'est dessinée au milieu du continent est utile.

Considérez donc ce chapitre comme étant le point de départ des deux parties suivantes.

Le lourd bilan d'une guerre totale

Bilan humain

L'Europe a été le théâtre d'une **guerre totale**, idéologique et raciale. Nous pouvons le constater par le poids inédit des pertes humaines.

Depuis ce conflit, on sait que les civils ne sont pas épargnés par la guerre. Aux morts « classiques » lors des combats, il faut ajouter une forte proportion de civils tués dans les bombardements (celui de Dresde, les 13 et 14 février 1945, fit plus de 130 000 victimes). Ce bilan humain touche inégalement l'Europe. On peut constater que l'Est a beaucoup plus souffert que l'Ouest. La Pologne, l'URSS, la Grèce et la Yougoslavie ont perdu plus de 10 % de leur population. Ont voit ici les effets cumulés de la politique de liquidation systématique des élites nationales, des juifs et des communistes, perpétrée par les nazis, sur place ou dans les **camps d'extermination**, et de la guerre civile qui exacerbe des antagonismes idéologiques (Grèce) ou nationaux (Yougoslavie). À la fin des combats, on constate alors qu'une spécificité de l'Europe centrale a disparu avec les 6 millions de juifs assassinés. Le *shtetl*, village juif des plaines polonaises, n'est plus qu'un souvenir littéraire.

En URSS, aucune famille n'ayant été épargnée par la guerre, les mentalités sont dûment marquées et le pacifisme viscéral de l'opinion publique soviétique s'y grave profondément. Les dirigeants communistes sauront l'utiliser ultérieurement pour leur propagande mais devront aussi en tenir compte en période de crise internationale. Quant à la Yougoslavie, la dictature communiste de Tito, un Croate, n'impose qu'un vernis superficiel d'entente sur des haines tenaces ravivées par une guerre civile où les camps se sont dressés l'un contre l'autre le plus souvent sous des prétextes ethniques.

L'Allemagne, qui a dû mobiliser jusqu'à l'extrême ses ressources humaines, faisant se battre des adolescents et des vieillards dans les derniers temps, est totalement brisée. Les bombardements ont accompli leur œuvre de démolition morale du peuple allemand. Le nazisme s'écroule dans la défaite militaire. La **dénazification** s'accomplit sans résistance, les plus grands chefs sont jugés lors du **procès de Nuremberg**. Aux populations allemandes ayant perdu leur logement du fait des bombardements s'ajoutent plus de 10 millions de **réfugiés** chassés des régions annexées, comme la Prusse orientale, ou même de leur pays d'origine, comme les Sudètes des monts de Bohême.

Pour terminer le bilan humain de cette immédiate après-guerre, il faut ajouter au décompte des victimes la gigantesque migration du printemps et de l'été 1945. Les prisonniers de guerre, les déportés et les réfugiés sont sur les routes, déplacés autoritairement ou regagnant leur domicile. La fin de la Seconde Guerre mondiale déclenche le plus grand **transfert de population** du XXe siècle en Europe. Il est le résultat partiel des modifications des frontières survenues à l'issue de la défaite nazie.

Bilan politique

La lutte contre le nazisme et le fascisme a mobilisé des personnes d'horizons politiques bien divers. Cette hétérogénéité se manifeste dans tous les gouvernements de la libération. On y retrouve des nationalistes, des socialistes, des chrétiens et des communistes. Les gouvernements de la libération sont des **gouvernements de front national** regroupant tous les représentants de la résistance.

La différence entre l'Est et l'Ouest tient aux positions détenues par les communistes. À l'Ouest, dans les pays où ils sont présents (France, Italie, Belgique) les ministres communistes ne détiennent que des portefeuilles subalternes. Même Maurice Thorez, premier secrétaire du PCF malgré son rang de ministre d'État, n'est que ministre de la Fonction publique.

À RETENIR

À l'Est, les communistes détiennent les postes clés, comme Lazlo Rajk, ministre de l'Intérieur hongrois, ou même contrôlent la majorité du gouvernement ; en Pologne, il y a 14 ministres communistes sur 21. La position dominante des communistes, aidée par la présence de l'armée Rouge, permet de **noyauter** l'appareil de l'État à leur profit. Petit à petit, les pays de l'Est deviennent ouvertement communistes. Les opposants sont écartés ou arrêtés sous de vagues prétextes sans réaction intérieure. Une majorité de ces pays n'ont pas, ou plus, de tradition démocratique. Pendant l'entre-deux-guerres s'y exerçaient des dictatures plus ou moins autoritaires calquées sur le fascisme. En ajoutant à cette situation les difficultés de la vie courante, on peut comprendre l'apathie des opinions publiques. D'ailleurs, le pays qui a le plus tardé à devenir communiste est la Tchécoslovaquie, dont la tradition démocratique a été ininterrompue de 1918 à 1938.

La nouvelle configuration de l'Europe

De nouvelles frontières

La carte de l'est de l'Europe est, en effet, transformée. L'URSS gagne des territoires sur tous ses voisins. Elle avait déjà annexé les **États baltes** en 1940 en vertu du protocole secret du pacte germano-soviétique, signé en août 1939, qui les avait inclus dans la zone d'influence soviétique. Les Alliés ne reviennent pas sur ce fait (voir figure 15-1).

Elle voit ses territoires s'étendre vers l'ouest au détriment de la Finlande, dont l'annexion de la **Carélie** permet de désenclaver Leningrad, de l'Allemagne, faisant disparaître **la Prusse orientale**, de la Pologne, dont les prélèvements représentent les plus grands territoires annexés, de la Tchécoslovaquie dont l'annexion de la **Ruthénie** permet d'avoir une frontière directe entre l'URSS et la Hongrie, et de la Roumanie enfin qui perd une fois encore la **Moldavie**, riche en pétrole.

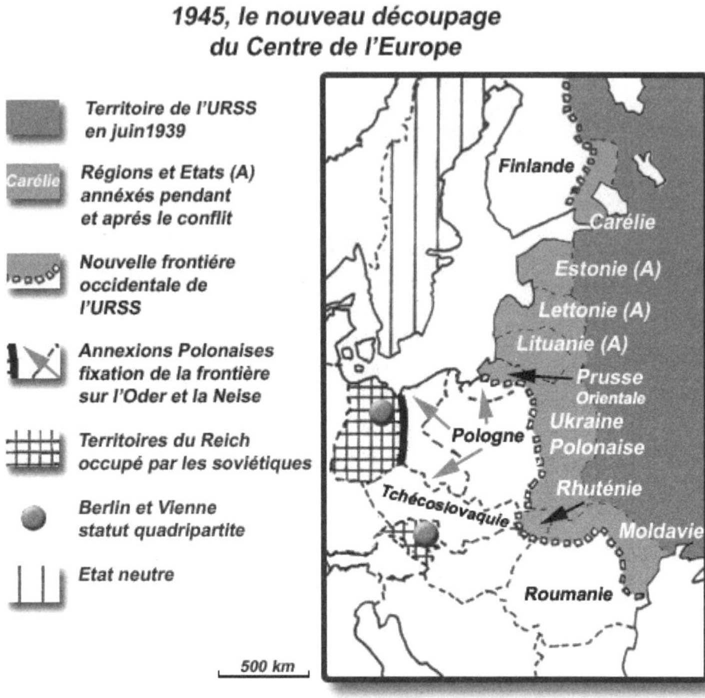

Figure 15-1 : Le nouveau découpage du Centre de l'Europe.

On peut trouver deux explications à cette avancée vers l'ouest : la première réside en la volonté d'assurer une marge, un glacis*, à l'URSS en cas d'agression, c'est l'argument avancé en 1945, le danger étant toujours allemand ; la seconde est plus profonde, elle est inscrite dans une certaine continuité russe dépassant le bolchevisme, l'URSS de 1945 retrouve quelque peu les frontières de la Russie de 1914.

Ce jeu d'annexions en entraîne d'autres : la Pologne glisse vers l'ouest aussi, prenant la partie sud de la **Prusse orientale**, la **Poméranie** et la **Silésie** à l'Allemagne. Désormais la frontière ouest de la Pologne se situe sur la fameuse **ligne Oder-Neisse**. La Yougoslavie a aussi des volontés d'expansion territoriale qui ne sont pas satisfaites avec le retour de l'Istrie sous son administration. Tito prétend à plus et un foyer de tension se trouve créé de ce fait autour de Trieste.

À l'Ouest, les changements frontaliers ne sont presque qu'un retour à la situation d'avant-guerre ; la France, après avoir récupéré une seconde fois **l'Alsace et la Lorraine**, ne gagne que deux cols sur les Alpes. L'initiative militaire française de descendre sur l'Italie en fondant sur le val d'Aoste, région francophone des Alpes italiennes, entraîne l'immédiate réaction des États-Unis qui ne veulent pas entendre parler d'annexion territoriale.

Les principes qui motivent les modifications territoriales et leur application nous permettent de constater une différence entre l'Est et l'Ouest de l'Europe. Elles rendent compte aussi de l'influence notoire des supergrands sur ce continent mettant en œuvre des politiques diamétralement opposées concernant les frontières européennes.

Faiblesse et opiniâtreté des colonisateurs

L'émergence des superpuissances correspond avec l'effondrement de l'Europe sur le plan international. Les pays européens, qui régnaient sur le monde avant 1914, qui avaient réussi à garder une position prépondérante pendant l'entre-deux-guerres, sont bien affaiblis, voire disparaissent de la scène internationale. L'Italie perd ses colonies qui deviennent indépendantes faute d'être attribuées à l'URSS qui réclame le contrôle de la Libye.

Le gouvernement travailliste de Grande-Bretagne entame les négociations qui doivent mener l'Inde à l'indépendance. La France, en réprimant les émeutes de Sétif le jour même de la victoire sur le nazisme, montre qu'elle n'envisage pas de renoncer aux colonies, même les plus lointaines comme l'Indochine. Son gouvernement compte s'asseoir sur son empire colonial pour redresser l'économie plus rapidement. La volonté française et néerlandaise de récupérer la maîtrise des colonies déjà perdues par leur défaite devant les Japonais, trouve une explication partielle dans les difficultés économiques que rencontrent ces deux pays. Car après le 8 mai 1945, l'heure n'est pas aux bilans, mais à la reconstruction de l'Europe.

Des avenirs divergents se dessinent

Que reconstruire ?

L'urgence est là, les dommages de guerre, destructions d'immeubles, d'infrastructure et d'industries, ne sont que la partie la plus visible. C'est une Europe déjà gravement atteinte par la crise de 1929 qui s'est embrasée de 1939 à 1945. Le seul objectif de nourrir convenablement toute une population nécessite déjà la réactivation d'un circuit économique sain.

Partout en Europe, la libération ne correspond pas avec la fin de la pénurie. Le **rationnement** le plus sévère qu'ont connu les Français a été organisé courant 1947. La guerre n'a fait qu'aggraver la rétractation de la production entamée dans les campagnes depuis le début des années 1930. La faim tenaille ceux qui n'ont pas accès au marché noir. L'URSS, le pays le plus touché, connaît une famine en 1947-48 qui peut expliquer le raidissement de ses dirigeants.

Cependant, malgré une détresse commune, nous pouvons constater que la reconstruction s'opère de façon différente d'un côté à l'autre de l'Europe. Les libérateurs n'ont pas la même vision des rapports économiques à venir.

À l'Est...

À l'Est, la situation n'est pas uniforme. La Roumanie, la Bulgarie et la Hongrie sont considérées comme des vaincus et doivent payer de lourdes indemnités de guerre. Les autres sont dans une situation guère meilleure. Les Soviétiques sont plus des occupants que des libérateurs et imposent leur modèle socioéconomique. Dans les régions contrôlées par l'**armée Rouge**, est opérée autoritairement une **réforme agraire** qui redistribue les terres des grands propriétaires terriens aux paysans, faisant naître un parti paysan, sorte d'émanation du parti communiste dans le monde rural, élément du paysage politique commun à toutes les démocraties populaires.

À l'Ouest...

À l'Ouest, mis à part certaines décisions spectaculaires – **décartellisation** en Allemagne, **nationalisation**-punition de Renault en France – il n'est absolument pas question d'attenter à la propriété privée. Si les États ne laissent pas l'initiative privée suivre son cours, c'est autant pour des impératifs conjoncturels – l'objectif de l'activité doit obligatoirement concourir à la reconstruction la plus rapide de l'ensemble de la nation –, que par des motivations politiques ; la nationalisation, en France des principales banques de dépôt et des assurances permet de réinvestir les profits dans d'autres opération de reconstruction, évitant ainsi la dénonciation des « profiteurs de guerre ».

Si l'on peut dire que le dirigisme s'applique sur toute l'Europe, on doit distinguer tout de même l'économie en Europe de l'Est en voie de collectivisation, de celle de l'Ouest où l'État ne prend les rênes et ne planifie l'économie qu'en vertu de l'urgence.

Les prodromes de la guerre froide

Insidieusement, la communisation de l'Europe de l'Est est déjà bien entamée quand elle est dénoncée par Wiston Churchill dans son **discours de Fulton** en mars 1946. On en retire surtout les images du rideau de fer coupant l'Europe en deux et celle d'une cinquième colonne communiste dans le sein même des démocraties libérales. Le vieux leader conservateur appelle les démocraties à plus de vigilance vis-à-vis des communistes.

Ce qui peut paraître discordant en ce début 1946 devient la politique officielle des pays de l'Europe de l'Ouest à l'initiative des États-Unis. L'année 1947 va voir les États-Unis prendre la tête du « **monde libre** » quand le président Truman fait voter au Congrès des crédits pour soutenir la Grèce, en proie à une guerre civile opposant communistes et monarchistes, et la Turquie, qui subit de vives pressions de la part de l'URSS qui veut contrôler les détroits. L'arme brandie est bien le dollar, l'aide américaine qui suit ce vote n'est pas la manifestation d'une politique d'affrontement direct mais d'une stratégie d'endiguement ou ***containment***. Il s'agit de redonner la vigueur nécessaire aux économies des pays de l'Ouest pour que les tensions sociales exacerbées par les privations ne fassent pas le lit d'une nouvelle expansion communiste. La manifestation la plus évidente est le départ des communistes des gouvernements issus de la libération en France, en Italie et en Belgique. Ce mouvement s'opère en cascade pendant le printemps 1947.

Le 5 juin 1947, le secrétaire d'État américain Marshall propose de l'aide à tous les pays qui en feraient la demande. Cette offre généreuse, ouverte à l'Allemagne et à l'URSS, est en fait le signal de la cristallisation des deux blocs ébauchés depuis la victoire sur le nazisme. En effet, l'acceptation de cette aide financière marque, à l'Ouest, la puissance du dollar, indispensable à la remise sur rail de l'économie.

L'installation de la guerre froide

La nouvelle doctrine diplomatique américaine et la proposition du **plan Marshall** ne peuvent que confirmer la cassure.

L'officialisation de la scission de l'Europe en deux parties soumises aux superpuissances survient, sans grande surprise, au cours de l'automne 1947.

La réunion de tous les partis communistes à Slarska Poreba en Pologne, et la lecture du **rapport Jdanov** par le délégué yougoslave, ne masque pas l'initiative soviétique. Les responsables est-européens ainsi que les délégués des « **partis frères** » italiens et français, ne font qu'écouter et accepter une ligne politique exprimée par le numéro trois soviétique. La doctrine Jdanov ne fait que confirmer la mainmise soviétique sur sa sphère d'influence. La réactivation du discours léniniste anti-impérialiste justifie la rupture de la Grande Alliance. La renaissance d'une internationale communiste sous la forme du **Kominform** entérine la mainmise stalinienne sur ses voisins et sur l'ensemble du mouvement communiste à l'Est comme à l'Ouest.

Un témoignage tragi-comique vu d'en bas

« Mi-avril 1945. L'Allemagne pue le cadavre et l'incendie mal éteint. L'Allemagne est une charogne où les morts pourrissent les yeux ouverts. L'Allemagne est un champ de ruines étincelant au soleil. L'Allemagne est un coupe-gorge où rôdent les millions de déracinés entassés là pour produire ou pour crever, maintenant sans geôlier et sans pitance. L'Allemagne est une terre brûlée, un Moyen Âge suppurant, sans eau courante, sans électricité, sans chemin de fer, sans poste, sans essence, sans route, sans médecins, sans médicament, sans police et sans loi. Sans même d'existence légale. Zone de combats. Une autorité, l'Armée Rouge. L'Armée Rouge ne s'occupe que de l'Armée Rouge.

De Gültsow à Neubrandebourg, il y a une quarantaine de kilomètres. Mais toute l'Europe en haillons piétinait là, comme une tribu tzigane tournant en rond. Toute l'Europe désormais libre et ne sachant quoi foutre de sa liberté. Les Russes te disaient "tu es chez toi, démerde-toi", se démerder là où il n'y a rien.

Fuyards allemands désormais sans but puisque rattrapés, que chacun pouvait dépouiller, que chacun pouvait tuer, race des seigneurs devenue du jour au lendemain lie de la terre. Ex-prisonniers politiques organisés en petits groupes autonomes farouchement égoïstes, "politiques" en pyjamas rayés – ceux d'entre eux qui tenaient debout – rarement solitaires. Tout ce magma agité de courant divers encombrait les routes. »

François Cavanna, *Les Ruskoffs*

François Cavanna sort à peine de l'adolescence quand la France est balayée par la débâcle en 1940. Dans ses souvenirs, écrits d'une plume rabelaisienne, *Les Ruskoffs,* nous trouvons relatées la façon dont le jeune homme a traversé les années de guerre. Sa déportation au titre du STO met fin à une vie de débrouille dans sa banlieue parisienne. Le récit devient alors celui de la transformation d'un adolescent en homme. Confronté à son statut de travailleur forcé, il rencontre d'autres groupes encore moins favorisés : les Russes, parmi eux se trouve celle qu'il épouse. Au moment où s'écroule la domination allemande, le convoi de déportés se fond dans le cortège des fuyards, les geôliers ayant pris la fuite. C'est dans cette confusion que François Cavanna perd la trace de sa femme. L'extrait que vous avez sous les yeux dépeint la situation chaotique généralisée que connaît l'Allemagne submergée par les troupes soviétiques. Autour de lui, un monde s'écroule, lui, mène une quête personnelle, confuse et désespérée. Ce texte, écrit bien longtemps après l'événement, rapporte des souvenirs qui se sont inscrits au plus profond de la mémoire de l'auteur.

Chapitre 16

L'Europe de l'Ouest de 1946 à la fin des années 1980

Dans ce chapitre :

- La construction d'une Europe occidentale sous le parapluie américain
- Du marché commun à l'Union européenne

ATTENTION !

Programme officiellement réservé aux L et ES ça concerne aussi la France

Cette partie du programme est très rapidement traitée en classe, vous avez dû intégrer ces connaissances l'année dernière en géographie. Normalement, elle ne doit être abordée qu'en L et en ES. Le sujet qui est tombé pour toutes les sections en juin 2005 a totalement contredit ce cloisonnement. Donc, chers candidats au bac S, jetez un œil attentif sur ces pages... Les autres, faites-le aussi, il n'est pas inutile de vous le rappeler.

Il n'y a aucun pronostic à faire sur le type d'exercice. De plus, vous aurez recours à ces connaissances dans de multiples cas dépassant le cadre du chapitre. N'oubliez jamais l'échelle européenne d'un problème. En cas d'épreuve courte, le discours de l'Horloge reste le monument des documents, tout autre texte vous demandera de contextualiser précisément la période dans le processus d'intégration.

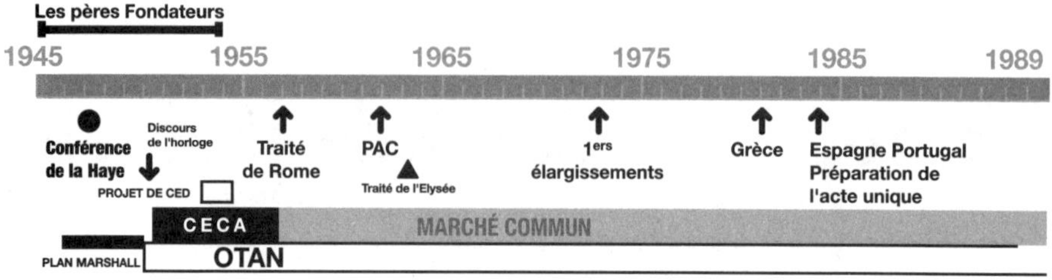

La construction d'une Europe occidentale sous le parapluie américain

L'aube d'un système inédit

De vieux projets restés dans les cartons

L'idée de dépasser les rivalités nationales pour le bien de tous les peuples d'Europe a été défendue bien avant le XIXe siècle. Des projets intellectuels, sur une base religieuse ou humaniste, ont été exposés dans de nombreuses œuvres. L'une des plus connues est « le projet de paix perpétuelle » écrit par Kant, en 1795, dans une Europe en pleine guerre contre la France révolutionnaire. **Victor Hugo** défend l'idée de constituer les **États-Unis d'Europe** dans de grandes envolées romantiques, mais aucun projet fédéral ou confédéral n'est alors entendu par les gouvernements.

L'entre-deux-guerres voit Aristide Briand, ministre français des Affaires étrangères, défendre, en 1929, devant la SDN, un **projet d'Union européenne** que l'on peut considérer comme étant le premier plan d'initiative gouvernementale. La démarche est soutenue par le ministre allemand des Affaires étrangères mais il n'aboutit que sur un texte vague. La SDN majoritairement constituée de pays européens fournissant un cadre minimum de concertation, le projet est resté pourtant lettre morte.

Une nécessaire intégration sous le parapluie américain

Le **plan Marshall** est à l'origine de la construction européenne. Cette aide, annoncée en juin 1947, oblige les pays européens à se mettre en accord. La première conférence de l'après-guerre est organisée à ce propos à Paris, de juillet à octobre 1947. Elle ne réunit que les pays soustraits à l'influence soviétique. Une première organisation est crée, l'**OECE***, qui organise la distribution des fonds américains en arbitrant les conflits d'intérêts entre les récipiendaires. Cette institution facilite aussi les échanges entre les pays européens.

L'opinion européenne, au sortir de la guerre, est favorable à l'établissement d'une coopération entre les États. Les initiatives politiques foisonnent alors, elles proviennent d'horizons très différents. Churchill fait se rencontrer les personnes intéressées par l'idée. En mai 1948, 800 délégués se rencontrent lors de la **conférence de La Haye**. La déclaration votée à l'issue de cette rencontre donne les grandes lignes du **Conseil de l'Europe*** mis en place le 5 mai 1949. Cette institution, rassemblant des parlementaires de pays différents, est la première instance démocratique mise en place.

Les pères se rencontrent

La conférence de La Haye est importante non pas pour le texte voté par acclamation à son issue, mais par les participants qui s'y rencontrent. On peut dire que c'est le camp de base de la construction européenne. Les participants proviennent presque tous du même champ politique : chrétiens-démocrates* ou socialistes. Le succès de 1950 doit beaucoup au fait que tous ces partis sont alors aux responsabilités : chrétiens-démocrates en France (Schuman, MRP*) en Italie (de Gasperi, D.C.*), en Allemagne (Adenauer, CDU*) et aux Pays-Bas, et socialistes en Belgique (Spaak). Les pères de l'Europe* sont de la même famille politique ou presque.

La plupart des pays européens de l'Ouest changent diamétralement leurs plans de guerre. Le danger vient toujours de l'Est. Ce n'est plus l'Allemagne, mais la Russie soviétique. Ils unissent aussi leurs efforts militaires et se placent sous la protection des États-Unis. L'OTAN* est créée en 1949. L'Espagne et le Portugal n'y sont pas associés, leurs dirigeants ont été trop proches des anciens régimes fascistes. D'autres pays sont neutres, soit par choix historique comme la Suisse et la Suède, soit par obligation comme la Finlande* et l'Autriche.

Réussite et échec de la première vague

Le 9 mai 1950, **Robert Schuman**, ministre français des Affaires étrangères, propose de placer l'ensemble de la production de charbon et d'acier sous une haute autorité. Le projet, imaginé par **Jean Monnet**, est accepté par cinq autres pays européens. Moins d'un an plus tard, la **CECA*** est fondée.

Tic tac

Tous ceux qui ont passé leur bac ont entendu parler du salon de l'Horloge, pièce d'apparat du Quai d'Orsay*. Le gouvernement français a bien travaillé sa communication. Le choix du lieu est symbolique, il est censé représenter la France de toujours. Les futurs partenaires n'ont été informés de l'initiative que quelques jours auparavant, mais c'est avec la certitude d'une acceptation allemande et des pays du Benelux que Schuman prononce son discours. Quant aux Britanniques, leur réponse fut du genre : pas mal, commencez et on verra si ça tient la route.

La guerre de Corée, qui éclate fin juin 1950, conduit les Américains à demander un effort plus important aux Européens pour leur défense. Pour contourner le problème de la reconstitution d'une armée allemande, René Pleven propose, en octobre 1950, de constituer une **CED***, une adaptation du principe de la CECA, afin d'organiser une armée européenne. Ce projet, accompagné de la mise en place d'un exécutif et d'un pouvoir parlementaire européen afin de contrôler cette armée, est ratifié par le Benelux et l'Allemagne. Le débat en France dépasse le cadre des partis, même la SFIO* et le MRP*, qui soutiennent les initiatives européennes, sont divisés à ce propos. En août 1954, Pierre Mendès-France demande aux députés de trancher la question sans que le gouvernement en soit sanctionné en cas de refus. Par une majorité de 319 voix contre 254, la CED est rejetée. L'Allemagne crée une armée nationale, la Bundeswehr.

Le processus d'Union européenne semble en panne. Les ministres des Affaires étrangères des six pays membres de la CECA se réunissent à Messine en 1955. Ils proposent un plan de relance de l'Europe sur la base d'un **Marché commun** et fondent l'EURATOM*.

Du marché commun à l'Union européenne

Une intégration par le marché et l'agriculture

Le **traité de Rome** est signé le 25 mars 1957. Il se donne comme objectif principal de faciliter les échanges entre les pays européens dans le cadre de la CEE*. Les barrières douanières entre les six États fondateurs, – Belgique, France, Italie, Luxembourg, Pays-Bas, RFA –, sont abolies en 1968. Pour la France, l'Europe prend la place des colonies comme premier partenaire à l'exportation dès 1960. L'abandon progressif du charbon et la politique d'armement nucléaire française poussent à l'abandon de la CECA et de l'EURATOM* en 1965. Une structure politique est aussi créée ; l'objectif des signataires étant de constituer progressivement un État fédéral européen.

La dimension **supranationale*** de la CEE est pourtant moins forte que pour la CECA. Il n'y a plus de haute autorité. Après une épreuve de force, où la France joue la **politique de la chaise vide**, de Gaulle obtient en 1965 que les décisions soient prises à l'unanimité des six pays membres et non à la majorité, comme le stipule le traité de Rome.

En 1962, les partenaires européens mettent en place la **PAC***. La modernisation de l'agriculture européenne est en route. Elle encourage le productivisme tout en protégeant les agriculteurs des importations extérieures. La France en est la première bénéficiaire. Depuis 1962, l'agriculture reste le premier budget de la Communauté européenne.

L'affirmation de politiques européennes originales

Les pays européens affirment une certaine autonomie au cours des années 1960. La construction européenne renforce la réconciliation franco-allemande. Elle est officialisée par la signature du traité de Paris en 1963. **De Gaulle, réticent à tout pouvoir supranational**, accepte toutefois le Marché commun en voulant le limiter à une Europe des États. Avec lui, la France développe une attitude originale dans le camp occidental en s'ouvrant vers l'Est et en marquant ses distances avec les États-Unis. De 1969 à 1973, l'Allemagne, sous la direction de Willy Brandt prend aussi l'initiative de se démarquer. L'***Ostpolitik**** permet à l'Allemagne à la fois d'apaiser le contentieux né de la Seconde Guerre mondiale et de contribuer à la détente. Les prêts qui accompagnent cette ouverture à l'Est permettent aussi de contrebalancer le pouvoir qu'exerce l'URSS sur ces pays.

Concurrence de projets et élargissements

La question de l'**élargissement** concerne la Grande-Bretagne. Le Marché commun est d'abord ignoré par les Britanniques, qui créent une association concurrente uniquement basée sur le libre-échange : l'AELE. Demandant, en 1961, à être intégrés dans le Marché commun, les Britanniques se voient opposer des conditions draconiennes. De Gaulle exige une clarification des rapports entre le Royaume-Uni et son Commonwealth* et surtout une rupture des liens privilégiés que le royaume a tissé avec le États-Unis. Ces deux conditions sont fermement défendues par le Président de la République, elles interdisent l'entrée du Royaume-Uni dans le Marché commun pendant tout son mandat. L'incorporation de ce pays n'est rendue possible que par l'accession de Georges Pompidou à la présidence, sa position étant beaucoup moins rigide sur ce point. Le Royaume-Uni, le Danemark et l'Irlande rejoignent l'Europe en 1973.

L'intégration des trois nouveaux pays méditerranéens, la Grèce en 1981, l'Espagne et le Portugal en 1985, souligne leur démocratisation. Elle nécessite la mise au point d'un soutien économique à l'échelle européenne. La **Communauté européenne** mène désormais une politique de développement.

*Les premiers approfondissements**

Les années 1970 voient la construction européenne prendre une nouvelle ampleur. Les gouvernements des pays membres, à partir de 1974, se rencontrent régulièrement dans des conseils européens. L'**élection au suffrage universel**, pour la première fois en 1979, du **Parlement européen** permet à tous les citoyens, tous les cinq ans, d'exprimer plus directement leur avis sur la politique européenne.

Les économies nationales sont rendues plus solidaires avec la création du SME* en 1979. Un panier de valeur, l'ECU*, servant de référence commune, est mis en place. L'**intégration** se poursuit, l'Acte unique, signé en 1986, prévoit qu'un marché unique sera établi en 1993, que les marchés publics seront accessibles à toutes les entreprises des pays membres et que la liberté de circulation et de résidence sera accordée sur toute la communauté aux citoyens des pays membres.

Si la Commission européenne s'affirme sous la présidence de Jacques Delors, de 1985 à 1995, les pays membres sont loin d'avoir une politique totalement en accord avec elle. La France et l'Italie jouent de leur monnaie, se servant d'elle pour soutenir leurs exportations par des dévaluations ou des périodes de flottement peu soutenues. La Grande-Bretagne de Margaret Thatcher réclame et obtient une moindre contribution au budget européen au prix d'une profonde crise où la « dame de fer » agite la menace de quitter l'Union.

Êtes-vous au point ?

- Comment qualifier les déclarations de Victor Hugo sur l'Europe ?
- Pourquoi la conférence de La Haye est elle à la fois négligeable et importante ?
- Qui sont les pères de l'Europe ?
- Pourquoi de Gaulle s'oppose-t-il à l'entrée du Royaume-Uni dans le Marché commun ?
- Pourquoi a-t-on surnommé le SME « serpent monétaire européen » ?

Les temps forts. Connaître les dates et les liens de cause à effet.

Conférence de La Haye – Importance du discours de l'Horloge – Échec de la CED – Traité de Rome – Élargissement – Approfondissement

Les personnages

Adenauer – Monnet – Schuman – de Gasperi – Spaak – de Gaulle – Delors – Thatcher.

Une image légitime, convaincante et déterminante

© Bettmann/CORBIS

Décembre 1970, Willy Brandt s'agenouille devant le monument élevé en hommage à l'insurrection du ghetto juif de Varsovie. Ce n'est pas n'importe quel dirigeant ouest-allemand qui commet ce geste. Il s'agit d'un membre de la SPD ayant quitté l'Allemagne nazie pour ensuite combattre dans la résistance en Norvège. Il ne porte pas la responsabilité qui repose sur les épaules de la majorité des hommes de sa génération. C'est en tant que représentant de toute l'Allemagne historique qu'il peut faire ce geste de repentance qui surprend les officiels polonais. L'image touche les publics des deux côtés du rideau de fer. L'image a donc une vertu pédagogique apaisant le très lourd contentieux entre l'Allemagne et ses voisins de l'Est. Mais cette image ne serait rien sans la force économique et industrielle qu'est redevenu ce pays. Willy Brandt s'agenouille, met fin au conflit noué entre les deux états issus de la capitulation du Reich nazi depuis leur formation et surtout signe les accords économiques dont les pays de l'Est ont besoin.

Chapitre 17

L'Europe de l'Est de 1946 à la fin des années 1980

Dans ce chapitre :

- 1945-1948, changement de joug à l'Est de l'Europe
- Une impossible réforme interne du système
- 1988-89, transitions, effondrements et chaos

CONSEILS DU PROF

Programme officiellement réservé aux L et ES
Comment bien l'aborder ?

Difficile de traiter ce point de programme de façon isolée. Les démocraties populaires sont tellement intégrées dans le bloc soviétique que, souvent, vos professeurs incorporent ce chapitre dans leur cours sur la guerre froide. Les programmes, au contraire, tiennent plutôt à l'intégrer dans une histoire générale de l'Europe. Dans ce sens, cette partie doit vous démontrer pourquoi ces pays européens ont été coupés de la matrice communautaire.

On construit toujours l'histoire à partir du présent.

Faites très attention à ce chapitre. Il a de grandes chances de se retrouver au bac dans toutes les épreuves. Autres difficulté, il est possible de focaliser sur des points précis la Pologne, l'Allemagne ou Berlin. Dans les deux derniers cas, vous devez croiser des informations de trois ou quatre chapitres du programme : difficile, mais on vous aura prévenu.

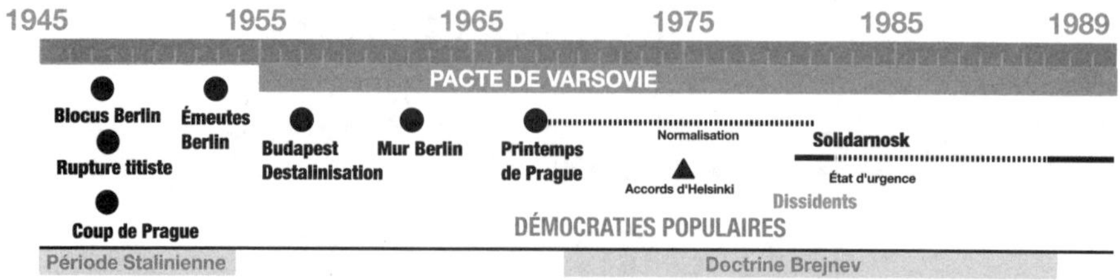

1945-1948, changement de joug en Europe

La victoire, libération, ou conquête ?

À RETENIR

Pour vaincre l'ennemi nazi et remporter la victoire finale jusque dans Berlin, l'armée Rouge a traversé de nombreux pays européens. Certains d'entre eux ont été alliés avec l'Allemagne nazie et se voient durement occupés, comme la Hongrie, la Bulgarie et la Roumanie, ou, comme la Finlande qui s'est retournée contre les Allemands en 1944, et se voient imposer de sévères conditions de paix. En Pologne, l'armée Rouge installe un gouvernement majoritairement composé de communistes alors qu'un gouvernement en exil à Londres n'a cessé d'exister au sein de la Grande Alliance.

Le territoire de l'URSS s'agrandit. Les annexions soviétiques concernent à la fois des États anciennement indépendants ou des régions d'autres pays. Les structures administratives et gouvernementales sont immédiatement calquées sur le mode soviétique. Pour les pays Baltes, les élites sont balayées, les régions annexées voient une grande partie de leurs habitants contraints de quitter les lieux. Pour Staline, l'objectif semble être de retrouver les frontières de la Russie d'avant 1914. Le contrôle des pays plus à l'Ouest a des justifications stratégiques. À Yalta, les Soviétiques réclament la constitution d'un **glacis*** protecteur pour préserver l'URSS d'une nouvelle agression allemande.

Une rapide mise en place des dictatures communistes

La Yougoslavie et l'Albanie deviennent des démocraties populaires* dès 1945, la résistance communiste ayant contribué majoritairement à la libération. Dans les autres pays, les communistes participent à des gouvernements de front national avec des socialistes et des membres des « partis bourgeois ». En réalité, avec l'appui de l'armée Rouge, le pouvoir vient progressivement aux mains des communistes qui contrôlent les postes ministériels les plus importants et noyautent* progressivement les administrations. Les rangs du particommuniste se renforcent. Des réformes économiques sont rapidement entreprises, dépossédant de grands propriétaires terriens et des industriels. Les protestations, assimilées à un complot fasciste, permettent d'éliminer les partis nationalistes des gouvernements. Les partis socialistes sont ensuite obligés de se fondre dans le grand parti unique ouvrier. Dans tous les pays sous contrôle soviétique, les communistes accèdent progressivement au pouvoir selon un même plan qualifié de « **tactique du salami*** ». On retrouve cette progression partout, y compris dans la zone soviétique d'occupation en Allemagne.

À la fin 1947, seule la Tchécoslovaquie a encore un régime parlementaire pluraliste, tous les autres pays sont devenus des **démocraties populaires**.

Une satellisation de plus en plus effective

Les pays de l'Est n'ont pas d'autonomie vis-à-vis de l'URSS. En 1947, tous refusent l'aide américaine du plan Marshall. Le « **coup de Prague** » met fin à l'exception tchécoslovaque. Les ministres libéraux démissionnent le 20 février 1948 pour réclamer un remaniement en leur faveur. Pour éviter d'être mis à l'écart, le particommuniste organise des manifestations et démontre sa force en mobilisant les milices populaires. Après cinq jours de crise, le président Benès s'incline et laisse le pouvoir au secrétaire général du Parti communiste tchécoslovaque Gottwald.

La création du **Kominform** permet à Moscou de s'imposer plus facilement à tous les partis communistes. L'économie est aussi dirigée selon les besoins de l'URSS : en 1949, la **CAEM***, organise la production de toute la région en fonction du plan quinquennal soviétique. Tout l'Est de l'Europe est satellisé.

L'imposition du totalitarisme stalinien

La collectivisation des terres se heurte à la résistance de la paysannerie. D'autres sources de mécontentement apparaissent, l'alignement sur des modes de production soviétique, l'imposition de pratiques agricoles aberrantes, font disparaître l'assentiment populaire. La terreur stalinienne permet de s'en passer. Elle touche toutes les sources d'opposition éventuelle. Les Églises catholiques sont particulièrement persécutées en Pologne et en Hongrie.

Voulant conserver le contrôle de son pays, Tito prend ses distances et élimine les agents staliniens dans son pays. La rupture entre la Yougoslavie de Tito et l'URSS, dévoilée en juillet 1948, se traduit immédiatement par une série d'arrestations au sein même des partis communistes des pays satellites. Sont particulièrement soupçonnés de « **titisme** » les militants qui ont été en contact avec l'étranger, plus particulièrement les anciens membres des brigades internationales et les personnalités trop charismatiques et indépendantes. Une vague de **purges** élimine ces militants et fait régner l'ordre stalinien d'une poigne de fer jusqu'à la mort du « petit père des peuples ».

Lazlo Rajk

Ce militant communiste hongrois est l'archétype des victimes des purges de 1948. Sincèrement communiste, il participe à la guerre d'Espagne au sein des brigades internationales. Arrêté par les Allemands, il est emprisonné en camp de concentration. Après la guerre, il devient ministre de l'Intérieur dans le gouvernement hongrois. Il y applique la « tactique du salami », formule dont il est l'auteur, et élimine les partis bourgeois. Concurrent de Raskosy, il est arrêté en 1948. Accusé de dérive titiste, il avoue tous les crimes qui lui sont imputés lors de son procès. Il est pendu en 1949.

En 1956, la déstalinisation conduit rapidement les Hongrois à demander la révision de son procès. Des responsables confessent qu'un accord avait été conclu avant le procès, aveu contre vie sauve. Il est réhabilité au mois de mars 1956. 300 000 personnes assistent alors à ses funérailles.

L'impossible démocratisation du système

Un cadre poststalinien difficile à définir

La mort de Staline est accompagnée de troubles dans l'Europe satellisée. En 1953, à Berlin, puis dans toute l'Allemagne et en Tchécoslovaquie, éclatent des émeutes ouvrières en réaction à l'augmentation des cadences. L'armée soviétique les réprime rapidement.

En 1956, le XXe congrès du PCUS* a d'immédiates répercussions dans les pays satellites. La Pologne voit de nombreuses manifestations antistaliniennes éclater. L'équipe dirigeante stalinienne est remplacée par d'autres responsables. **Gomulka**, qui avait été incarcéré en 1951, se retrouve à la tête du pays. Il parvient à faire admettre aux Soviétiques une certaine autonomie tout en restant dans le cadre communiste. Une voie polonaise vers le socialisme se dessine.

En octobre 1956, la Hongrie est secouée à son tour par des manifestations de soutien aux Polonais. Le stalinien Raskosy est remplacé par **Imre Nagy** mais l'agitation tourne à l'**insurrection**. Nagy prend alors l'initiative de libéraliser le pays, en permettant le pluripartisme. Il s'appuie aussi sur la charte de l'ONU pour revendiquer l'autonomie politique de son pays et proclame la neutralité de la Hongrie. Les troupes soviétiques interviennent pour mettre fin à ce processus. Les Hongrois prennent les armes ; la répression est sanglante. Nagy est fait prisonnier puis exécuté. La déstalinisation ne doit pas remettre en cause la direction communiste des « pays frères ».

La doctrine Brejnev, une simple formalisation d'un fait déjà existant

Pendant les années 1960, les démocraties populaires* européennes semblent immuables. Une fois la question berlinoise réglée en 1961, la RDA connaît une légère inflexion de sa politique, Walter Ulbricht cède la place à Erich Honecker en 1963. La direction y est moins hostile à la RFA. La Hongrie, après une période de forte répression, met en place un système économique moins strictement communiste.

En Tchécoslovaquie, la direction du parti est prise par Alexandre Dubcek en janvier 1968. Il officialise une libéralisation de la censure et une approche moins autoritaire de la politique, le « **printemps de Prague** », qui inquiète tous les pays communistes voisins. Après avoir été sommé de s'expliquer plusieurs fois devant les membres du pacte de Varsovie, Dubcek ne peut s'opposer, en août 1968, à l'intervention des troupes de ce pacte, RDA exceptée, mettant fin à l'expérience de « **socialisme à visage humain** ». Les Tchécoslovaques réagissent mais choisissent majoritairement de manifester leur colère de façon non violente. Dubcek est écarté du pouvoir. La **normalisation*** touche en priorité les milieux intellectuels. Leonid Brejnev énonce alors la règle qui régit les rapports entre les pays du bloc soviétique. Tous sont souverains tant que la révolution, c'est-à-dire le communisme, n'est pas remis en cause. La **doctrine Brejnev**, véritable épée de Damoclès au-dessus de toute l'Europe de l'Est, encourage l'orthodoxie et l'immobilisme dans ces pays.

Un contre-pouvoir plus ou moins fort

Au cours de l'hiver 1970, l'augmentation des cadences devenant insupportable, des troubles éclatent aux chantiers navals de Gdansk et de Stettin en Pologne. La répression est très violente, faisant des centaines de victimes. Gomulka quitte la direction du parti, l'équipe dirigeante est renouvelée. L'ouverture à l'Ouest et surtout l'*Ostpolitik** permettent à l'État polonais d'obtenir les fonds nécessaires pour améliorer légèrement les conditions de vie de la population.

La signature des **accords d'Helsinki** en 1975 met les dirigeants est-européens en difficulté. En Tchécoslovaquie, l'opposition est menée par des intellectuels qui fondent le mouvement « charte 77 » réclamant le **respect des droits de l'homme**. Le gouvernement persécute les meneurs, – l'un d'entre eux meurt pendant son arrestation –, mais ne peut supprimer tous ces gêneurs, l'opinion publique occidentale ayant de plus en plus de poids.

CONSEILS DU PROF

Le contentieux russo-polonais

Depuis plus de deux cents ans, les rapports entre Polonais et Russes sont marqués par la violence et la domination. À la fin du XVIIIe siècle le partage de l'État polonais profite à la Russie qui annexe la majorité du territoire. Le XIXe siècle est ponctué d'insurrections nationales réprimées dans le sang. La Pologne renaissante, à la fin de le Grande Guerre, se bat contre l'armée Rouge. En 1939, Staline retrouve les frontières tsaristes ; le pays est à nouveau menacé de disparition, Soviétiques et Allemands éliminant les élites polonaises.

L'antagonisme n'est pas seulement national et politique : l'Église catholique a toujours été, pour les Polonais, un ciment national permettant de résister à la domination russe ou soviétique. Dans ces conditions, une intervention en 1980-81 avait de grandes chances d'être catastrophique.

Le cycle contestation-répression prend une autre tournure en Pologne. La hausse du prix de la viande et la médiocre qualité de la charcuterie déclanchent, en juillet 1980, une grève des ouvriers du chantier naval de Gdansk. Au bout de deux mois de face à face, un accord est signé permettant la création d'un syndicat libre, **Solidarnosc***. Ce syndicat prend de l'ampleur, avec le soutien de l'Église catholique et de syndicalistes occidentaux et devient le porte-parole des non-communistes. Son leader, Lech Walesa, s'installe comme le véritable chef de l'opposition. Les dirigeants soviétiques n'acceptent pas cette concession et font pression, menaçant à nouveau de restaurer l'orthodoxie communiste par la force. Les puissances occidentales se mobilisent aussi ; l'endettement de la

Pologne et les accords commerciaux pèsent lourd. L'armée polonaise intervient finalement. **Le coup d'État militaire** de décembre 1981 met un terme à Solidarnosc. Le syndicat est dissous, ses chefs sont internés. L'homme fort du régime est désormais le général Jaruzelski. Au moment où l'état d'urgence est décrété, on se demande si ce n'est pas un Pinochet communiste.

1988-89, transitions, effondrements et chaos

Une glasnost différemment perçue

Gorbatchev est pour beaucoup dans la fin des démocraties populaires. Les dirigeants des pays de l'Est portent des regards très divergents sur les réformes en cours. Certains acceptent l'orientation, soit par conviction et intérêt économique, comme en Hongrie, soit sous la contrainte de leur propre situation politique, comme en Pologne. Ces deux pays entament une évolution libérale dès 1988.

D'autres refusent toute évolution comme Honecker en RDA et Husak, l'homme de la normalisation*, en Tchécoslovaquie. En Allemagne de l'Est, la censure s'exerce contre la presse soviétique. Les propos dc Gorbatchev n'y sont plus diffusés.

Le dirigeant roumain Ceausescu, profitant d'une situation plus indépendante vis-à-vis de l'URSS depuis la fin des années 1960, se croit à l'écart de l'évolution. Il soumet son pays à une politique de désendettement par dcs exportations massives entraînant de graves pénuries alimentaires.

L'annonce, en 1987, de la fin de la doctrine Brejnev est interprétée selon ces attitudes. Les uns comprennent qu'ils ont carte blanche pour procéder aux réformes démocratiques quelles qu'en soient les conséquences. Les autres en déduisent qu'ils ont la possibilité de conserver un régime communiste orthodoxe.

L'effondrement de l'Europe soviétisée

L'**ouverture des frontières** entre la Hongrie et l'Autriche au printemps 1989 permet aux vacanciers est-allemands de passer en Occident pendant tout l'été. D'autres pénètrent dans les ambassades de la RFA. L'ambassade de Prague devient un véritable camp de réfugiés. L'opinion publique mondiale force les gouvernements du camp soviétique à accepter leur départ vers l'Ouest, y compris en passant par le territoire de la RDA. En automne, la population est-allemande manifeste de plus en plus sa volonté de changement. Honecker démissionne le 18 octobre 1989 après qu'une partie des dirigeants ont renoncé à réprimer les manifestations. La décision d'ouvrir les frontières le 9 novembre est totalement improvisée par un pouvoir qui a perdu toute emprise sur le pays.

La Tchécoslovaquie suit de peu et encore plus rapidement. On a qualifié ce processus de « révolution de velours ». Des manifestations de plus en plus nombreuses se tiennent à partir du 16 novembre. Le 28 novembre, les communistes annoncent qu'ils quittent le pouvoir. Dubcek préside le Parlement. Vaclav Havel est élu Président de la République le 29 décembre. Le mois précédent, il était encore en prison.

Le changement survenu en Roumanie, fin décembre 1989, suit un scénario beaucoup plus confus. Une insurrection chasse le dictateur Ceausescu dans une **atmosphère de guerre civile**. Il est rapidement jugé et exécuté dans la foulée. Un nouveau pouvoir s'établit mais il a du mal à se donner une apparence démocratique. On y retrouve de nombreux apparatchiks* de l'époque précédente.

Pour la plupart rapidement devenus démocratiques et pluralistes, les pays d'Europe de l'Est entrent dans une crise de transition économique. Il est beaucoup plus lent et difficile de sortir du modèle économique soviétique que de bénéficier des libertés individuelles fondamentales.

À RETENIR

Êtes-vous au point ?

- Quelle normalité est-elle imposée par la normalisation ?
- Qu'est-ce qu'un titiste ?
- Sous quel nom défend-on la souveraineté limitée des pays frères ?
- Quelles sont les limites de la déstalinisation en Europe de l'Est ?

Les temps forts. *Connaître les dates et les liens de cause à effet.*

L'insurrection hongroise – le printemps de Prague – les accords de Gdansk – la révolution de velours

Les personnages

Staline – Benès – Gottwald – Husak – Rajk – Gomulka – Nagy – Honecker – Gorbatchev – Walesa – Jaruzelski.

Témoignage ou œuvre esthétique ?

© Hulton-Deutsch Collection/CORBIS

Cette image peut se lire comme une véritable œuvre d'art. Des manifestants sont en train de déboulonner une statue de Staline pendant l'insurrection hongroise de 1956. En contrebas du piédestal gît le corps de cette gigantesque statue. Là quelques insurgés s'acharnent sur les restes comme s'il fallait extirper la totalité de l'emprise soviétique sur le pays. D'autres éléments s'ajoutent à cette image lui donnant encore plus de force. Le cadrage, en contre-plongée, fait jouer les lignes de force, la perspective inverse des lignes de fuite transforme l'ouvrage en maçonnerie du premier plan en une proue. L'enchevêtrement des personnes, du drapeau, leur disposition dessine un triangle plus aigu qui se superpose au premier dans une construction presque aussi symétrique. Enfin le personnage juché sur le haut de la botte retient toute notre attention, à moins que ce ne soit que le marteau, encore plus minuscule que l'insurgé. On ne peut s'empêcher de penser aux lilliputiens terrassant Gulliver. Et sourire de l'inversion des symboles, le marteau qui libère de la domination de la faucille et du marteau. Oui, une image joue avec l'imaginaire et tous ces sens s'offrent à la vue du spectateur, pensez-y. L'œil voit, à sa propre mémoire, retient et associe plein de choses que vous pouvez analyser, si vous prenez assez de recul.

Chapitre 18

Le chantier européen

Dans ce chapitre :

- De Maastricht au traité constitutionnel
- La difficile naissance d'une Europe puissance

Programme officiellement réservé aux L et ES
Chapitre fourre-tout

Comme nous avons peu de distance avec ces évènements, la précaution d'usage serait de s'en tenir aux faits. Mais trop de questions relient ces dernières années à des processus beaucoup plus longs. Comment expliquer la violence qui a déchiré les Balkans sans faire référence à des siècles de contentieux entretenus par d'autres explosions antérieures ? Comment faire le point sur une construction européenne qui a du mal à trouver une définition claire pour les simples citoyens ? Même simplifié, le nouveau traité proposé paraît très éloigné. L'Europe se construit plus ou moins en coulisse. Elle est loin de surgir en tant que puissance par elle-même.

Les seuls bilans pouvant être établis concernent l'unification allemande et l'Euro, désormais principale devise forte dans le monde.

Pour le bac, ce serait là le seul espace laissé pour un texte de François Mitterrand en épreuve courte. Attention aux rapport franco-allemands, ils ne sont pas directement au programme mais la construction européenne s'est toujours effectuée à l'initiative des deux pays rassemblés.

De Maastricht au traité constitutionnel

Le poids partagé de la réunification allemande

Après le 9 novembre 1989, l'ouverture de la frontière entre les deux Allemagnes apaise les tensions et accélère le démantèlement de la RDA, plus de 2 000 personnes quittant le pays chaque jour. Des élections pluralistes sont organisées. Le thème de la réunification est au centre du débat. Le chancelier ouest-allemand, Helmut Kohl soutient le nouveau parti chrétien-démocrate. Parmi ses arguments, il promet la parité des deux monnaies, rassurant les Est-Allemands sur la valeur de leur épargne. La victoire de la CDU-Est est un vote en faveur de la réunification.

Une négociation s'ouvre alors avec les puissances garantes du statut de l'Allemagne depuis 1945 (États-Unis, France, Royaume-Uni, URSS). Les États-Unis conservent la RFA dans l'OTAN. L'URSS reçoit plus de 13 milliards de DM en compensation du départ de ses militaires du sol allemand. La Pologne accepte la réunification après la reconnaissance officielle de la frontière est sur la **ligne Oder-Neisse** et le vote par le Bundestag* de la déclaration d'achèvement de l'unité allemande. En juillet 1990, **l'accord « 4+2* »** met fin au statut particulier des deux Allemagnes découlant de la Seconde Guerre mondiale et de la guerre froide.

Aucun obstacle ne peut plus s'opposer à l'unification. Elle devient effective le 3 octobre 1990, Berlin redevient symboliquement la capitale d'une la RFA désormais complète. Cependant l'union politique ne fait pas disparaître les disparités entre les deux parties. L'Allemagne a besoin d'énormément de fonds pour sa réunification. Elle emprunte de l'argent à un taux élevé, faisant monter les taux de tous les pays européens. L'argent, devenu cher en Europe, manquera aux investissements.

VOCABULAIRE

C'est juste une unification.

On dit « unification allemande » pour être conforme à la lettre de la constitution de la RFA. Dès sa rédaction, elle était conçue pour s'appliquer sur tout le territoire... et c'est cette loi fondamentale, sans grande modification, qui s'applique sur tout le territoire de l'Allemagne. Le terme de réunification aurait signifié qu'un nouvel état, une nouvelle constitution serait née en 1990.

La relance, dans la foulée, de l'intégration européenne

L'unification allemande permet de donner une nouvelle impulsion à la construction européenne. Le projet préparé par Jacques Delors est soutenu par Kohl et Mitterrand. En février 1992 est signé le **traité de Maastricht** renforçant l'intégration européenne. Le traité comprend un volet social, le début d'une politique extérieure de sécurité commune et permet le vote et l'éligibilité de tous les ressortissants européens dans leur pays de résidence pour les élections municipales et européennes. Mais l'essentiel du texte consiste en l'établissement d'une monnaie unique à l'horizon 2001. L'Allemagne unifiée y sacrifie son deutsche Mark pour une monnaie aussi forte que la devise qui faisait sa fierté. Les 11 États, Royaume-Uni excepté, s'engagent à respecter un pacte de stabilité imposant la rigueur dans toutes les pratiques budgétaires. En octobre 1992, une faible majorité de Français approuve le traité par référendum ; les Danois le rejettent. Les transferts de souveraineté ne sont pas acceptés aveuglément par les populations des pays membres.

En 1995, une grande partie de l'UE signe la **convention de Schengen** qui favorise la liberté de circulation à l'intérieur de l'espace européen et renforce le contrôle de ses portes d'entrée.

On peut noter aussi une volonté de coopération militaire poussée. Une brigade franco-allemande est formée en 1992, elle sert d'ossature à l'**Eurocorps** que rejoignent progressivement d'autres pays. En implantant son QG à Strasbourg, les pays membres souscrivent à la volonté de créer une armée spécifiquement européenne. L'Eurocorps est engagé au Kosovo et en Afghanistan. Cependant, cette organisation semble plus faire doublon avec l'OTAN que vouloir se substituer à cette alliance transatlantique. L'intégration de l'industrie de l'armement est plus poussée. De grands groupes militaro-industriels existent, comme EADS, ou sont en cours de constitution dans la construction navale.

Les pays membres s'engagent dans la voie des **coopérations renforcées***, l'intégration ne se fait plus uniformément. Une Europe à géométrie variable semble se dessiner.

Transformations des anciennes démocraties populaires et élargissement

Les anciens pays satellites se tournent immédiatement vers l'Ouest. Ils adoptent presque tous des constitutions politiques démocratiques et pluralistes, mais les transformations politiques ne suffisent pas à elles seules. En 1993, à la conférence de Copenhague, sont fixés les **critères d'adhésion** que doit remplir tout nouveau pays pour entrer dans l'UE. L'admission est soumise au respect de garanties démocratiques, à l'acceptation des **acquis communautaires** et à la mise en place d'une économie libérale concurrentielle. Les changements économiques et sociaux demandés sont de véritables bouleversements. La transition n'est pas si aisée. La sortie du communisme s'accompagne d'une profonde restructuration économique qui s'illustre, dans les premières années, par une détérioration des conditions de vie, du PIB, des retraites et des prestations sociales alors qu'un chômage massif s'installe. Les premiers dirigeants démocratiques issus de la dissidence laissent leur place à des hommes liés aux milieux d'affaires, à des technocrates ou à des leaders populistes. En juin 2004 et janvier 2007, avec Chypre et Malte, dix États anciennement communistes rejoignent l'UE. La mutation n'est pas achevée, ces pays sont les plus pauvres de l'UE et comptent sur l'Europe pour se développer. Pour les anciens pays membres, de nouvelles histoires doivent être intégrées dans la réalité communautaire.

Une Europe en panne de projet ?

À RETENIR

L'intégration de douze nouveaux pays a poussé les responsables européens à définir de nouvelles règles de fonctionnement, l'UE ne pouvant pas fonctionner à vingt-cinq, puis à une trentaine d'États, comme elle le faisait à six ou à dix. La conférence de Nice, en 2001, n'a pas pu aboutir à des conclusions probantes, les pays membres s'étant plus acharnés à défendre leurs propres prérogatives qu'à mettre au point des institutions communes adaptées à l'élargissement. Le traité de Nice étant accepté comme un compromis transitoire, une nouvelle réflexion est lancée. En 2002, une commission de réflexion est chargée de préparer un nouveau projet. Elle aboutit à la rédaction d'un traité constitutionnel adopté par de nombreux parlements et accepté par référendums en Espagne et au Luxembourg. Le refus des Français et des Néerlandais a interrompu le processus.

En juin 2007, les dirigeants européens se sont mis d'accord sur un traité reprenant les grandes lignes du projet précédent, le « traité de Lisbonne ». Son acceptation est en cours de validation par tous les pays membres. En France, nombre de protestations s'expriment par le recours à la voie parlementaire qui évite d'organiser à nouveau un référendum. Cependant, même si ce texte est voté par tous les pays membres, son application est loin d'entrer en vigueur. La crise semble prendre fin mais, pour l'instant les institutions fonctionnent toujours en vertu du **traité de Nice**, dont la rédaction est le fruit d'un arbitrage mal monté et qui, à l'usage, est loin de satisfaire tout le monde.

La difficile naissance d'une Europe puissance

Une nouvelle fragmentation plus ou moins pacifique

La fin de la guerre froide correspond à une nouvelle période de recomposition à l'Est de l'Europe. De nouveaux pays se forment dans des conditions différentes, engendrant quelquefois troubles et tensions. La perspective d'entrer dans l'Union européenne permet souvent d'apaiser les différents. L'éclatement de la Tchécoslovaquie, en 1991, tient du divorce à l'amiable. La même année, les **États baltes** recouvrent leur indépendance perdue lors de leur annexion en 1940. Ils doivent toutefois garantir les droits des Russes installés sur leur territoire depuis. La Russie voisine et l'Union européenne ont exercé des pressions dans ce sens. De la même façon, la Russie obtient la liberté de passage pour son enclave de Kaliningrad de la part de la Pologne, la Lituanie et la Biélorussie. La sécession de la Moldavie est plus complexe. Une majorité d'habitants souhaitent leur réunification avec la Roumanie mais les russophones gardent le contrôle de la province industrielle avec le soutien d'éléments de l'armée russe. Aucune solution n'est encore trouvée à cette situation. Enfin, aux portes de l'Europe, en Biélorussie, subsiste un régime dictatorial dont les pratiques n'ont guère changé depuis la période soviétique.

La déchirure yougoslave, ou l'Europe face à ses responsabilités

L'éclatement de la Yougoslavie est en germe bien avant 1989. La mort de Tito en 1980 fait disparaître un arbitre incontesté. Depuis, l'État fédéral yougoslave n'arrive pas à maintenir une cohésion nécessaire. Toutes les fédérations se retrouvent progressivement aux mains de dirigeants de plus en plus nationalistes.

En 1987, **Slobodan Milosevic** prend la direction du Parti communiste serbe en prônant un ultranationalisme violent. En 1989, il est élu Président de la Serbie. Les autres fédérations, n'acceptant pas de se faire dicter la loi par le dirigeant serbe, qui a notamment mis en place des mesures discriminatoires au Kosovo, organisent leur sécession.

À la fin de 1991, la Croatie et la Slovénie proclament leur indépendance. La RFA, en reconnaissant ces pays, oblige l'ensemble des pays de l'UE à en faire autant. La Serbie, ayant la haute main sur l'armée, déclenche le conflit.

Une guerre éclate pour la première fois en Europe depuis plus de 45 ans. La Slovénie, plus éloignée, sort rapidement du champ du conflit.

De 1992 à 1995, Croates, Serbes et Bosniaques vont se disputer des territoires très confusément peuplés en chassant les autres nationalités là où chacun est en position de force. L'« **épuration ethnique** » est l'une des clés du conflit. La Bosnie-Herzégovine en devient rapidement le champ clos. Sarajevo est assiégée dès 1992. L'Europe semble paralysée. L'ONU envoie des forces d'interposition qui n'ont pas d'autres consignes que d'être sur place. Souvent, elles assistent impuissantes aux exactions. La situation change en 1995. Les troupes croates, réarmées, entreprennent une percée fulgurante, en commettant à leur tour des crimes de guerre. Sarajevo sort de trois ans de siège. À l'automne, les belligérants sont contraints de signer les **accords de Dayton** et la Bosnie est placée sous la tutelle de l'ONU.

En 1999, alors que le processus d'épuration ethnique est déclenché au Kosovo par les forces serbes à l'encontre de la population albanaise, l'OTAN intervient et, par des bombardements massifs, oblige Milosevic à se retirer de cette province, placée sous la protection d'une force internationale. Après avoir été battu aux élections présidentielles serbes en 2000, Milosevic est arrêté et livré au **TPI*** en 2001.

Les guerres liées à l'éclatement de la Yougoslavie ont mis en évidence la faiblesse politique et militaire de l'Europe. La promptitude de la réaction de 1999 est due autant à la volonté de ne pas voir se renouveler l'expérience précédente qu'à la détermination du président Clinton et à un accord négocié avec la Russie qui assure le contrôle d'un des secteurs du Kosovo.

Un désaccord profond vis-à-vis du partenaire américain

L'extension de l'Europe doit tenir compte de nouvelles données géostratégiques. L'entrée de la Pologne, de la Roumanie ou de la Hongrie dans l'OTAN n'est pas seulement un signe de leur intégration, c'est aussi un élément important de leur propre sécurité vis-à-vis de leur puissant voisin soviétique. Leur approche de l'Europe puissance n'est donc pas la même qu'une vision française bénéficiant de l'héritage politique gaullien, de son histoire coloniale et de sa propre force de dissuasion.

Cette différence s'est manifestée au printemps 2003, à l'occasion de la querelle, concernant la guerre contre l'Irak, entre les États-Unis et le Royaume-Uni d'un côté, et La France, l'Allemagne et la Belgique de l'autre. Les dirigeants des pays est-européens et les leaders conservateurs ayant choisi de soutenir et de participer à la « **guerre préventive** » voulue par le président George W Bush et Tony Blair. La France prenant la tête d'un

« camp de la paix » jugeant cette guerre aventureuse et non fondée. Des dirigeants américains opposent alors une **vieille Europe**, timorée et inactive, à une autre, plus dynamique, et partageant, surtout, leurs vues.

Depuis, au gré des alternances politiques et des contrevenues, la tension entre les membres de l'UE est retombée à propos de l'Irak. La coalition menée par les États-Unis est bien moins forte, mais cette coupure montre encore la fragilité politique de cet ensemble européen qui n'arrive pas à mettre en œuvre une diplomatie commune.

Quelles limites pour l'élargissement ?

En 2007, la Bulgarie et la Roumanie font leur entrée dans l'Union européenne. En décembre 2005, la Croatie vient de lever les derniers obstacles lui barrant la route vers l'intégration en permettant l'arrestation de l'un de ses plus prestigieux généraux, coupable de crime de guerre. La question des limites ne se pose pas seulement pour la Turquie mais pour toute la frange orientale et méridionale du continent.

Les limites ne sont pas seulement géographiques. Les relations entre l'UE et la Russie sont marquées par le chevauchement des sphères d'influence. En février 2005, à Kiev, la « révolution orange » parvient à faire reconnaître la victoire de Viktor Iouchtchenko aux élections présidentielles ukrainiennes. Pendant un mois, les manifestants brandissent autant leurs bannières orange que le drapeau européen. L'Ukraine frappe à la porte. Mais, après l'euphorie du succès, les réalités ont vite refait surface. L'Union européenne, un peu grippée depuis le non français au référendum, ne s'est pas empressée et le premier débouché et le premier fournisseur de ce pays reste la Russie. À l'automne, la *Realpolitik** est revenue au premier plan, Iouchtchenko change de Premier ministre et se réconcilie avec une Russie qui avait tout fait pour qu'il ne soit pas élu. En Ukraine comme au Caucase, la Russie veille à ce que l'**étranger proche*** ne lui échappe pas, quitte à exercer un chantage sur l'approvisionnement en gaz.

Les vingt-sept ont d'ailleurs décidé, à la fin de l'année 2007, de ne plus élargir l'Union avant que ne soit clarifié le fonctionnement de l'institution, reportant de fait tous les nouveaux élargissements à un horizon lointain.

La limite propre de l'Europe semble être celle de son rayonnement économique et de sa propre volonté de construction. Il ne faut pas compter sur les autres puissances mondiales pour contribuer à l'émergence d'une Europe forte. L'Europe se fera d'elle-même ou ne se fera pas.

À RETENIR

Êtes-vous au point ?

- Dans quel but la conférence 4+2 a-t-elle été réunie ?
- Sur quoi porte le traité de Maastricht ?
- Qu'est-ce que « la vieille Europe » ?
- Y a-t-il correspondance entre naissance de nouveaux pays et guerre dans les années 1990 en Europe ?

Les personnages

Kohl – Mitterrand – Delors – Blair – Milosevic – Iouchtchenko.

LE DOCUMENT

Baccalauréat, Amérique du Nord, juin 2006

Mitterrand et Kohl à Verdun le 22 septembre 1984

Photographie prise après l'inauguration d'une plaque commémorative où est gravée cette inscription reprenant la phrase de François Mitterrand :

« *Nous nous sommes réconciliés, nous nous sommes compris, nous sommes devenus des amis.* »

Questions

1. Présentez le document.
2. François Mitterrand utilise l'expression « nous nous sommes réconciliés ». À quels événements antérieurs fait-il allusion ?
3. Citez les principales étapes de la réconciliation franco-allemande.
4. En quoi cette photographie illustre-t-elle les paroles de François Mitterrand ? Quelles valeurs les deux personnages cherchent-ils à transmettre ?

CONSEILS DU PROF

Ce sujet du bac prouve qu'un document iconographique peut être commenté dans l'épreuve courte. La présentation peut être brève. Pensez bien qu'il a dû y avoir de multiples clichés pour une cérémonie ô combien symbolique. L'initiative du geste revient au chancelier Kohl, mais les deux dirigeants ont déjà tout préparé pour que l'événement sorte de l'ordinaire. Devant eux se trouve un cercueil. Ce sont les restes d'un soldat inidentifiable, comme on en a retrouvé régulièrement sur ce champ de bataille qui, en 1916, fit plus de 750 000 morts dans les deux camps. Il est recouvert par les deux drapeaux nationaux. On honore le mort, les patries montrent que le temps n'est plus au déchirement.

Les questions 2 et 3 peuvent être réunies sans dommage. Citez les couples franco-allemands dont l'action a été déterminante pour l'évolution de l'Europe – de Gaulle et Adenauer, Giscard d'Estaing et Schmidt, Mitterrand et Kohl. N'oubliez pas d'y inclure Chirac et Schröder. En ce qui concerne Sarkozy et Merkel, vous pouvez attendre un peu qu'il se dégage quelque chose de solide. Pour ce qui est des étapes, n'oubliez pas le traité de l'Élysée et tous les échelons communs de la construction européenne. Prenez garde toutefois à la date où cette photo a été prise, nous sommes bien avant l'unification allemande et le traité de Maastricht.

Pour ce qui est des valeurs, soyons optimistes, il s'agit d'un certain idéal de fraternité et de paix. L'unification européenne est un processus qui s'illustre dans la région. Mettez bien chaque chose à sa place. Vous pouvez glisser une remarque sur le message induit. Mitterrand a toujours déployé un discours honnissant le nationalisme. On peut facilement le percevoir ici, et comprendre pourquoi il se trouve quelque peu dépassé lorsque éclate le conflit en ex-Yougoslavie.

Chapitre 19

Bilan et mémoires de la Seconde Guerre mondiale

Dans ce chapitre :

- Deux France pour quatre années d'occupation
- La France à la fin de la Seconde Guerre mondiale
- Un pays libéré mais traumatisé
- Une mémoire célébrée, refoulée et toujours en question

Bon à savoir (uniquement L, S)

Cette partie du programme répond à une pression de l'opinion publique voulant que le bac soit un certificat de civisme. Cependant, loin d'être une question de simple restitution des événements, de leur logique et de leur enchaînement, ce chapitre demande aux candidats de comprendre l'évolution du regard porté sur cette période clé. Traiter ce point est particulièrement compliqué. Il faut autant faire attention aux faits datant de la Seconde Guerre mondiale qu'aux personnes s'exprimant et au contexte précis où leur mémoire est évoquée. Il est demandé de comprendre l'histoire de l'histoire. Un candidat ayant des connaissances sur la vie politique sera ici un peu plus capable de maîtriser cette démarche.

En composition, ce sujet ne vous posera pas de problème hormis celui du cadre chronologique. C'est un sujet du type « raconte ta leçon ». La seule difficulté est de bien faire attention si l'on vous demande de parler du bilan (1945-47) ou de la mémoire… Mais vous savez lire.

Ce chapitre semble avoir été taillé sur mesure pour une synthèse de document. Devant un ou des documents, trouvez comment caractériser l'auteur et le contexte, retenez les têtes de chapitre et recoupez-les avec les informations contenues dans le document… Il y a de grandes chances que soient proposés le discours de Chirac commémorant la rafle du Vel d'hiv en août 1995, ou celui de Malraux recevant les cendres de Jean Moulin au Panthéon.

On ne peut éviter de citer Guy Môquet. C'est un exemple presque caricatural de l'utilisation de la mémoire de la résistance.

Revoir les années sombres de l'occupation

La dictature de Pétain (juillet 1940 - août 1944), un régime qui s'inscrit dans la défaite

En mai-juin 1940, il faut à peine plus d'un mois aux troupes allemandes pour mettre en déroute l'armée française. Malgré des combats pugnaces qui firent près de 100 000 morts, le commandement est dépassé par une tactique moderne. Les populations civiles sont démoralisées et des millions de Français fuient sur les routes, c'est l'**exode**.

Le gouvernement français, replié à Bordeaux, paraît paralysé devant les événements. Le maréchal Pétain, fort de son prestige acquis lors de la Première Guerre mondiale, réussit à convaincre les dirigeants français qui lui donnent tous les pouvoirs pour signer un armistice avec les Allemands.

L'**armistice**, entré en vigueur le 25 juin 1940, laisse subsister un gouvernement français que dirige Pétain. Mais la France est découpée en plusieurs zones dont les plus peuplées et les plus riches sont aux mains de l'occupant allemand.

Pétain reçoit les pleins pouvoirs constitutionnels le 10 juillet 1940. Installé à Vichy, en **zone libre**, le gouvernement qu'il forme, l'**État français**, se veut être l'instrument de la reconstruction de la France dans une Europe dirigée par l'Allemagne nazie. C'est sur cette perspective et ce calcul que s'établit ce régime.

Pourquoi Vichy ?

Le maire de Vichy tente depuis longtemps de changer l'appellation courante de l'État français. Il préférerait que l'on nomme cette période « la dictature de Pétain ». En effet, sa ville est quelque peu stigmatisée par le fait qu'elle a été la capitale de ce régime. Le choix d'alors trouve ses explicitations logiques :

- C'est une ville située au nord de la zone libre qui se retrouve pourvue d'une ligne directe et régulière de chemin de fer avec Paris.
- C'est une station thermale, pas trop peuplée, et comprenant peu d'ouvriers. Pétain n'a pas choisi de s'implanter à Lyon, trop remuante car trop populaire. De plus les nombreux hôtels peuvent abriter les ministères. Pétain dirige la France depuis l'Hôtel du parc.
- C'est une ville qui dispose du plus récent système de communication de l'époque. Un standard téléphonique ultramoderne y avait été installé en 1938, permettant aux cabinets ministériels d'entrer très facilement en communication avec n'importe quel endroit du territoire.

L'État français, un régime autoritaire, en rupture avec la tradition républicaine

Pour les dirigeants de Vichy, la défaite est une punition divine des Français. Le régime républicain, et surtout la gauche qui a imposé des lois sociales quatre ans plus tôt, sont désignés comme responsables du désastre. L'idéal démocratique, le principe d'égalité, qui conteste l'autorité des chefs, la laïcité, qui sape la morale religieuse et les syndicats et partis de gauche, qui sont l'expression d'un « esprit de jouissance malsain » illustré par le succès du **front populaire** en 1936, sont ainsi dénoncés comme néfastes à la France. Le pouvoir organise même, en 1942 à Riom, le procès des dirigeants de gauche, dont Léon Blum, chef du gouvernement du front populaire, sans pouvoir prouver leur défaillance. La démonstration du contraire se faisant de plus en plus évidente, le procès est suspendu avant son terme.

Le régime soutient la « **Révolution nationale** ». L'idéologie prônée n'est pas fasciste, elle tourne le dos aux transformations issues de 1789, à la démocratie et à l'égalitarisme. Le respect des hiérarchies est la condition de base, la société s'organise par corporation où les cadres agissent sans contre-pouvoir. Une partie de la hiérarchie catholique soutient ce projet. La jeunesse, formée dans le culte du chef, se trouve embrigadée dans les « **chantiers de jeunesse** » où elle est occupée à des travaux de construction ou agricoles. Les femmes ne sont valorisées que dans leur rôle de mère au foyer. Le pouvoir préconise un retour à la terre, la paysannerie étant censée incarner les valeurs ancestrales oubliées depuis. Le tout s'accompagne d'un nationalisme outrancier et racial.

La rupture avec les principes républicains est très rapidement constatée. Les fonctionnaires doivent prêter serment de fidélité au régime. Syndicalistes, francs-maçons et militants de gauche sont renvoyés de la fonction publique. Les **lois antisémites**, édictées dès octobre 1940, faisant des juifs des citoyens de second ordre et les obligeant à se faire recenser, sont appliquées scrupuleusement. À partir de 1942, la déportation des juifs est facilitée par les arrestations effectuées par l'administration française.

Collaboration et guerre civile

L'opinion publique, abasourdie par la défaite, serait encline à soutenir Pétain pendant l'été 1940. Mais le **maréchalisme*** ne se confond pas avec le régime. Dès le 24 octobre 1940, Pétain, en rencontrant Hitler à Montoire, souhaite une collaboration politique entre la France et le Reich. L'opinion publique, dès lors, décroche progressivement.

Cette **collaboration** est même plus intensément désirée par certains, qui s'engagent dans la LVF pour combattre aux côtés des Allemands sur le front russe.

Fin 1942, avec la perte de l'Afrique du Nord et de la flotte qui se saborde à Toulon, le régime de Vichy perd ses derniers éléments d'autonomie vis-à-vis de l'Allemagne. En janvier 1943 est créée la **milice**, organisation paramilitaire aux fonctions de police mobile ; cette faction livre un combat inexpiable contre la Résistance.

Après le succès des débarquements en été 1944, le régime n'a plus prise sur les Français. Pétain quitte Vichy le 20 août 1944, il est emmené par les Allemands qui se replient. Établi à Belfort puis à **Sigmaringen**, il se refuse de former un gouvernement en exil. Conduit par ses « protecteurs » allemands à la frontière suisse le 21 avril 1945, il en est extradé vers la France le 25.

Accusé de complot contre la sûreté de l'État et de trahison, son procès s'ouvre le 23 juillet à Paris. Il y présente la thèse du sacrifice. Condamné à mort le 15 août 1945 par 14 voix contre 13, sa peine est commuée en détention à perpétuité le 17 août. Il meurt détenu à l'île d'Yeu en 1951. Pierre Laval, second du régime, lui, n'échappe pas à l'exécution. Après son procès, ayant tenté de se suicider pour prendre de court ses bourreaux, il est réanimé et fusillé.

Une résistance qui s'organise progressivement et qui contribue à la libération de la France

Un engagement né du refus de la défaite

La résistance n'est pas née en 1940. On peut retrouver dans les combats de 1870 des exemples similaires de refus de la défaite. C'est d'ailleurs ce que craignent à la fois les Allemands, échaudés par le harcèlement des **francs-tireurs**, et le maréchal Pétain qui ne verrait dans cette lutte qu'un ferment révolutionnaire.

La tête de ceux qui veulent continuer le combat est prise par le général de Gaulle, membre du dernier gouvernement de la troisième République, qui rejoint l'Angleterre au moment où Pétain choisit de signer l'armistice. Selon lui, les États-Unis ne tarderont pas à entrer dans la guerre et à renverser le sort des armes. Cependant, sa démarche est loin d'être comprise par tous.

La **légitimité** ne lui est guère reconnue dans une période où la plupart des Français sont abasourdis par la débâcle et où Pétain recueille une grande part de confiance. Ainsi la majorité des territoires coloniaux restent fidèles à Vichy. D'autant plus que de graves incidents, échec du coup de force gaulliste à Dakar et bombardement de la flotte française à **Mers el-Kébir,** font se développer un sentiment antibritannique profond.

Des actes de résistance sporadiques sont commis dès la défaite, mais ils restent limités et sans réelle coordination, la résistance doit se renforcer et s'organiser. Les partis politiques sont interdits, on les retrouvera formant l'armature des mouvements de résistance*.

L'agression de l'Allemagne, en juin 1941, contre l'URSS, permet la pleine entrée du Parti communiste dans la résistance. Celui-ci organise et encadre les FTP*.

Un établissement long, progressif mais efficace

De Gaulle est soutenu par Churchill dès 1940, mais il rencontre une certaine méfiance, voire une **franche hostilité** de la part de Roosevelt. Le débarquement en Afrique du Nord, en novembre 1942, illustre bien cette attitude, de Gaulle n'ayant pas été tenu informé du projet. Les alliés tentent même de mettre un général pétainiste, **Giraud**, rallié par la force des choses, à la tête du mouvement. Cependant, en moins d'un an, la direction de la Résistance revient au fondateur de la **France libre** qui surpasse son rival dans sa qualité d'homme d'État.

L'Afrique du Nord devient en 1943 le siège de la France libre et permet de renforcer la nouvelle armée française en amalgamant les **FFL*** aux troupes anciennement fidèles à Vichy auxquelles se joignent les recrues nord-africaines.

Entre-temps, des **réseaux de résistance** se constituent afin de renseigner les alliés, de faciliter les évasions, et de combattre l'occupant. Le combat est aussi intellectuel, la radio est une arme de guerre, tout comme la presse et l'édition clandestine.

La multiplicité des **réseaux** est certes nécessaire pour des raisons de clandestinité, mais la coordination des **mouvements de résistance** est voulue par de Gaulle aussi bien pour asseoir sa propre légitimité que pour reconstruire la vie politique en France de l'après-occupation.

Le 27 mai 1943 se réunit à Paris, sous la présidence de Jean Moulin, le Conseil national de la Résistance, regroupant huit mouvements de résistance représentant toutes les tendances politiques, de la droite « classique » au PCF. Les bases d'un État républicain clandestin sont ainsi établies.

En 1943-1944, les maquis, pratiquant la guérilla*, se renforcent par l'afflux de jeunes refusant le STO. Le combat contre l'occupant devient ainsi une guerre civile, la milice est aussi acharnée contre les résistants que la Gestapo.

À RETENIR

Une affiche rouge lourde de sens

Les FTP avaient une faction spécifique où se retrouvaient des résistants d'origine étrangère : les FTP MOI (main d'œuvre étrangère). Formé en 1942, ce groupe a commis plus de deux cents actions. Son dirigeant, Missak Manouchian, et plusieurs de ses compagnons furent arrêtés en novembre 1943 et exécutés en février 1944. En même temps, les Allemands éditent une affiche voulant démontrer que ces hommes, loin d'être des résistants, ne seraient que de dangereux criminels.

L'affiche rouge a marqué l'époque mais pas du côté voulu par les propagandistes nazis. L'écrivain Louis Aragon en fit le sujet d'un des plus forts poèmes de résistance et la dernière lettre de Manouchian à sa femme est pleine d'humanité, d'espoirs et de générosité. C'est ce qui reste d'eux… et non pas la boue dont ils avaient été recouverts.

À RETENIR

Êtes-vous au point ?

Quelle est la différence entre réseaux et mouvements de résistance ?

Qu'est-ce que l'entrevue de Montoire a changé ?

Qu'est-ce que le procès de Riom ?

Qu'est-ce que Sigmaringen ?

Quel est l'intérêt de former le CNR ?

Un consentement de façade, une énorme pilule amère...

Cette photo prise lors de la conférence de Casablanca, en 1943, est un épisode douloureux dans la mémoire du général de Gaulle. Non seulement obligé de se plier face au choix fait par Roosevelt et d'accepter que le général Girault prenne la direction de la France libre, il doit se soumettre à cette séance de relation publique à destination du public anglo-saxon. En arrière-plan, la présence de Roosevelt et Churchill, de retour de Téhéran, montre bien qui sont les détenteurs réels du pouvoir à ce moment-là. L'impuissance du général de Gaulle est réelle face au choix voulu par le président américain. Mais l'un est un militaire conservateur avec le grade le plus important, l'autre est un homme d'État avec une expérience politique bien solide. Si Girault conduit la libération de la Corse en septembre 1943, de Gaulle est l'un des principaux artisans de la restauration de la démocratie en France… énorme différence.

La libération, l'urgence de la restauration républicaine et de la fin de guerre

Un pays épuisé, une population traumatisée

À RETENIR

Le conflit a touché durement l'ensemble de la France. 74 départements sont touchés (13 en 14-18), 25 % du parc immobilier est endommagé ou détruit. Les **infrastructures** de transport, ponts, voies ferrées sont **singulièrement touchées**. Il manque les quatre cinquièmes des locomotives, deux tiers des wagons de marchandise et la moitié des voitures de voyageurs par rapport à 1939.

Le tissu économique est exsangue. Le manque de charbon empêche une reprise rapide de la production sidérurgique. Le pillage économique de l'occupation, l'impossibilité d'investir et les destructions laissent une **production industrielle à 29 % de son niveau de 1929**.

Enfin, la production agricole s'est complètement effondrée. Ce secteur, déjà durement affecté par une crise datant de bien avant 1929, se retrouve dans l'incapacité de subvenir aux besoins alimentaires de la population. Le **rationnement** est au minimum en 1947. Il ne prend fin qu'en 1949.

Le bilan des pertes françaises

On compte près de 600 000 morts dont 45 % de civils. Les pertes indirectes, déficit de naissance, départ des étrangers, de Français, portent le bilan des pertes aux alentours de 1,4 million.

Le retour des déportés politiques et raciaux (40 000 survivants), des prisonniers (940 000) et des travailleurs du STO (600 000), pendant l'été 1945, est l'un des plus importants transferts de population qu'ait connu le pays dans son histoire. Devant l'urgence et la masse des retours, on fait peu de cas de la spécificité des déportés raciaux rescapés des camps d'extermination. Alors qu'ils représentaient 54 % du total des déportations, Ils ne sont que 6 % des survivants.

Une épuration à encadrer

La libération de la France s'est effectuée en majeure partie pendant l'été et l'automne 1944.

Le régime de Vichy s'effondrant dès que les Allemands eurent décidé de se replier plus à l'Est, que ce soit par l'intervention des troupes alliées, ou, comme dans certaines régions, Sud-Ouest, Savoie, Limousin, par les résistants seuls, les **jours de libération** sont une période de débordements fréquents. La liesse de la fin de l'occupation s'accompagne de divers actes à l'encontre des collaborateurs allant de la tonte de femmes (environ 20 000) à des exécutions sommaires ordonnées par des tribunaux improvisés.

L'**épuration** sauvage, à la fois « carnaval moche » et règlements de compte dans les régions où la milice avait fait régner une véritable guerre civile contre les résistants, n'est pas acceptable par le gouvernement provisoire. Il y voit une menace à l'ordre civil et un danger révolutionnaire. Cette atmosphère de vengeance violente et expéditive a entaché la perception de cette période.

Rapidement, l'épuration s'officialise. Elle est exercée d'abord par des **tribunaux militaires** puis par des **cours de justice spéciales**. De septembre 1944 à avril 1945, 126 020 personnes ont été internées, 45 % d'entre elles sont déférées à la justice. De grands procès sont organisés, comme celui de Pétain, pour trahison, pendant l'été 1945.

À RETENIR

Les vrais chiffres de l'épuration

Près de 10 000 Français, collaborateurs et vichystes, ont été tués, 75 % avant le 6 juin ou lors de combats, 767 condamnations à mort ont été exécutées après un verdict des cours de justice. Des récits partisans à droite allaient chiffrer jusqu'à 100 000 le nombre de victimes. Si l'extrême droite agite le spectre d'une situation anarchique et violente, à gauche, une frustration s'exprime. L'épuration n'est pas totalement faite. Les exécutants sont jugés et condamnés, les cadres, hauts fonctionnaires, juges (trois quarts des juges restent en fonction) ne sont guère inquiétés. La collaboration économique donne lieu à peu de poursuites. La nationalisation-punition de Renault n'est qu'un cas d'exception.

La priorité semble autre, il faut reconstruire ce pays dévasté et, pour cela, oublier Vichy.

Un rang à tenir, une occasion manquée

Fin 1943, les *Forces françaises libres (**FFL**)* sont une armée de 300 000 hommes, équipée de matériel hétéroclite et provenant majoritairement des éléments de l'armée coloniale renforcée par un fort contingent levé en

Afrique du Nord. L'apport des ***FFI*** est jugé indispensable. De Gaulle voit en ces ***soldats de l'ombre*** à la fois un sang neuf nécessaire à la régénération d'une armée nationale et l'occasion de gonfler des effectifs. 120 000 FFI sont amalgamés en septembre 1944.

Le sursaut militaire national a bien lieu, la France termine la guerre en alignant 1 300 000 hommes pour son armée de terre. L'armée française se relève un peu de l'humiliante défaite de 1940. La présence de de Lattre lors de la capitulation allemande à Berlin, le 8 mai 1945, en est le symbole.

Cependant l'accueil des résistants est loin d'être cordial. La mentalité de combattant de guérilla, d'activiste politique, n'est guère compatible avec la discipline des armées. La greffe de la résistance ne prend pas. Les officiers issus de la résistance quittent majoritairement les rangs une fois les combats terminés. Faute d'être régénérée par la résistance, l'armée française de l'après-guerre sera principalement encadrée par des officiers issus de l'armée coloniale.

La résistance, en tant que telle, est aussi mise à l'écart dans la réorganisation politique de la France. Le ***CNR**** et les ***CDL**** doublonnent avec le Gouvernement provisoire et les commissaires de la République. La vie politique est reconstruite par les partis. L'idée d'un grand parti de la résistance ne résiste pas devant les états-majors politiques. L'administration récupère ses cadres classiques, les **commissaires de la République** retrouvent rapidement leur titre de préfet.

Les réformes de structure (sécurité sociale, nationalisation, planification), conformes au programme du CNR, sont imposées par le gouvernement provisoire et appliquées par l'administration de l'État.

En 1946, la France pense retrouver son rang, la résistance est sommée d'y rentrer.

L'HOMME

Les têtes du chapitre

Les collaborateurs condamnés à mort :

- Pétain (peine commuée en détention à vie par de Gaulle)
- Laval

Les combattants résistants : Guinguoin – Tillon – Fabien – Rol Tanguy.

Les militaires FFL : Leclerc – De Lattre.

Les mémoires officielles et d'autres

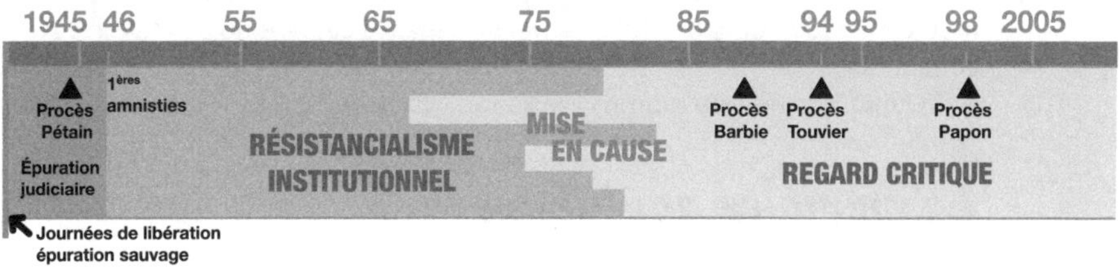

Dans les années qui suivent la guerre, le souvenir de l'occupation, du rationnement, des combats est sans cesse rappelé. Il est évoqué soit directement, par des discours, des commémorations, des monuments officiels, soit implicitement, en se félicitant du confort, des progrès, alors que les privations sont encore dans les mémoires.

Deux grands partis, communiste et gaulliste, trouvent dans la Seconde Guerre mondiale leur légitimation politique. Le cadre de la mémoire française de cette guerre ne se limite pas toutefois à ces deux mouvements.

La mémoire communiste des partisans

Pour le *PCF**, la guerre a permis d'ancrer le parti dans la vie politique française. Prétendant incarner l'ensemble de la résistance, il se proclame le **parti des 70 000 fusillés**. Les municipalités communistes rebaptisent les rues du nom de leur héros (Danielle Casanova, Guy Mocquet, Gabriel Péri, Colonel Fabien...). La résistance combattante valorisée est celle du monde ouvrier ou de la petite paysannerie. Les mines, la SNCF, le Limousin, hauts lieux de lutte, sont célébrés par le parti. Ils en sont les bastions politiques.

Le souvenir des déportations est centré sur les détenus politiques, le camp de concentration est un terme générique où l'extermination raciale est noyée dans l'ensemble plus vaste vu comme un outil de répression.

Ce grand parti communiste d'un des pays pivot de l'OTAN*, ne peut être interdit pendant la guerre froide, du fait de sa participation effective à la résistance. Le PCF évoque la Seconde Guerre mondiale et son combat antifasciste pour appuyer plusieurs thèmes de la propagande du parti. La menace de la résurrection du militarisme allemand est agitée au nom de la résistance.

Les débordements liés à la polémique font que le moindre contradicteur est très vite qualifié de fasciste ou d'hitlérien. Ces épithètes sont rapidement galvaudées.

Sur le plan interne, la direction du parti a du mal à assimiler des individualités qui ont émergé au cours du conflit. Charles Tillon, chef des **FTP**, écarté de toute responsabilité en 1952, réhabilité en 1957, est exclu du parti en 1970 quand celui-ci dénonce le passé équivoque du leader communiste des années 70-80 de l'époque Georges Marchais. Georges Guinguoin, « **Préfet du maquis** », est aussi exclu en 1952.

La mémoire gaullienne

Le chef de la France libre ne perd pas ce titre à la libération. Ce n'est plus une fonction politique mais un hommage reconnaissant le rôle historique qu'a joué le général de Gaulle. La mémoire gaullienne oscille entre deux valeurs : la rébellion et l'ordre.

Pour de Gaulle, son choix de 1940 est celui de la légitimité qu'il oppose à la légalité de Vichy. La désobéissance a présidé à la naissance de la France libre. La mémoire gaulliste va valoriser ces insubordinations. Que ce soit pour des militaires (Leclerc) ou des hauts fonctionnaires (Félix Éboué). Cependant, l'acte de désobéissance une fois commis, il n'est pas question de bouleverser la société. Il s'agit de restaurer « une certaine idée de la France » et non de générer une révolution. Sont donc valorisés les faits d'armes des FFL, armée régulière et disciplinée, le maquis du Vercors, reposant sur des militaires de l'armée d'armistice passés à la clandestinité ; on commémore la libération de Paris, fait d'armes où se rejoignent FFI, police et FFL. Pour cet acte, on bannit le terme d'insurrection et on minimise le rôle des Alliés.

Le souci politique gaulliste étant de rassembler les Français, il n'est pas question de rappeler les agissements des collaborateurs. La **volonté d'effacer** l'existence d'un État vichyste est en œuvre dès la libération. Les Français, selon les gaullistes, ont été écrasés en 1940, ont connu les affres de l'occupation et se sont soulevés unanimement et glorieusement en 1944.

Enfin, la mémoire de la résistance est rappelée constamment pour soutenir la politique gaullienne. Son parti s'approprie la **croix de Lorraine**, symbole de toute la résistance. Une fois de Gaulle revenu au pouvoir en 1958, les cérémonies d'hommage à la résistance sont autant de célébration à l'honneur du chef de l'État. Les commémorations au mont Valérien se font selon un rite où de Gaulle tient une place particulière. Le transfert des cendres de Jean Moulin au Panthéon le 19 décembre 1964, marque l'apogée de cette lecture « résistancialiste » de l'occupation.

Des mémoires diverses pourtant

La mise au premier plan d'une vision de l'occupation ne signifie pas que la mémoire soit uniforme. En plus des mémoires officielles, il en existe d'autres dépendant principalement du vécu des personnes, de la façon dont elles ont subi les événements et de l'engagement qu'elle motive.

Plusieurs catégories de mémoires peuvent ainsi être définies.

Les mémoires sans grande parole

- Les prisonniers de guerre. Pendant toute la période 1940-44, ils ont été un élément central de la propagande de Vichy. On les gratifie de peu de respect. Malgré des pertes comparables aux combats de 14-18, ils portent tout le poids de la défaite. La victoire finale s'est faite sans eux.
- Les 130 000 « **malgré-nous** *» enrôlés dans l'armée du Reich, mémoire locale d'une Alsace-Moselle tourmentée entre France et Allemagne.
- Les travailleurs français en Allemagne. Requis du STO ou volontaires, ils se retrouvent en conflit entre eux et avec les déportés des camps de concentration. À leur revendication de statut de victimes, il leur est rétorqué que la seule solution honorable résidait dans le refus.
- Les personnes qui ont hébergé des évadés, caché des juifs, n'ont guère revendiqué leurs actes par la suite.
- Les déportés homosexuels, dont la présence aux célébrations n'a pas toujours été la bienvenue.

Mémoire des pétainistes

Après la fuite des collaborateurs devant les troupes alliées et leur exil pitoyable à Sigmaringen, la reconstruction de la mémoire vichyste s'opère dès le procès Pétain en juillet 1945. D'abord elle se retranche derrière sa justification, la **thèse du bouclier**, tout en se proclamant victime d'une épuration conduite par des communistes. Elle ne cesse alors de disculper le régime, de minimiser son autonomie d'action et de vouloir réhabiliter Pétain.

Mémoire des déportés

- L'expression de la mémoire des déportés a énormément évolué. Le retour des survivants a provoqué une réelle émotion. La publication de témoignages est importante. Cependant le public a du mal à cerner « l'indicible horreur » de l'extermination. Jusqu'à la fin des années 1960, le symbole de l'horreur est Buchenwald et non Auschwitz. Le Vel d'hiv' est rasé en 1953 sans aucune remarque quant à son utilisation tragique. Le réalisateur Alain Resnais, en

1955, se voit censurer, dans son film *Nuit et Brouillard*, les séquences montrant des gendarmes mobiles surveillant le camp de Pithiviers.

- Le changement s'opère progressivement et par paliers. La mémoire juive se manifeste à l'occasion du procès Eichmann en 1961. Peu à peu le caractère spécifique du génocide juif se discerne, ainsi que la part active que Vichy y a joué. Le film de Claude Lanzmann, sorti en 1987, permet d'imposer le mot **Shoah*** pour dénommer l'extermination des juifs. La mémoire de la déportation raciale est toujours l'une des plus actives en France. L'inauguration, en janvier 2005, du « Mur des noms » au Mémorial du martyr juif de Paris, en est l'une des dernières manifestations.

D'autres mémoires peuvent être évoquées : sur le plan politique, il ne faut pas oublier l'engagement des socialistes dans la résistance ainsi que celle de chrétiens. Elles diffèrent aussi selon les régions. Le vécu du conflit a été différent en Corse, occupée par les Italiens, dans le Limousin, quasiment en insurrection, ou en Alsace, annexée au Reich. Enfin l'injustice de l'inégalité de traitement des anciens combattants selon qu'ils soient français ou qu'ils soient des citoyens de pays devenus indépendants a toujours été dénoncée.

Remise en cause, crise et relecture d'un tournant de l'histoire française

Un voile de silence peu à peu déchiré

Ce n'est qu'au tournant des années 1960-70 qu'une lecture critique de la période se manifeste. Elle parvient à ébranler les tabous. Il n'est plus question de jeter un voile sur le « *temps où les Français ne s'aimaient pas* », selon la formule de Pompidou. La grâce, en 1971, de Paul Touvier, par ce même président, est décriée. Des travaux d'historiens, en particulier ceux de Robert O. Paxton, en 1972, font ressurgir le régime de Vichy. La pression qu'exercent les époux Klarsfeld à partir de la même année pour obtenir l'arrestation et l'extradition de Klaus Barbie est relayée par les médias et les familles des déportés. On reproche, en 1980, au premier secrétaire du parti communiste, Georges Marchais, d'avoir été volontairement travailler en Allemagne alors qu'il avait déclaré être un requis du STO.

La période 1970-1995 est régulièrement secouée d'affaires différentes interrogeant le passé. Elles sont d'autant plus médiatiques qu'à chaque fois le refoulement du passé est mis en évidence.

L'arrestation de criminels jusqu'alors protégés permet d'organiser de longs procès (Barbie, 1987 ; Touvier, 1994 ; Papon, 1998) où le témoignage des victimes prend une place importante. La parole, tue auparavant, est libérée et enregistrée.

La demande de restitution de comptes va jusqu'à éreinter François Mitterrand, en 1993-1994, sur son attitude durant la période. Le rappel de son évolution progressive du pétainisme à la résistance est perçu comme une attaque personnelle par le président affaibli par la cohabitation et la maladie.

Enfin, profitant du doute semé dans l'opinion publique, certains essaient de minimiser les crimes contre l'humanité et nient la réalité de l'extermination. Ces négationnistes obligent les historiens à reconsidérer leur démarche et à étoffer leurs travaux en recourant à d'autres documents que les témoignages pour authentifier la réalité des faits. Une loi est même votée en 1990, rendant illicite la contestation des crimes contre l'humanité.

Les crimes contre l'Humanité

C'est-à-dire « l'assassinat, l'extermination, la réduction en esclavage, la déportation, et tout autre acte inhumain commis contre toutes populations civiles, avant ou pendant la guerre, ou bien les persécutions pour des motifs politiques, raciaux ou religieux lorsque ces actes ou persécutions, qu'ils aient constitué ou non une violation du droit interne du pays où ils ont été perpétrés, ont été commis à la suite de tout crime rentrant dans la compétence du Tribunal, ou en liaison avec ce crime. »
Accord de Londres du 8 août 1945 sur le statut du tribunal militaire international.

Éloignement, mémoire et repentance

La Seconde Guerre mondiale est désormais plus de soixante années derrière nous. Plus aucun chef de l'État n'y a participé, certains, les plus vieux, l'ont connue dans leur jeunesse. Comme d'autres épreuves de l'histoire des peuples, le temps érode le souvenir. Celui-ci est réactivé de plusieurs façons.

- Diplomatiquement, il s'agit de célébrer l'alliance. La commémoration du 6 juin 1944 en est l'exemple. La présence, en 2004, du chancelier allemand est bien la preuve de la fin d'une époque. Les lieux de mémoire peuvent même devenir un pôle touristique majeur, comme en Normandie.

- Politiquement, l'extrême droite française est condamnée par le reste de l'opinion française en vertu du souvenir de la politique de Vichy.
- Moralement, les discours à toute célébration évoquent le « devoir de mémoire ». Plusieurs célébrations internationales, nationales, ou locales ponctuent l'année et rappellent l'horreur que les nazis et leurs complices ont fait régner sur l'Europe et la France : commémoration de la libération du camp d'Auschwitz, de la rafle du Vel d'hiv', etc.

Devoir de mémoire
Guy Môquet, une initiative mal cadrée

Lors de sa prise de fonction, en mai 2007, le président Nicolas Sarkozy s'est déplacé au monument remémorant l'exécution de résistants dans le bois de Boulogne. Il a déclaré que sa « première décision » de président serait de faire lire dans tous les lycées du pays, en début d'année scolaire, la lettre écrite par le jeune résistant communiste Guy Môquet à ses parents, avant son exécution en 1941.
Les réactions furent diverses. Les autorités du ministère se sont dépêchées de replacer l'ordre présidentiel dans une démarche éducative. Le parti communiste a hautement revendiqué le fait que ce jeune fusillé fasse partie des siens, d'autres se sont empressés d'utiliser ce document à tort et à travers, y compris au mondial de Rugby, comme élément de préparation d'avant-match. La confusion fut grande.
Les enseignants d'histoire, en première ligne, ont principalement reproché d'avoir décontextualisé le document pour ne retenir que les éléments les plus touchants sur le plan affectif, destinés à marquer les jeunes, pour illustrer des valeurs tournées vers le sacrifice patriotique.
L'histoire est une science sérieuse, elle explique les mythes et analyse la propagande qui les crée. La mémoire de la Seconde Guerre mondiale est toujours un point sensible en France, il ne faut pas jouer avec.

Les institutions reconnaissent désormais leur part de responsabilité

À RETENIR

- L'Église catholique marque **sa repentance**. Dans l'encyclique Nous nous souvenons du 16 mars 1998, le pape Jean Paul II reconnaît à la fois le crime, la marque indélébile que représente la Shoah et la responsabilité des chrétiens dans la persécution historique du peuple juif.

- De son côté, Jacques Chirac rompt avec les traditions présidentielles qui disculpaient l'administration dans son ensemble. Le 16 juillet 1995, il **reconnaît la responsabilité de l'État** dans la déportation des juifs. Dans ce discours toutefois, il fait la part des choses entre l'État, c'est-à-dire l'administration, et la France « qui n'était pas que cela ». Enfin, à la frontière de la mémoire de la Seconde Guerre mondiale et du débat sur le colonialisme, il promet, en 2006, à la suite de la projection du film *Indigènes*, de réaligner les pensions des anciens combattants des troupes coloniales sur celles des Français. Promesse qui n'est pas budgétée.

La mémoire de la Seconde Guerre mondiale est encore brûlante. Les débats peuvent se raviver d'un moment à l'autre, mais les protagonistes et les témoins disparaissent. La mémoire doit toujours être confrontée au savoir. Clio muse de l'histoire, tempère les emportements et les lacunes de Mnémosyne, personnification de la mémoire. Le devoir de savoir est indispensable à toute commémoration, sinon, nous entrons dans le domaine des histoires officielles qui opèrent par amalgame en gommant tout effet de contexte ou de divergences politiques.

À RETENIR

Êtes-vous au point ?

- Qu'est-ce que le résistancialisme ?
- Quels sens peut avoir le mot déportation ?
- Qu'est-ce qu'un juste ?
- De quelle région proviennent les malgré-nous ?

Les temps forts. Connaître les notions, les dates et les liens de cause à effet.
Résistancialisme – Génocide – Antifascisme – FFL – FFI – Amalgame – Shoah – Thèse du bouclier – Repentance – Négationnisme - « Devoir de mémoire ».

LE DOCUMENT

Le passé encore frais et une actualité brûlante se télescopent

La mémoire de la résistance vue par le général de Gaulle (Baccalauréat, France, juin 2006, séries L-ES)

> « Nous sommes ici, d'abord pour commémorer le fait d'arme (1), qui, le 27 février 1942, porta pour la première fois sur le sol envahi de la France l'action d'une force alliée, combinée avec celle d'éléments de nos réseaux […].
>
> Dès lors, chez nos partisans et avec l'aide croissante de nos alliés, c'est avec une ardeur décuplée que fut poussé l'agencement de l'extraordinaire

machine qui devait jouer un si grand rôle dans la bataille décisive de France [...].

En vérité, la résistance française, c'était la Défense Nationale ! Qu'elle combattit comme elle pouvait, à Bruneval ou à Bir Hakeim, aux Glières, au Vercors ou en Italie, qu'elle luttât dans les rangs de nos troupes des maquis ou dans ceux de nos grandes unités débarquées sur nos côtes, ou sur les mers, ou dans le ciel, qu'elle servît à découvert dans chacune des activités de nos territoires libérés ou en secret dans les foyers, fermes, ateliers, syndicats, administrations, groupements, de notre sol envahi, qu'elle s'exprimât aux postes-radios de Londres, de Brazzaville et d'Alger ou dans des tracts et journaux clandestins, elle était l'effort de guerre de la nation luttant pour sa vie et celle des autres. [...] En juin 1940, quand tout paraissait s'écrouler, elle s'est réfugiée dans l'action du groupe résolu qui, à partir du sol de la noble Angleterre, maintenait dans la lutte la souveraineté française. Elle s'est peu à peu embrasée, à partir de là, à mesure des espérances et des possibilités, jusqu'à s'étendre au peuple tout entier. Elle s'est terminée la 8 mai 1945 quand nous avons, aux côtés de l'Angleterre, des États-Unis et de la Russie, reçu la capitulation totale de l'Allemagne et de ses armées. Elle a eu ses hauts et ses bas, ses erreurs et ses grandeurs, ses défaillances et ses triomphes. Mais elle fut, et il fallait qu'elle fut, une et indivisible comme la France qu'elle défendait.

Une et indivisible, certes ! Ce qui veut dire que toute tentative de piller ce bien national ne saurait être tolérée. Telles ambitions et surenchères partisanes, qui prétendent se l'attribuer en tout et en partie sont vulgairement sacrilèges (2). Quelles qu'aient été l'origine, la profession, les opinions, des Français et des Françaises qui ont, sous n'importe quelle forme, à n'importe quel rang, à n'importe quel moment, participé au combat, ils ont répondu à un seul et même appel qui était l'appel du pays, ils ont accompli un seul et même devoir envers la patrie, ils ont servi une seule et même cause, la cause du salut national. Les six cent mille hommes et femmes de chez nous qui sont morts sur les champs de bataille, ou au poteau d'exécution, ou dans les camps de misère, sont morts pour la France et pour la France seulement. C'est justement parce que la Résistance, c'est-à-dire la Défense Nationale, une fois de plus dans notre histoire mais dans le plus extrême péril, a finalement et pour un temps reforgé la solidarité française, qu'elle a sauvé, non point seulement le présent, mais l'avenir de la nation, en faisant rajeunir en elle, dans le sang et dans les larmes, la conscience de son unité. »

1. Le 27 février 1942 à Bruneval près du Havre, des parachutistes britanniques et canadiens détruisent, avec l'aide de la Résistance normande, un important radar sur le littoral de la Manche.

2. Allusion au parti communiste qui s'affirme comme le « parti des 75 000 » fusillés [cette note figure dans l'ouvrage, allocutions et Messages].

1) Quelles sont les différentes formes de lutte et d'organisation évoquées par le général de Gaulle ?

2) Comment le général de Gaulle met-il en valeur l'unité nationale ?

3) Montrez que ce texte révèle l'existence d'une rivalité des mémoires de la Seconde Guerre mondiale.

4) En quoi ce discours a-t-il pu contribuer à établir une mémoire collective de la Résistance ?

Normalement, ce document doit correspondre au chapitre concernant la mémoire de la Seconde Guerre mondiale. Le correcteur s'attend à ce que vous démontriez les ressorts du discours résistancialiste. Vous avez donc un bon point si vous utilisez ce mot… et quelques points de bonus si vous focalisez l'attention sur la disparition du régime de Vichy. Dans ce discours, il ne semble jamais avoir existé. Ensuite, vous avez pleinement rempli le cadre si vous explicitez les critiques proférées par le chef de la France libre. En effet, le propos central de ce discours consiste à décrire la Résistance comme un rassemblement où tous les Français ont contribué. Toutes les victimes sont assimilées à des résistants. Dans cette image de la Résistance, il n'y a pas de spécificité particulière entre les déportés raciaux, les réfractaires du STO ou les ralliés tardifs venant de Vichy. Il s'oppose à la confiscation de l'ensemble de ce mouvement par le Parti communiste, mouvement qu'il ne nomme pas explicitement, allant jusqu'à parler de Russes au lieu de Soviétiques. La faucille et le marteau passeraient-ils à la trappe, rejoignant la francisque, symbole de l'État français ?

Arrivé à ce terme, vous avez déjà glané un 16 ou un 18 sur 20… Mais le reste est à votre portée. Il suffit de puiser dans les autres chapitres du programme. Nous sommes en 1947, la guerre froide est déjà bien installée. Rappelez-le, ce discours est donc aussi une transcription sur le sol français de cette lutte entre les deux blocs. Et puis, enfin, regardez quelque peu la teneur de ce texte, il n'est structuré comme n'importe quel discours de sous-préfecture. Il respecte la progression en trois temps, hier, aujourd'hui et demain. L'appel au rassemblement n'est pas gratuit, quelques jours plus tard, de Gaulle se lance dans l'arène politique en fondant son mouvement, le Rassemblement du peuple français. Mouvement qui se veut populaire et refusant la séparation droite-gauche. Le congrès fondateur, à Strasbourg, est en cours de préparation. Ce discours est donc un tour de chauffe où, sous couvert de l'hommage rendu à un fait de guerre, de Gaulle place ses pions sur l'échiquier politique.

Chapitre 20

La Quatrième République

Dans ce chapitre :

- Le difficile rétablissement social et politique
- La vie politique sous la IVᵉ République
- La guerre d'Algérie paralyse puis terrasse les institutions

Officiellement, cette période n'est qu'au programme des L et ES

Elle doit être tout de même connue par les S pour les raisons suivantes :

Ces années sont affectées par les deux grands conflits coloniaux, elles voient se mettre en place le système économique et social français. La guerre d'Algérie commence, et finit par épuiser ce régime. Enfin, le personnel politique au pouvoir ne cesse pas d'exister lorsque la Constitution change. La carrière de François Mitterrand en est le meilleur exemple, un véritable phénix de la Quatrième, qui, dès 1965, peut mettre en ballottage de Gaulle. La notion de régime d'assemblée est au cœur de ce chapitre. Elle permet d'expliquer la difficulté des gouvernements à prendre des décisions importantes. On peut facilement comprendre l'aversion qu'a éprouvée de Gaulle à son encontre.

Pensez donc à établir des passerelles avec la décolonisation et les chapitres d'histoire économique, sociale et culturelle.

Gardez en mémoire que bien des éléments de la politique de prestige gaullienne sont le résultat de décisions prises pendant la Quatrième : le paquebot *France* et, plus important, le nucléaire militaire, décidés en 1954 et 1956. Sur le plan économique et social aussi, il y a une nette continuité.

Tout genre d'épreuve peut survenir, surtout un texte court ; et là, ça fait mal. En cours, ce point est vite expédié comme hors-d'œuvre pour passer au plat de résistance gaullien.

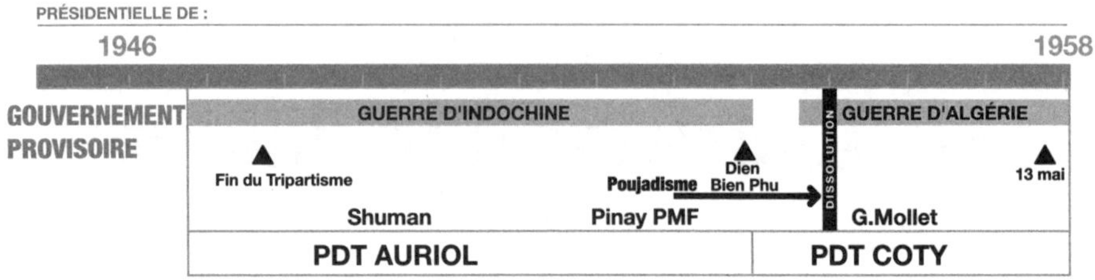

Un difficile rétablissement social et politique

Le défi de la reconstruction

Le gouvernement provisoire, **GPRF**, applique les grandes lignes du programme du **CNR**. L'État encadre l'ensemble de l'économie par l'application d'un plan quinquennal dont le premier responsable est Jean Monnet. Le gouvernement procède à des **nationalisations** dans le secteur de l'énergie pour disposer des moyens nécessaires à la reconstruction et dans celui des banques et des assurances pour orienter l'investissement et redistribuer les profits générés par ces travaux. La nationalisation de Renault obéit à une autre motivation, il s'agit de punir symboliquement un patron trop impliqué dans la collaboration.

L'effort de reconstruction s'accompagne d'avancées sociales. La liberté syndicale est rétablie, des comités d'entreprise sont instaurés pour gérer des œuvres sociales au sein des entreprises de plus de 100 employés, la sécurité sociale et les allocations familiales sont instaurées. L'ensemble des forces politiques s'engage dans la reconstruction, le PCF et la CGT mettent un point d'honneur à gagner la « **bataille du charbon** ».

L'état de la France à la libération est particulièrement critique. 72 départements sont touchés par les destructions, les infrastructures ont souffert des combats. L'économie est handicapée par quatre années d'occupation auxquelles il faut ajouter les conséquences de la crise de 1929 où l'économie s'était déjà contractée. Le tissu économique ne peut suffire à la reconstruction.

Le rationnement dure toujours, il est même le plus sévère en 1947. Le **marché noir** accapare une bonne partie de la production agricole et le manque de devises ne permet pas les achats nécessaires à l'investissement industriel. Le *dollar gap** handicape la production et met la France en situation de dépendance vis-à-vis des États-Unis comme l'accord Blum-Byrnes le prouve. La situation économique ne peut se rétablir que grâce aux crédits du plan Marshall. Cependant l'acceptation des prêts américains ne peut s'accompagner que d'une rupture de l'alliance politique issue de la libération.

La difficile reconstruction politique

Le retour à la démocratie ne signifie pas la restauration de la IIIe République. Les femmes disposent enfin du droit de vote, et 96 % des électeurs et électrices repoussent, en octobre 1945, l'idée de revenir aux institutions de la IIIe République. Les députés, **élus à la proportionnelle** ce même jour, auront pour tâche de rédiger une nouvelle Constitution. Le président du gouvernement provisoire, de Gaulle, s'oppose rapidement aux grands partis politiques, PCF, SFIO et MRP. De Gaulle entend gouverner pleinement alors que les partis considèrent qu'ils ont leur mot à dire sur les décisions du gouvernement. Le 20 janvier 1946, de Gaulle démissionne, en espérant que cette décision choque suffisamment l'opinion publique pour qu'elle se rallie à son avis. Au contraire, cet acte laisse le pouvoir à une coalition des trois grands partis qui s'accordent sur le fait que le gouvernement ne puisse pas leur porter ombrage.

Le premier projet de constitution laisse apparaître une faille dans le **tripartisme**. Le MRP s'oppose à cette constitution que repousse la majorité des électeurs au printemps 1946. Une nouvelle chambre est élue, mais l'opinion publique commence à se lasser de cette situation. Le 16 juin 1946, de Gaulle, dans le **discours de Bayeux**, dresse les grandes lignes de sa vision des institutions. Celle-ci est bien contraire à la tradition de la IIIe République. Les partis coalisés se méfient de plus en plus de l'ancien chef de la France libre.

Le second projet présenté aux électeurs établit un régime parlementaire où l'exécutif n'a guère de pouvoir face à une Assemblée nationale où il est difficile de rassembler une majorité stable.

Acceptée, d'une courte majorité en octobre 1946, avec un taux d'abstention notoire, la IVe République glisse rapidement vers le régime d'assemblée. Avec l'instauration de la procédure de l'investiture du gouvernement, à sa nomination, la Constitution cède le pas à une pratique institutionnelle héritée de la IIIe. L'élection de Vincent Auriol à la présidence de la République puis la désignation de Paul Ramadier confèrent à la SFIO un rôle charnière au début de l'année 1947.

La rupture du tripartisme, crise sociale, guerre coloniale et guerre froide

La situation en Indochine se détériore. Malgré la tentative de négociation entreprise par Léon Blum avec Ho-Chi-Minh, le gouvernement ne peut éviter la guerre qui éclate le 23 novembre 1946 par le bombardement d'Haiphong. La politique coloniale n'est qu'un motif de mécontentement, la situation sociale est aggravée par les difficultés d'approvisionnement, et la situation internationale change, avec la guerre froide qui se profile ; le PCF ne peut plus soutenir le gouvernement. La **rupture du tripartisme** est consacrée en mai 1947 mais le gouvernement Ramadier continue, la démission des ministres communistes n'ayant pas créé la crise ministérielle voulue par le PCF.

Le PCF, représentant près d'un tiers des électeurs, s'engage alors dans une opposition dure. Les grèves de l'automne 1947 ont d'ailleurs un caractère insurrectionnel. L'attitude de la CGT entraîne la scission du syndicat et les minoritaires non communistes fondent la CGT-FO en 1948. D'autre part, de Gaulle, en fondant le **RPF**, entend rassembler le peuple autour de son projet. Ce mouvement remporte un succès éclatant fin 1947 aux élections municipales. Le gouvernement de **troisième force** doit faire face à deux oppositions puissantes. La majorité parlementaire n'est ni cohérente ni soutenue par un projet fort. L'immobilisme, les manœuvres personnelles et un glissement à droite sont les seules conditions de survie politique pour la majorité gouvernementale.

Les têtes du chapitre

- Charles de Gaulle
- Vincent Auriol
- Léon Blum
- Paul Ramadier
- Maurice Thorez.

Les mots clés : épuration, nationalisation, planification, reconstruction, tripartisme, troisième force.

La vie politique sous la IVe République

Une troisième force centriste, européenne et atlantique

L'alliance de fait du MRP et de la SFIO a permis une certaine continuité de gouvernement ; de plus, les fonds Marshall permettent de faire repartir l'économie du pays, écartant la misère et lancent la France sur les rails de la croissance. Cependant la France mène la guerre d'Indochine qui se déroule de 1946 à 1954, d'abord en son nom propre puis pour le compte du camp occidental à partir de 1949.

Dans ce contexte, on peut relever l'action de Robert Schuman, homme politique MRP, qui, président du Conseil ou ministre des Affaires étrangères, intègre la France dans l'OTAN en 1948, crée le salaire minimum (SMIG) et lance la construction européenne avec la CECA en 1950.

Les élections de 1951 déséquilibrent cette alliance tacite. L'arrivée d'une forte minorité de députés gaullistes (117/627) et d'un beau nombre de députés marqués à droite (99/627) font voler en éclats **la troisième force**, lui substituant un ensemble majoritaire de centre-droit d'où seront issus la plupart des gouvernements de la législature.

Pinay et Mendès France, deux personnalités émergeant d'un système politique instable

Antoine Pinay représente assez bien les députés de droite bourgeoise et républicaine. Appelé au pouvoir en 1952, il a contribué à stabiliser la monnaie en lançant un emprunt indexé sur l'or, exonéré de droits de succession. Son action s'est révélée concluante, l'inflation est stoppée, la France touche les premiers fruits de la croissance. Les plus pauvres ne sont pas oubliés, l'indexation des salaires sur la hausse des prix est mise en place. Pinay incarne alors la confiance. Il est toutefois forcé de démissionner, le MRP lui retirant son soutien à la fin de 1952.

L'arrivée du radical Pierre Mendès France, en 1954, aux responsabilités ne correspond pas à l'expression d'une majorité cohérente à l'Assemblée nationale. Cette désignation est le fruit de la **défaite** française de **Dien Bien Phu**. Les combats avaient été engagés pour placer la France en situation de force à la conférence de Genève sur la paix en Extrême-Orient. Le succès du Viêt-minh contraint le gouvernement français à y assister dans une situation plus inconfortable. C'est donc pour mener cette difficile négociation que la tête du gouvernement est confiée à Mendès France. En un mois, il parvient à trouver une solution, pour la France, à la guerre d'Indochine. Mais son action ne s'est pas limitée à ce point. Il lance la décolonisation de la Tunisie et du Maroc et crève l'abcès politique de la **querelle sur la CED** en n'engageant pas le gouvernement sur le vote des députés. La volonté de modernisation caractérise sa primature. Cependant, les premiers épisodes de la guerre d'Algérie s'étant déroulés alors qu'il était aux affaires, il est destitué par l'Assemblée dans un climat de violence verbale rarement atteint depuis.

CONSEILS DU PROF

Un verre de lait

Parmi les initiatives les plus inattendues de PMF, l'affaire du verre de lait fut celle qui lui attira plus d'un quolibet. À la rentrée 1954, soucieux d'améliorer la santé des Français, il fait distribuer un verre de lait par jour aux enfants dans les écoles et aux soldats. Lui-même s'affiche avec ce breuvage aux États-Unis. En même temps, des mesures sont prises pour limiter la production d'alcool fort dans les campagnes. Ces deux décisions font bouillir le sang d'un bon nombre de paysans qui protestent contre cette atteinte aux traditions éternelles du pays. Peu de parlementaires, soucieux de leur réélection, ont soutenu le président du Conseil. Dans le pays du vin-roi, on ne pardonne pas le crime de lèse-majesté.

Ces deux personnalités illustrent à la fois la possibilité de mener une politique cohérente et décisive pendant la IVe République, et son contraire : ils n'ont pas pu mener leur politique jusqu'au bout, à chaque fois, un retournement d'alliance, un changement de conjoncture, ont créé une crise gouvernementale fatale.

Le sursaut du Front républicain

À RETENIR

La stabilisation de l'économie et les premiers résultats de la modernisation ont généré une crise profonde dans le milieu du petit commerce et de l'artisanat. Elle s'exprime en 1953 par une **contestation antifiscale** menée par Pierre Poujade. Le mouvement, issu des actions de solidarité professionnelle, développe des revendications politiques. La dénonciation, au départ, d'une persécution fiscale ne touchant que de modestes entreprises devient rapidement un mélange d'antiparlementarisme, de xénophobie chauvine où l'on retrouve des accents virulents venus du passé. Même s'il n'a pas été un véritable mouvement fasciste, le poujadisme, expression d'une crise sociale profonde, a permis la renaissance politique de l'extrême droite en France dix ans après Vichy.

Deux gouvernements ayant été renvoyés en moins d'une année, la **dissolution** de l'Assemblée nationale est prononcée fin 1955. Ce nouveau mouvement politique est au centre de la courte campagne électorale de décembre 1955. C'est une majorité de Front républicain qui obtient la majorité, l'alliance formée en réaction à la montée du **poujadisme**. Le premier secrétaire de la SFIO, Guy Mollet est nommé au poste de président du Conseil. Cependant, malgré les avancées sociales, la guerre d'Algérie est déjà devenue le centre de préoccupation majeure pour le gouvernement. La France livre désormais un combat acharné contre les indépendantistes. Dans ce conflit, les faiblesses de la IVe République lui sont fatales.

La guerre d'Algérie paralyse puis terrasse les institutions

Un abcès dans la vie politique française

L'insurrection du 1er novembre 1954 (Toussaint sanglante) marque le début de la guerre d'Algérie. À ce moment, le gouvernement de Pierre Mendès France et presque toute l'opinion publique ne peuvent que souscrire à la répression de ce qui n'est ressenti alors que comme la manifestation d'une revendication minoritaire. L'engrenage de la violence conduit à utiliser rapidement l'armée dans ces opérations de police. Les moyens consacrés sont de plus en plus importants et les appelés sont très tôt conduits à y participer. L'hostilité de la majorité de la population d'origine européenne (les pieds-noirs) rend impossible toute réforme et toute mesure de conciliation. La victoire du Front républicain en 1956 ne permet pas de résoudre cette crise, l'accueil hostile de la population algéroise convainc Guy Mollet de laisser carte blanche aux militaires pour réprimer les indépendantistes.

Le FLN, devenu le principal mouvement nationaliste, lance en 1957 une campagne terroriste dans les campagnes et les villes. Le pouvoir politique ne donne aucune limite aux militaires. Une grande partie de l'armée veut effacer le souvenir des échecs précédents – défaite d'Indochine, reculade de Suez – et se rapproche des extrémistes de l'Algérie française.

En France, l'opinion publique est partagée. L'Algérie française a ses partisans, d'extrême droite, comme Pierre Poujade, chez les gaullistes, avec Michel Debré, mais aussi au sein du MRP avec Georges Bidault. Les partis de gauche sont divisés. La SFIO est en difficulté, les décisions prises par Guy Mollet, abandonnant une attitude conciliatrice pour une répression acharnée après avoir été conspué par la foule algéroise, ne sont pas officiellement critiquées dans le parti. Le parti communiste manifeste certes une hostilité à la guerre, mais cette prise de position ne s'écarte pas du cadre de la légalité. Il se développe alors à la gauche du PCF, un courant en dehors de tout parti organisé, touchant particulièrement les étudiants, dont le dénominateur commun est une hostilité franche à cette guerre.

La paralysie du pouvoir politique

Le bombardement, le 8 février 1958, par l'aviation française du village tunisien de Sakiet porte la guerre d'Algérie sur la scène internationale. L'ONU est saisie de l'affaire alors que le conflit algérien n'était considéré que comme une affaire interne à la France. Félix Gaillard, président du Conseil, est obligé d'accepter une mission de « bons offices » anglo-américaine. La majorité des députés n'acceptent pas cette internationalisation et censurent le gouvernement le 15 avril 1958. Dès lors, une crise profonde s'ouvre dont la principale manifestation est la période de vacance du pouvoir.

Aucun homme politique ne semble capable de prendre la responsabilité du pouvoir et de trouver une solution.

Pierre Pflimlin est désigné courant mai, sa nomination provoque la crise qui emporte la IVe République.

L'HOMME

Les têtes du chapitre

- Georges Bidault
- Pierre Mendès France
- Guy Mollet
- Antoine Pinay
- Pierre Poujade
- Robert Schuman.

Les mots clés : CECA - CED - Front républicain – FLN.

Les conditions et les ambiguïtés du retour du général de Gaulle

Le 13 mai 1958, alors que le nouveau président du Conseil présente son gouvernement à l'Assemblée nationale, se déclenche l'**insurrection algéroise**. Les militaires prennent le contrôle des bâtiments administratifs et créent, avec des civils, un « Comité de Salut public » que préside d'abord le général Massu, puis le général Salan. Le 15, les insurgés font appel au général de Gaulle, qui, sans avoir réellement organisé ce complot, en connaît l'existence et compte de nombreux partisans dans le **comité de Salut public**.

Le retour du général de Gaulle se fait à ses conditions. La première est celle de la légalité : il est nommé président du Conseil par René Coty ; la seconde est celle de la réforme constitutionnelle : il obtient des parlementaires les pleins pouvoirs pour six mois et… l'autorisation de rédiger une nouvelle Constitution.

Une fois investi, il se rend immédiatement en Algérie. Le Comité de Salut public rentre dans la légalité et se dissout. Sa tournée, le 4 juin 1958, rassure les Européens par les mots chocs « Je vous ai compris ! » et « Vive l'Algérie française ! » et marque un tournant dans l'affaire algérienne ; Européens et musulmans semblent satisfaits de l'arrivée au pouvoir du général de Gaulle.

Mais, pour l'ancien chef de la France libre, la destinée de la France ne se limite pas au contrôle de ses territoires nord-africains. Dès septembre 1959, il propose l'**autodétermination**. Le revirement progressif du chef de l'exécutif fait se tourner contre lui une partie de l'armée et des Européens d'Algérie. En janvier 1960, la journée des barricades marque cette défiance. La crise culmine le 22 avril 1961 lorsque des militaires tentent un coup d'État à Alger. C'est donc avec l'appui de la majorité de l'opinion publique française et contre certains militaires et un bon nombre de pieds-noirs, qui organisent des actions de représailles avec l'OAS que de Gaulle aboutit à donner la direction de l'Algérie indépendante au FLN par les accords d'Évian le 19 mars 1962.

À RETENIR

Êtes-vous au point ?

- Le tripartisme, c'est la troisième force ?
- Qu'est-ce que le poujadisme ?
- Quelle alliance gagne les élections de 1956 ?
- En quoi peut-on dire que le modèle social français puise ses origines dans les décisions prises à la libération ?
- Quelle est la différence entre un régime parlementaire et un régime d'assemblée ?

Les temps forts. *Connaître les dates et les liens de cause à effet.*

Conférence de Genève – Traité de Rome – Échec de la CED – La rupture de 1947.

LE DOCUMENT

Une synthèse parfaite où l'on retrouve des constantes politiques et économiques de la vie politique française

La déclaration d'investiture de Mendès-France

> « […] Une négociation est engagée à Genève, en liaison avec nos alliés et avec les États associés. […] Il faut donc que le « cessez-le-feu » intervienne rapidement. Le gouvernement que je constituerai se fixera un délai de quatre semaines pour y parvenir. […] Si aucune solution satisfaisante n'a pu aboutir à cette date, vous serez libérés du contrat qui nous aura liés et mon gouvernement remettra sa démission à M. le Président de

la République. (*Applaudissements sur de nombreux bancs à gauche et à l'extrême droite et sur quelques bancs à droite.*) [...]. Le 20 juillet au plus tard, je vous soumettrai un programme cohérent de redressement et d'expansion destiné à assurer progressivement le relèvement des conditions de vie et l'indépendance économique du pays [...]

Les propositions détaillées qui vous seront alors soumises constitueront la base d'un nouveau contrat en vertu duquel mon gouvernement disposera des pouvoirs nécessaires pour réaliser ses objectifs économiques dans le minimum de temps. [...] Une politique active de progrès économique et social est inséparable d'une politique de rigueur financière [...]

La paix en Indochine étant rétablie et les décisions essentielles pour le redressement de notre économie étant prises, la France devra se prononcer avec clarté sur la politique qu'elle entend suivre à l'égard d'un problème capital et longtemps différé : celui de l'Europe. Vis-à-vis de ses amis comme vis-à-vis d'elle-même, la France ne peut plus prolonger une équivoque qui porte atteinte à l'alliance occidentale. (*Applaudissements sur certains bancs à gauche et sur quelques bancs au centre.*) [...] La Communauté européenne de défense nous met en présence d'un des plus graves cas de conscience qui ait jamais troublé le pays. [...] L'une de ces données est la nécessité d'un réarmement occidental imposé par la situation internationale et qui a conduit à envisager – perspective cruelle pour tous les Français – les conditions de la participation de l'Allemagne à une organisation commune de défense. [...] l'Assemblée sera saisie, avant les vacances parlementaires, de propositions précises dans ce but.
L'accomplissement des tâches qui viennent d'être énumérées doit aller de pair avec le rétablissement de la concorde et de la sécurité dans ces deux pays d'Afrique du Nord qu'endeuillent, en ce moment même, le fanatisme et le terrorisme. Le Maroc et la Tunisie auxquels la France a ouvert les voies du progrès économique, social et politique, ne doivent pas devenir, sur les flancs de nos départements algériens, des foyers d'insécurité et d'agitation ; cela, je ne l'admettrai jamais. [...]

Je vous demande une réponse claire.
Si elle est affirmative, elle implique que, durant une période qui sera brève, mais combien chargée pour le chef du gouvernement, l'Assemblée s'efforcera de ne pas alourdir sa tâche et qu'elle renoncera volontairement, pendant ce court délai, à détourner son attention, qui sera concentrée sur ses responsabilités dans une négociation décisive.
Mesdames, messieurs, je vous offre un contrat. Chacun de vous pèsera en conscience les sacrifices que je lui demande, mais aussi les chances que je peux apporter au pays. Si vous estimez – après des débats au cours desquels je comprendrai vos scrupules – que je puis être utile, que je puis contribuer au rétablissement de la paix à laquelle tout le pays aspire, si vous croyez que mon programme est conforme à l'intérêt national, vous devrez m'accorder votre appui et, plus encore, m'aider dans

> l'accomplissement de ma tâche.
> Il n'y aura pas de ces négociations interminables que nous avons connues ; je n'admettrai ni exigences ni veto. Le choix des ministres, en vertu de la constitution, appartient au président du Conseil investi, et à lui seul. Je ne suis pas disposé à transiger sur les droits que vous m'auriez donnés par votre vote d'investiture. »
> (*Applaudissements sur de nombreux bancs à gauche, à droite et à l'extrême droite et sur plusieurs bancs au centre.*)
>
> Mendès-France, déclaration d'investiture, juin 1954

Voici un texte qui nécessite de puiser des connaissances dans trois à quatre chapitres du programme de terminale : la vie politique dans la quatrième République, la décolonisation et la construction européenne mais aussi vous pouvez extrapoler avec la république gaullienne et l'évolution de la société française. Ce discours de PMF, où il présente son programme d'action, permet de réviser la majeure partie du programme concernant la France. À l'issue de celui-ci, après les explications de vote, il est investi, le 18 juin 1954, par une large majorité des députés (419 voix).

Les circonstances sont particulières, il s'agit de dégager la France du bourbier indochinois. La défaite de Dien Bien Phu ayant balayé toute velléité de négociation en position de force. Cependant là n'est pas l'unique priorité du chef du gouvernement. Le redressement de la France nécessite aussi de se débarrasser des hypothèques coloniales et européennes. Notez l'acuité de PMF, la guerre d'Algérie n'a pas encore éclaté, mais elle est plausible. Enfin la politique gouvernementale doit se traduire par l'application d'une rigueur économique et une certaine liberté politique du gouvernement, une fois ces principes de base admis.

On retrouve ici des accents plus contemporains. La rigueur économique affichée, c'est un peu un classique vœu pieu appelé par tous les gouvernements et qui se traduit, à la suite, très souvent, s'il est appliqué, par une défaite électorale. Les français n'appréciant généralement pas la façon dont elle se traduit dans leur vie quotidienne.

Quant aux dernières lignes du discours de PMF, elles tendent à prouver l'impossibilité de gouverner ainsi pendant la quatrième République. Le président du Conseil ne disposant pas de majorité stable à l'Assemblée nationale. Clin d'œil de l'histoire, la solution que de Gaulle applique en 1958, avec la constitution de la cinquième République, vient presque répondre aux souhaits de PMF. Réflexion saugrenue en apparence, étant donné qu'il s'opposa de façon farouche à la nouvelle constitution.

Chapitre 21

Les institutions de la Cinquième République

Dans ce chapitre :

- Un cadre institutionnel exceptionnellement durable
- Une pratique institutionnelle plus souple que prévue

Comprendre les institutions politiques…

Le but de ce chapitre est de vous faire comprendre l'évolution des institutions politiques de la France depuis 1958. D'autre part, il doit aussi contribuer à votre formation de citoyen. Le candidat au bac est déjà – ou bientôt – un électeur… S'il s'abstient, il faut au moins qu'il sache pourquoi et à quelle élection il ne s'est pas rendu…

L'idéal serait que ce sujet vous soit proposé en composition, le plan se déroule tout seul. Vous le retrouverez facilement aussi si l'on vous propose un dossier de documents.

Un cadre institutionnel exceptionnellement durable

Des institutions taillées sur mesure par et pour le général de Gaulle

Très marqué par la paralysie du pouvoir politique lors de la défaite de 1940, de Gaulle a toujours préconisé le renforcement des pouvoirs de l'exécutif par rapport à celui des parlementaires. Son refus du régime d'assemblée est la principale motivation de sa démission du Gouvernement provisoire en février 1946. Nous retrouvons dans son **discours de Bayeux,** prononcé le 6 juin 1946, les grandes lignes de la Constitution de 1958.

Revenu au pouvoir sous la pression de l'insurrection des Européens d'Algérie, en mai 1958, de Gaulle exige et obtient une refonte constitutionnelle et peut appliquer ses préceptes. Rédigée sous la direction de Michel Debré, elle est adoptée par référendum par près de 80 % des électeurs le 28 septembre 1958.

Le Président de la République (toujours avec une majuscule)

Ce texte définit un régime parlementaire avec un exécutif fort.

À sa tête, nous avons le Président de la République, élu pour sept ans. Il dispose de pouvoirs étendus mais ne peut gouverner sans l'assentiment de la majorité des députés. Le Président de la République, élu, selon le texte de 1958, par un **collège étendu de grands électeurs**, puis au **suffrage universel direct** depuis le référendum de 1962, préside le conseil des ministres. Il est le chef des armées. Il peut **dissoudre** l'Assemblée nationale en vertu de l'article 12. Toutefois ce droit est suspendu pour un an, une fois celle-ci réélue. Enfin, **l'article 16** permet d'exercer temporairement des pouvoirs exceptionnels en cas de menace pesant sur les institutions et la sécurité de l'État. Cette disposition n'a été appliquée qu'à l'occasion du putsch des généraux d'Alger en 1961.

Le Premier ministre

Le gouvernement, dirigé par le Premier ministre, « détermine et conduit la politique de la nation ». Selon la lettre de la Constitution, le Président désigne le Premier ministre qui, lui, toujours selon la Constitution, désigne ses ministres. L'usage fait que, même en cas de cohabitation, la formation d'un gouvernement se fait de façon concertée. Ce poste est très soumis aux décisions du Président : Il arrive que un Premier ministre soit « démissionné » par usure (Michel Debré, Édith Cresson, Jean-Pierre Raffarin), on parle alors de « **fusible** », ou à cause d'un conflit ouvert avec le Président, (Georges Pompidou, Jacques Chaban-Delmas, Jacques Chirac, Michel Rocard).

L'exécutif peut décider de passer au-dessus des parlementaires et demander directement aux électeurs de voter des lois par référendum. L'article 11 le permet pour décider de la répartition des pouvoirs publics, de l'organisation des institutions ou de la validation des traités internationaux. L'article 89 autorise aussi le gouvernement à soumettre au référendum les révisions constitutionnelles après accord du Parlement. Ces dispositions ne sont pas respectées en 1962. De Gaulle décide alors d'organiser un référendum pour modifier le mode d'élection du Président de la République malgré une majorité parlementaire farouchement hostile à ce projet.

Tableau 21-1 : Les neuf référendums de la ve république

Président	Date – sujet	Résultat	Abstention
Ch. de Gaulle	8 janvier 1961 Autodétermination de l'Algérie	Oui : 74,9 %	**26,24 %**
	8 avril 1962 Validation des accords d'Évian	Oui : 90,7 %	**24,66 %**
	20 octobre 1962 Élection du Président de la République au suffrage universel direct	Oui : 62,2 %	**23,02 %**
	27 avril 1969 Régionalisation et réforme du Sénat	Non 54,4 %	**19,86 %**
À la suite de ce résultat, de Gaulle démissionne le lendemain.			
G. Pompidou	23 avril 1973 Élargissement de la CEE	Oui : 68,31 %	**39,75 %**
F. Mitterrand	6 novembre 1988 Statut de la Nouvelle-Calédonie	Oui : 79,99 %	**63,11 %**
	Consigne d'abstention donnée par le parti gaulliste		
	20 septembre 1992 Traité de Maastricht	Oui : 51 %	**30,3 %**
J. Chirac	24 septembre 2000 Quinquennat	Oui : 73,21 %	**69,81 %**
	Résultat joué d'avance, pas de polémique ni de débat.		
	29 mai 2005 Traité constitutionnel européen	Non : 54,67 %	**30,63 %**

À RETENIR

Les référendums

Ces scrutins ont ponctué la vie politique sous la Ve République. Ils ont tous été organisés à l'initiative du gouvernement. On retrouve alors souvent dans le vote une certaine confusion politique. S'agit-il de répondre vraiment à la question posée ou d'en profiter pour émettre son avis sur la politique du gouvernement ? Lors de certains référendums, 1969, 1988, 2005, il s'est constitué de curieux « cartels des non », plus motivés par cette occasion de contester une majorité gouvernementale que de partager une même approche sur la question à trancher. En 1992, François Mitterrand a su séparer les enjeux en rompant avec la stratégie gaullienne du chantage à la démission.

À cette liste, il faut ajouter l'annonce du général de Gaulle qui, en pleine crise de mai 68, avait proposé un référendum sur la participation. Cette initiative n'ayant pas eu l'écho attendu, la crise se dénoue en utilisant un autre moyen constitutionnel : la dissolution.

Le Parlement

Le **pouvoir législatif** est principalement détenu par l'Assemblée nationale. Le Sénat est maintenu, ses membres sont élus pour un mandat de neuf ans. Leur vote n'est pas prédominant, ils ne peuvent que s'incliner devant une loi votée par la majorité des députés. Les sénateurs sont élus au suffrage universel indirect. Le nombre important d'élus de très petites municipalités rurales qui participent à leur désignation fait de ces parlementaires les représentants des campagnes. Depuis les années 1970, le Sénat est devenu un bastion conservateur. Il paraît immunisé contre les changements de majorité.

Les députés sont, sauf en 1986 où la proportionnelle avait été rétablie, élus par circonscription au scrutin uninominal à deux tours. Ils peuvent, par le vote d'une **motion de censure**, provoquer la démission du gouvernement, comme en 1962, mais leur liberté d'action est très encadrée. Le gouvernement fixe l'ordre du jour des sessions de l'Assemblée. Il est aussi en mesure, avec **l'article 49 alinéa 3**, d'exiger le **vote bloqué** d'un texte afin d'interdire toute modification de celui-ci par les députés de son propre camp.

Encadré dans des groupes parlementaires et soumis à la discipline gouvernementale, le député de la majorité n'a guère d'initiative. Le surnom de « **godillot*** » qui a accompagné les députés gaullistes peut s'étendre à tous les parlementaires des majorités gouvernementales successives.

Le Parlement, réuni en **Congrès**, députés et sénateurs rassemblés, est habilité à modifier la Constitution. Il faut toutefois rassembler une majorité de deux tiers des scrutins pour que ces changements soient validés.

Le Conseil constitutionnel

La constitution de la Ve République a ajouté un **organisme de contrôle**, le Conseil constitutionnel, chargé de veiller au respect du texte fondamental. Cette institution est aussi une marque d'affaiblissement des prérogatives du Parlement. Le principe de primauté de la Constitution face à la loi limite la toute-puissance de l'Assemblée nationale.

Cependant, le régime voulu par de Gaulle n'est pas présidentiel. Sous la Ve République, on ne peut gouverner sans être soutenu par une majorité à l'Assemblée nationale.

L'ACADÉMIE

La constitution, mode d'emploi

Ce chapitre, assez rébarbatif, vous fait manier politique et droit constitutionnel. Ne soyez pas rebuté, il est incontournable dans la mesure où tombent régulièrement des sujets centrés sur la Constitution. Faites bien attention à la dimension historique, on vous demandera de faire le point sur l'évolution, et non de présenter un exposé plat des règles du jeu politique de ces presque cinquante dernières années. Elles ont trop changé durant cette période. Et si vous n'aimez vraiment pas ce genre de cours, n'allez pas faire d'études de droit, ça vous assommera.

Pratiquement, retenez bien les titres et leur enchaînement, ils vous donnent un plan béton à ressortir dès que vous lisez Ve République et institutions, ou Constitution, dans un sujet de composition.

Les mots clés de base : Constitution – Fusible – Godillot – Article 16 – Article 49-3 – Conseil constitutionnel – Référendum

Une pratique institutionnelle plus souple que prévue

La façon dont les institutions constitutionnelles influent dans la vie politique est très différente aujourd'hui de ce qu'elles étaient en 1958. Les personnalités des dirigeants, la pratique de la démocratie et l'influence croissante de l'échelon européen ont transformé la vie politique et l'action du pouvoir.

Une action du Président moins personnalisée

De Gaulle incarne bien plus que la résistance. Il s'est toujours fait « une certaine idée de la France ». Sa formation militaire a dû influer sur la façon dont il voulait que ses décisions soient appliquées. De plus, il assure la conduite de l'exécutif dans de nombreuses périodes où l'ordre public est chancelant : la libération – 1944, la guerre d'Algérie – 1958-62, et mai 1968. Sa pratique du pouvoir autoritaire s'explique autant par le personnage que par le contexte. Président, il est d'ailleurs attaqué sur ce point par les hommes politiques : Valéry Giscard d'Estaing, qui parle de « **l'exercice solitaire du pouvoir** » ou François Mitterrand, qui évoque « **Le coup d'État permanent** », par des journaux : *Le Canard enchaîné* le brocarde hebdomadairement dans sa chronique « la Cour ».

Le flou dans la répartition des attributions entre le Premier ministre et le Président confère à ce dernier une importance effective bien plus forte que dans les textes. La diplomatie, les relations avec les États africains font partie du « ***domaine réservé**** » du Président. Ces prérogatives peuvent s'illustrer autant par des initiatives bien peu diplomatiques : « Vive le Québec libre ! », Montréal – 1967, que par des usages secrets institutionnalisés : les « cabinets africains* » du « château » (l'Élysée). Cette dernière pratique perdure après 1969. Le ministre en charge de la diplomatie étant toujours en étroit rapport avec le Président.

La personnalisation de la politique est enfin beaucoup moins marquée. Aucun président n'a démissionné depuis de Gaulle en 1969. Pour Mitterrand et Chirac, les défaites électorales ne mettent pas en cause un mandat donné pour une période bien définie.

Une évolution de la pratique démocratique

La pratique du pouvoir a évolué. En 1958, le contexte de guerre froide, avec, comme principale force de gauche, un parti communiste puissamment structuré, les soubresauts de la guerre d'Algérie et le contrôle presque total de l'audiovisuel par l'État ne laissent guère de place à l'opposition. Cette pratique cède progressivement du terrain au cours des années 1980. Dès octobre 1974, les partis de l'opposition ayant un groupe parlementaire peuvent présenter un recours devant le Conseil constitutionnel. Les institutions leur attribuent ainsi un rôle constructif. En 1995, le **financement public des partis politiques** en fonction de leurs résultats électoraux vient en toute logique parachever ce processus de reconnaissance et de dialogue propre à une démocratie apaisée.

À RETENIR

En 1958, nous sommes passés d'une **démocratie parlementaire**, la IVe République, à une **démocratie majoritaire**, où le pouvoir revient pleinement au parti qui détient la majorité. Ce terme, la Majorité, dans les années 1970, finit par désigner le gouvernement face à une gauche qui en est écartée depuis longtemps.

De nos jours, nous sommes passés à une **démocratie constitutionnelle**. Le gouvernement, même s'il a recueilli la majorité des suffrages, ne peut pas mépriser l'avis de son opposition. Les gouvernements de gauche l'ont appris lors des manifestations gigantesques, en 1984, pour le soutien des écoles confessionnelles ; les gouvernements de droite ont dû reculer face au même type de réaction, comme en 1995, lors des grèves contre le plan de réforme des retraites.

Une VIe République, non, mais une Ve bis, voire ter

Le texte de la Constitution permet d'aller bien au-delà de la pensée de ses auteurs. L'élection de F. Mitterrand en 1981 a prouvé que la Constitution ne gênait en rien l'**alternance** politique. L'opposant de la première heure à la Constitution en devenait le garant.

Le président socialiste s'est d'ailleurs arc-bouté sur le texte pour maintenir un certain pouvoir malgré la défaite de la gauche aux législatives de 1986. Le déplacement du centre de gravité du pouvoir vers le Premier ministre n'a pas été total. Si les **cohabitations** n'ont pas eu besoin de modification de la Constitution pour se mettre en place, la *dyarchie** qui en résulte ne semble guère opérante. Les deux centres du pouvoir, l'Élysée et Matignon, consacrent alors beaucoup de leur énergie à se neutraliser mutuellement.

À RETENIR

La dernière évolution institutionnelle a déjà une incidence nette sur la vie politique. Le **quinquennat** aligne la durée du mandat présidentiel sur celui des députés. Sauf crise majeure au cours du mandat, ou mort du président, la juxtaposition des deux élections donne plus de poids au pouvoir présidentiel. Depuis l'élection de Nicolas Sarkozy, le pouvoir se concentre sur la présidence.

Une réforme constitutionnelle est annoncée, le Premier ministre verrait officialiser la réduction de son rôle. Le président aurait le droit de prononcer un discours à l'Assemblée nationale et celle-ci aurait le droit de fixer une partie de son ordre du jour. Cependant, le vote de ces dispositions dépendra à la fois de l'agenda politique et… de la bonne volonté de l'opposition, celle-ci disposant d'une minorité de blocage au Congrès.

À RETENIR

Êtes-vous au point ?

- Pourquoi dit-on que le Premier ministre est un fusible ?
- Qu'est-ce qu'un godillot ?
- Quand et dans quel discours de Gaulle expose-t-il les grandes lignes de la Constitution de la Ve ?
- De Gaulle aurait-il accepté la cohabitation ? et pourquoi ?
- Pourquoi la Ve République n'est-elle pas un régime présidentiel ?

Les temps forts. *Connaître les dates et les liens de cause à effet.*

13 mai 1958 – 4 septembre 1958 – Crise constitutionnelle de 1962 – Alternance – Cohabitation – Septennat

Les personnages

Michel Debré – Gaston Monnerville

LE DOCUMENT

Un éclairage très partiel sur une crise constitutionnelle majeure

Le général de Gaulle et le fonctionnement des institutions (Baccalauréat, série S, juin 2006)

> « Voici quatre ans, le peuple s'est donné à lui-même une Constitution. Il l'a fait au lendemain d'une crise si grave qu'elle faillit jeter la France au gouffre et emporter la République.
>
> Cette Constitution [...] règle en conséquence les rôles respectifs et les rapports réciproques du pouvoir exécutif et du pouvoir législatif. Elle institue un Président qui doit être le garant de ce qui est vital et permanent dans le destin du pays, qui doit assurer la continuité de l'Etat républicain et qui doit répondre de la France en cas de péril public. Comme, à l'appel général du pays, j'ai assumé la fonction, le mode d'élection du Président était, d'abord, secondaire puisque le rôle était rempli. Mais la question se pose aujourd'hui. [...]
>
> Etant donné ce qu'en quatre ans nous, Français, avons réalisé en pratiquant notre Constitution, le bon sens le plus élémentaire nous commande de la maintenir. Or, l'un de ses caractères essentiels, que voudraient, bien sûr, lui ôter les partisans du régime condamné et sans lequel, en effet, elle tomberait dans ce qu'était hier, c'est qu'elle fait réellement du Président de la République le chef de l'État et le guide de la France. Mais pour être, vis-à-vis de lui-même et vis-à-vis des autres, en mesure de remplir pareille mission, le Président a besoin de la confiance directe de la nation. Au lieu de l'avoir implicitement, comme c'était mon propre cas en 1958 pour une raison historique et exceptionnelle qui

> pouvait justifier au départ le collège restreint, dont je n'oublie certes pas le vote ! Il s'agit que le Président soit élu, dorénavant, au suffrage universel.
>
> Dès l'origine, je savais que je devrais, avant la fin de mon septennat, proposer au pays de décider qu'il en soit ainsi. Mais des raisons pressantes me déterminent à prendre dès maintenant cette initiative, comme j'en ai le droit et le devoir. [...]
>
> Français, Françaises, le projet de loi que je vous soumets propose que le Président de la République, votre président, sera élu par vous-mêmes. Rien n'est plus républicain. Rien n'est plus démocratique. J'ajoute que rien n'est plus français, tant cela est clair, simple et droit. Une fois de plus le peuple français va faire usage du référendum, ce droit souverain. [...]
>
> Quant à moi, chaque « Oui » de chacune de celle, de chacun de ceux, qui me l'aura donné, me sera la preuve directe de sa confiance et de son encouragement. [...] Ce sont donc vos réponses qui, le 28 octobre, me diront si je peux et si je dois poursuivre ma tâche au service le France. Vive la République !
>
> Vive la France ! »
>
> Allocution radiodiffusée et télévisée, prononcée au Palais de l'Élysée, 4 octobre 1962, *In Charles de Gaulle, Discours et Messages,* Plon, 1999

1. Qu'annonce le général de Gaule dans cette allocution ? Comment le justifie-t-il ?
2. Comment le général de Gaulle avait-il été élu Président de la République en 1958 ?
3. Comment « cette constitution règle [-t-elle] les rôles respectifs et les rapports réciproques du pouvoir législatif et du pouvoir exécutif » ?
4. En vous appuyant sur le texte et vos connaissances, précisez quel usage le général de Gaulle a fait des référendums.

CONSEILS DU PROF

Voici un commentaire qui va essayer de se borner à répondre aux questions.

1. Cette déclaration défend un changement profond pour la cinquième République sur le long terme, dans l'immédiat elle prend place au milieu d'une tempête politique centrée sur les pratiques constitutionnelles. À l'automne 1962, la France sort à peine du conflit algérien. Le président de Gaulle vient d'ailleurs, pendant l'été, d'échapper à l'attentat spectaculaire du Petit Clamart. Cet événement lui fait prendre conscience de la fragilité du régime qu'il vient d'installer. Le changement dans la procédure d'élection

du président de la République qu'il propose en septembre serait destiné à asseoir pleinement la légitimité du détenteur du mandat présidentiel. Pense-t-il réellement à ses successeurs ou, plus prosaïquement, à commander le pays selon son gré en dehors des temps de crise ?

2. Le comment peut se comprendre de deux façons.

   D'abord constitutionnellement, les élections présidentielles de 1958 concernent un collège de 81 000 électeurs. Ce sont tous, ou presque, des élus, députés, sénateurs, conseillers généraux, maires et quelques adjoints. De Gaulle a obtenu 78 % des suffrages contre deux candidats de gauche.

   Ensuite, s'il faut faire mention de l'état d'esprit, cela devient plus compliqué. De Gaulle assure la direction du pays depuis juin 1958 avec les pleins pouvoirs constitutionnels. De plus, les affaires algériennes ne cessant d'empoisonner la vie politique française, le recours à l'homme providentiel que pouvait représenter le chef de la France libre explique grandement cette confiance presque unanime.

3. Relisez maintenant le chapitre, dites que la cinquième République est un régime parlementaire avec un exécutif fort. Illustrez vos propos à coup de dissolution, de 49-3 et faites allusion aux « godillots ».

4. Quels mots clés utiliser ? Dramatisation, et chantage à la démission sous couvert de prise en compte résolue du verdict du peuple. Exposez le fait que cette interprétation de la constitution ne fut pas celle de ses successeurs.

Ne terminez pas sans dire que ces modifications furent certes acceptées par les électeurs, mais que la majorité du personnel politique la refuse. Cette déclaration, diffusée à la radio et vue par une minorité de privilégiés disposant d'une télévision, n'est pas le principal événement de la journée du 4 octobre, le gouvernement dirigé par Georges Pompidou venant d'être censuré par les députés. En réaction, au lieu de se soumettre aux décisions des députés, de Gaulle dissout l'assemblée et conserve son gouvernement. À l'automne 1932, deux légitimités démocratiques sont en train de s'affronter, celle du président et celle des parlementaires.

Chapitre 22

La France gaullienne 1958-1974

Dans ce chapitre :

- Une installation tumultueuse
- Le règlement de la « question algérienne »
- Une pratique politique disputée
- Forces et faiblesses de la politique gaullienne
- L'usure du pouvoir
- Continuité et crise

L'époque de Gaulle

Gaullien : marqué par de Gaulle et non gaulliste ; gaulliste : point de vue partisan ; les deux mots doivent être utilisés de la façon la plus adéquate. La période choisie correspond aux présidences de Charles de Gaulle et de son successeur, héritier et prolongateur, Georges Pompidou. D'autres découpages peuvent vous avoir été proposés, mais l'action de ces deux personnalités est tellement liée que, même si l'on peut décerner une nette inflexion, nous nous retrouvons devant une véritable continuité durant ces seize années.

Cette période fourmille de documents incontournables faisant porter l'attention sur tel ou tel aspect d'une politique relativement riche. Ne passez pas à côté des discours reproduits dans votre manuel, ils se retrouvent trop souvent dans des épreuves du bac. L'ignorer est criminel et suicidaire.

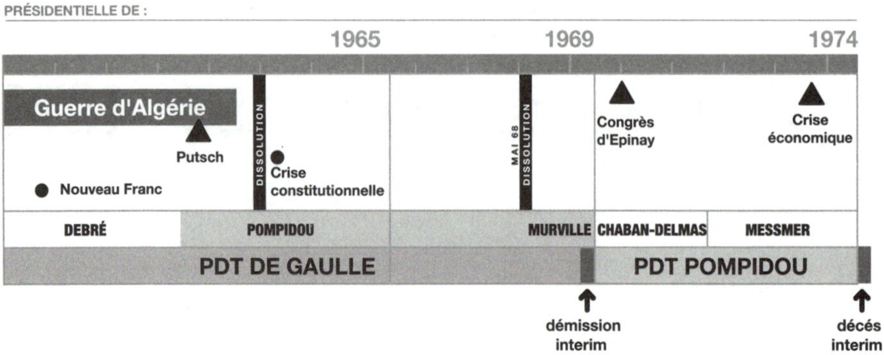

Une installation tumultueuse

Une réponse à l'insurrection d'Alger

Le soulèvement algérois du 13 mai 1958, conduit par les partisans de l'Algérie française, menace de se transformer en soulèvement militaire après son extension en Corse le 24 mai. L'exécutif, paralysé, et la grande majorité des partis politiques, acceptent la proposition « *d'assumer les pouvoirs de la République au terme d'une procédure régulière* » que le général de Gaulle a faite dès le 15 mai. Il est investi le 1er juin par 329 députés contre 224. Dernier président du Conseil de la IVe, il obtient de l'Assemblée, le lendemain, l'autorisation de préparer une nouvelle Constitution.

C'est dans un climat politique soumis au péril d'une guerre civile que de Gaulle revient au pouvoir après une « traversée du désert » de douze ans. Les opposants au général l'ont dès lors soupçonné d'avoir organisé le complot. En réalité, si beaucoup de gaullistes étaient au courant d'un éventuel soulèvement, de Gaulle a toujours respecté les règles institutionnelles et su rester fidèle à son image de dernier recours républicain face à ce coup de force.

Les premières années marquées par le règlement de la « question algérienne »

Il est très difficile de voir quelles sont les intentions du général de Gaulle vis-à-vis de l'Algérie à son accession au pouvoir. Michel Debré, l'un de ses plus fidèles partisans, a toujours défendu l'Algérie française à l'Assemblée nationale sous la IVe République.

Dès son investiture, le 4 juin 1958, de Gaulle se rend en Algérie pour mettre fin à l'état insurrectionnel et affirmer son pouvoir. Il y fait des déclarations équivoques à Alger : « Je vous ai compris ! » mais aussi d'autres totalement partisanes, à Mostaganem : « Vive l'Algérie française ! ».

Cependant la politique du gouvernement vis-à-vis du « problème algérien » évolue progressivement. À l'automne 1958, tout en ne cessant pas la répression, de Gaulle propose « **la paix des braves** » aux indépendantistes sans laisser entrevoir une solution politique. En septembre 1959, de Gaulle présente le principe de l'autodétermination aux habitants d'Algérie, leur faisant entrevoir la possibilité de voter pour l'une des options suivantes : Algérie française, la sécession ou l'association. Les partisans de l'Algérie française s'alertent dès lors, le pouvoir parisien envisageant d'autres possibilités que son maintien. Cette tension trouve son expression en janvier 1960 lors de la « semaine des barricades » où se retranchent, à Alger, des « pieds-noirs » armés. Mais contrairement au 13 mai 1958, cette initiative ne déstabilise plus le pouvoir, cette crise le conforte. Le référendum sur **l'autodétermination** peut être organisé le 8 janvier 1961. Une forte majorité de Français (oui : 75,2 %) soutient le projet.

Les tenants de l'Algérie française se radicalisent alors, rejoints par une faction de l'armée ne pouvant supporter une nouvelle défaite. Le 22 avril 1961, les généraux Challe, Jouhaud, Salan et Zeller, prennent le contrôle d'Alger. Si un régiment de parachutistes, comprenant des appelés, soutient **le putsch**, les cadres de l'armée restent dans l'expectative aussi bien en Algérie qu'en métropole. L'échec du *putsch** ne leur est pas dû, il vient de la fermeté de la réponse du président de Gaulle, du refus de cette initiative par la majorité des Français et de l'hostilité d'une grande partie du ***contingent****. Le pouvoir est rétabli à Alger le 25 avril, la majorité des factieux se rendent, les plus extrémistes versent dans le terrorisme et rejoignent l'***OAS****.

Vive les répétitions…

Si vous avez quelque peu feuilleté ce livre, certaines lignes vous semblent familières ; si elles ont un goût de déjà lu, ne zappez pas, il n'y a pas répétition. Le niveau d'information est différent. Ici sont détaillés des événements majeurs, à peine évoqués dans le chapitre sur la IVe République. Ils sont vus aussi, sous un autre angle, dans le chapitre sur la décolonisation. Vous savez bien que l'histoire ne peut être sectorisée en compartiments étanches.

L'ouverture de négociations avec le *FLN** se fait dans un contexte très trouble. Il n'y a pas cessation des hostilités. Le gouvernement donne des gages de fermeté aux forces de maintien de l'ordre pour éviter qu'elles ne versent dans les rangs de l'OAS. Le 17 octobre 1961, la répression par les policiers d'une tentative de manifestation pro FLN à Paris fait entre deux et trois centaines de morts. Le 8 février 1962, une manifestation de la gauche contre les attentats OAS est durement chargée par la police, huit morts se retrouvent étouffés dans la bousculade. L'OAS vise autant les personnes proches du pouvoir que les indépendantistes. L'échec de l'insurrection du quartier populaire pied-noir de Bab-el-Oued, à la signature des accords d'Évian, conduit l'OAS à pratiquer une politique de terre brûlée, voulant rendre l'Algérie dans l'état où elle était en 1830. Le FLN ne désarmant pas non plus, les Européens d'Algérie sont conduits inévitablement à quitter le pays.

La fin de la guerre d'Algérie se déroule dans une atmosphère de cauchemar. L'indépendance est reconnue le 3 juillet 1962. La souveraineté algérienne sur le Sahara avec toutes ses richesses pétrolières est finalement concédée, des centaines de milliers de **rapatriés** arrivent en France, les harkis sont officiellement lâchés, l'OAS a mis à prix la tête du chef de l'État. Plus d'un autre homme politique aurait perdu pied. Au contraire, de Gaulle a su, en levant l'hypothèque algérienne, remettre la France d'aplomb aussi bien politiquement qu'économiquement.

L'HOMME

Les têtes du chapitre

- Charles de Gaulle
- Michel Debré
- Challe
- Jouhaud
- Salan
- Zeller

Les mots clés : autodétermination – « un quarteron de généraux en retraite » – FLN – OAS

Une pratique politique disputée

La Constitution de la Ve République ne trouve guère de *détracteurs lorsqu'il la présente aux Français le 4 septembre** 1958, place de la République. La date et le lieu ont été choisis symboliquement pour ancrer la Constitution dans l'histoire républicaine. Les citoyens l'acceptent avec une écrasante majorité.

Le petit de Gaulle illustré

Vous avez d'énormes chances de tomber sur un sujet centré sur lui, sa politique ou sa période. Quels repères avoir devant cette figure patriarcale, véritable pilier politique de votre programme ? C'est d'autant plus difficile de nos jours, car, du fait qu'elle est totalement fossilisée dans l'histoire, il faut fouiller assez profondément pour trouver un lien entre son action et la politique actuelle.

Ses principes

Descendant d'une famille de la petite chevalerie française, de Gaulle est totalement imprégné de l'héritage historique de la France, son père enseignait l'histoire. De sa formation de cadre militaire, il a gardé le souci de privilégier la discipline et de conforter la hiérarchie ; dans ce sens il se rattache certainement aux familles politiques de droite : un ordre ne doit plus être contesté une fois la décision prise. Cependant, la primauté qu'il donne au peuple fait de lui un ardent défenseur de la démocratie. Enfin, son œuvre à la tête de la France libre, en regroupant toutes les familles politiques sous sa direction, prouve un réel pragmatisme, une certaine maestria politique tenant compte beaucoup plus des intérêts à long terme de la France que de la volonté d'imposer une politique partisane.

Ses documents

Vous aurez droit à des extraits soit de discours, longuement écrits et ciselés par lui-même pour la plupart, mais également plus ou moins improvisés lors des conférences de presse ou pour « Vive le Québec libre ! ».

Vous pourrez aussi faire face à des textes tirés de ses mémoires écrites lors de ses périodes de moindre activité politique. Sachez les reconnaître : les *Mémoires de guerre* ont été écrites pendant la « traversée du désert » de 1946 à 1958, les *Mémoires d'espoir*, inachevées, le sont après sa démission en avril 1969. Votre manuel regorge de ces gaulleries, à vous de bien repérer le contexte exact leur correspondant.

Il n'en est pas de même en 1962 où le chef de l'État fait face à une opposition résolue d'une grande majorité du personnel politique. La nomination, au printemps, de Georges Pompidou comme Premier ministre correspond à la fin de la guerre d'Algérie. Elle est aussi un changement majeur dans la vie politique française. Le nouveau Premier ministre n'a jamais été élu. Lorsque les parlementaires se voient retirer aussi leur rôle primordial dans l'élection du Président à l'automne, les inquiétudes se transforment en crainte d'une ***dérive bonapartiste****. Une motion de censure est votée contre le gouvernement et le président du Sénat, Gaston Monnerville, mène une campagne violente contre de Gaulle. Cette crise, où se confrontent la tradition républicaine parlementaire et une vision gaulliste de l'équilibre des pouvoirs est arbitrée par les électeurs. En validant deux fois de suite les choix du général de Gaulle, lors du référendum sur le mode d'élection du Président et lors des élections législatives, les Français montrent autant leur confiance que leur lassitude d'une tradition parlementaire paralysante.

Forces et faiblesses de la France gaullienne

Une politique étrangère prestigieuse, indépendante et dérangeante

Obnubilée par le « **rang** » que doit retrouver la France, la politique étrangère du président de Gaulle repose sur l'**affirmation de l'indépendance** vis-à-vis des États-Unis, une certaine ouverture face au reste du monde et une méfiance profonde envers toutes les institutions internationales, ONU et Marché commun.

De Gaulle dispose pour cela de plusieurs atouts. Son rôle dans la Seconde Guerre mondiale, la décolonisation qu'il a su opérer, aux premières années de son mandat, lui confèrent un statut international de premier plan. Sa parole prend alors beaucoup d'importance, donnant tout son poids à la réconciliation franco-allemande opérée en 1963. Il bénéficie aussi d'un certain héritage : l'explosion de la **première bombe atomique française**, en février 1960, est le fruit de décisions politiques datant de 1954-1956. La formidable croissance des années 1960-70 permet aussi de financer des opérations de prestige. Dans le tiers-monde, l'image de la France s'embellit depuis la fin des guerres coloniales. Enfin, la France opère un revirement spectaculaire de sa politique au Moyen-Orient en mettant fin au soutien militaire à Israël en pleine guerre des Six Jours (1967).

L'attitude vis-à-vis des États-Unis est complexe et difficilement compréhensible pour leurs dirigeants alors engagés dans l'engrenage vietnamien. En 1967, de Gaulle annonce que la France quitte le **commandement militaire intégré de *l'OTAN****. Le Quartier général de l'organisation quitte Paris et les bases américaines en France doivent être évacuées. De plus, le 1er septembre 1966, à Phnom Penh, il exprime ouvertement son opposition à la politique américaine en signifiant que la seule solution pour le Vietnam réside en une négociation, qu'il est vain d'espérer l'emporter par la force. Tous ces gestes relativement malveillants sont accompagnés d'une certaine ouverture vis-à-vis des pays communistes. La France est le premier pays occidental à reconnaître la Chine de Mao en 1964. De Gaulle est reçu en Pologne (1967), en Roumanie (1968). Enfin son attitude hostile aux Anglo-Saxons se manifeste dans son opposition à l'entrée de la Grande-Bretagne dans le Marché commun et par le « Vive le Québec libre ! », soutien tonitruant, mais sans suite, aux Canadiens francophones du Québec en 1967.

Faire de l'alliance avec les États-Unis une relation de parité et non plus de vassalité, telle était finalement l'axe et les limites de la politique étrangère française des années 1960. De Gaulle ne se considère pas comme un ennemi des États-Unis. Il conteste simplement leur écrasant pouvoir, leur *hégémonie**. La France reste fermement dans le camp occidental, comme le prouve l'attitude fidèle du président de Gaulle lors de la crise des fusées de Cuba. Elle se bâtit une certaine autonomie à l'intérieur de celui-ci, garde le commandement de ses troupes, et se construit petit à petit une force nucléaire spécifique. Le principal échec dans cette politique de grandeur est économique : de Gaulle n'a pas pu disputer la prééminence du dollar comme première devise internationale.

Tableau 22-1 : Pour éviter les répétitions – Quelques périphrases évoquant de Gaulle

Terme et expression	Commentaire
Le chef de la France libre Le rassembleur de la Résistance	Positif, mais pouvant le reléguer dans le passé
Le fondateur de la Ve République – Le président de Gaulle	Factuel
Le « Grand Charles » Mongénéral	Affectueux, voire légèrement critiques, ces surnoms ont souvent été lus dans *Le Canard enchaîné.*
L'ermite de Colombey	*Surnom dévalorisant donné avant 1958 ou après 1969*
La grande Zohra	*Injure proférée par l'OAS*

L'usure du pouvoir

Les fondements du pouvoir gaullien ne sont pas inébranlables. De Gaulle est mis en ballottage lors de l'élection présidentielle de 1965. Après les élections législatives de 1967, les gaullistes doivent composer avec un parti libéral pour former une majorité qui ne tient qu'à un siège. Malgré la croissance, une certaine lassitude est perceptible, « la France s'ennuie ». Les événements de mai-juin 68 bousculent cette léthargie. La crise s'étendant, le Président semble perdre pied en proposant un référendum sur la participation dont ni les salariés ni surtout les milieux d'affaires ne veulent. Sa disparition pendant quelques jours, fin mai, accroît l'impression de confusion que donne le pouvoir. La crise se dénoue par l'annonce, le 30 mai, de la **dissolution** de l'Assemblée nationale et l'organisation le même jour d'une contre-manifestation gigantesque de soutien au gouvernement. L'image du Président est écornée, celle de son Premier ministre commence à lui porter ombrage. Bien qu'ayant remporté les élections, Georges Pompidou est « démissionné » en juillet 1968. Matignon est désormais entre les mains d'un fidèle subalterne, Maurice Couve de Murville.

Voulant relancer un train de réformes institutionnelles, portant à la fois sur la régionalisation et sur une profonde modification du Sénat, de Gaulle propose un référendum au printemps 1969. Il y met tout le poids de sa personne. Ce n'est plus **lui ou le chaos**, les temps ont changé, la perspective de son départ ne fait plus peur, Georges Pompidou s'étant déjà proclamé candidat à la succession. Devant la victoire des « non », le chef de la France libre démissionne le 29 avril 1969 au lendemain du scrutin.

Continuité et crises

À RETENIR

Georges Pompidou est élu Président avec une majorité confortable, 57 % des voix. La gauche n'a pas eu de représentant au second tour ; elle est dominée par le parti communiste, son candidat, Jacques Duclos recueillant 21,5 % des suffrages. Le général s'étant retiré de la vie publique, son successeur assume à la fois la continuité de la politique gaullienne, avec des modulations qui marquent néanmoins sa propre personnalité. La continuité est flagrante en matière de politique étrangère : nous retrouvons la même volonté de s'affirmer comme pair vis-à-vis des États-Unis sans quitter l'alliance. Paris reste le lieu où se négocie la sortie de guerre au Vietnam aboutissant aux accords de 1973. La politique européenne s'infléchit. Plus favorable aux principes du marché commun, Pompidou permet **l'entrée du Royaume-Uni** dans la *CEE** en 1973.

La politique intérieure est marquée par deux périodes : il y a une nette différence entre les deux Premiers ministres. Jacques Chaban-Delmas effectue d'importantes réformes dans l'éducation et l'université : il préconise une politique sociale ouverte qui donne un certain poids aux salariés dans les décisions des entreprises et qui garantit la hausse de leur pouvoir d'achat. Le projet de « **nouvelle société** » que défend ce Premier ministre, en contrecoup de mai 68, est mal ressenti par les milieux d'affaires et par une grande partie des députés gaullistes.

Il est démissionné en juillet 1972 et laisse la place à un gaulliste plus conforme aux vœux de leur électorat : Pierre Messmer.

À RETENIR

68, les événements

La crise est d'abord universitaire et parisienne

Des groupes d'étudiants gauchistes mènent une contestation dans les universités, sur fond d'admiration de la révolution chinoise, de dénonciation de la guerre du Vietnam, de dénonciation de la « société de consommation » et de désir d'émancipation personnelle, la majorité étant alors donnée à 21 ans. Après quelques incidents survenus à Nanterre conduisant à la fermeture de cette université nouvelle, les prestigieuses universités parisiennes sont occupées. L'évacuation de la Sorbonne par la police occasionne les premières échauffourées le 3 mai. La semaine qui suit voit les heurts devenir de plus en plus violents jusqu'à devenir de véritables scènes d'insurrection, avec construction de barricades conformément à la tradition révolutionnaire parisienne.

Le 10 mai, le conflit s'étend au domaine social

Les grèves, avec occupation des locaux, se multiplient et paralysent rapidement l'ensemble de la France. Reposant sur la volonté de marquer la solidarité avec les étudiants et sur des motivations propres concernant les salaires et les conditions de travail, le mouvement échappe au contrôle des syndicats malgré les accords de Grenelle, signés le 27 mai, qui ne peuvent pas faire cesser le mouvement.

La crise devient politique

Le gouvernement, incapable de répondre aux troubles, semble chancelant. L'opposition tente de prendre les rênes du pouvoir, le PCF réclame un gouvernement populaire, François Mitterrand se dit prêt à assumer le pouvoir. Après un aller et retour secret auprès de l'état-major des Forces françaises stationnées en Allemagne, de Gaulle réapparaît pour annoncer la dissolution. La France entre dès lors en campagne électorale. Le parti gaulliste triomphe, il obtient 294 sièges sur 487.

L'année 1968 a vu partout dans le monde une jeunesse secouer la société par des mouvements brusques, mais nulle part la crise ne fut aussi profonde qu'en France. Il faut noter toutefois le peu de victimes pendant ces jours : le préfet de Police, celui qui supervise les opérations de maintien de l'ordre, n'est plus Maurice Papon, mais Maurice Grimaud. Les mêmes policiers peuvent pourtant avoir participé à la meurtrière « ratonnade » d'octobre 1961. Mais, en mai 1968, ils obéissent à des consignes largement différentes.

CONSEILS DU PROF

Les mutations du parti gaulliste

De Gaulle s'est toujours méfié des partis. Il fut contraint d'en organiser un, soit pour accéder au pouvoir, soit pour conforter le sien. Il y a eu une éclipse. Le décodage des dénominations successives de ce courant politique est instructif.

RPF, Rassemblement du Peuple français, parti créé en 1946 qui se veut être « comme le métro à 5 heures du soir » : après de brillants succès en 1947 et 1954, cette structure s'est diluée, des députés préférant « aller à la soupe » que de rester aux ordres du général.

UNR, Union pour la nouvelle République, fondée en 1958 pour donner une assise parlementaire au général, parti des « godillots » par excellence.

UDR, Union pour la défense de la République, changement de nom né du tumulte de 1968. L'intitulé est ouvertement conservateur, l'extrême droite est alors inexistante et il faut faire feu de tout bois contre la gauche.

RPR, Rassemblement pour la République, fondé en 1976, à partir de l'UDR, quand Jacques Chirac vient de rompre avec le président Giscard d'Estaing. Le parti devient sa machine qui doit le porter au pouvoir… patience. Le parti devient post-gaulliste.

UMP, Union pour un mouvement populaire, fondée en 2002, rassemblant, au-delà du RPR, une multiplicité de courants de la droite soutenant le président J. Chirac pour obtenir son second mandat. Ils se partagent le financement, désormais public, du parti. Il est à noter que le contrôle de cette machine électorale a été de 2004 à 2007 entre les mains de l'ex-maire de Neuilly aujourd'hui président de la République. La référence à de Gaulle n'y est plus que rituelle.

Le paysage politique français change énormément à gauche. Sur les extrêmes, la mouvance gauchiste active ne tombe pas dans la violence terroriste que connaissent les Italiens et les Allemands. Elle se retrouve dans des formes de contestation nouvelles, comme la lutte contre l'extension du camp militaire du Larzac. Pour les partis plus installés dans le débat démocratique, la vieille *SFIO** se transforme en partisocialiste en 1970, en ralliant de petits mouvements dynamiques. En 1971, François Mitterrand en devient le premier secrétaire. Il défend une nouvelle stratégie d'alliance avec les communistes, **l'union de la gauche**, qui porte ses fruits aux législatives de 1973 et aux municipales de 1974.

La maladie du Président, le renforcement de l'opposition et les premières manifestations de la crise marquent les dernières années du mandat de Georges Pompidou. On doit à ce président très proche des milieux d'affaires des choix déterminants pour la France de nos jours : le programme d'équipement en centrales nucléaires et le feu vert pour le lancement des TGV.

L'annonce de la mort du Président, le 2 avril 1974 surprend les Français. Une page se tourne, elle ne concerne pas seulement la politique mais aussi des pans entiers de sa société. La France entre dans l'ère postindustrielle, un nouveau personnel politique va assumer la douloureuse transformation.

Êtes-vous au point ?

- Quand et pourquoi l'article 16 de la Constitution a-t-il été utilisé ?
- La France a-t-elle quitté l'OTAN sous de Gaulle ?
- Pourquoi de Gaulle est-il si hostile aux Britanniques ?
- Pourquoi Pompidou est-il démissionné en juillet 1968 ?

Les temps forts. *Connaître les dates et les liens de cause à effet.*

L'année 1962 – la fin de la guerre d'Algérie – mai 68 – la politique française vis-à-vis des USA – la politique européenne – la nouvelle société – le congrès d'Épinay.

Les personnages

De Gaulle – Messmer – Debré – Pompidou – Couve de Murville – Chaban-Delmas – Poher – Mitterrand – Cohn Bendit et Chirac, oui, il était déjà au gouvernement en 1967…

Une affiche, de l'image promue à la réalité

Affiche éditée par le gouvernement français, en mars 1962, au moment de la signature des accords d'Évian devant mener à l'indépendance de l'Algérie. Exercice de style difficile pour celui-ci. Il s'agit de promouvoir la coexistence, la coopération et la fraternité des communautés d'origines différentes dans un nouveau pays qu'il faut construire. L'image est d'autant plus irréelle que ce processus arrive après huit ans de guerre menée à l'encontre des indépendantistes algériens, guerre qui s'est étendue au sein même de la population d'origine européenne. Depuis 1960-61, les extrémistes de l'Algérie française ont formé l'OAS. Après le 19 mars, date du cessez-le-feu, ce groupe multiplie les attentats et autres actes violents, dans une stratégie de terre brûlée qui n'a rien à voir avec l'accolade enfantine que nous avons sous les yeux. De l'autre côté, le FLN pratique un double langage, ouvert aux pieds-noirs en façade tout en laissant se commettre des exactions contre eux. Cette affiche témoigne d'un optimisme complètement décalé par rapport au climat on ne peut plus violent qui a fini par pousser près de deux millions d'Européens à quitter l'Algérie durant l'été 1962.

Chapitre 23

Crises et modernité de 1974 à nos jours

Dans ce chapitre :

- Les deux faces du septennat giscardien
- Les quatorze années sinueuses de Mitterrand
- Les continuités chiraquiennes
- Les débuts tonitruants de Sarkozy

Une actualité déroutante

Certains points de ce chapitre ont pris un énorme coup de vieux en moins d'un an. Dans l'apparence déjà, nous sommes très loin des années soixante-dix où Giscard était à la barre et où Jacques Martin s'installait dans les dimanches après-midi familiaux. La vie privée du président Mitterrand n'aurait plus besoin d'être émaillée d'une multitude de secrets partagés par quelques initiés uniquement. Dans le fond ensuite, l'opposition droite-gauche continue à se diluer. Le paysage politique, ébranlé depuis l'élection de Nicolas Sarkozy, n'a pas encore retrouvé d'autre éléments de positionnement que cette question : détenir des miettes de pouvoir ou non ?

Cependant, vous devez toujours conserver un certain recul. Dans les sujets proposés au bac, l'expression « jusqu'à nos jours » vous oblige à tenir compte du théâtre politique actuel. Vous devrez continuellement mettre en perspective les faits qui vous seront assenés par une actualité où se mêlent show business, communication calculée et faits réels. Peut-être cette attitude vous permettra-t-elle de distinguer ce qui est essentiel du reste…

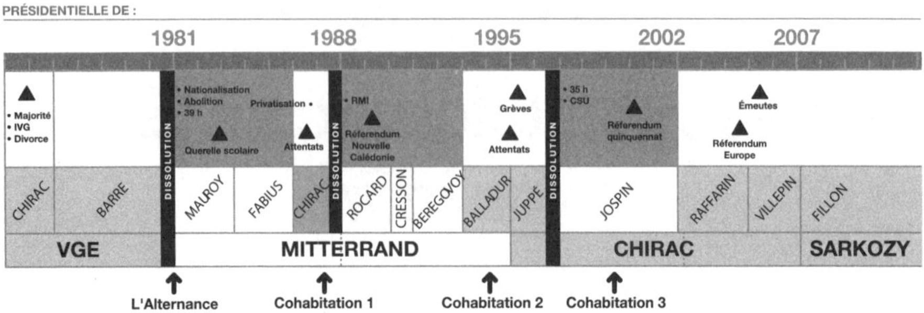

Les deux faces du septennat de Giscard

Un chantier de réformes

L'élection présidentielle de 1974 marque certaines ruptures. Le candidat gaulliste, Jacques Chaban-Delmas, dont l'image sociale-démocrate déplaît à droite, n'a pas le soutien de l'intégralité de son parti. Il ne recueille qu'un peu plus de 15 % des voix au premier tour. Le socialiste François Mitterrand, soutenu par le PCF*, fait le plein à gauche avec plus de 44 %. Il affronte, au second tour, Valéry Giscard d'Estaing, ministre des Finances et homme politique de droite libérale, qui axe sa campagne sur le dynamisme, – il a 48 ans –, en accord avec la classe montante des cadres. Celui-ci emporte le second tour avec 50,8 % des voix. L'âpreté de la campagne, la différence profonde entre les deux programmes en lice et l'agitation de l'épouvantail communiste rendent le débat public tumultueux. « **La France est coupée en deux**. » Le court écart séparant les deux candidats au second tour déçoit profondément la gauche.

Une fois élu, le président Giscard d'Estaing récompense les gaullistes qui l'ont soutenu : Jacques Chirac, 42 ans, est nommé Premier ministre. C'est donc sous sa responsabilité que le gouvernement s'attache à opérer des **réformes profondes**, mettant les lois en adéquation avec les aspirations de la société : majorité à 18 ans, réforme du divorce, de l'autorité parentale. Ces réformes passent relativement bien. En revanche, l'abrogation de la loi de 1920 et, par conséquent, la légalisation de l'avortement ne se fait pas sans remous. La ministre chargée de défendre cette réforme à l'Assemblée, Simone Veil, est violemment prise à partie par bon nombre de députés de sa propre majorité. Le président Giscard d'Estaing tente aussi de modifier le rapport au pouvoir ; il prône une certaine « **décrispation** » mais n'est guère suivi par le monde politique et une opinion publique surprise par sa communication maladroite.

La situation économique et politique conduit au raidissement. Le million de chômeurs est atteint pendant l'été 1974, l'inflation dépasse les 10 %, la facture énergétique déstabilise l'économie. Les élections cantonales de 1976 voient une nette victoire de la gauche. De plus, les personnalités du Président et de son Premier ministre se heurtent de plus en plus. Jacques Chirac rend public ce conflit en démissionnant en juillet 1976.

Le changement dans la continuité

C'est tout le paradoxe giscardien, celui qui l'a porté au pouvoir : il est à la fois conservateur et libéral. « Rassurez-vous, on réforme mais il n'y aura pas de révolution. » Deux périodes totalement antagonistes peuvent être cernées lors de son mandat de Président. Les deux premières années concrétisent ce que le sociologue Henry Mendras appellera « la seconde révolution française ». Ensuite le pouvoir enfourche un cheval de bataille sécuritaire, faisant voter un ensemble de lois, dites « Poniatowski », renforçant les pouvoirs de la police, et laissant exécuter des peines de mort pour rassurer une frange inquiète de l'opinion publique.

Un tournant libéral mal contrôlé

En nommant immédiatement Raymond Barre, reconnu comme expert, au poste de Premier ministre, Giscard donne la priorité au rétablissement économique. Ce changement est important, il introduit une approche libérale des rapports économiques dans une France qui jusqu'alors était profondément dirigiste. Raymond Barre met en place la libération des prix, ordonne aux entreprises publiques d'atteindre l'équilibre de leur budget en cinq ans et lance un grand programme destiné à rendre la majorité des Français propriétaires de leur logement. Les premiers effets de cette politique sont la hausse des prix, – elle était attendue –, mais, de ces mesures, devait redémarrer la croissance. Le second choc pétrolier de 1979 met en pièces cette espérance.

La situation politique se détériore aussi. La majorité est déchirée. La rupture avec l'ancien Premier ministre met les postgaullistes dans un statut de quasi-opposition. Jacques Chirac dispose de grands moyens : sa machine électorale, le RPR, fondé en 1976 et la Mairie de Paris conquise en 1977. Face à lui, les partisans du Président fondent l'UDF* en 1978.

La gauche se fragmente aussi. Le PCF et le parti socialiste rompent « l'union de la gauche ». Le **programme commun** tombe dans les oubliettes. Les élections législatives de 1978 sont emportées par la droite mais ne clarifient pas la situation. Le RPR dispose du groupe parlementaire le plus puissant.

Les élections européennes de 1979 voient cette tension atteindre son paroxysme. Le Président et son entourage sont qualifiés de « parti de l'étranger » par Jacques Chirac depuis son lit d'hôpital dans le fameux « **appel de Cochin** ».

C'est donc un Giscard d'Estaing affaibli par un bilan économique sinistre, une sourde querelle au sein même de sa majorité et une image personnelle ternie par de grotesques scandales, qui se présente pour un second mandat en 1981. Le scrutin est très ouvert car la gauche, aussi, est désunie.

Les quatorze ans de Mitterrand

L'alternance

En mai 1981, la victoire de François Mitterrand au second tour de l'élection présidentielle avec 51,75 % des voix inaugure le « changement ». C'est un bouleversement inquiétant pour la droite ; pour les autres, il s'agit du retour au pouvoir tant espéré d'une gauche qui en avait été écartée depuis vingt-cinq ans. Les élections législatives qui suivent, organisées en juin 1981, confirment la victoire des socialistes, avec 288 députés sur 490, véritable « **vague rose** » ; ils peuvent gouverner seuls. La droite, avec 157 députés, a perdu 129 sièges, le parti communiste, avec 44 députés, n'a plus que la moitié de ses sièges de 1978. Le déclin du PCF est désormais une évidence. Le succès socialiste est amplifié par une abstention marquée d'un électorat de droite désarçonné.

L'HOMME

Tonton* au Panthéon

Les festivités marquant l'installation du nouveau Président ont comporté un épisode symbolique mis en images, en direct, à la télévision. Le 21 mai 1981, le passage de Mitterrand au Panthéon se voulait être un hommage du présent au passé et démontrer la profonde marque que l'idéal de la gauche a laissée dans l'histoire de la France. Ainsi vit on le tout neuf président Mitterrand, 65 ans, accompagné d'une foule joyeuse et tumultueuse, entrer dans le monument seul, puis, dans la crypte, fleurir d'une rose rouge symbolique les tombes de Jean Jaurès, Jean Moulin et de Victor Schœlcher. Socialisme, résistance et droits de l'homme étaient honorés dans ce cérémonial.

Dans le même temps, on assistait aussi à un miracle : celui de la rose perpétuelle. Même en sortant du monument, François Mitterrand avait toujours une fleur en main. Un technicien, hors champ des caméras, assurait le réapprovisionnement floral.

Pierre Mauroy est nommé Premier ministre et forme, après les législatives, un gouvernement comprenant quatre ministres communistes. Dans le contexte international de regel, cette présence a nécessité une mise au point particulière avec les États-Unis, le vice-président George Bush père, étant le premier hôte étranger reçu à l'Élysée par le nouveau Président.

Le gouvernement et sa majorité mettent en application le programme électoral contenu dans les ***110 propositions**** : décentralisation, fin du monopole d'État sur la radiodiffusion, abrogation des lois dites « sécurité et liberté » et du délit d'homosexualité dans le Code pénal et, surtout, **abolition de la peine de mort**.

Dans le domaine économique, le gouvernement Mauroy augmente, dès l'été, le SMIC et les prestations sociales. Une politique de relance est initiée dans le but de retrouver la croissance par la consommation. 55 000 emplois sont créés dans la fonction publique. Un impôt sur les grandes fortunes est institué. Pour se donner les moyens de diriger cette relance, il est procédé à de nombreuses **nationalisations** touchant les banques, les assurances et des entreprises en situation de monopole vis-à-vis de l'État. Un programme de grands travaux est mis en route comprenant des réalisations de prestige : opéra de la Bastille, grand Louvre, arche de la Défense.

Enfin, sur le plan social, le temps de travail est réduit à 39 heures par semaine, une cinquième semaine de congé payé est allouée aux salariés et l'âge de la retraite est abaissé à 60 ans. Les droits syndicaux sont renforcés dans les entreprises et les locataires sont mieux protégés vis-à-vis des propriétaires. Ce gouvernement de gauche qui applique une généreuse politique de gauche connaît un court « **état de grâce** ».

La rigueur

Dès l'automne 1981, les indicateurs économiques se dégradent continuellement. La politique de relance française est en plein décalage avec celle de la majorité des pays européens plutôt enclins à restreindre le pouvoir d'achat et les dépenses de l'État. L'inflation reste autour de 13-14 %. Le franc voit sa valeur régulièrement baisser alors que les banques centrales européennes sont obligées de soutenir la devise. Après une deuxième dévaluation du franc, Mitterrand décide de changer de politique économique. Sous la direction de Jacques Delors, ministre de l'Économie, « **la rigueur** » s'impose avec la réduction de l'inflation comme première priorité. Le gouvernement prend des mesures impopulaires, comme la limitation des devises pour les touristes à l'étranger et surtout le blocage des salaires.

Le tournant de la rigueur passe difficilement dans une opinion publique prise par des craintes et des doutes. On compte 2,3 millions de chômeurs à l'été 1984. Le particommuniste a de plus en plus de mal à justifier sa présence au gouvernement. Le paysage politique se modifie profondément, l'extrême droite ressurgit, le Front National recueille 11 % des voix aux élections municipales de 1983. L'année 1984 va voir l'ensemble de l'opposition, droite et extrême droite, se rassembler pour soutenir les écoles confessionnelles catholiques privées, menacées d'être intégrées dans un « grand service public de l'éducation ». Le débat est vif, aussi bien à gauche qu'à droite. La « ***guerre scolaire**** » suscite la mobilisation de millions de manifestants, autant du côté des partisans de la laïcité que des défenseurs des écoles dites « libres ». En juillet 1984, Mitterrand abandonne ce projet. La nomination de Laurent Fabius au poste de Premier ministre marque une nouvelle étape ; il n'y a plus de ministre communiste dans le gouvernement. L'urgence économique est de tenir le cap de la rigueur. Politiquement, il faut limiter les dégâts d'une défaite assurée aux prochaines élections législatives prévues en 1986.

Le sphinx cohabitant

En mars 1986, la coalition UDF-RPR obtient une courte majorité en étant obligée d'inclure trois députés « divers droite » dans son sein. Le **scrutin proportionnel** a permis aux socialistes de limiter les pertes et au FN d'avoir 35 députés. Le PC en a autant. François Mitterrand s'accommode de cette situation inédite et nomme Jacques Chirac Premier ministre. Le Président promet qu'il « ne restera pas inerte », la **cohabitation** ne se fait pas sans heurts, mais la politique libérale voulue par la majorité à l'Assemblée nationale s'exécute. Le credo libéral, avec l'exemple de Margaret Thatcher en Grande-Bretagne et de Ronald Reagan aux USA, s'applique en France. Le gouvernement procède à des **privatisations** et supprime l'impôt sur les fortunes. Le ministre des Finances, Édouard Balladur, propose aux Français de participer à un actionnariat populaire tout en choisissant, avec soin, les actionnaires majoritaires, les « noyaux durs », des groupes dénationalisés. Les privatisations s'arrêtent après l'effondrement de 30 % des cours de la Bourse à l'automne 1987.

La politique libérale touche aussi l'enseignement supérieur : un projet de loi permettant la sélection à l'entrée des universités et l'augmentation des frais de scolarité entraîne une forte mobilisation étudiante et lycéenne à son encontre. La brutalité avec laquelle la police réprime les manifestations lycéennes, faisant des blessés graves et un mort à Paris, soulève une telle indignation que le projet est ajourné en décembre 1986.

La France fait face à de multiples attentats meurtriers pendant l'automne 1986. Le ministre de l'Intérieur, Charles Pasqua, mène une politique de sécurité répressive et couvre des « bavures* ». Le gouvernement restreint à la fois les modalités d'entrée sur le territoire pour les étrangers et les conditions d'accession à la citoyenneté française pour répondre à la pression du Front National. Enfin, au printemps 1988, alors que la campagne électorale bat son plein, la Nouvelle-Calédonie, territoire français d'outre-mer en ébullition depuis 1984, est au bord de la guerre coloniale, des militaires, après une prise d'otage violente et sanglante sur l'île d'Ouvéa, ayant tué des insurgés Kanaks* qu'ils avaient faits prisonniers. Le président Mitterrand, 72 ans, ne se représente officiellement contre son Premier ministre, 56 ans, que six semaines avant les élections. Il donne une image de rassembleur, de Président de tous les Français.

Le quinquennat du dernier septennat mitterrandien

Le 8 mai 1988, François Mitterrand devance nettement Jacques Chirac au second tour en recueillant 54 % des suffrages. Au premier tour, le Front National confirme son ancrage, avec 14,38 % des voix, alors que le PCF n'en recueille plus que 6,76 %. La nouvelle dissolution de l'Assemblée nationale ne donne pas de majorité à la gauche, les socialistes ne disposent que d'une **majorité relative**. Ils ont besoin du vote ou de l'abstention des 27 députés communistes ou du soutien de quelques centristes. Les projets seront donc votés au cas par cas. Le vote par circonscription étant rétabli, il n'y a plus qu'une députée Front National.

Michel Rocard est nommé Premier ministre. Il désamorce le conflit néo-calédonien et soumet à l'approbation des Français, par référendum, les termes d'un accord apaisant la situation. Le gouvernement pense résoudre le problème du financement de la sécurité sociale en introduisant une nouvelle cotisation sur tous les revenus, la *CSG**. Celle-ci s'ajoute aux ponctions déjà existantes. La mise sur pied du RMI* répond aux engagements pris lors de la campagne électorale, mais il n'y a pas d'entente entre le Président et son Premier ministre qui est démissionné en 1991.

La nomination d'Édith Cresson n'a pas l'effet escompté. La première femme nommée à ce poste ne recueille pas la popularité attendue. La situation économique se dégradant à partir de 1991, elle doit annoncer que le cap des 3 millions de chômeurs est franchi. D'autre part, les socialistes doivent faire face à de multiples scandales liés au financement de leur parti ou à la responsabilité de ministres dans des affaires de santé publique. La nomination de Pierre Bérégovoy, qualifié de « Pinay de gauche » permet de bénéficier d'un certain capital de confiance au sein des milieux financiers mais, malgré le court succès au référendum sur le traité de Maastricht, il ne peut retourner la situation. Les socialistes savent qu'ils seront battus aux législatives de 1993. Tout le monde s'attend à une nouvelle cohabitation.

1993 à 2007, la continuité chiraquienne

Balladur ou Chirac, deux postures différentes

Aux élections de mars 1993, la victoire de la droite est éblouissante, avec 471 députés sur 577. Les électeurs marquent leur discrédit vis-à-vis du parti socialiste qui n'a plus que 57 députés. Cette cinglante défaite entre en compte dans le suicide de Pierre Bérégovoy, le 1er mai 1993.

Le poste de Premier ministre n'est pas attribué au chef du parti majoritaire. Jacques Chirac, à la lueur de l'expérience précédente, où il a été usé par deux années de dure cohabitation, garde la direction du RPR et préfère que cette responsabilité soit prise par un technicien. Édouard Balladur est donc chargé de former le gouvernement et doit cohabiter pendant toute cette période avec un Président de plus en plus **miné par la maladie**. Sa politique est moins ouvertement libérale qu'en 1986. Rigueur et privatisation sont toujours au rendez-vous, mais l'objectif étant d'assurer la victoire aux présidentielles, les principales réformes sont mises en sourdine.

L'exercice du pouvoir aidant et n'accumulant pas trop de fautes, hormis la relance de la ***querelle scolaire**** pendant l'hiver 1994, le Premier ministre se lance dans la course présidentielle. Son image repose sur la confiance. Jacques Chirac, un temps totalement dépassé, prend son concurrent à contre-pied en dénonçant « la fracture sociale ». Il y développe un discours aux couleurs de gauche où il dénonce la rigueur et les tendances libérales de son ancien ministre des Finances. À gauche, Lionel Jospin tente de redynamiser un parti socialiste au plus bas de sa popularité.

À RETENIR

Les résultats du premier tour sont surprenants : Jospin recueille 23,3 % des voix ; Chirac, avec 20,8 % des suffrages, passe devant Balladur avec moins de 700 000 voix d'écart. Les candidats des partis gouvernementaux n'arrivent plus à rassembler suffisamment autour d'eux. Le ***vote protestataire**** s'installe dans le jeu politique et le trouble.

Juppé, du rêve à la réalité

Au second tour, Jacques Chirac est confortablement élu avec 52,6 % des voix. Lionel Jospin a réussi toutefois à réintroduire le parti socialiste dans le jeu politique. Il est désormais le chef d'une opposition reconsolidée.

Jacques Chirac nomme un de ses fidèles lieutenants, Alain Juppé, Premier ministre. Sa tâche est compliquée. La bataille au sein de la majorité entre balladuriens et chiraquiens a laissé de profondes cicatrices et le gouvernement doit naviguer entre la nécessaire rigueur pour respecter ***les critères de Maastricht**** et les promesses bienveillantes du candidat. En juin 1995, le gouvernement décide d'augmenter la fiscalité alors que Chirac avait promis de faire baisser les prélèvements pendant la campagne électorale. Lorsque le gouvernement présente, à l'automne, son plan de réforme de la Sécurité sociale comportant, entre autres, un nouveau prélèvement, la RDS*, il déchaîne la plus forte réaction syndicale depuis 1968, mettant des millions de manifestants dans les rues. Les fonctionnaires et les agents des services publics, SNCF en tête, paralysent la France de la fin novembre à la mi-décembre. Le mouvement est soutenu par l'opinion publique ; si le secteur privé n'y participe pas, il semble qu'il y ait eu une **grève par procuration**.

En 1996, Alain Juppé devient le ministre le plus impopulaire depuis 1981. La décision de supprimer le service militaire, annoncée en juillet 1996, n'apporte même pas de satisfaction immédiate chez les jeunes, cette décision prend du temps pour se mettre en place et les derniers appelés éprouvent un sentiment d'injustice. Il y a peu d'économies à attendre de cette mesure.

L'année 1997 voit le jugement des Français s'adoucir, les sondages de popularité progressent pour le gouvernement. Le 21 avril 1997, Chirac annonce la dissolution de l'Assemblée nationale. Il inaugure une pratique inédite en France : auparavant toute dissolution ne se justifiait qu'à la suite d'une alternance présidentielle ou pour trancher démocratiquement dans un climat de crise. **Cette dissolution « à froid »** surprend tous les observateurs politiques.

Une cohabitation de combat

Le pari du gouvernement est perdu. L'alliance entre les socialistes, les *verts** et le parti communiste remporte les élections en juin 1997. Une nouvelle cohabitation commence, Lionel Jospin, nommé Premier ministre, forme un gouvernement avec la « **gauche plurielle*** ». Des décisions importantes sont prises, établissement de la CMU, réduction du temps de travail à 35 heures, loi sur la parité homme-femme et adoption du *PACS**.

Si la victoire, en juillet 1998, de l'équipe de France au Mondial de football unit les Français dans une vague de joie, aucun homme politique n'en tire un bénéfice réel et l'ambiance unanime ne dure qu'un été. La cohabitation est constamment tendue. Jacques Chirac entend bien se représenter. La présidence tient à conserver partout ses prérogatives. Le Premier ministre, lui aussi, ajuste sa stratégie sur l'objectif de remporter les présidentielles suivantes et se garde de toutes réformes dans la seconde période de son mandat.

Après s'y être formellement opposé un an plus tôt, le président Chirac prend l'initiative de **réduire le mandat présidentiel** à cinq ans. La proposition est acceptée par référendum en 2000. À l'automne 2001, alors que la situation économique s'est détériorée, le calendrier électoral est bouleversé. Les Français savent qu'ils auront à désigner le Président puis sa majorité aux élections de 2002.

Un mandat de 82 %

En 2002, les électeurs doivent choisir entre 16 candidats lors d'un premier tour à l'issue duquel Lionel Jospin n'arrive qu'en **troisième position**. La multiplication des candidatures à gauche, une forte abstention et une grande campagne médiatique concentrant l'attention sur le thème de la sécurité ont porté préjudice à un bilan que le Premier ministre pensait honorable.

À RETENIR

L'émotion politique est profonde. Pour le second tour, Jacques Chirac se retrouve être le **seul candidat républicain** face à un Jean-Marie Le Pen qui n'a rassemblé que 16,86 % des voix. Le Président est réélu avec 82,21 % des voix, recueillant le vote de ceux qui refusent l'extrême droite et de ses propres partisans.

Le parti du Président gagne les législatives qui suivent. La création de l'UMP, un parti plus puissant, absorbant presque toutes les formations politiques de la droite et du centre-droit, fait de la majorité un bloc dominant. Mais cette victoire correspond plus à une grande lassitude des électeurs face à la cohabitation qu'un réel soutien. Le vote protestataire recueille toujours de nombreux suffrages : la victoire du non au référendum de juin 2005 sur la ratification du traité établissant une Constitution pour l'Europe démontre que les Français ne se reconnaissent guère dans les partis de gouvernement.

Le mandat du Président se termine dans un certain affaiblissement physique, Jacques Chirac étant victime d'un accident cérébral à l'automne 2005, et politique ; dans les rangs mêmes de la majorité s'entendent des critiques cinglantes proférées par le prétendant le mieux placé dans les sondages pour lui succéder.

Les débuts tonitruants de Nicolas Sarkozy

Un scrutin marqué par une nouvelle redistribution du paysage politique

Au premier tour de l'élection présidentielle de 2007, les électeurs, qui se sont largement exprimés, ont opté pour une nouvelle distribution politique. Le vote protestataire faiblit nettement. L'extrême gauche, divisée entre quatre candidats, ne recueille que 8 % des suffrages. Le Front national est muselé, à la fois par le vieillissement de son candidat et la reprise « décomplexée » d'une partie de son discours par le candidat UMP. Les Verts sont dépassés par l'intégration de leurs préoccupations dans le programme de tous les candidats issus des partis de gouvernement. Cependant, il se manifeste une certaine volonté rejetant la traditionnelle alternative droite-gauche. Les 18,5 % de François Bayrou ont été la dernière surprise de ce premier tour.

Le second tour fut plus simple. L'image de détermination et le bilan d'une action en profondeur en tant que ministre de l'Intérieur ont fait le succès de Nicolas Sarkozy qui recueille plus de 54 % des voix. De l'autre côté, les revirements, les maladresses (montées en épingle), un certain machisme et des défections spectaculaires au sein même de l'état-major de campagne expliquent l'échec de la première candidate à la présidentielle arrivée au second tour, Ségolène Royal.

Les législatives n'ont pas été une victoire triomphante du parti du président. Le premier tour a conforté la majorité par l'élection de 109 députés de droite, mais le second tour a rééquilibré les résultats, nombre de candidats socialistes ayant redressé une situation délicate. Le président dispose d'une majorité confortable avec 313 sièges sur 577, mais l'opposition existe.

Après ces élections, une nouvelle génération d'acteurs politiques est donc aux commandes, chargée de concrétiser le slogan victorieux de la campagne « Tout devient possible ».

Une volonté de rupture affichée

À la tête du pays, le président Sarkozy mêle habilement tous les genres de communication et des actions précises pour parvenir sur le moyen terme à une transformation majeure du pays. Dès la constitution de son gouvernement, il surprend tous les détracteurs en pratiquant une double ouverture, à des personnes nettement marquées à gauche et provenant de la « diversité », c'est-à-dire d'origine étrangère. L'opposition en sort nettement affaiblie.

Les changements sont opérés tambour battant avec détermination et une habileté calculée dans leur annonce. Cependant, certains slogans commencent à ne plus avoir d'effet quelques mois à peine après leur lancement. Les mesures d'accroissement du « pouvoir d'achat », permettant de « travailler plus pour gagner plus », ne correspondent pas en réalité à une nette amélioration généralisée des conditions de vie des salariés.

L'image du président change aussi, n'hésitant pas à mélanger sphères publique et privée. Cette confusion interfère aussi dans la diplomatie. La place du Premier ministre devient difficile à discerner. Enfin, parler d'un hyperprésident pour Nicolas Sarkozy est vite devenu un cliché tant il se révèle actif dans presque tous les domaines de l'actualité.

Un profond changement est en cours en France. La question reste de savoir si ce processus sera un progrès ou non.

À RETENIR

Êtes-vous au point ?

- Connaissez-vous les couples cohabitants ?
- La gauche plurielle et l'union de la gauche, est-ce la même chose ?
- Quels engagements européens la France a-t-elle pris, quelles en sont les conséquences ?
- Combien de dissolutions, entre 1981 et 2005, sont elles motivées identiquement ?
- Pourquoi peut-on dire que le mandat de Mitterrand se chevauche avec celui de Chirac ?

Les temps forts. *Connaître les dates et les liens de cause à effet.*
Référendum sur la Nouvelle-Calédonie

Les personnages

Les Premiers ministres : Pierre Mauroy – Laurent Fabius – Jacques Chirac – Michel Rocard – Édith Cresson – Pierre Bérégovoy – Édouard Balladur – Alain Juppé – Lionel Jospin – Jean-Pierre Raffarin – Dominique Galouzeau de Villepin.
Les autres ministres : Jacques Delors – Jack Lang – Charles Pasqua – Nicolas Sarkozy.

LE DOCUMENT

Les notions, rien que les notions… sans oublier le contexte

Les évolutions politiques en France (1974-1995) - étude d'un ensemble documentaire (Baccalauréat, Pondichéry, 2006, série S)

> Le programme électoral de François Mitterrand en 1981
>
> II. L'emploi : la croissance sociale par la maîtrise de l'économie
>
> 18) 150 000 emplois seront créés dans les services publics et sociaux en vue d'améliorer les conditions de travail et les capacités d'accueil au public (santé, éducation, P. et T., etc.).
> 60 000 emplois d'utilité collective seront mis à disposition des associations et des collectivités locales. […]
>
> 21) Le secteur public sera élargi par la nationalisation des neuf groupes industriels prévus dans le programme socialiste, de la sidérurgie et des activités de l'armement et de l'espace financées sur fonds publics. La nationalisation du crédit et des assurances sera achevée.

> 22) Le contrat de travail à durée indéterminée redeviendra la base des relations de travail ; les capacités d'intervention du syndicat dans l'entreprise seront étendues et affermies : moyens et protection des délégués élus, temps consacré à l'information et à l'expression collective. [...]
>
> 31) Le SMIC sera relevé. Son montant sera fixé après négociations avec les organisations syndicales. La nouvelle hiérarchie des salaires inscrite dans les conventions collectives sera respectée. Les prestations pour handicapés et le minimum vieillesse seront portés au niveau de deux tiers du revenu moyen. Les prestations familiales seront revalorisées de 50 % en deux étapes.
>
> Les indemnités chômage seront fortement augmentées. [...]
>
> *Les 110 propositions de François Mitterrand* (extraits)
> Source : psinfo.net

Voilà un document bien fragmentaire à partir duquel il est demandé d'identifier « droite » et « gauche » en croisant ce texte avec, en amont d'un discours de VGE en 1978 et, en aval, l'analyse de Serge July, directeur de *Libération*, à la suite de la réélection de François Mitterrand en 1978. Et là, pas de chance, ce sujet tombe en S... La paraphrase et la caricature chatouille tout candidat de base. Il faut au contraire prendre ces bribes de promesses électorales, tenues, à bras le corps et en tirer les principes et les resituer dans l'histoire.

Quels sont ces principes ? Une confiance envers l'économie dirigée par l'État. Un état ayant le rôle d'employeur, (proposition 18), capitaine d'industrie et financier, (proposition 21), dirigeant les rapports sociaux et économiques à son gré, (propositions 22 et 23).

Nous avons donc un système de pensée étatique. Dans nos temps de mondialisation, d'ouverture et de compétition internationale, ce discours se retrouve désormais défendu par les marges. Mais loin d'être la copie d'un modèle soviétique, l'État en question est l'expression d'une volonté démocratique. En effet par la nationalisation et par l'élargissement des droits du syndicat, il faut voir une certaine utopie. Une utopie égalitaire se fiant à l'état et non aux entrepreneurs pour prendre la direction de l'économie, un État-patron soumis aux choix démocratiques des électeurs. Voilà en quoi le candidat Mitterrand est réellement socialiste en 1981... et devant les réalités plus complexes des échanges internationaux, le revirement de 1982-83 fut d'autant plus brutalement ressenti que cela semblait possible. Or « changer la vie » n'est resté qu'un slogan.

Chapitre 24

Économie, société et culture en France

Dans ce chapitre :

- Une constante modernisation
- Une société moins conformiste mais plus éclatée
- Un labyrinthe de diversités culturelles

ATTENTION !

Soyez attentif…

Chapitre piège où l'on croit tout comprendre sans rien savoir. Vos professeurs zappent souvent cette partie faute de temps… ou vous le croyez, faute d'attention de votre part… Il commence à faire beau ; les révisions sont bien entamées, vous avez le nez sur le guidon de vos révisions et plus rien de neuf ne rentre. Or de nombreuses confusions guettent ceux qui choisissent des sujets centrés sur ce chapitre. Les notions de culture et de société sont précises et pas du tout empiriques. Pensez que vos correcteurs peuvent être des amateurs éclairés d'opéra quand vous leur parlez de Sinik et la Fouine, de Disiz la peste ou de Rhapsody. Éclaircissez-leur le paysage. Pensez aussi à la *gender**, la majorité des correcteurs sont des correctrices, elles vous en remercieront.

N'oubliez pas de compléter la lecture de ce chapitre avec celle du chapitre deux et de tous ceux sur la France. Les ES, vous êtes particulièrement attendus… mais vous le savez.

Un dossier de documents vous attend au coin du bac. Prenez-le avec toutes les précautions réglementaires. Vous êtes en Histoire, contextualisez toujours. Allumez votre décodeur et réglez-le sur le mode intense. Dans ce chapitre, les textes valent autant par leur contenu que par leur auteur. La moindre photo n'est pas centrée sur ce qu'elle montre ; demandez-vous qui la prend, qui la voit et ce qui est transmis au travers de cette image.

La constante modernisation

Une reconstruction économique et sociale volontariste

Au sortir de la Seconde Guerre mondiale, l'État se donne les moyens de conduire la reconstruction. Il procède à la **nationalisation** de secteurs entiers, transports et énergie, pour influer directement sur les infrastructures, banques et assurances pour orienter l'épargne et réinvestir les bénéfices. L'économie est très dirigée, même l'aide américaine du **plan Marshall** est répartie par le commissariat au Plan. Les plans sont délibérément tournés vers la croissance. En 1947, les prévisions des fonctionnaires du **plan** sont toujours supérieures aux estimations des entrepreneurs, moins confiants en l'avenir et plus soucieux du rendement à court terme.

La mise en place d'une large protection sociale permet la redistribution des fruits de la croissance. La politique d'aide aux familles par les **allocations familiales** régulièrement réévaluées, les garanties données par le statut protégé des fonctionnaires et la fixation d'un **salaire minimum** en 1950 permettent une hausse constante du niveau de vie des salariés. L'État peut aussi orienter indirectement la politique sociale des industries privées en s'appuyant sur la régie Renault. Cette entreprise publique, véritable **laboratoire social**, sert de référence pour toutes les négociations sociales et salariales dans l'industrie.

La prospérité pompidolienne

La fin des guerres coloniales se traduit par une hausse spectaculaire de la croissance. Avec une moyenne de 6 % l'an pendant les années 1960, la France semble rattraper son retard. Si les objectifs de production sont respectés, une grande pénurie de logements et d'infrastructures affecte les Français jusqu'aux années 1970. La hausse du niveau de vie se traduit aussi par de nouvelles demandes d'équipements liés au tourisme et aux loisirs. La création, en 1963, de la DATAR*, en réaction à la prise de conscience des disparités croissantes entre les régions dynamiques et les autres, inaugure une **politique d'aménagement** du territoire. L'État créé de nouveaux pôles industriels (Fos - Dunkerque), construit *ex nihilo* un réseau d'autoroutes, aménage touristiquement des régions entières (Alpes et Languedoc) et impose la construction de grands ensembles résidentiels, les *ZUP**. L'État accompagne aussi de **profondes mutations** comme la modernisation de l'agriculture et l'abandon progressif du charbon comme ressource énergétique.

La modernisation est prompte, voire brutale. Rapidement la joie de voir disparaître les taudis de centre ville laisse place au souci de conserver le **patrimoine** historique. Les grands ensembles d'appartements confortables, avec salle de bains, remplaçant les bidonvilles, sont immédiatement critiqués par l'inconfort de vie qu'ils génèrent. À la fin des années 1960, la modernisation à tout prix ne semble plus si prioritaire.

Crise et adaptation

L'État répond de la même façon aux premiers temps de la crise. Une politique d'indépendance énergétique est rapidement décidée à la fin 1973, équipant la France de centrales nucléaires à un rythme accéléré. Le véritable tournant date des années 1980. Avec la **décentralisation**, en 1982, l'État perd la possibilité d'imposer ses choix sur les régions et sur les villes. Le tournant de la rigueur en 1983 ancre la France dans l'Europe et l'ouvre encore plus aux influences de la mondialisation. Les **privatisations**, inaugurées en 1986, privent l'État de moyens d'action directe. Cependant ce n'est pas trop le manque de pouvoir qui affecte l'action politique mais le manque de fonds dus à la détérioration économique. Le mandat de François Mitterrand s'illustre par une politique de grands travaux. Les monuments construits correspondant autant à un besoin réel et une volonté de prestige qu'à la nécessité de maintenir une certaine activité dans le bâtiment dans une période de stagnation. Seul le Stade de France est à porter au bilan du premier mandat de Jacques Chirac, faute de moyens. Le taux de croissance atteint rarement les 3 %. Même à ce rythme, le plein emploi ne peut plus être assuré. Le ***chômage structurel**** semble s'être installé dans notre économie. La France pour autant n'est pas un pays en déclin. L'économie s'est grandement adaptée, elle devient toujours plus performante, mais souvent, avec moins de main-d'œuvre. La France, malgré ses dénégations, est devenue une société duale* et n'arrive pas à résorber l'exclusion.

Une société un peu moins conformiste mais plus éclatée

Les cadres traditionnels

Le cadre traditionnel de la France semble avoir peu bougé au cours des années 1950. Une certaine normalité semble être unanimement partagée. La famille nombreuse est valorisée. Chaque journée de classe commence par une leçon de morale. Le service militaire n'est pas contesté, aucun groupe politique ne prône la désertion pendant la guerre d'Algérie. Le **modèle patriarcal** n'est contesté que par quelques intellectuelles, comme Simone de Beauvoir, ou par des marginaux liés aux milieux artistiques.

En 1945, la population active est répartie en trois parties presque équivalentes. Les ouvriers, les paysans, les employés et la bourgeoisie partagent les mêmes valeurs. Si le parti communiste diffuse une certaine **culture ouvrière**, celle-ci ne se distingue guère de l'ensemble commun sur le plan moral. Même pour la majorité des 6 millions d'ouvriers, l'idéal du **Français moyen** est celui d'un bon père travaillant et épargnant pour le bien-être de sa famille, la mère restant à demeure pour le bonheur de ses enfants. L'Église garde une certaine influence. Le *MRP** est souvent son porte-parole politique. La messe, les *réunions de cellules**, le cinéma ou le patronage ponctuent la semaine, les fêtes familiales et les quelques rares vacances, l'année.

Une révolution silencieuse

La composition de la population active évolue fortement pendant les années 1960-70 : l'agriculture se modernise. Si les paysans deviennent des agriculteurs, de nombreuses exploitations ferment. La croissance permet d'absorber l'afflux de main-d'œuvre engendré par cet **exode rural** sans secousse sociale. L'industrie, en pleine expansion, se **déconcentre**, de nouvelles régions industrielles naissent à la campagne comme dans l'Alençonnais pour Moulinex. Aujourd'hui, moins de 3 % de la population active arrive non seulement à nourrir le pays, mais aussi à faire de la France un pays exportateur de denrées alimentaires.

Le secteur secondaire emploie plus de 35 % de la population active au début des années 1970. La fin du **fordisme*** rend inutile une grande partie des *OS**. Les ouvriers deviennent des opérateurs. De nos jours, avec 24 % de la population active dans le secondaire, l'industrie a toujours une place importante dans l'économie mais produit beaucoup plus avec moins de travailleurs plus qualifiés. Si le travail industriel existe toujours, le monde ouvrier semble avoir disparu.

Dès les années 1960, les classes moyennes deviennent le modèle social de référence. La **tertiarisation** joue un grand rôle dans cette mutation mais aussi l'accroissement de la qualification. Ingénieurs, techniciens et employés ont le même parcours scolaire de base. Si le pouvoir d'achat diffère, ils partagent les mêmes aspirations et consomment le même genre de produits. Une partie de ces classes moyennes est désormais désenchantée. Le contexte du début du XXIe siècle est moins certain, la **précarité** touchant aussi cette catégorie.

À RETENIR

Une fiole de nitroglycérine dans le programme : l'évolution des religions au cours du xxe siècle

Très difficile d'aborder ce point, on ne peut ignorer le fait religieux. Il interfère dans la vie courante… et nous le retrouvons avec plus d'insistance dans les enjeux politiques nationaux comme dans les pays anciennement communistes ou internationaux avec l'émergence des extrémismes politico-religieux de tous bords depuis les années 1980. Cependant, il ne faut pas confondre connaissance des faits et prosélytisme.

Les enseignants se livrent à ce délicat jeu d'équilibriste entre la nécessité de focaliser l'attention sur les religions et leur propre conviction pour donner les clés permettant de comprendre tel ou tel événement. Il faut noter que dans notre pays, les religions dominantes compensent une perte d'audience globale continue parmi leurs fidèles par une forte présence médiatique. McLunan a bien pris le relais de Gutenberg. Que ce soit pour l'islam ou pour le catholicisme romain, les prédicateurs de tout bord font face à une société, de plus en plus détachée de la religion, pratiquant la laïcité comme M. Jourdain la prose. L'anticléricalisme n'est plus de mise, il est remplacé par l'ignorance.

Les cadres traditionnels voient leur audience diminuer. L'Église catholique tente de s'adapter à la modernité. Le **concile Vatican II**, tenu au milieu des années 1960, permet une modernisation du culte et prône une plus grande ouverture aux autres religions, l'œcuménisme. Cependant, cette Église perd toujours des fidèles et le nombre de prêtres diminue spectaculairement, faute de nouvelles vocations. Les syndicats perdent leur force dans la crise, seules la fonction publique et quelques grandes entreprises issues du secteur public ont encore un fort taux de syndicalisation. Il n'y a plus de **forteresse ouvrière** comme était qualifiée l'usine Renault de Boulogne-Billancourt. La population n'est ni atone ni athée pour autant, mais les citoyens se reconnaissent désormais dans des pratiques plus personnelles ou leur engagement trouve une concrétisation. L'individualisation des pratiques culturelles et sociales est le grand fait de cette transformation profonde.

Un long changement pas encore achevé pour les femmes

Même si elles obtiennent le droit de vote en 1945, les femmes sont longtemps des citoyennes de rang secondaire en France. La contestation féministe de Simone de Beauvoir, dans son ouvrage *Le deuxième sexe* paru en 1949, a beaucoup plus d'écho aux États-Unis qu'en France où elle scandalise simplement la bonne presse. L'**émancipation féminine** passe par la reconnaissance de son statut à parité avec l'homme dans la société, la maîtrise de sa fécondité et l'égalité professionnelle.

Les femmes mariées sortent du statut de dépendance de leur mari au cours des années 1960. Elles peuvent travailler sans l'accord de celui-ci en 1965. En 1970, disparaît la notion de chef de famille au profit de l'**autorité conjointe des parents**. Si les textes de loi ont établi l'égalité entre époux, une forte et sourde pression sociale, s'appuyant sur la tradition, insiste toujours pour que la femme prenne le nom de son époux.

La maîtrise de la fécondité est partiellement octroyée en 1967 avec l'autorisation de commercialiser les contraceptifs hormonaux, *la pilule*, mis au point depuis une dizaine d'années. L'autorisation de l'avortement est obtenue, malgré l'opposition violente de députés conservateurs, en 1975, après une série de procès démontrant la caducité de la loi de 1920. Ce n'est qu'à l'été 2007 qu'a pu être menée une campagne publique centrée sur les multiples façons de procéder à une contraception adaptée.

La reconnaissance de l'égale capacité professionnelle est admise. L'éducation n'est plus sexuée. On retrouve même quelques femmes dans toutes les formations d'élite. Cependant l'accès au pouvoir réel n'est pas assuré, autant dans les entreprises que dans la politique. Les lois sur la parité en politique appliquées en 2002 n'apportent qu'un léger mieux dans la représentation des femmes, mais elles sont, le plus souvent, reléguées aux niveaux subalternes.

Une population vieillie, métissée et pourtant dynamique

En soixante ans, la France a vu sa population augmenter de 50 %. Le dynamisme des **trente glorieuses** n'est pas seul à entrer en compte. L'afflux des rapatriés, les migrations internes depuis les DOM et l'immigration ont contribué à cette croissance. La France est paradoxalement l'un des pays les plus fertiles d'Europe, avec un *taux de fécondité** de 1,9 enfant par femme. Celles-ci réussissent mieux à concilier leur fonction familiale avec une vie professionnelle que dans les autres pays du continent. Le vieillissement pose déjà le problème du financement des retraites et de la dépendance du quatrième âge*, les générations des premières années du baby-boom* commençant à atteindre la soixantaine avec une beaucoup plus grande espérance de vie qu'au moment où l'âge de la retraite avait été fixé.

Les étrangers ne représentent que 5,6 % de la population. Ils occupent, traditionnellement, des emplois ouvriers et sont, de fait, plus soumis aux aléas économiques mais ils sont loin de constituer une classe à part. L'immigration massive de travailleurs est stoppée en 1974. Les **regroupements familiaux** ont permis d'installer les familles de ces ouvriers en France. Depuis vingt ans, le raidissement des réglementations d'immigration a nettement amoindri les entrées légales et clandestines. L'horizon de provenance s'est élargi au monde entier. Le cas des réfugiés étant aussi étroitement contrôlé, la France n'est plus la terre d'asile par excellence. Aujourd'hui, la proportion des étrangers nouvellement admis possédant un diplôme de niveau universitaire est comparable à celui de la population de nationalité française. La moitié des couples comprenant un étranger sont mixtes*, c'est bien plus que dans tout autre pays d'immigration en Europe. La question de l'immigration est d'abord un problème social, c'est ensuite celui du regard **ethnocentrique*** que l'extrême droite française parvient à faire partager benoîtement par le plus grand nombre. Il est certain que la population qui prend le métro est plus colorée qu'il y a 60 ans. Mais c'est la France.

Un profond changement des conditions de vie

Le cadre et la façon de vivre des Français ont largement changé. Ils sont désormais majoritairement propriétaires et vivent moins loin des villes, dans les banlieues ou les campagnes proches. Le logement et l'automobile sont devenus les premiers secteurs de dépense, l'alimentation venant bien derrière. L'univers familial est bousculé, les divorces sont facilités, les couples monoparentaux et les familles recomposées font partie de l'ordinaire. La notion de couple s'émancipe du mariage et de l'hétérosexualité. Avec le PACS et l'intégration de l'homophobie parmi les discriminations, la société française marque une évolution spectaculaire par rapport aux années 1950.

Si une certaine tolérance s'est établie, certains actes sont beaucoup plus sévèrement réprimés. La **violence conjugale** et les agressions sexuelles ont été prises au sérieux depuis une vingtaine d'années. La récente prise de conscience de l'existence d'une délinquance routière démontre un changement de regard sur les accidents de la route.

Le labyrinthe des diversités culturelles

Diffusion de la culture

Le baby-boom s'est traduit par une véritable **explosion scolaire**. Le prolongement de la durée de la scolarité et la hausse du niveau de formation s'illustrent par la construction massive de collèges, de lycées et de quelques universités. Ce n'est pas un hasard si mai 68 a débuté à Nanterre. Une nouvelle étape de **massification** est initiée au tournant des années 1980. Il y a désormais près de 2,3 millions de personnes dans l'enseignement supérieur. La hausse du niveau de vie permet d'acheter des biens culturels ou de se rendre aux spectacles. L'industrie fournit des appareils uniquement destinés aux loisirs. Les pouvoirs publics participent aussi à cette diffusion. Un **ministère de la Culture** est fondé sous de Gaulle. André Malraux en est le premier responsable. Il contribue à la diffusion de la culture sur tout le territoire, par une politique de sauvegarde du patrimoine et la construction de lieux de spectacles dans les régions.

Ses successeurs ont poursuivi ce processus en veillant à construire de nombreux édifices culturels, musée d'Art contemporain pour Georges Pompidou, musée d'Orsay pour *VGE**. François Mitterrand a appuyé ce trait en agrandissant le Louvre et construisant l'Opéra Bastille et la Grande Bibliothèque et faisant se multiplier les *Zénith* sur toute la France. Dans la même continuité, le président Chirac a tenu à faire construire et ouvrir au public le Musée du Quai Branly avant la fin de son mandat. La télévision publique a aussi une obligation d'éducation en contrepartie du monopole d'État. Des initiatives d'artistes contribuent aussi à élargir et diversifier le public. En 1948, Jean Vilar et quelques comédiens fondent le **festival de théâtre d'Avignon**.

Une culture plus populaire existe ; elle est relayée par toutes les radios périphériques* ou d'État et la presse. Le cinéma connaît une crise dans les années 1960, les petites salles de quartier ferment, les familles s'achetant la télévision n'ont plus besoin de cette sortie pour se distraire.

Une mosaïque de pratiques diverses

Le **monopole audiovisuel** éclate en 1981 pour la radio et en 1984 pour la télévision. Les médias ne sont plus généralistes. Chaque personne peut choisir de regarder ce qui lui semble adressé. La mise sur le marché des vidéos et des DVD ainsi qu'Internet renforcent cette tendance. Les jeunes, qui avaient commencé à devenir une clientèle particulière dans les années 1960, peuvent de plus en plus vivre dans un univers qui leur est propre. Les autres catégories de la population trouvent aussi les médias à leur mesure. Les familles immigrées s'équipent d'une parabole pour pouvoir regarder la télévision de leur pays d'origine. France Culture existe toujours, des échos de ses programmes s'entendent dans les salles des profs. Si les municipalités ont fait de grands efforts pour construire des médiathèques et ouvrir de petites salles de spectacle, le public ne semble pas plus s'enrichir culturellement. De grandes surfaces spécialisées lui proposent autant Sartre, Mario que Dany Boon. Pour le plus grand nombre, la culture semble être plus un secteur des loisirs qu'un moyen d'éclairer les consciences.

Aux marges de la culture, une pratique de réjouissances s'est d'ailleurs installée. En juin 1981, Jack Lang, ministre de la Culture de François Mitterrand, organise pour la première fois la **Fête de la musique**. Cette manifestation, marquant le solstice d'été, est désormais ancrée dans la population. Le public qui s'amasse dans les stades aux grands spectacles des tournées internationales vient plus pour l'ambiance que l'écoute. Les grandes équipes de football n'ont-elles pas un statut d'entreprise de spectacle ?

À RETENIR

Êtes-vous au point ?

- L'État a-t-il les mêmes moyens d'intervention économique pendant toute cette période ?
- Comment la télévision a-t-elle influé sur la population depuis 1948 ?
- Quels droits ont les femmes en 1945, de quels droits ne disposent-elles pas ?
- Les mœurs et les valeurs ont-elles toutes évolué vers la tolérance ?

Les personnages

André Malraux – Jack Lang – François Mitterrand – Georges Pompidou – Jean Vilar

LE DOCUMENT

Entre l'image et le symbole, photo de groupe ou photo d'un groupe ?

Manifestation féministe, novembre 1979

Cette photo est caractéristique des limites qu'une image peut avoir. L'esprit critique est largement sollicité par sa lecture. Il s'agit d'une manifestation organisée par les partis de gauche, Partis socialiste et communiste en tête, alors que la loi sur l'avortement votée en 1975 allait être débattue quelques jours plus tard. Or nous ne voyons qu'à peine une quinzaine de personnes. Nous n'avons aucune idée de l'importance réelle de la foule... ou s'il y a eu vraiment foule, d'autres documents sont nécessaires.

L'autre information est parfaitement lisible sur les banderoles et panneaux. Il n'y a aucune contradiction..., mais est-ce si spontané et n'a-t-on pas tout fait pour faire passer le message par la photo ? La réponse est évidente, que ce soit pour une photo ou pour le passant, le manifestant prend part à un débat et défend son point de vue. Là encore, on reste sur sa faim. Le plus significatif serait le slogan en lui-même : « personne ne doit décider pour moi ». Au-delà de la grande revendication féministe, il faut bien y voir l'affirmation résolue de l'individualisme. Nous sommes bien face à des Français de la fin du XXe siècle.

Chapitre 25

La France dans le monde

Dans ce chapitre :

- L'ancien espace colonial, chasse gardée et source de développement
- En tête pour l'Europe et à côté des États-Unis dans le monde
- Un réel rayonnement culturel

Le dernier chapitre… à ne pas sacrifier pour autant !

Dernier chapitre du programme, presque jamais traité en classe mais que vous avez croisé, en bruit de fond, dans de nombreux cours d'histoire et de géographie depuis la seconde. Faire le bilan de l'action de la France dans le monde est destiné à vous prouver que la France exerce toujours une certaine influence. Mais laquelle ? Évaluer la puissance de ce pays, chose bien difficile : nous sommes tentés par un excès de pessimisme ou le contraire, un orgueil inconsidéré défendu avec plus ou moins de panache.

Faire la part des choses sur sa puissance, c'est déjà quelque peu la mettre en question… La France n'est-elle qu'une puissance moyenne ou un « vieux pays…, qui n'oublie pas et qui sait tout…, qui n'a cessé de se tenir debout face à l'Histoire et devant les hommes »… Zut ! j'ai dérapé en citant et en caviardant le discours de Villepin devant l'ONU en février 2003…

Pour le bac, ce chapitre est parfaitement adapté à l'étude d'un dossier documentaire.

L'ancien espace colonial, chasse gardée et source de développement

Les stigmates d'une décolonisation douloureuse

Au sortir de la Seconde Guerre mondiale, la France possède toujours le **second empire colonial** au monde. En 1944, lors de la conférence de Brazzaville, de Gaulle reconnaît la nécessité de réformer le cadre colonial mais écarte toute forme de *self governement*, d'autonomie élargie comme le font les Britanniques. La création de l'**Union française** en 1946 ne traduit pas l'égalité promise dans les faits, elle reste une déclaration de pure forme : les usages coloniaux perdurent. La France espère tirer de ses colonies les ressources indispensables à la reconstruction, la conservation de l'empire colonial est défendue par une grande partie de l'opinion publique.

Le rôle des responsables locaux est important. La répression des mouvements indépendantistes est laissée à l'initiative des pouvoirs militaires sur place. La brutalité est d'usage, elle est destinée à se faire craindre pour éviter toute récidive. Cette méthode est employée en Algérie en 1945, après le soulèvement de Sétif du 8 mai, à Madagascar en 1947, pour étouffer toute velléité d'indépendance. L'engrenage vers la guerre d'Indochine est le fait d'un amiral hostile aux négociations en cours.

Les deux guerres coloniales et la reculade de l'expédition sur Suez en 1956 forcent la France à constater l'amoindrissement de sa puissance. Enfin les conditions d'indépendance de l'Algérie laissent une mauvaise image de la France dans ce pays.

La coopération, développement ou néocolonialisme* ?

L'indépendance de la majorité des pays d'Afrique francophone a été décidée pendant l'été 1960 à Paris. Loin d'être abandonnés à leur sort, ces nouveaux pays souverains restent dans le giron de la métropole par le biais de la **coopération** et des entreprises françaises. À sa création, le ministère de la Coopération dépendait directement de l'Élysée, il a longtemps fait partie du **domaine réservé***. Des fonctionnaires français sont encore envoyés en Afrique au titre de cette coopération. L'objectif officiel de ces coopérants est d'aider au développement des pays, ils contribuent au maintien d'une forte présence sur place.

Dans les temps de guerre froide, la France joue le rôle de gendarme de l'Afrique assurant la protection militaire des nouveaux pays indépendants, sans trop se soucier de la qualité de leurs responsables politiques. Présente sur place, l'armée française intervient régulièrement. L'aire concernée dépasse l'ancien cadre colonial, la France envoie des troupes au Zaïre en 1979. Il se constitue une **Françafrique*** liant le sort de dirigeants africains peu démocrates à la France qui les protège.

Les rapports actuels avec l'Afrique ne sont pas encore normalisés. Le ministère de la Coopération est intégré désormais au *Quai d'Orsay**, les *cabinets africains** n'existent plus officiellement. La présence de la France en Afrique est toujours très forte, treize pays partagent la même monnaie, le franc CFA*. En revanche, il faut noter une plus grande prudence dans les interventions. Les troupes françaises qui s'interposent en Côte d'Ivoire ont un mandat de l'ONU et de l'*OUA**.

L'outre-mer, départements français et territoires associés

La France possède de nombreux territoires outre-mer, les TOM. Certains sont inhabités, comme les terres australes de l'océan Indien. Ces possessions permettent à la France d'avoir la deuxième *ZEE** au monde après les USA. Les militaires français sont donc déployés pour assurer la sécurité ou pour marquer la souveraineté sur ces lieux. Certains sont de véritables reliques du premier empire colonial français où la présence française est établie depuis 400 ans.

Les départements les plus peuplés sont les anciennes îles à sucre qui supportent encore l'héritage de la traite négrière. Leur économie dépend énormément de la métropole, l'écart de richesse avec les pays de la région, Caraïbes, océan Indien étant très fort.

Tous ces territoires sont administrés sous une multiplicité de statuts. Les Départements d'outre-mer (DOM) sont des territoires français presque équivalents à la métropole, désignant des députés à l'Assemblée nationale et où le même droit s'applique qu'en métropole, à quelques exceptions fiscales près. Des formules soucieuses de l'avis de populations autochtones traversées par un fort mouvement indépendantiste ont été instaurées dans les années 1990 en Polynésie et en Nouvelle-Calédonie. Elles pourraient permettre, à terme, leur indépendance si les habitants le souhaitent. La France est donc installée sur tous les continents. Les touristes américains ou japonais trouvent toujours pittoresque de photographier des gendarmes avec leur képi sous les cocotiers ou à Saint-Pierre et Miquelon.

En tête pour l'Europe et à côté des États-Unis dans le monde

France, pilier de la construction européenne

La France est l'un des six pays fondateurs de l'Union européenne. Celle-ci n'aurait pas pu se construire sans que le conflit avec l'Allemagne soit définitivement éteint. La réconciliation franco-allemande est institutionnalisée par le **traité de l'Élysée** en 1963. Le rapprochement entre ces deux pays n'a pas cessé depuis. Quels que soient les horizons politiques des dirigeants, l'Europe avance sous l'impulsion de véritables couples complémentaires formés au fil du temps , Giscard/Schmidt, Mitterrand/Kohl, Chirac/Schroeder.

L'influence de la France sur les institutions européennes est encore relativement forte. Le nombre de fonctionnaires européens d'origine française dépasse la moyenne. Toutefois la position de la France est en cours de reconsidération. Être membre fondateur ne donne pas de privilège. L'agrandissement de l'Union européenne doit laisser une place aux autres pays, mais l'expérience dans la construction et le poids du pays en Europe ne peuvent être laissés de côté.

Enfin, la France sait aussi faire valoir son point de vue seule face à l'Europe. De Gaulle a su peser sur la construction européenne ; le non au référendum de juin 2005 le prouve encore.

De l'atlantiste aux grognements du Général, un aller et retour ?

Les rapports avec les États-Unis sont plus compliqués à appréhender. Chronologiquement on peut distinguer la IVe République, *atlantiste** de la Ve, plus indépendante. Les États-Unis sont un des rares pays à qui la France n'a jamais fait la guerre, mais les rapports entre des deux puissances ne sont pas toujours au beau fixe. Le général de Gaulle a tenu à s'émanciper de la tutelle militaire américaine tout en restant dans l'alliance atlantique. Jusqu'à Nicolas Sarkozy, les présidents de la Ve République ont conservé cette ligne de conduite. La possession d'un arsenal nucléaire suffisamment dissuasif permet à la France de disposer d'une certaine marge de manœuvre vis-à-vis des États-Unis, ce n'est pas un auxiliaire inconditionnel.

L'opinion française est régulièrement secouée par un **antiaméricanisme** quasi traditionnel. On y retrouve une dénonciation du système économique jointe à une vieille rancœur antibritannique héritée des confrontations entre la France et les puissances anglo-saxonnes depuis Louis XVI. Cette posture est presque identitaire... De Gaulle avait un père prof d'histoire (*sic*)... Surnommer l'actuel Président « Sarkozy l'Américain » sonne comme un futur reproche. Or, depuis son élection, il est question d'un net rapprochement et la France devrait réintégrer totalement l'OTAN.

Points forts et points faibles d'une puissance diplomatique

La France a un **siège permanent** au Conseil de sécurité de l'ONU ; le français et l'anglais sont les deux seules langues de travail de cette instance. Les pays africains bénéficiant de la coopération votent généralement dans le même sens que leur patron. Le poids de la diplomatie française y est important.

La France a une politique particulière au Proche-Orient depuis 1967 où elle a cessé tout soutien aux Israéliens en pleine guerre des Six Jours. Soucieuse de remédier au conflit par la négociation, La France a toujours prôné la reconnaissance mutuelle d'Israël et d'un État palestinien. Les militaires français sont intervenus plusieurs fois dans la région, pour sauver Yasser Arafat d'un écrasement en 1982 ou tenter de stabiliser le Liban en 1983. Sa forte opposition aux États-Unis, en février-mars 2003, au moment du déclenchement de la guerre en Irak a suscité la sympathie dans tous les pays arabes.

Les choix diplomatiques français peuvent aussi être malheureux. En 1995, les casques bleus français se sont retrouvés incapables de s'opposer à des massacres en Bosnie faute d'ordres clairs. Le génocide rwandais n'a pas été anticipé par des observateurs français très actifs sur le terrain.

En tout cas, la France a une influence reconnue dans le concert des nations. Pouvoir agir au-delà de ses frontières, c'est bien caractéristique d'une puissance.

Une puissance particulière

Petite armée, grands moyens

Les moyens militaires de la France ont évolué. La **professionnalisation** de l'armée est la conséquence de la fin de la guerre froide, de la volonté de pouvoir rapidement intervenir à l'extérieur du territoire et de considérations budgétaires. Désormais la France compte moins de 350 000 militaires. Malgré une importante réduction de la taille de ses armées, la France consacre 2,5 % de son PIB à la défense ; c'est le troisième budget militaire au monde.

20 % de ces dépenses sont consacrées à la ***dissuasion nucléaire****. La France dispose de cette arme depuis 1960. Les essais nucléaires dans le Pacifique ont toujours entraîné une forte protestation des pays riverains, Australie et Nouvelle-Zélande en tête. La France a fait ces essais dans l'atmosphère jusqu'au milieu des années 1970, la reprise des essais annoncée par Jacques Chirac en 1995 a réveillé cette hostilité.

Les militaires français se retrouvent de plus en plus impliqués dans des opérations multilatérales de maintien de la paix aux côtés d'autres soldats européens. La France participe à la construction d'une politique de défense européenne autonome de l'OTAN. L'**Eurocorps**, au départ division franco-allemande fondée en 1995, est devenu une force d'intervention rapide européenne.

Enfin la volonté d'indépendance nationale a permis de constituer un fort **secteur militaro-industriel** dont le poids économique est très important. Les entreprises impliquées sont soit européennes, comme EADS, soit nationales comme Dassault. En 2004, la France est le troisième exportateur d'armes au monde.

La francophonie, un espace équivoque

Le français est parlé par plus de 170 millions de personnes : Kinshasa a dépassé Montréal comme deuxième ville francophone au monde. La prise de conscience de l'existence de la **francophonie*** est venue de l'extérieur de la France, le mot ayant été inventé par Léopold Sédar Senghor.

La francophonie

Organisation internationale créée en 1970, se veut un espace de dialogue et de coopération Nord-Sud. Des sommets sont organisés régulièrement depuis 1986, les gouvernements français, de gauche comme de droite, nomment des ministres de la francophonie dans les années 1990. La France s'y retrouve confortée internationalement, cependant la francophonie n'est pas l'empire français. Une rude concurrence économique et culturelle existe entre les pays du Nord francophones, Belgique, Suisse et Canada. Les Français ne sont pas encore conscients qu'ils ne sont plus les seuls dépositaires de leur langue, intègrent mal les tournures venue d'autres espaces francophones et préfèrent souvent le franglais.

L'apprentissage de la langue française dans le monde est promu par un dense réseau d'écoles : l'**Alliance française**. Enfin, la France est un des rares pays qui exporte ses établissements scolaires publics. Les lycées français sont autant de pôles de diffusion de la culture française.

Les systèmes d'éducation des pays d'Afrique francophone sont en grande partie calqués sur le modèle français. Les restrictions d'entrée sur le territoire français faites aux étudiants d'Afrique francophone mettent à mal cette communauté établie tout au long de l'apprentissage d'une culture commune.

Un réel rayonnement culturel

Le rayonnement culturel reste un des points forts de l'image de la France. La France dispose d'un patrimoine culturel exceptionnel. Les hommes politiques ont soutenu sa mise en valeur soit en subventionnant les restaurations, soit en créant de nouveaux espaces culturels. Avec comme principaux pôles le Louvre, Orsay et le centre Pompidou, Paris dispose d'une fantastique concentration de musées contenant des œuvres de renom mondial. La France est toujours la première destination du tourisme international en accueillant plus de 70 millions de touristes par année.

Les pouvoirs publics subventionnent aussi la production cinématographique, En Europe, le cinéma français est l'un des rares à produire suffisamment de films pour survivre au déferlement de productions tournées aux États-Unis. La France a œuvré, avec des États francophones, pour que le principe d'exception culturelle soit reconnu internationalement et mis de côté dans les négociations concernant la libéralisation du commerce. En octobre 2005, est votée à l'*UNESCO** une convention sur la protection et la diversité des expressions culturelles ; seules deux voix s'y sont opposées dont celle des USA.

Cependant le dynamisme culturel est moins attractif, les artistes contemporains les plus reconnus se tournent vers les États-Unis ou d'autres villes européennes plus dynamiques. Paris ne peut plus se prévaloir d'être la seule « ville lumière ».

À RETENIR

Êtes-vous au point ?

- Quelle association encourage l'apprentissage de la langue française dans le monde ?
- La francophonie est-elle un outil au service de la France ?
- Que pèse la France dans le secteur militaire ?
- Peut-on dire que la France fait partie encore des cinq grands ?

Un sujet curieux pour des réponses inégalement faciles

Le refus de l'intervention en Irak (Baccalauréat, Liban, juin 2006)

Devant le Conseil de sécurité de l'ONU, le ministre français des Affaires étrangères, Dominique de Villepin, explique pourquoi la France opposera son veto à une intervention internationale en Irak.

> « L'option de la guerre peut apparaître *a priori* la plus rapide. Mais n'oublions pas qu'après avoir gagné la guerre, il faut construire la paix. Et ne nous voilons pas la face : cela sera long et difficile, car il faudra préserver l'unité de l'Irak, rétablir de manière durable la stabilité dans un pays et une région durement affectée par l'intrusion de la force [...] car la guerre est toujours la sanction d'un échec [...] nous devons prendre la mesure de l'impact qu'aurait sur ce plan une action militaire contestée actuellement. [Une telle intervention] ne risquerait-elle pas d'aggraver les fractures entre les sociétés, entre les cultures, entre les peuples, fractures dont se nourrit le terrorisme ? La France l'a toujours dit : nous n'excluons pas la possibilité qu'un jour il faille recourir à la force, si les rapports des inspecteurs * concluaient à l'impossibilité pour les inspections de se poursuivre. Le Conseil devrait alors se prononcer et ses membres auraient à rendre toutes leurs responsabilités [...] En tout état de cause, dans une telle éventualité, c'est bien l'unité de la communauté internationale qui serait la garantie de son efficacité. De même, ce sont bien les Nations unies qui resteront demain, quoi qu'il arrive, au cœur de la paix à construire [...]
>
> Et c'est un vieux pays, la France, un vieux continent comme le mien, l'Europe, qui vous le dit aujourd'hui, qui a connu les guerres, l'occupation, la barbarie. Un pays qui n'oublie pas et qui sait tout ce qu'il doit aux combattants de la liberté venus d'Amérique et d'ailleurs. Et qui pourtant n'a cessé de se tenir debout face à l'Histoire et devant les hommes. Fidèle à ses valeurs, il veut agir résolument avec tous les membres de la communauté internationale. Il croit en notre capacité à construire ensemble un monde meilleur. »
>
> (*) *chargés par l'ONU de vérifier si l'Irak dispose ou non d'armes de destruction massive, chimiques, biologiques ou nucléaires.*

1) Qu'est-ce que le Conseil de sécurité et quelle place la France y tient-elle ?

2) Quelles menaces la phrase soulignée évoque-t-elle ?

3) Comment le ministre français des Affaires étrangères envisage-t-il le règlement des problèmes internationaux ?

4) Cette position a-t-elle été partagée par l'ensemble de la communauté internationale à l'occasion de la crise irakienne ?

Ce sujet est un monument de dentelle. Les coupures deux, trois et quatre ne sont pas signalées dans le texte qu'ont eu les candidats. Ce découpage donne une pugnacité au discours qui est bien mieux enrobé et argumenté en réalité. La première réponse semble aller de soi. Il vous est demandé à la fois de connaître le rôle qu'a joué la France à l'ONU et comment cet organisme fonctionne. Plus dur, car ancré dans une actualité désormais passée, la question 2 vous demande de synthétiser dans une réponse courte les liens de cause à effet menant à la seconde guerre du Golfe. Le lien entre le 11 septembre et la menace irakienne, martelé par le Président Bush, son administration et Tony Blair, doit être rappelé comme argument autant à destination des instances internationales qu'auprès de l'opinion publique britannique et américaine… La question 3 est un simple exercice de lecture. Surtout n'oubliez pas, pour la 4e question, de dire que la France n'a pas été seule à manifester une opposition déterminée au projet du Président Bush. La R.F.A et la Russie se sont opposées avec détermination. Il faut aussi rappeler que l'Union européenne en ressort désunie. Cette réponse peut se conclure de deux façons, soit l'ONU, et la France, compte peu, soit les dirigeants états-uniens n'ont pas entendu ce plaidoyer et se sont enfoncés dans la crise annoncée. Mixer ces deux points n'est pas déraisonnable.

Quatrième partie

Le programme de géographie

La mondialisation, on la vit au quotidien :

Dans cette partie…

L'ensemble du programme, quelle que soit votre série (L, ES ou S).

Pour les terminales L et ES, tous les chapitres sont au programme !

Pour les terminales S, les chapitres 15, 16, 19 et 21 ne sont officiellement pas au programme. Nous vous conseillons néanmoins de lire les chapitres 15 et 19 car ils complètent bien les chapitres sur la mondialisation.

Chapitre 26

Mondialisation et interdépendances

Dans ce chapitre :

- La mondialisation : un monde de flux et de mobilité
- Les acteurs de la mondialisation : qui fait quoi ?
- Géographie de la mondialisation

La mondialisation est à la mode et on en parle tout le temps ! Pour vous, c'est un terme essentiel à bien comprendre dans l'objectif du bac, et c'est pour cela que nous avons décidé de lui consacrer une fiche complète (voir les fiches à la fin de ce chapitre) pour bien vous en expliquer tous ses aspects. À lire dès maintenant !

Quels sont les flux majeurs de la mondialisation ?

Comment la mondialisation transforme-t-elle la géographie de la planète ?

CROQUIS DE BAC

Voir page II du cahier couleurs : l'organisation de l'espace mondial

CHIFFRES CLÉS

- **6,5 milliards d'habitants sur terre en 2007**
- **Environ 200 États dans le monde**
- **70 % du commerce mondial contrôlés par la Triade**
- **2/3 du commerce mondial réalisés par les firmes multinationales**

Maintenant, pour vos copies (vos introductions notamment si vous avez un sujet portant sur la mondialisation), vous aurez besoin d'une définition plus synthétique ! Gardez celle-ci :

VOCABULAIRE ABC

La mondialisation : on en parle partout, mais savez-vous de quoi il s'agit ?

La **mondialisation** peut être définie comme une mise en relation toujours plus étroite des différentes parties du monde. Elle se caractérise d'abord par une explosion des flux entre les pays du monde.

Aspects de la mondialisation : un monde de flux et de mobilité

La planète a la bougeotte !

C'est la première caractéristique de la mondialisation : une explosion des mobilités à l'échelle mondiale. Les hommes s'échangent toujours plus de choses et se déplacent toujours plus et toujours plus vite !

Les échanges de marchandises : toujours plus !

Depuis les années 1950, le commerce international augmente sans cesse et à un rythme plus rapide que les productions. Cela veut dire que les pays exportent et importent toujours plus entre eux et deviennent ainsi de plus en plus **interdépendants** (chaque économie nationale est de plus en plus dépendante pour ses achats et ses ventes du reste du monde).

Qu'échange-t-on le plus ? D'abord et surtout des produits industriels (machines de bureau, équipements de télécommunication, acier, textile, produits pharmaceutiques…). Viennent ensuite des matières premières (bois, minerais…), de l'énergie (du pétrole, surtout) et des produits agricoles (blé, maïs, soja, viande…).

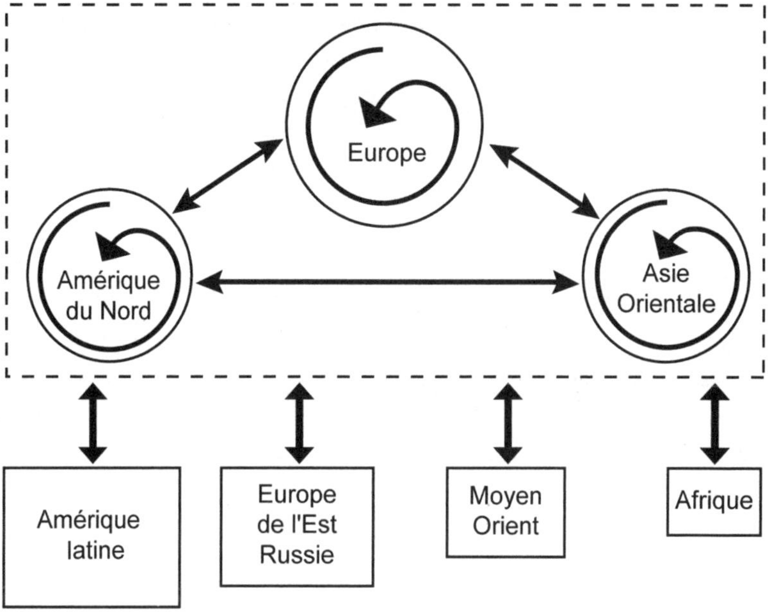

Figure 26-1 : Les États de la Triade contrôlent 70 % du commerce mondial !

L'essentiel des échanges se fait entre les trois grands pôles économiques mondiaux (voir figure 26-1). Les flèches au cœur de ces trois pôles indiquent qu'une grande partie du commerce se fait à l'intérieur même de ces espaces (les Européens commercent d'abord entre eux). Les autres parties du monde, en dehors du cadre principal, ne s'intègrent que partiellement à ces flux et ne réalisent qu'une faible part du commerce mondial.

Les flux de capitaux : des milliards de dollars déplacés en un clin d'œil !

C'est un des aspects les plus importants de l'actuelle mondialisation. Tous les jours circulent sur terre des sommes énormes en quête de fructueux placements. Ces capitaux circulent d'une Bourse à l'autre en permanence. La monnaie étant dématérialisée, il devient en effet très facile de déplacer ces capitaux en un clin d'œil, ou plutôt en un clic de souris (d'ordinateur, bien sûr !). Les flux atteignent de nos jours des sommes gigantesques (des centaines de milliards de dollars tous les jours) et cela ne s'arrête jamais ! Quand la Bourse de Paris ferme, celle de New York vient d'ouvrir, puis, dans la nuit, celle de Tokyo prendra le relais en attendant le réveil des marchés européens ! Un investisseur peut ainsi faire fructifier son argent en continu !

Ces flux sont dits spéculatifs car ils n'ont pas de finalité économique et visent uniquement à obtenir de bons placements. Ils sont très instables.

Les flux financiers se déplaçant sur terre ne sont pas tous spéculatifs. Il y a aussi des flux dont la finalité est économique : quand une entreprise d'un pays investit dans un autre pays (en rachetant une entreprise ou en créant une usine sur place, par exemple), elle réalise de tels flux. Ce ne sont plus des placements, mais des investissements. On parle alors d'IDE.

VOCABULAIRE

L'IDE

IDE : investissements directs à l'étranger. Ce sont les flux de capitaux dont l'objectif est le contrôle ou la création d'une entreprise à l'étranger.

Où va cet argent ? D'abord dans les pays riches, États-Unis en tête. Mais pourquoi donc ces capitaux se concentrent-ils dans les pays qui en ont le moins besoin ? Simplement parce que la rentabilité y est bonne et les risques faibles…

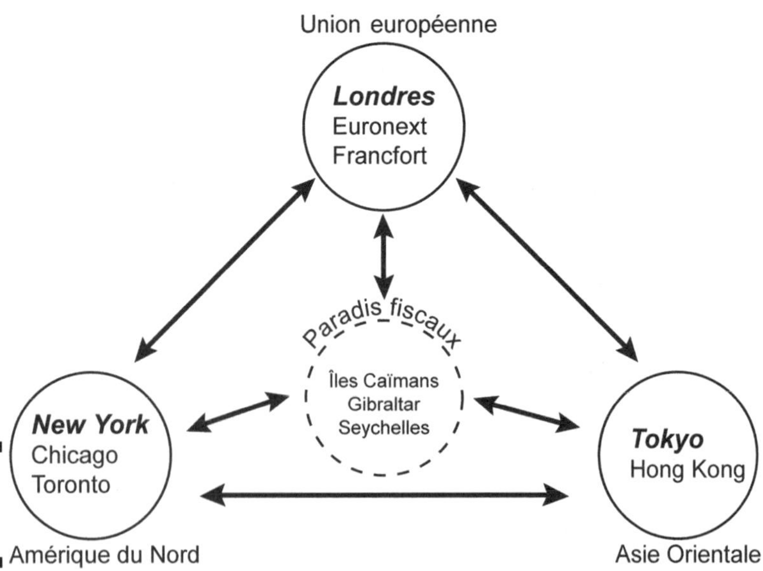

Figure 26-2 : La planète financière.

Comme le montre la figure 26-2, près de **90 % des flux financiers circulent entre un nombre réduit de places financières** qui se situent très majoritairement dans les pays développés. C'est dire si le déséquilibre est important ! Trois marchés dominent : New York, Londres et Tokyo. Et les paradis fiscaux captent une part importante de ces flux.

L'information à la vitesse des réseaux

Les flux de sons et d'images ont également prodigieusement augmenté ces vingt dernières années. L'arrivée des chaînes satellites donne même accès à des programmes en provenance du monde entier et en direct. Informations, idées, événements circulent ainsi en continu sur la planète. 1980 est de ce point de vue presque une date fondatrice avec la naissance de CNN, la première chaîne (américaine) qui se donne d'emblée une vocation planétaire et qui diffuse en continu les informations venant de toute la planète. Les attentats sur le World Trade Center le 11 septembre 2001 furent ainsi diffusés immédiatement. L'opinion mondiale peut suivre en direct événements sportifs, guerres ou catastrophes naturelles survenus à l'autre bout du monde. Cela influence fortement nos modes de vie (circulation des modes, cultures, images et sons d'autres continents) et nos sensibilités. Que nous le voulions ou non (à moins de vivre en ermite !), l'actualité mondiale fait quotidiennement irruption dans nos foyers. Là encore, ce sont quelques pays parmi les plus développés qui contrôlent l'essentiel de ces images. Ce que nous voyons tous les jours aux infos, ce n'est pas la totalité du monde, c'est le monde vu par les grands médias européens et américains.

Et les hommes ? Immigrants, réfugiés, cerveaux et touristes

Environ 200 millions de personnes seraient des migrants vivant en dehors de leur pays, un chiffre très approximatif (car les données fiables manquent en la matière) et finalement pas si important que cela (c'est à peine 3 % de la population mondiale), mais qui n'a cessé d'augmenter, et cela malgré les barrières de plus en plus épaisses érigées par la plupart des États du monde.

La grande majorité de ces immigrants sont des adultes jeunes (des hommes, surtout) qui quittent leur pays à la recherche d'un meilleur endroit pour vivre et travailler. La misère, les guerres et les famines sont donc les principaux moteurs de ces flux. Mais pas seulement. Les motifs et les occasions de se déplacer ont beaucoup augmenté : les étudiants se forment davantage à l'étranger, les hommes d'affaires sillonnent la planète en permanence, et les retraités n'hésitent plus à aller chercher le soleil hors de chez eux (les Britanniques vers la France, les Allemands vers l'Espagne, les Français vers les DOM-TOM, voire le Maroc…). Les jeunes diplômés, très courtisés par les grandes entreprises, sont aussi une population très mobile. Bill Gates, le puissant patron de Microsoft, recrute de plus et plus ses informaticiens en Inde. Les talents s'expatrient.

Ces flux sont d'abord Nord/Sud, c'est-à-dire des **PED** (pays en développement) vers les pays développés. Les États-Unis et l'Europe sont les deux principales terres d'accueil de ces immigrants (on estime qu'un immigré de la planète sur cinq vit aux États-Unis !). Mais un tiers des migrations sont des flux Sud/Sud (les pays pétroliers du Moyen Orient comme l'Arabie saoudite, par exemple, attirent beaucoup d'immigrés). Avec la mondialisation, les flux migratoires se généralisent et concernent désormais presque tous les pays.

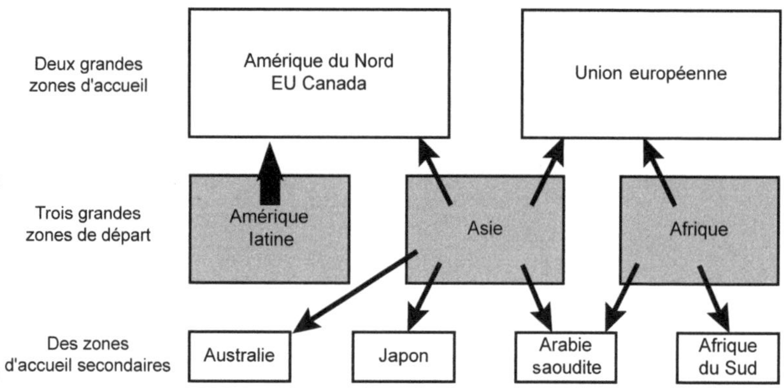

Figure 26-3 : Les flux migratoires sur terre : des flux à l'échelle mondiale !

Les flux du tourisme ont, eux aussi, considérablement augmenté. **En 2004, ce sont plus de 800 millions de touristes** qui ont ainsi parcouru le monde en quête d'exotisme ou de *farniente* ! Les flux sont, là aussi, très déséquilibrés. Les zones de départ ne concernent pratiquement que les pays du Nord et se dirigent prioritairement… vers les pays du Nord ! La France, avec plus de 70 millions de touristes par an, est d'ailleurs la première destination mondiale, devant l'Italie, l'Espagne et les États-Unis.

Pourquoi ce boom des flux ?

Des progrès techniques considérables dans les transports et les télécommunications...

La raison la plus évidente de cette extraordinaire progression des flux est la récente révolution des moyens de transport et de communication. Ils ont été les moyens indispensables qui ont permis l'actuelle mondialisation. Quelques aspects :

- Le train (TGV) et la voiture (autoroutes) dominent sur courte et moyenne distance surtout. Le nombre de véhicules en circulation a connu une progression spectaculaire depuis 1950 .
- Le transport aérien, né au XXe siècle, n'a fait que progresser techniquement (de l'invention du réacteur à l'Airbus A380 en 2005).
- Le transport maritime, essentiel lui aussi car les marchandises qui circulent dans le monde le font très majoritairement par bateau. Les flottes ont beaucoup augmenté (des capacités multipliées par vingt entre 1950 et 2000 !), ainsi que les tailles des navires, et **la généralisation des conteneurs a permis une augmentation du trafic**.
- Les réseaux (câbles, satellites, Internet) permettent la diffusion en continu des idées, des images, des flux financiers, etc.

Avec ce boom des moyens, c'est un peu comme si le monde avait rétréci, d'où l'expression de « village mondial » que l'on retrouve parfois pour parler de notre Terre. En fait, la Terre n'a bien évidemment pas rétréci, mais les hommes maîtrisent de mieux en mieux le temps et les distances.

... mais aussi une volonté politique de la plupart des pays du monde...

Des moyens pour intensifier ces échanges, c'est bien, mais ce n'est pas suffisant. Encore faut-il que les différents pays du monde acceptent que ces flux entrent chez eux ! Autrement dit, il ne sert à rien de transporter du soja du Brésil vers l'Europe si l'Europe en interdit les importations !

Dans les années 1930, un grand nombre de pays se protégeaient tellement que les échanges commerciaux étaient devenus très faibles. C'est pourquoi au lendemain de la Seconde Guerre mondiale, et sous l'influence des États-Unis, **un certain nombre de pays ont souhaité rompre avec ce protectionnisme** et développer leur commerce afin de faciliter leur reconstruction et leur développement. L'étape décisive fut franchie en 1947 lorsque vingt-trois pays signèrent ensemble les accords du **GATT**. L'objectif de ce traité était de parvenir à progressivement diminuer toujours plus les entraves au commerce entre nations. Les effets ont été spectaculaires : de 1947 à nos jours, le taux moyen de protection douanière est passé de 40 % à 3 % ! Un produit importé est donc beaucoup moins taxé qu'auparavant lorsqu'il pénètre sur un marché extérieur.

VOCABULAIRE

Le GATT

GATT : *General Agreement on Tariffs and Trade* ou Accord général sur les tarifs douaniers, signé en 1947. L'objectif de ce traité signé entre les États les plus importants du monde était de favoriser le commerce en supprimant progressivement les entraves aux échanges, et notamment les droits de douane et les quotas qu'imposaient certains pays aux produits entrant sur leur territoire afin de protéger leur économie.

En 1994, le GATT devint l'OMC (Organisation mondiale du commerce) et poursuivit son objectif de libéralisation des échanges. De plus en plus de pays participent désormais à cette organisation essentielle en acceptant (en principe… !) de jouer le jeu du libre-échange. L'entrée de la Chine en 2001 fut une étape décisive et consacra l'OMC comme l'une des organisations internationales les plus importantes au monde.

L'OMC essaie d'organiser le commerce mondial en fixant des règles communes à tous et en essayant de les faire appliquer, n'hésitant pas à condamner à de lourdes sanctions un État qui ne les respecterait pas. Inutile de vous dire que les négociations donnent lieu à de furieuses bagarres et que cette position d'arbitre n'est pas facile, tant les intérêts divergent entre pays !

… et un effondrement des prix !

Un peu partout dans le monde, cette vague d'ouverture et cette libéralisation des échanges ont rapidement permis une augmentation des marchés, mais aussi de la concurrence. Les États se désengagent progressivement de toutes leurs activités de production et les abandonnent à la libre concurrence. Le temps des monopoles publics est bien révolu ! Un exemple vous fera mieux comprendre les choses : jusque dans les années 1990, l'État français garantissait un monopole d'exploitation à Air France pour toutes les lignes intérieures françaises. Cela signifiait que si vous vouliez faire un Paris-Nice en avion, il fallait passer par Air France puisque la concurrence était interdite. Vous aurez pu remarquer à quel point la situation est différente aujourd'hui ! Depuis, le transport aérien a été totalement libéralisé : Air France n'appartient plus à l'État (la compagnie a été privatisée en 1999) et la concurrence est désormais libre en Europe. Une des conséquences immédiates ? La baisse, non… l'effondrement des tarifs ! Et le phénomène n'a fait que s'amplifier avec l'arrivée des compagnies dites *low cost* qui pratiquent la vente par Internet à prix cassés. Réservé autrefois à une élite, le transport aérien s'est aujourd'hui totalement démocratisé et les flux ont évidemment explosé. La logique a été un peu la même pour de nombreux moyens de transport et de communication : depuis la signature du GATT en 1947, le coût du transport maritime a été divisé par deux, celui du transport aérien a baissé de 85 % et celui des appels téléphoniques a baissé de 99 % ! Dans ces conditions, il n'est pas étonnant que ces flux aient tant augmenté !

Les acteurs de la mondialisation : qui fait quoi ?

Quels sont les acteurs de la mondialisation ? Qui produit les règles qui font fonctionner notre monde ? Qui a le pouvoir ? Beaucoup d'acteurs en ont ! Mais, à l'heure de la mondialisation, deux dominent : les États et les grandes firmes multinationales.

Acteurs légaux…

Les États, des acteurs majeurs

Les États sont toujours probablement les acteurs principaux dans les relations internationales. Qu'on le veuille ou non, ce sont les États qui signent les traités, font les lois et règlements et qui animent les grandes organisations internationales. **Les États sont donc encore à l'origine de la plupart des règles du jeu de la mondialisation**. Ce sont eux qui disposent des moyens de l'organiser ou pas (quand ils décident, par exemple, la mise en place de règles internationales pour organiser le commerce mondial ou de lutter contre le réchauffement climatique).

Les firmes multinationales (FMN), l'autre acteur essentiel

Pour les entreprises, la grande nouveauté avec l'actuelle mondialisation, c'est que le marché est désormais vraiment mondial. Cela a des avantages (plus de clients, possibilité de produire dans des régions où la main-d'œuvre est moins chère en délocalisant la production…) mais aussi des inconvénients (une concurrence accrue et une pression permanente sur les prix). En termes économiques, nous dirions que l'offre et la demande se sont mondialisées. Dans les faits, les grandes entreprises y ont le plus souvent beaucoup gagné. Profitant des opportunités se dégageant sur tous les marchés, les plus puissantes d'entre elles parviennent à tirer le meilleur parti de chaque région du monde. Que la crise frappe l'Europe : nous redéploierons nos ventes en Amérique et nous délocaliserons la production en Asie. Un nouvel acteur est ainsi apparu avec la mondialisation : **les firmes multinationales** ou **transnationales** (en abrégé **FMN** ou **FTN**, les deux termes sont proches). Coca-Cola, Microsoft, L'Oréal, Danone, Nestlé, Ford… sont autant de FTN. Elles se sont considérablement développées ces vingt dernières années et ont acquis une puissance énorme (leurs chiffres d'affaires cumulés représentent plus de 20 000 milliards de dollars… !).

À elles seules, elles réalisent près des 2/3 du commerce mondial ! Parfois plus puissantes qu'un État, elles sont devenues un acteur majeur de la mondialisation. Sans surprise, les plus grosses sont presque toutes américaines, japonaises ou européennes.

Les FMN ou FTN

Ce sont toutes les entreprises exerçant leur activité à l'échelle mondiale. Elles possèdent ou contrôlent des entreprises dans plusieurs pays et élaborent des stratégies économiques à l'échelle mondiale.

Les grandes organisations internationales pour réguler le désordre ambiant

Peu à peu, avec la mondialisation, de nombreuses grandes organisations internationales sont nées où tous les États du monde pourraient, ensemble, créer les règles communes indispensables au fonctionnement harmonieux de notre planète. Vaste programme ! Car les différences et divergences d'intérêts entre les pays du monde sont telles que les grandes organisations internationales sont de véritables rings de boxe où les luttes sont rudes. À l'OMC, chaque cycle de négociation s'appelle d'ailleurs un « round », c'est tout dire sur l'âpreté des discussions !

Ces grandes organisations internationales sont maintenant très nombreuses (près de 350), preuve que de plus en plus de choses se passent à l'échelle mondiale. Quelques-unes ont une importance déterminante : l'**ONU** (qui regroupe un grand nombre de structures spécialisées comme l'**OMS**, le **HCR**, l'**UNICEF**…), l'**OMC**, le **FMI,** la **Banque mondiale** et le **G8**. Si l'on souhaite que notre planète reste vivable, l'existence de telles organisations est indispensable. Sans règles internationales, c'est la jungle, c'est-à-dire rien d'autre que la loi du plus fort ! Mais elles dépendent du bon vouloir des États qui y participent pour fonctionner correctement, et là, il faut reconnaître qu'il reste encore beaucoup de progrès à faire... Car les grands pays du monde les dominent et leurs règles sont loin d'être toujours bien respectées.

Les indispensables ONG

Les **ONG** sont toutes les organisations non gouvernementales (c'est-à-dire des organisations privées, des associations surtout) qui ne dépendent pas d'un État. Elles sont souvent spécialisées dans l'humanitaire ou la protection de l'environnement. Certaines sont devenues des acteurs essentiels de l'actuelle mondialisation. Quelques exemples, parmi les plus célèbres : la Croix-Rouge, Amnesty International (défense des droits de l'homme), Greenpeace (protection de l'environnement) ou Médecins sans frontières (MSF). Les ONG naissent souvent d'une indignation publique, d'un mouvement d'opinion sans lequel elles ne pourraient pas subsister.

GROS PLAN

Exemple d'ONG : MSF

MSF naît lors de la guerre du Biafra (au Nigeria, de 1967 à 1970). Envoyés sur place, des médecins français (les *French doctors*) sont horrifiés par le massacre auquel ils assistent et le manque de soins dont souffre la population. Ils décident de créer MSF pour agir vite et sans devoir rendre des comptes à un État (et parfois être obligés de tenir un discours officiel auquel ils ne croient pas…). Depuis, MSF est devenue une ONG très importante, intervenant dans toutes les parties du monde pour porter secours aux populations.

Avec la mondialisation, le nombre des ONG a beaucoup augmenté (environ 50 000 de nos jours !). Elles sont une des manifestations de la mondialisation (puisqu'elles agissent fréquemment à l'échelle mondiale) et jouent souvent le rôle de pompiers en intervenant là où il y a urgence. Elles sont le reflet de l'insuffisance ou de l'impuissance des États, mais prouvent également que bien des hommes et des femmes ne se résignent pas à la fatalité devant les difficultés de notre monde.

… et acteurs illégaux !

Il n'y a évidemment pas que les échanges légaux qui profitent de la mondialisation. La mondialisation est aussi une aubaine pour les trafiquants de tous les horizons. Une gigantesque économie souterraine profite pleinement de la mondialisation, de ses failles. Plongeons dans ces réseaux parallèles… (voir figure 26-4).

Criminalité organisée, mafias et cartels de la drogue

Trafics de drogue, d'armes, d'œuvres d'art, d'enfants ou prostitution : le crime organisé s'est lui aussi mondialisé ! Puisque les moyens se sont accrus en même temps que la richesse et la population mondiale, les mafias et les trafiquants de toute espèce prospèrent dans la mondialisation. Et un État seul a bien des difficultés à lutter efficacement contre ces réseaux qui ne sont pas limités par des frontières. Pour l'instant, ils ont la partie belle : les échanges explosent, les entraves aux échanges diminuent et les coopérations internationales entre police et justice n'en sont encore qu'à leurs débuts. D'autant qu'ils peuvent utiliser une autre faille de la mondialisation pour recycler les recettes de leur trafic : les paradis fiscaux.

La grande délinquance financière et les paradis fiscaux

Les **paradis fiscaux** sont une autre plaie, ou « zone grise » comme on le lit parfois, de la mondialisation. Nous l'avons vu, des masses d'argent de plus en plus importantes circulent à la recherche de placements rentables… et discrets ! Car certains de ces capitaux sont issus d'activités illégales (argent de la drogue, trafics d'armes). Les paradis fiscaux sont des places financières qui offrent ce double avantage : elles posent peu de questions sur l'origine des fonds et taxent très peu ces capitaux. Il en existe environ soixante-dix, situés le plus souvent à proximité des États riches (îles Caïmans, Bermudes, Bahamas…). Ce sont en général de tout petits pays qui servent de plaques tournantes à cet argent « sale ». Et tout le monde le sait ! Toute une économie criminelle peut ainsi prospérer. Les chiffres sont incertains, mais les sommes transitant par ces places dites « off shore » sont gigantesques : 500 milliards de dollars ? 1 000 ? Davantage encore ? Les paradis fiscaux assurent aussi le « blanchiment » de cet argent « sale », en le réinvestissant dans des activités très légales (sous formes d'achats immobiliers, par exemple). Et le tour est joué !

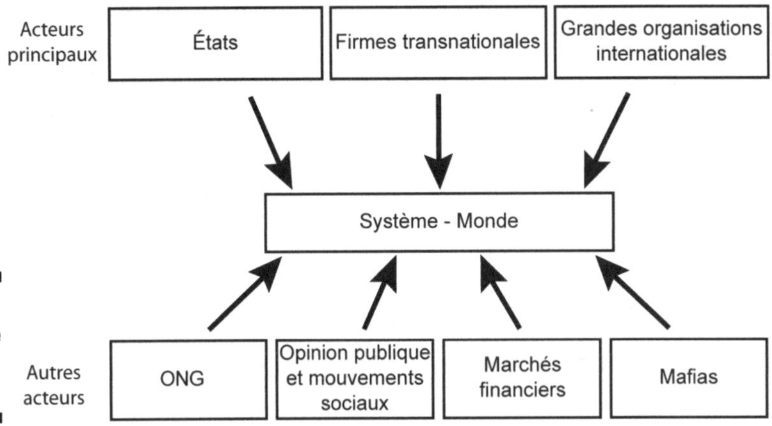

Figure 26-4 : Les acteurs de la mondialisation.

Géographie de la mondialisation

Certains espaces dominent et organisent cette mondialisation, d'autres sont dominés et la subissent. Mais les choses ne sont pas figées, car nombreux sont les pays qui cherchent à s'intégrer dans le peloton de tête.

Trois centres d'impulsion…

L'Amérique du Nord (États-Unis, Canada), l'Union européenne et le Japon : ces États qui constituent la **Triade** sont les principaux acteurs de la mondialisation. **Ils réalisent à eux seuls les 70 % du commerce international** et captent la grande majorité des flux de toute sorte (finance, Internet, trafic aérien…). La géographie de la mondialisation est donc très déséquilibrée et joue en faveur des États déjà les plus puissants. Ces pays dirigent et organisent la mondialisation. On dit qu'ils sont les **centres d'impulsion** du système-monde. Ils possèdent trois éléments déterminants : le pouvoir, le savoir et la richesse. Leur domination est très forte pour la recherche et l'enseignement supérieur. Ils contrôlent également la grande majorité des médias et donc des images et de l'information diffusées à travers le monde. Ils possèdent des infrastructures de transport et de communication exceptionnelles.

… et des périphéries plus ou moins dominées

Le reste du monde n'est pas un bloc homogène, bien au contraire. Ne le voyez surtout pas comme une masse de pays sous-développés condamnés à ne pas s'en sortir, les choses sont plus compliquées que cela ! Il faut distinguer au moins trois groupes de pays : les puissances régionales et les petits pays qui se sont enrichis avec la mondialisation, les périphéries dominées et enfin les oubliés de la mondialisation.

Le premier cercle : puissances régionales et pays émergents

À côté des trois grands centres d'impulsion (la Triade), un certain nombre de pays se sont intégrés à la mondialisation. Ils sont parvenus à attirer des capitaux, participent de plus en plus au commerce mondial et en tirent profit. Ils restent des périphéries car ils ne dominent pas (encore ?) l'espace mondial, mais ce sont des périphéries très dynamiques. On les appelle **les pays émergents.**

Nous pouvons remarquer trois types de pays parmi ces gagnants au jeu de la mondialisation :

- Quatre pays se distinguent par leur puissance et l'importance croissante qu'ils prennent au sein de l'espace mondial. Ce sont la **Chine**, la **Russie**, le **Brésil**, l'**Inde**. Ils ont encore beaucoup de problèmes à gérer, mais ce sont déjà de **grandes puissances régionales** et parmi eux figurent peut-être les géants de demain. Si leur croissance se poursuit, leur développement va modifier en profondeur les rapports de force sur Terre dans les années et les décennies à venir. Le Mexique, l'Afrique du Sud leur emboîtent le pas.
- Deuxième groupe de pays gagnants au jeu de la mondialisation : des États plus petits mais dont la réussite économique est telle qu'ils sont parvenus à sortir du sous-développement. Des États dont le niveau de vie n'a plus rien à envier au nôtre. C'est le cas des **NPIA** : Corée du Sud, Taïwan, Singapour, Hong Kong. Ils doivent leur développement à la mondialisation, car leur réussite provient de leurs succès commerciaux. Sans commerce, sans capitaux extérieurs (les fameux IDE), jamais ces pays n'auraient pu se développer ainsi. Derrière ce groupe de NPI, une nouvelle génération de PED (majoritairement en Asie) s'inspirent de leur modèle de développement et tentent également de décoller, mais avec plus ou moins de succès.
- Enfin, un cas particulier, **les paradis fiscaux**, au total environ soixante-dix micro-États qui prospèrent grâce aux failles du système mondial.

Voilà pour les gagnants.

Les périphéries dominées

Un nombre important de pays du Sud participent à la mondialisation sans pour autant parvenir à réellement s'enrichir et se développer. Pour l'instant, ces pays subissent la mondialisation. Ce sont surtout :

- **Les « pays ateliers » dont le seul atout est leur main-d'œuvre** très bon marché (nombreux pays en Asie et en Afrique du Nord), et qui se limitent à fabriquer des produits à faible valeur ajoutée pour le compte des pays industriels. Ils tirent très peu profit de ces échanges.
- **Les pays qui vendent uniquement des matières premières ou des produits agricoles**. C'est un commerce peu rentable, car le prix de ces matières premières fluctue beaucoup et n'est pas très élevé (les cours sont de nouveau à la hausse pour certains d'entre eux depuis deux ou trois ans…). Ces pays sont nombreux en Afrique et en Amérique latine.

Les oubliés de la mondialisation

Reste, dans une dernière catégorie, **une cinquantaine de pays totalement à l'écart des flux de la mondialisation**. Ce sont les « oubliés » de la mondialisation. Des pays évités et marginalisés qui ne connaissent pratiquement aucun développement. Les raisons de cette marginalisation sont multiples.

- Elles sont d'abord politiques : **pays en guerre**, régulièrement victimes de coups d'État, pays non démocratiques (nombreux pays en Afrique subsaharienne, mais aussi en Asie du Sud-Est) ou encore pays déclarés comme « voyous » par les États-Unis (les *rogue states* de George Bush !) : Corée du Nord, Iran, Cuba.
- Elles peuvent aussi être géographiques : **pays très enclavés** et sans accès à la mer, comme les pays d'Asie centrale (Tadjikistan, par exemple) ou la Mongolie, mais aussi les îles très éloignées (dans le Pacifique, notamment). Les contraintes climatiques peuvent également peser lourd (régions arides, températures extrêmes). Parfois les contraintes géographiques et politiques se cumulent (Afghanistan).

Ce dernier cercle regroupe au total les quarante-neuf pays classés comme **PMA** (pays les moins avancés). L'Afrique subsaharienne (au sud du Sahara) est le plus vaste de ces espaces oubliés de la mondialisation : elle ne réalise que 1 % du commerce mondial et ne reçoit que 0,1 % des IDE…

Métropoles, frontières et littoraux : espaces majeurs de la mondialisation

Les grandes métropoles sont les espaces moteurs de la mondialisation

Au sein même des États de la Triade, il existe de nombreuses régions marginalisées (par exemple, en France, de nombreux départements comme la Corse, la Creuse ou la Lozère ne produisent qu'une toute petite part des richesses nationales). **Le pouvoir et la puissance se concentrent en fait sur des espaces réduits, et surtout dans quelques puissantes métropoles** que l'on appelle souvent des « **villes mondiales** » ou « **villes globales** ». Ces grandes agglomérations concentrent les fonctions de commandement (pouvoir politique, pouvoir économique et financier, pouvoir culturel…) et contrôlent les principaux flux de la mondialisation (commerce, information, finance). On parle aussi de « villes globales ». Elles produisent en outre à elles seules une part très importante des richesses mondiales. Tokyo, notamment, produit autant de richesses que tout le Royaume-Uni réuni ! **Réduite à ces grandes métropoles, la mondialisation ne ressemble plus qu'à un simple archipel (voir figure 26-5).** Et si on changeait encore d'échelle, nous verrions qu'à l'intérieur de ces grandes métropoles, ce sont quelques quartiers qui maîtrisent l'essentiel… À se demander si la mondialisation est vraiment mondiale !

Des frontières et façades maritimes deviennent des interfaces

Les multiples accords de libre-échange rendent les frontières de plus en plus perméables aux flux de capitaux et de marchandises. Cela a une conséquence géographique importante : alors qu'elles étaient des barrières, les frontières deviennent dans certains cas des zones d'échanges, surtout lorsqu'elles mettent en contact des espaces dynamiques et complémentaires. C'est le cas entre le Mexique et les États-Unis depuis la signature de l'**ALENA**. En Europe, les régions frontalières profitent également de leur situation d'interfaces (Alsace).

C'est la même chose pour les littoraux, car les mers sont elles aussi des zones de contact entre les continents. Le commerce international ne cessant de croître, les littoraux sont de plus en plus actifs. C'est là qu'arrivent les produits étrangers, c'est de là que partent les productions locales. Beaucoup d'industries se sont littoralisées, c'est-à-dire implantées sur les littoraux (on parle de **littoralisation** des activités). Par exemple la sidérurgie, depuis que les minerais arrivent du monde entier par bateau.

L'exemple de la mégalopole japonaise est l'un des cas les plus frappants d'une économie presque totalement littoralisée. Ainsi, plus le commerce international s'accroît, plus les espaces frontaliers ou maritimes sont favorisés et plus les espaces enclavés sont défavorisés. La mondialisation accroît donc les inégalités spatiales. Ainsi, seule la Chine littorale s'intègre à la mondialisation et connaît un fort développement. Le reste du pays reste totalement sous-développé. Cela pose de redoutables problèmes pour les États : aménagement du territoire, saturation d'espaces, étalement des agglomérations et problème d'extension des réseaux.

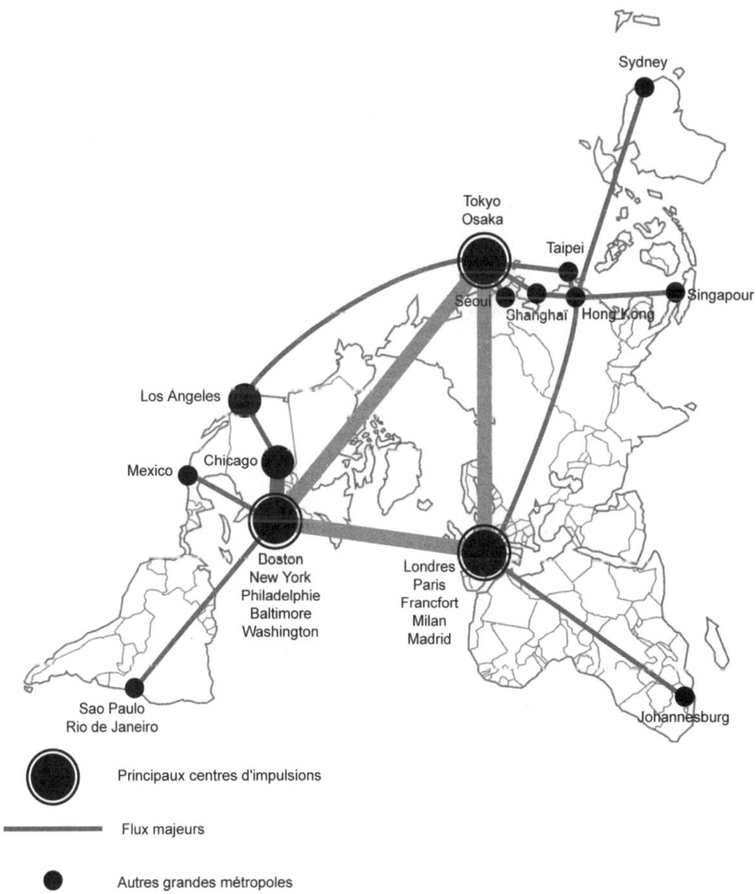

Figure 26-5 : Exemple du Japon. La mondialisation : l'économie mondiale réduite à un archipel.

Quelques idées importantes pour conclure…

À RETENIR

1. **La mondialisation impose à tous ses acteurs un environnement nouveau, difficile à maîtriser** et à organiser car en perpétuel mouvement. C'est aussi un monde où tout semble toujours temporaire, un monde instable.

2. **La mondialisation n'est pas qu'un phénomène économique : ses impacts géographiques sont très importants**. La géographie de la mondialisation est une géographie très déséquilibrée où la puissance, la richesse et le pouvoir se concentrent sur des espaces restreints (les grandes métropoles ou « villes globales ») et situés très majoritairement dans les pays du Nord (la Triade).

3. **La mondialisation n'est donc pas vraiment mondiale** : les flux ne pénètrent pas partout et la mondialisation favorise certains espaces et certains acteurs au détriment des autres. Loin de permettre un développement harmonieux de l'espace mondial, la mondialisation accentue donc souvent les écarts existants. Elle bénéficie d'abord aux pays les plus riches et profite peu aux PED.

Fiche : Qu'est-ce que la mondialisation ?

La mondialisation est une mise en relation toujours plus étroite des différentes parties du monde. Elle se caractérise par une explosion des flux à l'échelle mondiale, une diffusion des produits et du mode de vie de l'Occident. La mondialisation est le résultat de la diffusion du libéralisme et de l'apparition de nouveaux moyens de transport et de communication.

Une explosion des échanges

La mondialisation se caractérise d'abord par une explosion des échanges entre les différentes parties de la planète : hommes, marchandises, services, sons, images, capitaux… Tout circule toujours plus et toujours plus vite sur terre. Cet essor des flux sur terre est la principale manifestation de la mondialisation.

Une occidentalisation du monde

La mondialisation désigne aussi une occidentalisation du monde, c'est-à-dire une diffusion des valeurs occidentales (l'Occident, c'est-à-dire surtout l'Europe et les États-Unis). Notre mode de vie, nos images, notre culture se diffusent sur la terre entière. Cette occidentalisation du monde a été d'abord une européanisation ; c'est maintenant surtout une américanisation du monde (diffusion du mode de vie et des valeurs américaines) car les États-Unis jouent un rôle majeur au sein de la mondialisation.

Depuis vingt-cinq ans, une nouvelle phase de la mondialisation

La mondialisation est une histoire ancienne : ce n'est pas d'aujourd'hui que les hommes échangent et que l'Occident diffuse ses valeurs. La découverte de l'Amérique par Christophe Colomb en 1492 qui s'est traduite par une mainmise du continent américain par les Européens et la diffusion de valeurs européennes en Amérique était déjà une étape dans ce processus de mondialisation. Mais la mondialisation s'est considérablement accélérée et a pris une ampleur inédite depuis quelques décennies. Quatre raisons principales à cela :

- **La libéralisation des échanges**. Du GATT en 1948 à l'OMC en 1995, les obstacles au commerce (le protectionnisme : taxes et quotas à l'importation) ont fortement reculé.
- **Le retour du libéralisme**. La crise économique de 1973 a été un déclencheur. Certains ont estimé que la trop grande place de l'État était une des cause de la crise et qu'il fallait diminuer sa place dans l'économie pour relancer l'activité (diminuer les impôts, supprimer les lois gênant les entreprises, etc.). Les idées libérales sont donc revenues en force. L'élection de Margaret Thatcher en Grande-Bretagne puis de Ronald Reagan aux États-Unis en 1979 constituent un tournant.
- **La disparition du communisme**. Avec la disparition de l'URSS en 1991, mère patrie du communisme (et donc du seul modèle concurrent au capitalisme), la planète entière s'est convertie au capitalisme. Même la Chine (pourtant théoriquement encore communiste !) a adopté l'économie de marché et participe pleinement à cette mondialisation des échanges (elle est entrée à l'OMC en 2001, c'est tout dire !). Le monde s'est donc économiquement uniformisé. Les échanges se font désormais à l'échelle mondiale. La planète est devenue un seul et unique marché.
- **La révolution des transports et des communications** a considérablement réduit deux contraintes traditionnelles fortes : le temps et les distances. Elles ont même dans certains cas quasiment disparu ! Alors qu'il fallait encore deux semaines à Napoléon pour faire parvenir un courrier d'un bout à l'autre de son empire, nous sommes désormais entrés dans l'ère du « temps réel » pour un nombre croissant de flux : sons, images, informations, capitaux… Deux éléments majeurs dans cette révolution : Internet et le développement des conteneurs pour le transport maritime.

Une interdépendance accrue entre les pays

Les différents pays étant de plus en plus liés les uns aux autres, ce qui se passe à un endroit du monde a de plus en plus souvent d'importantes conséquences ailleurs (pollution, crises financières, croissance ou crise économique…). L'interdépendance entre toutes les parties du monde s'est donc beaucoup accrue.

Fiche : Mondialisation et interdépendance

Les aspects de la mondialisation : un monde de flux et de mobilité

Principal aspect de la mondialisation : une explosion des flux de toute nature. Elle a pris une ampleur inégalée dans l'histoire des hommes depuis la fin de la Seconde Guerre mondiale :

- Le commerce des marchandises (produits industriels surtout).
- Les flux de capitaux qui transitent entre les grandes places financières, ainsi que les IDE.
- L'information, les images et le son.
- Les hommes, les flux touristiques essentiellement.

Trois raisons majeures à ce boom des flux :

- **Des progrès techniques** considérables dans les transports et télécommunications (transport aérien, porte-conteneurs pour le transport maritime, Internet et les satellites pour les flux d'information et de capitaux),
- **Une volonté politique** des grands pays du monde qui ont choisi de favoriser le développement de ces flux en réduisant les barrières protectionnistes (du GATT en 1947 à l'OMC en 1994).
- **L'effondrement des prix** résultant de l'ouverture et de la libéralisation des marchés a également permis un développement des échanges.

Les acteurs de la mondialisation

- **Les États**. Ils sont toujours les acteurs principaux dans les relations internationales, car s'il y a un boom des flux à l'échelle mondiale, il n'y a pas de gouvernement mondial. Les États sont à l'origine de la plupart des règles du jeu de la mondialisation. Ce sont eux qui disposent des moyens de l'organiser ou pas.
- **Les firmes multinationales**. Ce sont toutes les grandes entreprises qui développent leurs activités à l'échelle mondiale. Elles se sont considérablement développées ces vingt-cinq dernières années et, à elles seules, elles réalisent près des deux tiers du commerce mondial. Elles sont les principales actrices de la mondialisation des échanges économiques.
- **Les grandes organisations internationales** comme l'OMC, l'ONU, le FMI ou le G8. Ces organisations tentent d'organiser la mondialisation.

Mission difficile car elles sont gênées par la lutte d'intérêts entre les grands États.

- **Les ONG**. Elles se consacrent surtout à la protection de l'environnement et l'humanitaire. Indispensables, leurs moyens d'action restent pourtant limités.
- **Les marchés financiers** sont devenus des acteurs importants et de plus en plus indépendants des États, ils orientent les flux de capitaux.
- **Les acteurs illégaux**, qui pullulent au sein de cet espace mondialisé. La mondialisation favorise l'essor des flux illicites qui profitent du manque de règles internationales et du développement des échanges. Mafias et cartels de la drogue profitent de la mondialisation, tout comme les paradis fiscaux ou l'industrie de la contrefaçon.

La mondialisation, une nouvelle géographie du monde ?

Les conséquences spatiales de la mondialisation sont importantes. Le développement des échanges à l'échelle mondiale contribue en partie à redessiner la carte du monde. Il faut distinguer trois centres d'impulsion et des périphéries plus ou moins intégrées :

- L'Amérique du Nord (États-Unis, Canada), l'Union européenne et le Japon forment la **Triade** et dominent encore largement l'économie mondiale. Les États de la Triade produisent et reçoivent l'essentiel des flux. Ils sont encore à l'origine de 70 % du commerce mondial.
- À côté, un certain nombre de **pays émergents** parviennent à s'enrichir et à se développer grâce à la mondialisation. Ils ne la contrôlent pas mais en tirent bénéfice. La mondialisation favorise donc l'apparition de nouvelles puissances, notamment la Chine, l'Inde ou le Brésil. Nombreux sont les pays dit émergents, en Asie surtout, à profiter également de la mondialisation. Ces pays bousculent les pays du Nord et contribuent à redessiner la géographie de la puissance à l'échelle mondiale.
- Le reste du monde profite beaucoup moins de la mondialisation, une cinquantaine de **PMA** restant même totalement à l'écart et marginalisés.

La mondialisation ne redessine donc qu'en partie la géographie du monde. La géographie de la mondialisation est très déséquilibrée. Les activités économiques, le savoir, les capitaux et le pouvoir se concentrent sur des espaces restreints, les grandes villes et les espaces de contact (frontières, littoraux). Quelques grandes « villes globales », majoritairement au Nord, organisent l'espace mondial. Les choses évoluent pourtant très vite. Plusieurs pays, notamment en Asie, bousculent de plus en plus les pays du Nord.

Chapitre 27

D'autres logiques d'organisation de l'espace mondial

Dans ce chapitre :

- La mondialisation en débat
- La mondialisation n'a pas rendu les États inutiles
- La mondialisation n'a pas supprimé les grandes aires de civilisation

La mondialisation est un phénomène majeur de notre époque. Organise-t-elle pour autant tout ? Parce que nous voyons en permanence sur nos écrans de télévision certains symboles ou certaines marques, nous pouvons avoir l'impression que le monde s'uniformise totalement. Ce n'est qu'en partie vrai. Non seulement la mondialisation est un processus inachevé et critiqué (première partie), mais surtout d'autres forces continuent d'organiser notre monde. Ainsi, la mondialisation n'a pas aboli le rôle des États (deuxième partie) ni les différentes aires de civilisation (troisième partie).

Quelles sont les limites de la mondialisation ?

À l'heure de la mondialisation, quelle place reste-t-il pour les États et les grandes aires de civilisation ?

Page IV du cahier couleurs : l'espace mondial : des Nords, des Suds ?

- **80 % de la richesse mondiale sont détenus par seulement 20 % de la population mondiale**
- **1,3 milliard d'hommes vivent avec moins de 1 dollar par jour**
- **850 millions d'hommes ne mangent pas à leur faim sur terre**

La mondialisation en débat

Depuis une dizaine d'années, la mondialisation est de plus en plus critiquée. La raison ? Notre planète accumule les déséquilibres…

S.O.S. planète Terre !

Gros temps sur la planète !

Déforestation grave en Amazonie, émissions en trop grande quantité de gaz à effet de serre avec des bouleversements importants du climat à venir, manque d'eau potable pour une partie grandissante de l'humanité, accumulation dramatique des déchets, diminution rapide des réserves pétrolières… Un fait est incontestable : notre belle planète bleue accumule les déséquilibres et les menaces en ce début de XXIe siècle. Bon nombre de signaux sont au rouge ! La biodiversité est en danger. Un grand nombre d'espèces animales et végétales ont déjà disparu et continuent de disparaître par milliers tous les ans !

GROS PLAN

Les forêts tropicales en danger

En Indonésie, en Amérique du Sud ou en Afrique équatoriale, la déforestation prend une ampleur de plus en plus alarmante. Tenez-vous bien : selon l'ONU, 2 000 arbres sont coupés chaque minute ! Toutes les quatre secondes, l'équivalent d'un terrain de foot de forêt disparaît en Amazonie ! Tous les ans, on coupe en Amazonie l'équivalent de la forêt landaise, la plus grande d'Europe. Sans replanter. Ce n'est – hélas ! – qu'une atteinte de plus commise par les hommes sur leur environnement. Or cette déforestation est grave et compromet notre avenir. Elle accentue l'érosion des sols et le réchauffement planétaire. Les Indiens vivant en Amazonie subissent des agressions constantes et leur nombre a beaucoup diminué ces dernières décennies. La déforestation a également une forte influence sur l'abondance des pathogènes qui affectent les humains, tels que la malaria ou le choléra, et elle favorise les risques d'émergence de nouvelles maladies. Mais le plus grave est peut-être ailleurs. L'Amazonie est un milieu d'une richesse exceptionnelle. Des centaines de milliers d'espèces animales et végétales y vivent, nombreuses sont celles qui restent peu ou pas connues. La déforestation détruit de façon irrémédiable cette biodiversité, or ce qui nous nourrit et nous soigne, c'est la nature. En appauvrissant la biodiversité, l'homme réduit ses chances et hypothèque son avenir…

La nécessité d'un développement durable

Les hommes ont modifié les écosystèmes plus rapidement au cours des cinquante dernières années qu'à tout autre moment de leur histoire. Nous avons aujourd'hui une attitude trop prédatrice avec notre planète. Une certitude désormais (à moins d'être un invétéré égoïste ou aveugle) : **il est impossible que les 6,5 milliards d'êtres humains vivent tous « à l'américaine » ou même « à l'européenne »**. Il va nous falloir changer, apprendre à mieux gérer les ressources de notre environnement si l'on veut tout simplement que l'humanité ait un avenir. C'est l'idée d'un nécessaire développement durable. Le pari est simple : il faut parvenir à offrir un niveau de vie décent à 9 milliards d'habitants d'ici 2050 sans détériorer de façon irrémédiable la planète. Ce n'est pas gagné ! Mais c'est possible si les hommes se mobilisent. Et inutile pour cela de revenir à l'âge de pierre : il suffit déjà de mieux se comporter. Notre modèle de développement n'est plus tenable.

Rio, Kyoto, Johannesburg : le monde au chevet du malade !

Depuis quelques années, les scientifiques tirent la sonnette d'alarme sur la question du réchauffement du climat dans le monde. Un réchauffement provoqué par les **gaz à effet de serre** (les **GES**, et notamment le CO_2) qui s'accumulent dans l'atmosphère. Les conséquences à venir sont jugées potentiellement très dangereuses pour l'humanité : hausse du niveau de la mer, hausse des pluies ici, aggravation des sécheresses là, cyclones plus fréquents et plus graves, etc. Et c'est au nom du principe de précaution (mieux vaut prévenir que guérir !) que **l'ONU a organisé le premier Sommet de la Terre à Rio de Janeiro (au Brésil) en 1992**.

Tous les États présents sont tombés d'accord sur la nécessité de contrôler leurs émissions de GES. Fin 1997, un protocole fut signé à Kyoto (au Japon), qui fixait pour chaque pays des niveaux d'émission de GES à ne pas dépasser. La ratification du protocole par les grands pays a été longue, et le revirement des États-Unis (George Bush refuse de signer) limite grandement la portée d'un tel accord (les États-Unis sont en effet à eux seuls responsables d'environ 25 % des émissions de GES sur terre… !). Le protocole est jugé inacceptable par les États-Unis, car ses effets risqueraient de trop pénaliser l'économie américaine, d'autant que la Chine autre gros « pollueur » a refusé, elle aussi, de s'engager. L'*American way of life* n'est pas négociable, comme l'a dit George Bush, mais ce mode de vie met en péril le monde et l'Amérique elle-même (voir figure 27-3).

GROS PLAN

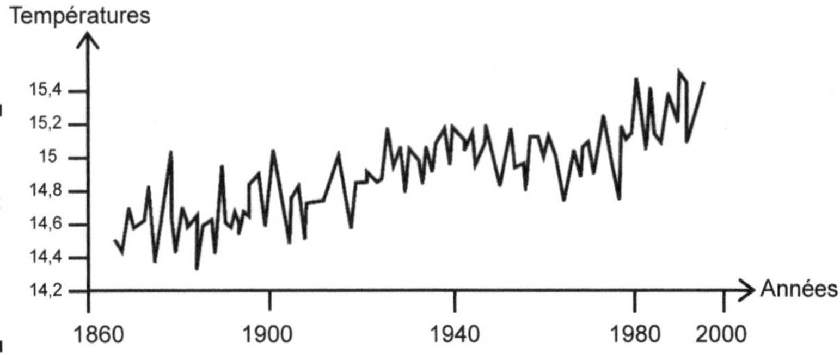

Figure 27-1 : Évolution des températures : c'est une certitude, les températures augmentent…

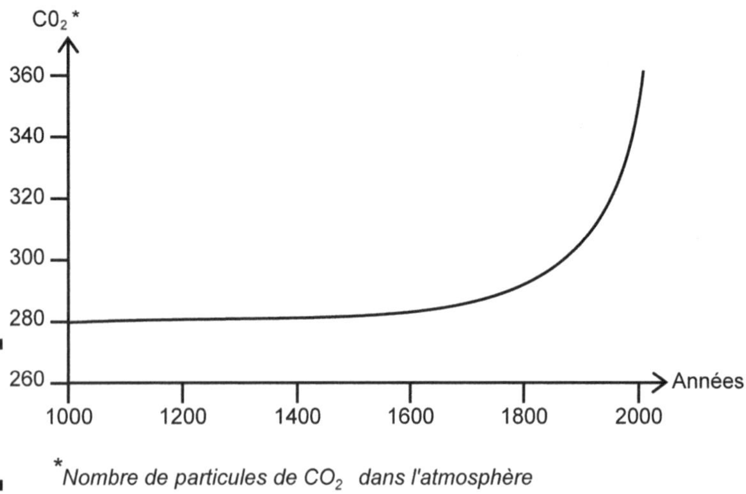

Figure 27-2 : …et ce n'est sans doute pas fini !

Les émissions de CO_2 dues aux activités humaines explosent depuis cinquante ans… Or ce sont elles qui sont responsables de l'effet de serre et donc du réchauffement ! (voir figures 27-1 et 27-2).

En 2002, un nouveau Sommet pour la Terre s'est tenu à Johannesburg en Afrique du Sud pour relancer le développement durable. Un sommet très médiatisé, mais aux résultats bien minces, malgré de nombreuses grandes déclarations (objectifs vagues, sans réelles obligations ni dates obligatoires). Le dernier en date de ces grands sommets pour l'environnement s'est tenu à Nairobi en 2006. Un accord a été conclu qui assure la pérennité des accords de Kyoto après 2012. Les États-Unis ont paru (un peu) mieux disposés. Les choses progressent. Un début de conscience mondiale est donc en train de se développer sur l'environnement, des premiers accords ont été signés, c'est encourageant. Mais est-ce suffisant ? Car le temps presse…

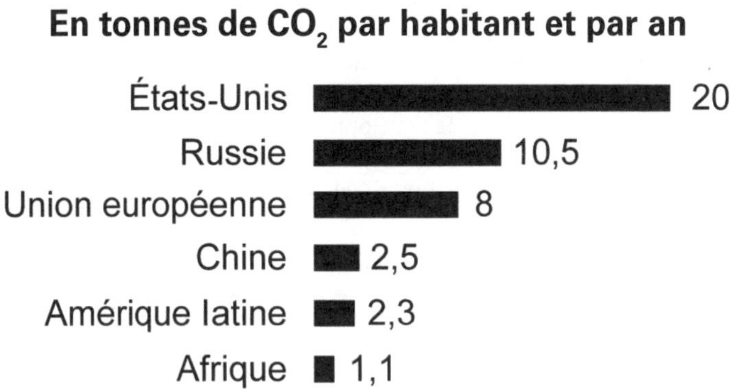

Figure 27-3 : Les plus gros pollueurs !

Le sous-développement, deuxième grand défi

L'inégal développement reste une terrible réalité de notre monde

Le monde n'a jamais produit autant de richesses qu'en ce début de XXIe siècle et pourtant la pauvreté et la misère touchent encore des milliards d'hommes. Au Moyen Âge, on pouvait le comprendre : le monde n'avait pas les moyens – ni financiers, ni techniques – de vaincre la misère. Mais aujourd'hui, nous les avons…

Nord et Sud : le grand écart !

Un Nord riche et développé côtoie des océans de pauvreté et de sous-développement au Sud. Une simple proportion rend compte de ces extrêmes inégalités : les États de la Triade possèdent à eux seuls 80 % de la richesse mondiale alors qu'ils ne regroupent que 20 % de la population. Les 500 personnes les plus riches du monde ont un revenu équivalent aux 420 millions les plus pauvres. Environ 1,3 milliard d'humains vivent dans une très grande pauvreté en disposant de moins de 1 dollar par jour. Un homme sur cinq ! 850 millions de personnes sur terre ne mangent pas à leur faim (un chiffre en progression depuis dix ans) alors que la production alimentaire dans le monde augmente sans cesse et que, dans un nombre grandissant de pays du Nord, l'obésité pose de plus en plus de problèmes…

La mondialisation responsable ?

C'est bien sûr la question à 100 euros du moment : la mondialisation est-elle responsable de tous ces déséquilibres ? Pour certains (les altermondialistes), cela ne fait aucun doute, mais pour les autres (les libéraux), non seulement elle n'y est pour rien, mais elle est le meilleur moyen pour accélérer le développement ! Avouons que le débat n'est pas facile : même les plus grands économistes sont divisés sur la question ! Essayons d'y voir un peu plus clair, en exposant les faits et les arguments de chacun.

Le développement sur terre : des progrès réels mais encore insuffisants

Les libéraux et les défenseurs de la mondialisation mettent en avant un fait indéniable : **depuis cinquante ans, la grande pauvreté a beaucoup reculé dans le monde**. La mondialisation a permis une augmentation du niveau de vie dans un certain nombre de pays. Comment cela se fait-il ? C'est simple : en permettant à ces pays de mieux vendre leurs produits et en facilitant le déplacement et donc l'acquisition des capitaux et des technologies. C'est le cas dans les pays d'Asie du Sud (Inde) et surtout de l'Est (NPIA, Chine). Ces pays participent pleinement au boom du commerce mondial et en tirent une grande partie de leurs revenus. L'enrichissement récent de la Chine ou de la Corée du Sud, par exemple, est impensable sans la mondialisation.

Tout ne va donc pas toujours de plus en plus mal sur notre terre ! Bien des choses se sont améliorées depuis cinquante ans (voir figure 27-4). Sur une longue période, les progrès sont même assez remarquables. L'espérance de vie progresse presque partout, les niveaux d'IDH s'améliorent dans la plupart des régions du monde et de plus en plus d'enfants peuvent bénéficier d'un minimum d'instruction. Ce n'est pas rien ! Certains pays parmi les plus pauvres du monde et que l'on croyait condamnés pour toujours au sous-développement connaissent depuis quelques années un rattrapage rapide comme le Bangladesh, le Vietnam ou l'Ouganda, preuve qu'il n'y a aucune fatalité au sous-développement.

GROS PLAN

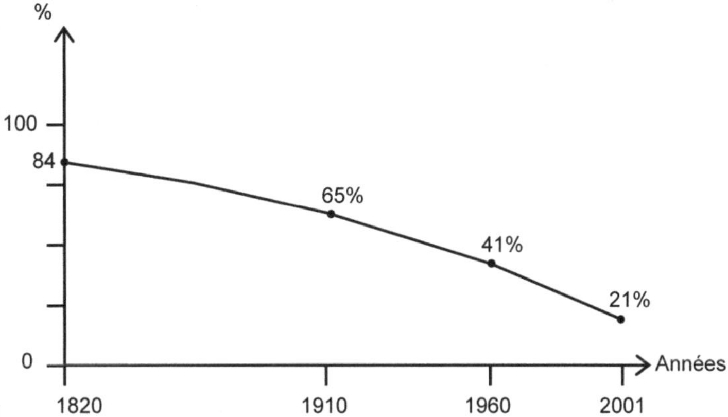

Figure 27-4 : Le recul de la grande pauvreté sur terre sur une longue période (population vivant avec moins de 1 dollar par jour).

Vive le libre-échange ?

Tout irait donc pour le mieux dans le meilleur des mondes, alors ? Non, car le développement de l'humanité par le seul libre-échange trouve aujourd'hui ses limites et bute sur trois problèmes majeurs :

- **Seule une partie des PED profite de la mondialisation**. La diminution de la pauvreté est en grande partie due au décollage de l'Asie et notamment de la Chine. Beaucoup d'autres pays (en Afrique surtout) n'ont pas progressé et ont même parfois vu les conditions de vie de leur population se dégrader (l'IDH a reculé dans dix-huit pays depuis 1990).
- Deuxième problème : **la mondialisation s'accompagne souvent d'une progression des inégalités**, elles-mêmes à l'origine de très fortes tensions dans les sociétés. Les écarts entre les plus riches et les plus pauvres s'accroissent à l'intérieur de chaque pays. Pourquoi ? Parce que, si elle n'est pas rééquilibrée par l'État, la liberté profite toujours au plus fort. La croissance économique ne suffit donc pas pour lutter contre le sous-développement.
- Troisième problème : **malgré les progrès effectués, la misère reste insoutenable** en ce début de XXIe siècle. Alors que l'économie mondiale produit de plus en plus de richesses, le nombre de pauvres et de mal nourris ne baisse plus. Des centaines de millions d'êtres humains ne peuvent toujours pas subvenir à leurs besoins vitaux (se nourrir, se loger ou se vêtir). Une situation difficilement acceptable quand on sait que les hommes ont aujourd'hui les moyens d'agir.

Pour les libéraux, pas de problème, ces difficultés sont transitoires et tout cela se réglera avec le temps : il suffit de laisser faire les règles du marché et de la libre concurrence… Mais au fil des années, sous-développement et problèmes d'environnement ne semblent pas se résorber spontanément, et vu la vitesse à laquelle la planète accumule les déséquilibres, il faut tout de même une bonne dose d'optimisme pour penser que la mondialisation comme elle fonctionne actuellement suffira à les régler !

Il faut donc faire un bilan nuancé : bien que la croissance économique soit indispensable, bien que le libre-échange puisse offrir de réelles opportunités aux PED, ils ne suffisent pas à assurer le développement. Il y a quelque chose qui ne tourne pas rond dans cette mondialisation. Elle souffre profondément d'un manque de règles et d'organisation.

Or-ga-ni-ser la mondialisation !

Y a-t-il un pilote dans l'avion ?

Au fait, qui dirige la mondialisation ? Car si elle n'est pas assez efficace pour améliorer le sort du monde, il faudrait pouvoir changer son fonctionnement. Mais quelqu'un a-t-il vraiment les moyens d'agir ? Car, jusqu'à preuve du contraire, il n'y a pas de gouvernement mondial ! Et c'est bien l'une des difficultés majeures de la mondialisation qui pose la question d'une gouvernance mondiale. Les problèmes se posent de plus en plus à l'échelle mondiale, mais il n'existe pas d'autorité supérieure qui pourrait définir des règles pour tous. Que trouvons-nous à la place ? Une foule d'acteurs (États, FTN, grandes organisations…), qui ont tous une parcelle de pouvoir et des intérêts très divergents.

Une mondialisation pas très démocratique…

Parmi tous ces acteurs, lesquels ont réellement du pouvoir ? D'abord les États les plus puissants (États-Unis et Europe surtout, donc le Nord), puis les grandes FTN (elles aussi au Nord) et enfin les grandes organisations internationales. Et qui a le plus de pouvoir au sein de ces grandes organisations ? À nouveau **les États du Nord** ! FMI, Banque mondiale et OMC sont dirigés par des Européens ou des Américains qui appliquent leurs règles (au FMI, seuls les États-Unis disposent d'un droit de blocage). Au Conseil de sécurité de l'ONU, quatre membres permanents sur cinq sont des États du Nord… Bref, la mondialisation est loin d'être encore très démocratique.

Des problèmes nouveaux à l'échelle mondiale

Avec la mondialisation, de nouveaux problèmes apparaissent également. Et comme toujours, les solutions vraiment efficaces seraient mondiales. C'est évident dans le cas de l'environnement – la pollution de l'air se moque totalement des frontières et les hommes doivent agir ensemble à l'échelle mondiale pour apporter des solutions. Or ces règles font encore cruellement défaut. Le boom du commerce mondial qui a entraîné celui du transport maritime – les trois quarts du commerce mondial s'effectuent par bateaux – en offre un excellent exemple.

GROS PLAN

Des « bateaux-poubelles » sur la mer : un monde en manque de règles !

Amoco Cadiz en 1978, *Erika* en 1999, *Levoli Sun* en 2000, *Prestige* en 2002... Régulièrement, c'est le drame sur les côtes françaises : un pétrolier s'échoue et provoque une marée noire. Le plus souvent en cause : des bateaux âgés (surnommés les « bateaux-poubelles », c'est tout dire...) dotés d'un équipage mal formé et recruté au rabais. Le dernier en date, le *Prestige,* était un vieux tanker construit en 1976 et, pour perdre un bout du pont et se casser en deux, il devait être bien fatigué et très rouillé ! La raison d'une telle situation ? Le manque de règles internationales. Détaillons un peu. La plupart des États immatriculent leurs bateaux non pas dans leur pays de résidence mais dans de petits pays comme le Panama, les Bahamas ou le Liberia. On dit qu'ils voguent sous **pavillon de complaisance**. L'intérêt ? Simple : peu de règles, peu de taxes, recrutement de marins peu formés mais pas chers et pas de contrôle sur l'état des bateaux... L'idéal pour naviguer pas cher et... dangereusement ! Résultat : armateurs, équipages, assureurs, cargaisons... Personne n'a la même nationalité ! Bien difficile alors pour un État de faire respecter des règles nationales ou de courir après les responsables en cas de drame ! La nécessité de règles mondiales sur le droit de la mer s'impose donc. Il existe bien une **Organisation maritime internationale (OMI)** censée fixer des règles, mais l'OMI donne le plus de pouvoirs aux pays disposant des plus grandes flottes et donc aux pavillons de complaisance. Et ceux-ci ont bien sûr intérêt à ce qu'il y ait le moins de règles possible ! En outre, l'OMI ne dispose d'aucun moyen pour faire respecter ses décisions... Il reste donc encore beaucoup à faire pour assurer une meilleure gestion et une meilleure protection des océans...

Les altermondialistes : pour une autre mondialisation

Les **altermondialistes** regroupent tous ceux qui s'opposent à la mondialisation libérale. Pour eux, c'est clair, notre planète marche sur la tête et il est évident que c'est la mondialisation libérale qui est en cause. Ils dénoncent les inégalités, la pauvreté, la « malbouffe » et souhaitent promouvoir une autre mondialisation, plus respectueuse de l'humain et de son environnement.

Leur mouvement est assez récent – il date des années 1990 – et s'exprime notamment lors des forums sociaux mondiaux. Il ne s'agit pas d'un mouvement uni, mais d'un vaste regroupement de multiples ONG et associations qui a pris une extension mondiale. Leurs cibles principales sont d'abord les grandes multinationales, les États et les grandes organisations internationales accusées de répandre les valeurs libérales sur terre (les États-Unis, le FMI, l'OMC…). Les problèmes pointés par les altermondialistes sont souvent bien réels. Comme toujours, les difficultés résident dans les solutions à apporter. Ce mouvement altermondialiste est en effet encore jeune et reste très divisé. Il peine à mettre en place un projet alternatif crédible. Jusqu'à maintenant, ces « alter » se sont beaucoup fait remarquer en essayant d'empêcher les réunions de l'OMC. Leurs idées se diffusent néanmoins et quelques-unes sont désormais partiellement prises en compte par certains dirigeants politiques.

La mondialisation n'a pas rendu les États inutiles !

Près de deux cents en 2007 ! Jamais il n'y a eu autant d'États sur terre ! Trop nombreux, trop petits face à la mondialisation qui se joue des frontières, les États seraient-ils devenus inutiles et impuissants ? C'est moins vrai qu'il n'y paraît…

L'État, un acteur contesté

Le libéralisme contre l'État

Le libéralisme est une philosophie très critique vis-à-vis de l'État. Pour les libéraux, l'État coûte cher, est peu efficace et nuit au développement économique en imposant trop d'impôts et trop de réglementations. C'est à la faveur de la crise économique qui a éclaté dans les pays industrialisés **à la suite du choc pétrolier de 1973** que **le libéralisme est redevenu l'idéologie dominante dans les pays occidentaux**. Il est apparu comme une solution pour lutter contre les problèmes économiques alors que les autres politiques montraient leurs limites. Dans les années 1980, **Margaret Thatcher en Grande-Bretagne et Ronald Reagan aux États-Unis** ont incarné ce retour au pouvoir du libéralisme (ou plutôt du « néolibéralisme », c'est-à-dire d'un libéralisme « nouvelle vague »). Aux États-Unis, la méfiance vis-à-vis de l'État est redevenue extrêmement forte. Ronald Reagan, dans les années 1980, est même allé jusqu'à affirmer que « l'État ne résout pas les problèmes, il est le problème ». Depuis une vingtaine d'années, sous l'influence des libéraux, l'État a ainsi beaucoup reculé et a cédé de plus en plus d'activités à des entreprises privées (en France, ce mouvement de privatisations a débuté en 1986). **La disparition de l'URSS en 1991** (et donc du communisme, modèle concurrent au libéralisme) a permis une extension du libéralisme et de l'économie de marché à pratiquement l'ensemble de la planète.

La mondialisation contre l'État

C'est un fait : la mondialisation sape une partie du pouvoir des États. En acceptant la libre circulation des marchandises, des capitaux et parfois des hommes, **les États ont perdu une partie de leur souveraineté et ont moins de pouvoir**. Les grandes firmes multinationales se jouent des frontières, tout comme les marchés financiers. Les grandes organisations internationales imposent des règles que les États doivent respecter (enfin, en principe !). Et face à de nombreux défis posés par la mondialisation (pollution, paradis fiscaux...), les États sont devenus souvent trop petits pour agir seuls.

De plus, la mondialisation met les États en concurrence. Quand une grande entreprise veut s'implanter en Europe, elle compare les situations de chaque pays (fiscalité, coût de la main-d'œuvre, etc.) et choisit le plus avantageux. Certains États ont réagi en baissant de plus en plus les impôts pour éviter de voir s'en aller trop d'entreprises vers des pays plus attractifs. Faut-il alors qu'un État, pour rester compétitif, baisse continuellement sa protection sociale, ses impôts, etc., au risque de voir ses ressources baisser ? Voilà un redoutable défi ! Face à la mondialisation, la faiblesse d'un État, c'est qu'il reste prisonnier de ses frontières. Les États sont donc à la fois promoteurs et victimes de la mondialisation.

Les régions contre l'État

Cela ne vous aura pas échappé : un peu partout, les régions se font entendre contre leurs États. Pour en rester à la seule Europe (mais les tendances sont identiques ailleurs : Canada, Russie, Afrique...), le Pays basque, la Corse, la Catalogne, l'Écosse, la Flandre, l'Italie du Nord... **Partout, les régions souhaitent affirmer de plus en plus leur autonomie face aux États**. Et les États doivent souvent accepter des compromis et une perte de pouvoir face aux exigences de ces régions : les Écossais ont maintenant leur parlement (et donc leurs lois) et le Pays basque a même sa propre police. Quant à la Belgique, à force de donner de l'autonomie à ses deux grandes régions (Flandre et Wallonie), Flamands et Wallons n'auront bientôt plus en commun que le roi et l'équipe nationale de foot ! Indéniablement, cette affirmation des régions affaiblit les pouvoirs centraux.

L'État, un acteur toujours essentiel

L'État reste, malgré tout, un acteur majeur de notre monde.

Les États organisent la mondialisation

Ce sont les États qui ont voulu et qui organisent la mondialisation. Les États, s'ils en ont le désir, peuvent donc la limiter ou en modifier le fonctionnement en établissant des règles. Qui discute à l'ONU ou à l'OMC ? Qui organise les relations internationales ? Les États, et personne d'autre ! Ils restent donc incontournables dans le fonctionnement de notre planète. On ne fera rien sans eux.

Les États sont essentiels au bon fonctionnement d'un pays

Les États continuent d'organiser la vie de leurs sociétés. Seul l'État peut garantir les règles indispensables permettant aux hommes de vivre ensemble dans un pays. Les États restent également les seuls lieux où la démocratie peut fonctionner : comment penser des élections en dehors d'un État ? Même les Européens ne sont pas près d'élire un président commun ! On voit d'ailleurs toute l'importance de l'État lorsque celui-ci fonctionne mal, comme c'est le cas dans de nombreux PED : corruption, violence, mafia… La plupart des PED sont sans doute davantage malades d'une faiblesse de l'État plutôt que d'un État trop fort.

Les États jouent un rôle majeur dans la réussite économique d'un pays

L'État est donc indispensable au succès économique d'une nation. Les réussites des pays d'Asie se sont bâties sur des États forts, protégeant leurs industries naissantes, favorisant la formation de leur population et construisant les ponts et les routes nécessaires au développement du pays. D'ailleurs, malgré un discours d'apparence parfois très libéral, tous les États interviennent sans arrêt pour soutenir leur économie : avec la

PAC, les pays d'Europe aident leurs agriculteurs, et à la suite des attentats du 11 septembre 2001, George Bush a mis en œuvre un plan d'aide sans précédent à l'industrie aéronautique américaine afin d'éviter qu'elle ne s'effondre. Ultralibérale, la mondialisation ?

Mondialisation ou… régionalisation du monde ?

Contrairement aux apparences, tout ne fonctionne pas à l'échelle mondiale, loin de là. Nous parlons beaucoup de mondialisation, mais savez-vous par exemple qu'à peine 10 % de la production agricole mondiale sont échangés sur les marchés mondiaux ? Et le reste, alors ? Il est échangé localement ou entre voisins. C'est la même chose en Europe : les deux tiers du commerce des pays de l'Union européenne se font en Europe. Les pays européens commercent d'abord entre eux. Le premier client et premier fournisseur de la France reste l'Allemagne. Vous voyez à quel point l'idée que tout viendrait de Chine est fausse ! N'inversons donc pas les réalités ! **À l'heure du mondial, le local reste primordial** ! Et **la mondialisation n'abolit pas la géographie**. Le « village mondial » est un mythe. Pour chaque pays, l'essentiel reste ses voisins. Et c'est pour cela que l'on voit éclore un peu partout sur terre des organisations régionales. Chaque État souhaite organiser sa proximité. On assiste à une régionalisation du monde, en quelque sorte. Le commerce, la sécurité (lutte contre le terrorisme ou les marées noires), beaucoup de choses trouvent du sens à cette échelle régionale. La plus aboutie de ces organisations est l'Union européenne, mais il en existe sur les cinq continents : l'**ALENA** en Amérique du Nord, le **MERCOSUR** en Amérique du Sud, l'**ASEAN** en Asie, etc.

La mondialisation n'a pas supprimé les grandes aires de civilisation

Oyez, oyez gentes dames et gentils messieurs, demain, je vous le dis, vous serez tous mangés par le rouleau compresseur américain : vous penserez Hollywood et vous mangerez McDo ! Comment ? La culture américaine serait-elle en train de détruire les autres cultures ? À y regarder de plus près, c'est, une fois encore, plus compliqué qu'il n'y paraît…

Vous êtes Pepsi ou Coca ?

Une culture mondiale... ?

Grâce aux nouveaux moyens de communication, des effets de mode se diffusent maintenant comme une traînée de poudre et peuvent avoir des succès planétaires. Qui ignore encore les Pokémon, les Sim's, *Matrix*, *Star Wars* ou *Harry Potter* ? Les jeunes jouent aux mêmes jeux vidéo et ont presque tous vu *Le Seigneur des anneaux*. Alimentation et habits s'uniformisent, la puissance des images et des sons venus d'Amérique (et un peu du Japon) ont converti plusieurs générations. *Harry Potter* s'est vendu à près de 300 millions d'exemplaires dans deux cents pays et a été traduit en soixante langues ! Une culture mondiale serait-elle en train d'émerger ?

... ou une planète Hollywood ?

Cette mondialisation culturelle est bien sûr essentiellement **une occidentalisation et même une américanisation du monde**. Même si le Japon parvient à imposer depuis quelques années certains de ses produits culturels (Yu-Gi-Oh, Nintendo ou les Mangas), ce sont massivement les produits américains qui se diffusent. L'Inde produit plus de films que Hollywood, mais je doute que vous en connaissiez beaucoup ! En Europe, presque les trois quarts des films diffusés dans les salles sont américains, et les deux tiers des séries télé importées proviennent des États-Unis. Nombreux sont les cinémas européens à avoir été victimes du rouleau compresseur américain.

Un appauvrissement de la culture mondiale ?

Un autre aspect de cette uniformisation culturelle du monde est la disparition de nombreuses langues vernaculaires, tout comme de nombreuses traditions ou arts locaux. Quelques grandes entreprises (américaines ou japonaises) contrôlent le marché de l'audiovisuel dans le monde et inondent la planète au moyen d'un marketing agressif (même au petit déjeuner, les paquets de céréales nous rappellent qu'il ne faut pas oublier d'aller voir le dernier dessin animé à la mode !). Difficile pour les plus jeunes d'échapper à un tel matraquage ! Ces œuvres de plus en plus formatées pour tout public représentent donc le risque de déboucher sur un appauvrissement culturel. En France, sur plusieurs milliers de disques qui sortent chaque année, quelques-uns réalisent à eux seuls la grande majorité des ventes. Il est très tentant dans ces conditions pour les grandes entreprises de l'industrie culturelle de laisser tomber les artistes peu rentables et de ne plus les diffuser, d'autant que seule une poignée de grandes entreprises contrôlent l'essentiel de la production culturelle mondiale (Warner, Sony, Universal…).

Limites et résistances à cette uniformisation culturelle

La mondialisation culturelle n'abolit pas les grandes aires de civilisation

En fait, cette diffusion à grande échelle des produits culturels américains ne semble pas déboucher sur une culture mondiale unique. Remarquons tout d'abord qu'une bonne partie de la planète reste en dehors de ces influences. À peine 15 % de la population mondiale se connectent à Internet ; en Inde, seuls quelques millions d'individus sont réellement en contact avec cette occidentalisation du monde. Par ailleurs, les principales aires de civilisation (hindoue, chinoise, arabe...) n'ont **souvent qu'un vernis de culture occidentale et conservent leurs caractéristiques principales** (langue, religion, coutumes et croyances ancestrales). Autrement dit, il ne suffit pas d'adopter quelques signes extérieurs d'une autre culture pour abandonner la sienne ! Ne pas confondre culture et biens culturels ! Tout cela se mélange, et toutes les cultures évoluent au contact des autres. Même la culture américaine, pourtant dominante, est très influencée par les cultures japonaise ou latino-américaine. Il en ressort un métissage culturel donnant souvent naissance à des produits originaux (la World Music). **La mondialisation** produit une certaine homogénéisation culturelle, mais elle n'abolit pas les grandes aires de civilisation. Elle **débouche plutôt sur un grand métissage à l'échelle mondiale**. La tendance est au « mix » !

GROS PLAN

Le Coca : mondial et... hybride !

Le Coca-Cola n'échappe pas à ce métissage des cultures : ne soyez pas surpris un jour ou l'autre de boire un « Mecca Cola » (un Coca soutenant la cause palestinienne) ou un « Breizh Cola » (le Coca breton !). Même la Corse a désormais son Coca (le « Corsica Cola ») ! Arabes, Bretons et Corses n'ont certainement pas renié leurs cultures ! Autrement dit, nous allons plus certainement vers un monde hybride et métissé qu'uniformisé et « macdonaldisé ». D'ailleurs, même les plus grandes firmes multinationales sont obligées d'adapter leurs produits selon les habitudes des consommateurs (même McDonald's ne parvient pas à vendre les mêmes hamburgers sur tous les continents et doit s'adapter). Le consommateur mondial n'existe pas : la culture unique n'est pas pour demain !

La défense s'organise : diversité et exception culturelle !

La France est très attachée à l'idée d'une « **exception culturelle** ». L'idée est simple : la France considère que la culture n'est pas un produit comme un autre, qu'elle constitue l'identité profonde d'un peuple, et les échanges de produits culturels ne doivent pas être totalement laissés au marché. Un pays a le droit et le devoir de défendre et de soutenir sa culture, sans quoi elle risquerait de disparaître. Cela constitue une entrave au libre-échange prôné par l'OMC, d'où l'expression d'« exception culturelle ». Une idée difficile à défendre car beaucoup de pays sur terre (à commencer par les États-Unis) y sont opposés. Pour soutenir sa culture, la France a mis en place des quotas : radios et chaînes de télé ont l'obligation de diffuser un minimum d'œuvres françaises. Indéniablement, ce soutien a permis le maintien et même l'émergence d'un grand nombre d'artistes locaux. Certains contestent : au nom de quoi faudrait-il que toute une population subventionne des films qui ne font pratiquement pas d'entrées dans les salles ? L'idée fait néanmoins son chemin : fin 2005, l'Unesco a adopté une convention sur la diversité culturelle qui stipule que « les activités, biens et services culturels ne doivent pas être traités comme ayant exclusivement une valeur commerciale » et qui autorise les pays à prendre « les mesures qu'ils jugent appropriées » pour protéger leur patrimoine culturel. La culture n'est décidément pas un bien comme un autre…

Replis identitaires, nationalisme et intégrisme religieux

Par bien des aspects, la mondialisation rapproche les hommes et crée un monde plus homogène : nous nous déplaçons plus, des images du monde entier nous font mieux connaître notre terre et les diverses cultures, les hommes apprennent à gérer ensemble leur planète (sommet de Kyoto, ONU…). Mais, dans le même temps, la mondialisation produit aussi plus de fragmentation : les pays éclatent et sont de plus en plus nombreux (deux cents aujourd'hui, sans doute davantage demain), les régions réclament toujours plus d'autonomie (Corse, Écosse, Flandre…), les cultures locales exigent d'être reconnues (les Inuits, les Indiens…), etc. Comme si les hommes cherchaient à réactiver des communautés réduites, plus proches d'eux et protectrices. Dans les pays développés où les inégalités progressent, les gens riches s'enferment dans des quartiers entourés de hauts murs et protégés par une police privée (les *gated communities* aux États-Unis)… On se regroupe entre soi. Le monde serait-il en train de se tribaliser ?

Sur cette planète trop souvent sans repères, imprévisible et chaotique, bien des hommes peuvent avoir le sentiment de ne plus maîtriser leur environnement et d'être dépassés par un monde qui va décidément trop vite : mondialisation, délocalisations, une science qui interroge et effraie certains (OGM, clonage…), etc. Tous les jours se bousculent sur nos écrans de télévision des flots d'images qui peuvent être porteuses d'angoisses (violence, catastrophes naturelles, chômage, attentats terroristes...). **Les hommes peuvent alors être tentés de se replier sur eux-mêmes** ou sur une identité qui leur paraît stable, solide et donc rassurante : un quartier, une culture, une nation, une religion. **Parmi ces replis identitaires, deux sont particulièrement inquiétants : le réveil du nationalisme et du fondamentalisme religieux**. Nous rejoignons là votre cours d'histoire.

Le repli sur la nation a toujours été un réflexe de défense d'un groupe qui, en excluant l'autre, croit pouvoir se protéger. Il débouche, aujourd'hui comme hier, sur l'exclusion, l'épuration ethnique (conflits en Yougoslavie dans les années 1990) et les génocides (au Rwanda en 1994). Le fondamentalisme religieux (ou l'intégrisme) réactivent des réflexes similaires. Dans le cas de l'Islam, cet intégrisme exprime un rejet de l'Occident (et donc de la mondialisation) et le repli sur un socle stable et rassurant. La religion, interprétée de façon archaïque et rigide (et donc plus pur, et plus authentique), répond à cette recherche de sens quand tout semble aller mal. Aucune des sociétés musulmanes n'a en effet réussi son développement économique. Dans le monde arabe, misère, sous-développement et humiliation sont le lot quotidien des populations. Comment ne pas voir dans ce repli sur un religieux presque moyenâgeux une réponse désespérée face à une quête déçue de la modernité ? Les réflexes ne sont guère différents dans le cas du fondamentalisme chrétien qui se porte bien dans de nombreux pays. Aux États-Unis, certains de ces chrétiens purs et durs se voient comme des croisés en lutte contre les « erreurs » de la modernité (le droit à l'avortement, par exemple) et se battent pour que le **créationnisme** soit enseigné dans les écoles au même titre que les théories sur l'évolution des espèces.

Comment éviter que les populations ne se replient trop sur elles-mêmes face à un monde qu'elles ne comprennent plus, qui leur paraît inintelligible et dangereux ? Voilà un nouveau défi de taille pour les gouvernants du monde entier !

Conclusion : la nécessité d'un nouvel ordre international

À RETENIR

1. **La mondialisation n'est donc pas la seule grille de lecture de notre monde** : histoire, culture, géographie, États et grandes civilisations continuent d'organiser notre monde.

2. **La mondialisation permet à une bonne partie de l'humanité de sortir de la pauvreté, mais elle ne bénéficie pas à tous**. Malgré ses bénéfices, la mondialisation, telle qu'elle fonctionne actuellement, ne suffira pas à répondre seule aux défis du sous-développement et du développement durable.

3. **Culturellement, la mondialisation ne se traduit pas par une simple américanisation du monde**. Les autres cultures ont une capacité de résistance très forte : quand elles adoptent une valeur occidentale, elles la transforment pour en faire un hybride. La mondialisation débouche plus sur un métissage culturel que sur une planète McDonald's.

4. **La mondialisation a accru l'interdépendance entre les hommes**. Rien à faire, que nous le voulions ou non, ce qui se passe à l'autre bout du monde nous concerne aussi ! Il est indispensable – mais très difficile ! – que les hommes mettent en place des règles de fonctionnement démocratiques afin que l'humanité parvienne à faire face aux défis immenses qui sont devant elle (sous-développement, développement durable…). L'homme en a les moyens techniques. En aura-t-il la volonté, et surtout la sagesse

Fiche : D'autres logiques d'organisation de l'espace mondial

L'actuelle mondialisation modifie en profondeur le fonctionnement de notre monde. Est-elle cependant positive ou négative pour les hommes ? Ses conséquences font débat. Débouche-t-elle par ailleurs sur un affaiblissement irrémédiable des États et une uniformisation culturelle du monde ?

Pour ou contre la mondialisation ?

Pour les **altermondialistes**, la mondialisation provoque un développement des inégalités sociales et une dégradation de l'environnement. Pour eux, la mondialisation est donc davantage un problème qu'une solution. Ils souhaitent la transformer radicalement, voire y mettre fin.

De fait, une majorité de scientifiques sont inquiets des atteintes faites à **l'environnement** et mettent en avant la nécessité d'un développement durable. Jusqu'à présent, les initiatives restent encore bien timides et insuffisantes (comme la signature du **protocole de Kyoto**). La mondialisation signifie en effet une forte augmentation des échanges, plus de transports et donc plus de pollution. Mais elle est loin d'être seule en cause. En fait, c'est le mode de vie de nos sociétés modernes qui est sans doute à repenser. Si tous les hommes vivaient à l'européenne, deux planètes n'y suffiraient pas. À terme, ce n'est pas tenable.

Quant aux **inégalités**, elles restent considérables dans le monde, même s'il est indéniable que la mondialisation a permis à des millions d'habitants des pays du Sud de sortir de la pauvreté. Car si la mondialisation favorise la création de richesses, elle ne bénéficie pas à tous. Tout dépend en effet de la façon dont sont réparties et redistribuées les richesses produites. Si elles ne le sont pas (avec une politique sociale active), alors les inégalités sont très fortes.

À l'échelle mondiale, la mondialisation pose donc une nouvelle question redoutable pour les hommes : comment créer les indispensables règles communes au bon fonctionnement de cet espace mondialisé ? C'est le problème de la **gouvernance mondiale**. Les États ont-ils encore les moyens d'agir ?

La mondialisation n'a pas rendu les États inutiles !

La mondialisation contribue à rogner les pouvoirs des États. Un État produit des lois pour un territoire, or la mondialisation se joue des frontières.

Les grandes organisations internationales comme l'OMC ou l'Union européenne limitent aussi les pouvoirs des États, car elles créent des règles internationales que les États doivent respecter. Les États sont donc victimes de la libéralisation des échanges, mais aussi de la plus forte demande d'autonomie des régions.

Pour autant, les États gardent seuls le pouvoir de réguler la mondialisation, car eux seuls ont la possibilité de faire des lois. Ils restent donc des acteurs incontournables. Le problème c'est que pour agir sur la mondialisation, les États doivent s'entendre. Et jusqu'à maintenant chacun se préoccupe d'abord de la défense de ses intérêts particuliers au détriment des intérêt communs (comme l'environnement).

La mondialisation n'a pas supprimé les grandes aires de civilisation

Avec la mondialisation, les flux de produits culturels ont beaucoup augmenté. Ce sont d'abord des produits occidentaux et surtout américains qui se diffusent dans le monde (cinéma, alimentation, vêtements…). La mondialisation contribue donc à une disparition de cultures locales, à la diffusion de la langue anglaise et de produits culturels occidentaux. Mais elle est loin de déboucher sur une simple américanisation du monde. Deux raisons principales à cela :

- Certains pays (notamment la France) ont mis en avant l'idée d'une **exception culturelle** afin de protéger leurs cultures nationales menacées.
- La diffusion de produits culturels ne conduit pas à la disparition des grandes aires de civilisation. Elles ont une capacité de résistance et d'adaptation très forte.

La mondialisation peut aussi favoriser un renouveau de certaines cultures et des attitudes de replis identitaires, culturels ou nationalistes, dont certaines dérives sont particulièrement inquiétantes (nationalismes xénophobes, intégrismes religieux, terrorisme islamiste).

La mondialisation n'est donc pas la seule grille de lecture de notre monde. Les hommes sont plus interdépendants que jamais, mais l'idée d'une terre transformée en un village mondial reste un mythe. La géographie, les distances, les frontières et les cultures existent toujours. Et sous une apparente uniformisation, le monde se fragmente donc également en de multiples parts.

Chapitre 28

La superpuissance des États-Unis

Dans ce chapitre :

- Les aspects de la puissance des États-Unis
- Une grande puissance régionale et mondiale
- Des faiblesses cependant… un colosse aux pieds d'argile ?

La chute de l'URSS en 1991 a mis fin à l'ordre bipolaire qui organisait toutes les relations internationales depuis 1945. L'URSS disparue, elle laisse un vainqueur par défaut, les États-Unis, qui sont désormais une superpuissance sans équivalent sur terre. Il n'est donc pas étonnant que l'Amérique soit omniprésente dans les affaires du monde. Pas moyen de comprendre notre monde sans un minimum de connaissances de cette superpuissance, de ses points forts et de ses points faibles.

Quels sont les aspects et les limites de la puissance des États-Unis ?

Quelle est la géographie de cette puissance ?

CROQUIS DE BAC

Page VI du cahier couleurs : la puissance des États-Unis dans le monde

CHIFFRES CLÉS

La puissance américaine, c'est :

- **300 millions d'habitants en 2007**
- **le 1er PIB du monde avec 13 000 milliards de dollars**
- **le 1er budget de défense du monde avec 500 milliards de dollars**

Quels sont les principaux aspects de la puissance américaine ?

Les choses sont assez simples : la population mise à part, les États-Unis cumulent les premiers rangs mondiaux dans pratiquement tous les domaines ! Cette superpuissance est en effet économique, financière, politique, militaire et elle s'impose aussi dans les modes de vie. Tour d'horizon, dans cette première partie, des principaux aspects de cette superpuissance.

La première puissance économique et financière du monde

Près de 30 % des richesses produites sur terre !

Les États-Unis réalisent bien entendu **le 1er PNB du monde** avec plus de 13 000 milliards de dollars de richesses produites chaque année. Pour vous donner une idée de l'écart avec le deuxième, le PIB du Japon n'est « que » de 4 500 milliards. Et la France ? Environ 2 100. Ce qui veut dire qu'avec moins de 5 % de la population mondiale, les Américains produisent près de 30 % des richesses mondiales (28 % exactement) ! De plus, cette économie est très dynamique : son taux de croissance est régulièrement supérieur à 3 % par an, sensiblement plus qu'en Europe ou au Japon (ce qui veut dire que ces quinze dernières années, elle a creusé l'écart avec ses principaux concurrents et encore conforté son avance).

Ces richesses proviennent aux trois quarts du secteur tertiaire. Les États-Unis sont en effet d'abord une économie de services : banques (JP Morgan), finance (Merrill Lynch), commerce (Wal-Mart), loisirs et tourisme (Walt Disney)… Ces secteurs emploient aujourd'hui trois Américains sur quatre.

La première puissance agricole du monde

Par l'importance des sols cultivés, par le volume de la production et par la place dans les échanges internationaux, l'agriculture américaine est la première du monde. Les États-Unis sont les premiers producteurs mondiaux de **maïs**, de **soja** et de **viande** et occupent des positions très fortes dans le **blé** et le **coton**. Leur poids est tel sur ces marchés qu'ils ont la capacité de peser sur les cours et peuvent utiliser leur agriculture comme un moyen de pression sur certains pays dépendants en produits agricoles (c'est le *food power*). Et encore l'espace est-il loin d'être entièrement utilisé ! C'est dire le potentiel dont ils disposent !

Malgré le faible nombre de *farmers* (moins de 2 % de la population active), cette agriculture reste un secteur essentiel de l'économie américaine car elle fait travailler directement un très grand nombre d'autres activités (fabricants d'engrais ou de machines agricoles, ingénieurs agronomes, industries agroalimentaires…). C'est pourquoi on parle souvent d'*agribusiness* pour désigner cette filière.

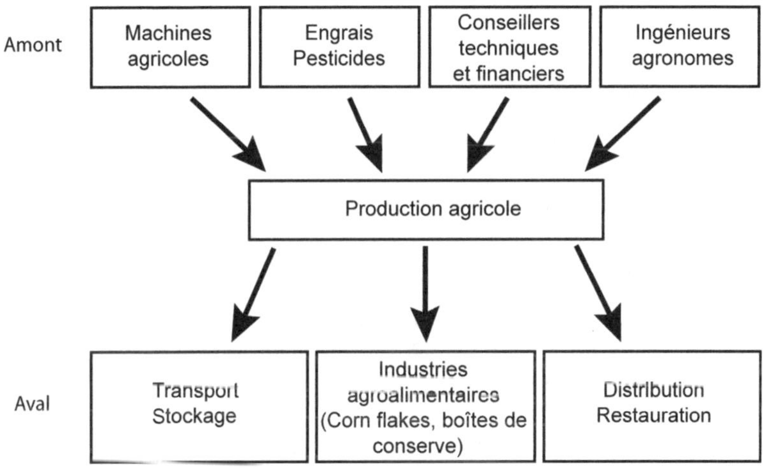

Figure 28-1 : L'agribusiness aux États-Unis, ou l'agriculture au cœur d'un secteur économique capital.

Bien sûr, cette agriculture a aussi ses points faibles. Tout comme celle des pays de l'UE, elle produit cher et reste largement subventionnée par l'État américain. Comme quoi, on peut se dire libéral et ne pas toujours laisser faire le seul marché… !

La première puissance industrielle du monde

L'industrie n'emploie plus qu'un Américain sur cinq. Elle est pourtant toujours la première du monde et représente **encore 25 % de la production industrielle mondiale** ! Cette industrie a changé de visage en vingt-cinq ans : à la faveur de la crise économique des années 1970-1980, elle s'est redéployée vers des secteurs d'avenir alors que les secteurs traditionnels ont reculé. Elle occupe actuellement souvent les premiers rangs mondiaux dans de nombreux secteurs : automobile (General Motors, Ford), chimie et pharmacie (Pfizer), pétrole (Exxon Mobil), agroalimentaire (Coca-Cola), informatique (IBM, Microsoft), aéronautiques civile et militaire (Boeing, Lockheed Martin), etc.

La « rue du mur »… Wall Street

Les États-Unis possèdent les plus grandes places financières du monde (la Bourse, si vous préférez). **Wall Street, à New York, représente près de 40 % de la capitalisation boursière mondiale**, avec ses indices de référence pour toute la planète (le « Dow Jones », le « Nasdaq »…). Wall Street a tellement d'importance qu'elle influence directement toutes les places du monde qui, bien souvent, suivent ses tendances. Si Wall Street s'enrhume, c'est toute la planète financière qui éternue ! Ces Bourses drainent l'épargne mondiale vers les entreprises américaines qui peuvent donc trouver de l'argent plus facilement. La Bourse des matières premières à Chicago a, elle aussi, une grande importance puisque c'est là que l'on fixe les cours mondiaux d'un grand nombre de produits (comme le soja, le blé ou de nombreux minerais).

La première puissance militaire et politique du monde

Depuis 1991 et la disparition de l'URSS, les États-Unis sont une puissance militaire sans équivalent. Là, nous entrons dans le domaine des chiffres hallucinants.

Plus de 1 milliard de dollars par jour dans la défense !

Depuis 2006, les États-Unis dépensent plus de 500 milliards de dollars pour leur défense (oui, vous avez bien lu !), soit plus de 1 milliard de dollars par jour. Cela équivaut tous les jours au PIB annuel d'un pays comme le Togo, peuplé de 5 millions d'habitants ! À eux seuls, les États-Unis réalisent **45 % des dépenses d'armement du monde**, loin devant l'Europe, la Russie, la Chine ou le Japon ! Ces chiffres pharaoniques sont une conséquence directe des attentats du 11 septembre 2001. Députés et sénateurs ont voté sans sourciller les augmentations de crédits militaires demandés par George Bush. L'Amérique est en guerre, qu'on se le dise !

Un arsenal complet et ultramoderne

Les États-Unis sont les seuls à disposer de tous les types d'armes, surtout les plus modernes : première force aérienne du monde, première force navale et aéronavale du monde (leurs flottes sont présentes sur toutes les mers du globe : 7e flotte dans le Pacifique Nord, 2e flotte en Atlantique, 6e flotte en Méditerranée, 3e flotte en mer de Chine…), une panoplie complète de satellites d'observation et de drones (de plus en plus utilisés dans les conflits récents), et toujours un armement nucléaire considérable. Depuis le 11 septembre 2001, un grand nombre de nouveaux programmes ont été accélérés ou réactivés, notamment la reprise de la construction d'un bouclier anti-missiles capable d'intercepter tout missile en plein vol avant qu'il ne touche les États-Unis. Un projet de 100 milliards de dollars… : il faut ce qu'il faut ! Tout ce matériel est fabriqué par quelques grandes entreprises (américaines, bien sûr) qui dominent le marché mondial de l'armement : Boeing - Mac Donnell Douglas et Lockheed-Martin notamment.

Un poids décisif dans les relations internationales

Aucun autre pays n'a la capacité d'influencer autant la destinée de notre planète que les États-Unis. Eux seuls ont réellement les moyens d'imposer la paix dans une région ou de faire plier tel ou tel pays jugé incontrôlable ou dangereux. La Corée du Nord, la Syrie, l'Iran… Nombreux sont les pays à redouter la puissante Amérique et rares sont ceux à oser la défier. De quoi sont réellement capables Européens, Chinois, Japonais ou Russes en comparaison ?

Une influence majeure au sein des grandes organisations internationales

Au sein des grandes organisations internationales comme le FMI, l'OMC ou l'ONU, c'est la même chose : le poids des États-Unis est sans commune mesure avec celui des autres pays. Ils pèsent plus lourd que tous les autres au sein de ces grandes organisations et influencent souvent de façon péremptoire les décisions prises. Au FMI, par exemple, que constate-t-on lorsqu'il faut aider financièrement un pays en crise ? Eh bien, comme par hasard, le FMI aide souvent de façon beaucoup plus importante les pays jugés vitaux pour les États-Unis (l'Argentine ou le Mexique, par exemple) que les autres (Afrique noire). Curieux, non ?!

Le « soft power » : force et attraction de la première puissance culturelle du monde

Les États-Unis, seule puissance globale

Si l'Amérique est omniprésente, c'est aussi (et peut être d'abord ?) du fait de sa **puissance culturelle**, son « soft power » : à travers sa langue, sa culture et ses multinationales, l'Amérique est dans les têtes, dans nos têtes, partout et tout le temps. Cela lui confère une dimension exceptionnelle. On parle de puissance globale ou d'hyperpuissance. Non seulement cela rapporte gros (les milliards de dollars de l'industrie du cinéma), mais cela rend le pays très attractif.

L'« American way of life » fascine toujours…

La langue anglaise n'est pas la langue maternelle du plus grand nombre d'individus sur terre (le chinois mandarin est imbattable !), mais c'est la seule véritable langue internationale (dans le commerce, le monde scientifique, Internet…). **Les plus grands réseaux de télévision du monde** sont américains (NBC, CBS, ABC, CNN) et les États-Unis exportent beaucoup d'images (ouvrez votre programme télé et constatez par vous-mêmes !). Véritable rouleau compresseur qui ne cesse de battre des records, **Hollywood** fait rêver toute la planète et rafle la mise : en terme de recettes en salles, les films produits par Hollywood totalisent une part de 85 % du marché mondial ! En 2005, Georges Lucas a encore battu tous les records avec le troisième (et dernier) épisode de *Star Wars* qui est immédiatement devenu un phénomène mondial !

Les grandes marques contribuent également très fortement à diffuser cet imaginaire et les valeurs américaines. Parmi les vingt marques les plus connues du monde, dix-huit sont américaines ! Les cinq premières ? Vous les connaissez : Coca-Cola, Microsoft, Google, McDonalds et IBM. Peu de surprises, n'est-ce pas ? Elles font partie de notre quotidien. Et l'Amérique garde une capacité incroyable à générer en un temps record de nouveaux labels (Google est numéro 3 : pas mal pour une société qui n'a pas dix ans !). C'est la même chose si l'on considère les modes. La culture américaine pénètre ainsi en profondeur nos modes de vie et nos comportements. Même la fête de Halloween s'est imposée en France ! L'Amérique fascine encore…

À l'échelle mondiale, quelle est la géographie de cette puissance ?

La puissance des États-Unis s'exerce bien sûr à l'échelle mondiale, mais de façon différente selon les régions du monde. Loin d'être un « gendarme du monde » intervenant partout où le souhaiterait la communauté internationale (l'ONU), les États-Unis privilégient clairement les zones qu'ils jugent stratégiques et défendent leurs intérêts.

Avec le Mexique et le Canada, beaucoup d'intérêts communs

Parce qu'ils sont les deux États limitrophes des États-Unis, le Canada et le Mexique sont des partenaires essentiels pour les États-Unis. Par le passé, les rapports n'ont pas toujours été très cordiaux entre voisins, et notamment entre les Mexicains et les gringos ! De nos jours, les pays se sont rapprochés, chacun est devenu le partenaire indispensable de l'autre…

tout en essayant de défendre au mieux ses intérêts ! Pour les États-Unis, l'objectif est surtout de mieux contrôler l'immigration mexicaine, le trafic de drogue (le Mexique est une importante plaque tournante) et l'accès à une main-d'œuvre bon marché (boom des Maquiladoras). Pour le Mexique, un partenariat avec les États-Unis, c'est l'espoir d'investissements porteurs de développement et de diminution du chômage.

L'entrée en application de l'ALENA en 1994 a été une étape très importante dans le rapprochement des trois pays. Ils sont maintenant devenus très interdépendants et les échanges ont beaucoup progressé.

VOCABULAIRE

L'ALENA

L'ALENA (ou NAFTA en anglais) est l'Accord de libre-échange nord-américain signé entre les États-Unis, le Canada et le Mexique en 1994. Cet accord autorise la libre circulation des marchandises entre les trois pays, ce qui a favorisé le développement économique des régions frontalières des États-Unis. Mais contrairement à l'Union européenne, l'ALENA n'autorise pas la libre circulation des personnes. Les États-Unis souhaitent étendre cet accord à tout le continent américain afin de créer une grande zone de libre échange des Amériques (on parle de ZLEA) afin d'améliorer le dynamisme de leur économie.

L'Amérique latine, toujours une « chasse gardée » ?

Depuis la doctrine Monroe, les États-Unis considèrent le continent américain comme leur zone d'influence réservée. Rien que ça ! En clair, les États-Unis n'acceptent aucune ingérence extérieure sur « leur » continent. Pour cela, les États-Unis n'ont jamais hésité à intervenir plus ou moins directement. Pendant la guerre froide, la peur du communisme a conduit les États-Unis à commettre de nombreux dérapages, l'Oncle Sam favorisant l'installation de dictatures militaires (les juntes) du moment qu'elles ne portent pas atteinte aux intérêts économiques américains. Ainsi, lorsque Fidel Castro prend le pouvoir à Cuba, nationalise les plantations de canne à sucre de l'île jusque-là exploitées par la puissante United Fruit (une société américaine) puis rallie le camp communiste en 1960, il devient un homme à abattre (jetez un œil à votre cours d'histoire…). Un réflexe ancien : dans les années 1930, le président Roosevelt déclarait en effet déjà à propos du dictateur du Nicaragua Somoza : « C'est un salaud, mais c'est notre salaud… »

Pour des raisons similaires, les États-Unis ont appuyé en 1973 le renversement du président chilien Salvador Allende afin d'éviter que ne s'installe un gouvernement « de gauche » et pour maintenir leur contrôle sur les riches gisements de cuivre du pays.

Depuis la fin de la guerre froide, l'influence américaine est essentiellement économique. Actuellement, le grand projet des États-Unis est l'extension de l'**ALENA** à tout le continent pour créer une vaste **ZLEA** (zone de libre-échange des Amériques) afin de former un immense marché commercial, où les marchandises (pas les hommes !) circuleraient librement de l'Alaska à la Terre de feu. Le traité devait être conclu en 2005, mais il a pris du retard car les pays du MERCOSUR (et principalement le Brésil) traînent un peu les pieds, les États-Unis souhaitant bien évidemment que ce grand marché fonctionne avec leurs propres règles.

Par ailleurs, certains pays d'Amérique latine s'opposent ostensiblement à la puissance américaine et mettent des bâtons dans les roues chaque fois qu'ils le peuvent à l'Oncle Sam : le Venezuela de Hugo Chávez, la Bolivie d'Evo Morales ou le Cuba de Castro (en cette fin 2007, Fidel, quoique bien malade, est toujours de ce monde). L'Amérique latine est loin d'avoir renoncé à s'émanciper de son puissant voisin…

VOCABULAIRE

La doctrine Monroe

C'est le 2 décembre 1823 que le président américain de l'époque, James Monroe, prononça cet important discours adressé aux Européens. Il contenait deux idées principales : le refus de voir les Européens se mêler encore des affaires du continent américain (refus de la colonisation européenne en Amérique), et, en contrepartie, l'engagement que l'Amérique n'interviendrait pas sur le continent européen.

Deux idées fortes en découlait : un certain isolationnisme des États-Unis (les Américains restent chez eux et ne s'occupent pas des affaires du monde où il y a plus à perdre qu'à gagner) et un continent américain qui devenait comme un « domaine d'influence réservé » de la puissance américaine puisque les Européens y devenaient maintenant indésirables.

Asie et Moyen-Orient, les deux régions privilégiées par la puissance américaine

Les États-Unis semblent présents un peu partout. Difficile en effet d'échapper aux Américains lorsque vous regardez votre journal télévisé du soir. Impression sans doute trompeuse car en réalité, les États-Unis privilégient très nettement certaines régions jugées essentielles et ciblent leurs interventions.

Deux critères sont fondamentaux pour comprendre les interventions des États-Unis en ce début de XXIe siècle : **la défense de leurs intérêts économiques et (depuis le 11 septembre 2001) la défense de leur propre sécurité**.

Pour la défense de leurs intérêts économiques, peu de surprises. Les États-Unis font comme tout le monde (IDE, délocalisations…) et la grande majorité de leurs investissements se dirigent vers les deux autres pôles de la Triade que sont l'Asie orientale et l'Europe. Des zones prospères et sûres pour les investissements américains.

En revanche, pour la défense de leur sécurité, leur attitude se démarque clairement de celle des autres pays du monde. Les attentats du 11 septembre 2001 ont entraîné une révision complète de la politique étrangère des États-Unis : George Bush l'a dit, l'Amérique est en guerre (contre le terrorisme) et la défense du pays ne se joue pas qu'en Amérique. **Il faut intervenir partout où c'est nécessaire** afin de prévenir les risques pour que ne se reproduise plus jamais un nouveau « Nine Eleven » (11/9/2001). D'où les interventions militaires au Moyen-Orient, en Afghanistan, et la pression maintenue sur la Corée du Nord ou l'Iran. D'où également **une redistribution de leurs forces armées sur les zones jugées sensibles**. Alors que depuis 1945 les GI étaient très présents en Europe, les États-Unis ferment progressivement leurs bases sur le vieux contient et redéploient leurs troupes en Asie centrale et au Moyen-Orient. Il s'agit bien évidemment de contrôler le danger islamiste mais aussi de ceinturer la vieille rivale russe en s'alliant avec ses anciens pays satellites.

GROS PLAN

Unilatéralisme ?

Ces dernières années, les États-Unis ont de plus en plus tendance à décider et agir seuls, ignorant les autres pays et les organisations internationales comme l'ONU. C'est pour cela que l'on parle d'unilatéralisme. Pourquoi diable encore s'embarrasser de règles internationales qui limiteraient leur liberté d'action alors que les États-Unis sont précisément le seul pays à pouvoir s'en passer ?! Plus les grandes organisations internationales auront de pouvoir, plus elles créeront des règles internationales qui limiteront le pouvoir de tous les États, et donc des États-Unis. Ainsi les États-Unis n'ont pas signé les protocoles de Kyoto visant à réduire les émissions de CO_2 dans l'atmosphère, n'ont pas ratifié l'accord visant à interdire les mines antipersonnelles (qui mutilent atrocement des milliers d'enfants dans les zones de combat), refusent la création d'une justice pénale internationale (où ils risqueraient d'être condamnés !) et luttent peu contre les paradis fiscaux (pourtant utilisés par les réseaux terroristes !). Un peu décevant quand on songe que c'est un Américain – F.D. Roosevelt – qui a été à l'origine de la création de l'ONU !

Quels sont les principaux fondements de la puissance américaine ?

Comment se fait-il que l'Amérique soit si puissante ? Les fondements de cette puissance sont bien sûr multiples. Partons à la recherche des principaux facteurs pouvant nous permettre de mieux comprendre les origines de cette puissance. Quatre idées principales sont sans doute à retenir…

La population américaine, pilier fondamental de la puissance américaine

300 millions d'Américains… Et tous les peuples de la terre !

Avec **300 millions d'habitants en 2006**, les États-Unis sont la troisième puissance démographique du monde. Cette population est une véritable mosaïque ethnique. « Ce n'est pas tant une nation qu'un monde », disait Herman Melville, l'auteur de *Moby Dick*. Avec **13 % de Noirs, 13 % d'Hispaniques et près de 4 % d'Asiatiques**, la population américaine est la plus bigarrée du monde.

L'explication est simple : les Américains sont un peuple d'immigrants. Cette immigration, longtemps européenne, est dorénavant presque exclusivement le fait d'Hispaniques (notamment des Mexicains) et d'Asiatiques. Et le flot ne semble pas près de se tarir : actuellement, c'est près de 1 million d'immigrés qui entrent aux États-Unis tous les ans ! Le très officiel US census bureau estime qu'un nouvel immigrant s'installe toutes les 25 secondes aux États-Unis ! Record battu…

À ce rythme-là, les États-Unis sont en train de se modifier de l'intérieur et à grande vitesse : vers 2050, un Américain sur deux fera partie d'une minorité… Les États-Unis auront forcément un visage très différent… et très *latino* !

Une population en augmentation rapide

Cette très forte immigration, couplée à une forte natalité, a permis aux États-Unis de connaître une extraordinaire croissance démographique : 4 millions d'habitants en 1776, 300 millions en 2006 ! Dans le même temps, la France est passée de 20 à 60 millions d'habitants… La présence de fortes minorités explique que la fécondité moyenne soit restée plus élevée qu'en Europe : **environ 2,1 enfants par femme** actuellement, soit une des rares populations de pays développés qui parvienne encore à assurer son renouvellement. La population devrait donc continuer d'augmenter à un rythme assez rapide dans les décennies à venir (une belle différence avec l'Europe ou le Japon !). C'est un gage de puissance maintenue pour l'avenir.

Le premier marché de consommation du monde

Les États-Unis sont les premiers importateurs et deuxièmes exportateurs du monde (l'Allemagne leur a soufflé la première place !). Cela fait du marché américain le premier marché du monde, celui où il faut être présent. La taille exceptionnelle de ce marché intérieur est un atout pour les entreprises américaines. Car, quand une entreprise américaine lance un nouveau produit, elle le fait d'emblée pour 300 millions d'habitants. En France, c'est cinq fois moins… Or on est toujours bien meilleur sur son marché qu'à l'étranger, ce qui permet d'atteindre plus vite une certaine taille critique… avant de se lancer à la conquête du monde !

Ingénieurs et immigrés

Les États-Unis disposent à la fois d'une main-d'œuvre de haut niveau (ingénieurs formés dans de grandes universités mondialement réputées et qui attirent les « cerveaux » du monde entier : Harvard, MIT, Princeton, Stanford…) et d'une population immigrée qui fournit une main-d'œuvre bon marché (Mexicains, Asiatiques, parfois légalement et parfois dans les ateliers clandestins, les *sweat shops*). Plus de 500 000 chercheurs étrangers étaient en résidence dans les universités américaines en l'an 2000. Impressionnant ! Cette diversité de la main-d'œuvre est un indéniable atout. **Toutes les études récentes prouvent à quel point l'immigration a été une chance économiquement pour les États-Unis**.

L'efficacité économique d'une population obnubilée par la quête d'un job et du « roi dollar » !

Il suffit de se rendre quelques semaines aux États-Unis pour voir à quel point la société américaine est différente de la nôtre. Un rythme de vie trépidant, beaucoup d'heures de travail (les Américains travaillent sensiblement plus d'heures par an que les Français) et une obsession : la quête permanente d'un bon job. Une nécessité aussi, car les aides sociales étant modestes, avoir un bon emploi est indispensable pour bénéficier d'une bonne protection sociale. Les impôts sont globalement assez bas et favorisent donc celui qui crée de la richesse, et notamment les créateurs d'entreprises.

Créer son entreprise, c'est l'obsession de beaucoup d'Américains. De tous les pays, les États-Unis est un de ceux qui compte le plus grand nombre d'entreprises par habitant. Les formalités sont d'ailleurs très réduites : dans certains États, on peut créer une entreprise en quelques minutes par téléphone ! Ainsi, les quelque 600 000 PME, qui voient le jour chaque année, assurent 80 % des créations d'emplois, constituant un extraordinaire vivier de potentialités. Car, au-delà de la seule création d'entreprise, le vrai talent des États-Unis est leur capacité à développer ces « jeunes pousses » afin qu'elles deviennent peu à peu de solides PME, et parfois de futurs géants ! Tous les grands d'aujourd'hui et de demain sortent de là, de Microsoft à Google. Là est un des « secrets » de l'Amérique.

Le marché du travail est donc très flexible : on crée facilement son entreprise et on embauche aussi facilement. Mais en contrepartie, on est également facilement licencié ! Un système libéral profondément ancré dans la mentalité américaine (pratiquement personne ne le remet en cause, il n'existe pour ainsi dire ni parti communiste, ni gauche antilibérale aux États-Unis, les syndicats étant eux-mêmes en faveur du libéralisme économique) et qui valorise l'initiative privée et la réussite personnelle.

Un territoire riche et maîtrisé

Pour ce paragraphe, reportez-vous à la première partie du cours sur l'organisation du territoire des États-Unis (chapitre 13 du livre), intitulée : « L'espace, un des fondements de la puissance des États-Unis ».

Trois artisans de la puissance économique : les grandes entreprises, le billet vert et... l'État fédéral

Le capitalisme à l'américaine est une formidable machine à créer des richesses. Ses atouts sont nombreux. Retenons-en trois ici parmi les principaux. Les deux premiers sont évidents, le troisième (l'État) plus inattendu. Et pourtant...

Les grandes firmes multinationales

Les États-Unis disposent d'un grand nombre de grandes entreprises transnationales. Il est bien évident qu'il s'agit d'un atout dans le cadre d'une économie mondialisée où la compétition économique fait rage. Ainsi, **sur les 100 plus grosses multinationales du monde, 35 sont américaines** (donc une sur trois) et 5 sont dans le top 10.

Quelques exemples bien connus parmi les plus importantes :

- Aéronautique : Boeing
- Agroalimentaire : Philip Morris
- Automobile : General Motors, Ford
- Chimie : Dow Chemical, Procter and Gamble
- Distribution : Wal-Mart
- Informatique : IBM, Hewlett-Packard, Microsoft, Dell
- Télécom : AT&T
- Internet : Google
- Semi-conducteurs : Intel, Motorola
- Pétrole : Exxon Mobil, Texaco

Etc. !

« Le dollar est notre monnaie, mais c'est votre problème... »

Les États-Unis possèdent la seule vraie monnaie internationale : **50 % du commerce mondial se font en dollars** et 60 % des réserves des banques centrales dans le monde sont en dollars. Concrètement, cela signifie que chaque fois qu'un pays veut acheter des produits ou des matières premières sur le marché mondial, il doit les payer en dollars. Par exemple, la France, comme tous les autres pays du monde, achète son pétrole avec des dollars. Cet énorme avantage a été octroyé aux États-Unis en 1944 lors de la conférence de Bretton Woods. C'est ainsi le seul pays au monde à ne pas avoir à se préoccuper de trouver des dollars puisqu'ils les fabriquent ! Or le cours du dollar varie sans cesse au gré des besoins de l'économie américaine. Et le reste du monde ? Eh bien… il ne lui reste qu'à s'adapter ! « Le dollar est notre monnaie, mais c'est votre problème » avait dit un des ministres du président Nixon. Assez vrai, non ?

Le soutien de l'État : les très chères emplettes du Pentagone

En théorie, les États-Unis passent pour être le grand promoteur du libéralisme économique sur terre, c'est-à-dire de la non-intervention de l'État dans l'économie. Il faudrait laisser jouer la seule loi du marché, la sacro-sainte loi de l'offre et de la demande. Très bien. Sauf que dans la réalité, ce n'est pas tout à fait ce qui se passe… Certes, l'État n'est pas entrepreneur (il n'y a que très peu d'entreprises publiques aux États-Unis et l'idée même de nationalisation est vite perçue comme une hérésie pour un Américain), mais il intervient tout de même en permanence pour soutenir les entreprises américaines. Comment s'y prend-il ? Quelques exemples pour mieux comprendre :

- **L'État passe de très grosses commandes d'armement aux entreprises américaines**, un budget qui a explosé depuis le 11 septembre 2001 et qui a permis à de multiples entreprises (souvent dans les hautes technologies) de vivre des commandes publiques. Ah, les très chères emplettes du Pentagone… ! Combien de PME américaines doivent en effet leur expansion à cet emballement des dépenses militaires !
- **Washington n'hésite pas à faire pression sur des concurrents** jugés dangereux afin de leur imposer des accords d'« autolimitation » (Japon, Chine). Il s'agit qu'ils réduisent d'eux-mêmes leurs exportations aux États-Unis (ceci pour donner une bouffée d'oxygène aux entreprises américaines).
- **L'État n'hésite pas à mettre en place des lois contraignantes** pour décourager la pénétration de certains produits sur son territoire, en les rendant impropres à la consommation des Américains.
- **L'État fédéral subventionne encore l'agriculture** pour qu'elle puisse continuer à vendre à bas prix sur les marchés mondiaux. Grâce à ces aides, le coton américain arrive sur le marché mondial moins cher que le coton produit au Mali… Ce qui a pour effet de détruire la culture du coton en Afrique…

Non, vraiment, quand on observe les faits, on ne peut vraiment pas dire que les Américains soient des « ultra libéraux »… En fait, c'est bien plus simple que cela : **l'Amérique mène une politique de puissance, défend ses intérêts et fait toujours preuve d'un très grand pragmatisme**. S'adapter au réel et défendre de manière acharnée ses intérêts, voilà qui caractérise bien plus sûrement les États-Unis que le terme devenu un peu vague (et en l'occurrence faux !) d'« ultra libéral ».

Une maîtrise encore impressionnante des très hautes technologies

Dans un monde où une grande partie des produits que nous consommerons dans dix ou vingt ans n'existe pas encore, la capacité d'innover est plus que jamais un élément clé de la puissance d'un pays. Depuis la fin du XIXe siècle, les États-Unis sont à la pointe de la recherche technologique. Les laboratoires américains ont déjà « offert » au monde la télévision, l'ordinateur, le transistor, le laser, le microprocesseur… et ce n'est pas fini !

De nos jours, les États-Unis se maintiennent largement en tête, et d'abord parce qu'ils s'en donnent les moyens : **3 % des richesses du pays sont investis dans la recherche et le développement**. Les grandes entreprises tout comme l'État fédéral et les grandes universités (Harvard, Columbia, Berkeley, Princeton…) possèdent parmi les meilleurs laboratoires du monde et attirent les meilleurs chercheurs, notamment dans les domaines scientifiques. Résultat : l'Amérique « produit » deux fois plus de prix Nobel et dépose deux fois plus de brevets que l'Union européenne et plus de la moitié des prix Nobel scientifiques depuis 1945 ont été donnés à des Américains.

Cette puissance dans les technologies de l'avenir constitue un atout majeur pour assurer la pérennité de la puissance américaine dans les prochaines décennies.

GROS PLAN

Les États-Unis et le contrôle d'Internet

Un élément parmi d'autres de la puissance américaine : Internet. Vous savez sans doute qu'Internet est une invention de l'armée et des universités américaines (une de plus !). Mais savez-vous que le « réseau des réseaux » est toujours contrôlé par les États-Unis ? Comment cela ?! C'est en effet une association américaine, l'ICANN, placée sous la tutelle du gouvernement américain, qui a seule le pouvoir de créer les noms de domaine. Concrètement, son rôle est d'attribuer et de gérer (entre autres) les « .com », « .net » ou « .org ». Sa compétence est mondiale et ses décisions s'imposent à tous les États, alors qu'elle est pourtant de droit californien ! Un atout de plus dans la panoplie américaine, mais de plus en plus contestée par les autres pays du monde…

Quels sont les limites et les points faibles de cette superpuissance ?

Après ce tableau, assez impressionnant finalement, de la puissance des États-Unis, observons un instant l'envers du décor. Car après tout, toute puissance n'a-t-elle pas ses points faibles ? Et même la surpuissante Amérique ne déroge pas à la règle…

Les problèmes sociaux : la puissance et la richesse, mais pas pour tous !

La société américaine est une société dynamique mais dure. Le niveau de protection sociale est moins élevé qu'en Europe et les inégalités sociales sont considérables.

Des inégalités sociales record !

Les États-Unis comptent parmi les pays développés où les inégalités sociales sont les plus fortes. Nulle part l'écart entre les revenus d'un PDG et d'un salarié sont aussi élevés. 60 % de la fortune nationale sont détenus par 10 % des Américains de l'« upper class ». Les revenus varient aussi fortement selon les communautés (les Noirs ont un revenu moyen deux fois plus faible que les Blancs ou les Asiatiques) et selon les régions (des variations là aussi du simple au double entre le Nord-Est et le Mississippi).

La raison de ces inégalités ? Les impôts sur les plus hauts revenus sont plus bas et les aides aux plus démunis plus réduites qu'en Europe. L'Amérique redistribue moins les richesses produites qu'en Europe.

GROS PLAN

Une protection sociale incomplète

La protection sociale est un bon exemple du fonctionnement de la société américaine. Elle n'est pas inexistante aux États-Unis, elle est incomplète : il n'y a pas de sécurité sociale généralisée aux États-Unis. Le système de la couverture automatique des dépenses de santé comme on le connaît en France n'existe pas. La « sécu » à l'américaine repose sur deux structures essentielles : le Medicaid (aide gratuite aux plus pauvres) et le Medicare (aide pour les plus de 65 ans et les personnes handicapées). Ces systèmes sont loin de prendre en charge la totalité des dépenses de santé qui sont en grande partie financées par des assurances privées (chaque salarié cotisant personnellement). Pas de problème pour celui qui a un bon emploi dans une entreprise solide, mais en revanche, pour les autres, on peut très vite être en grand danger. Pas moins de 45 millions d'Américains (petits salariés, indépendants) n'ont pas les revenus suffisants pour souscrire une assurance privée et sont encore « trop riches » pour bénéficier du Medicaid. Ils sont donc sans couverture médicale. Là, la précarité est forte.

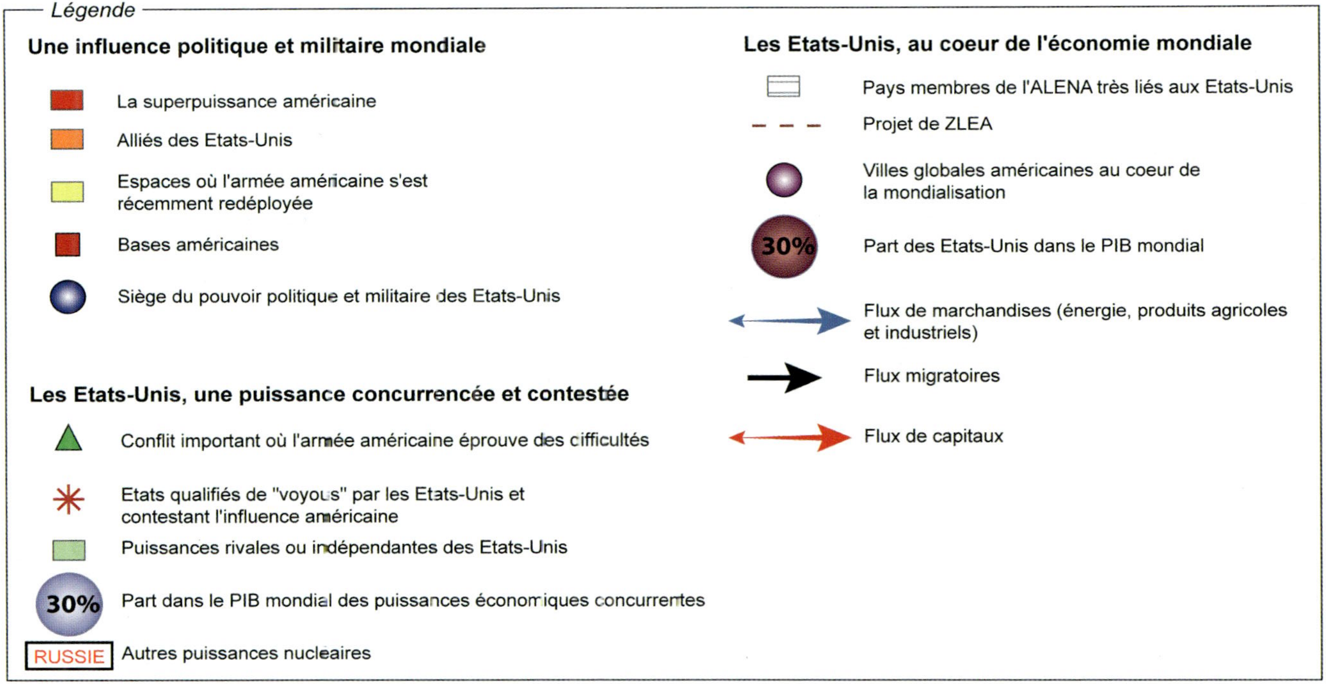
Légende
Une influence politique et militaire mondiale
La superpuissance américaine
Alliés des Etats-Unis
Espaces où l'armée américaine s'est récemment redéployée
Bases américaines
Siège du pouvoir politique et militaire des Etats-Unis
Les Etats-Unis, une puissance concurrencée et contestée
Conflit important où l'armée américaine éprouve des difficultés
Etats qualifiés de "voyous" par les Etats-Unis et contestant l'influence américaine
Puissances rivales ou indépendantes des Etats-Unis
30%
Part dans le PIB mondial des puissances économiques concurrentes
RUSSIE
Autres puissances nucleaires
Les Etats-Unis, au coeur de l'économie mondiale
Pays membres de l'ALENA très liés aux Etats-Unis
Projet de ZLEA
Villes globales américaines au coeur de la mondialisation
30%
Part des Etats-Unis dans le PIB mondial
Flux de marchandises (énergie, produits agricoles et industriels)
Flux migratoires
Flux de capitaux

L'organisation de l'espace des Etats-Unis

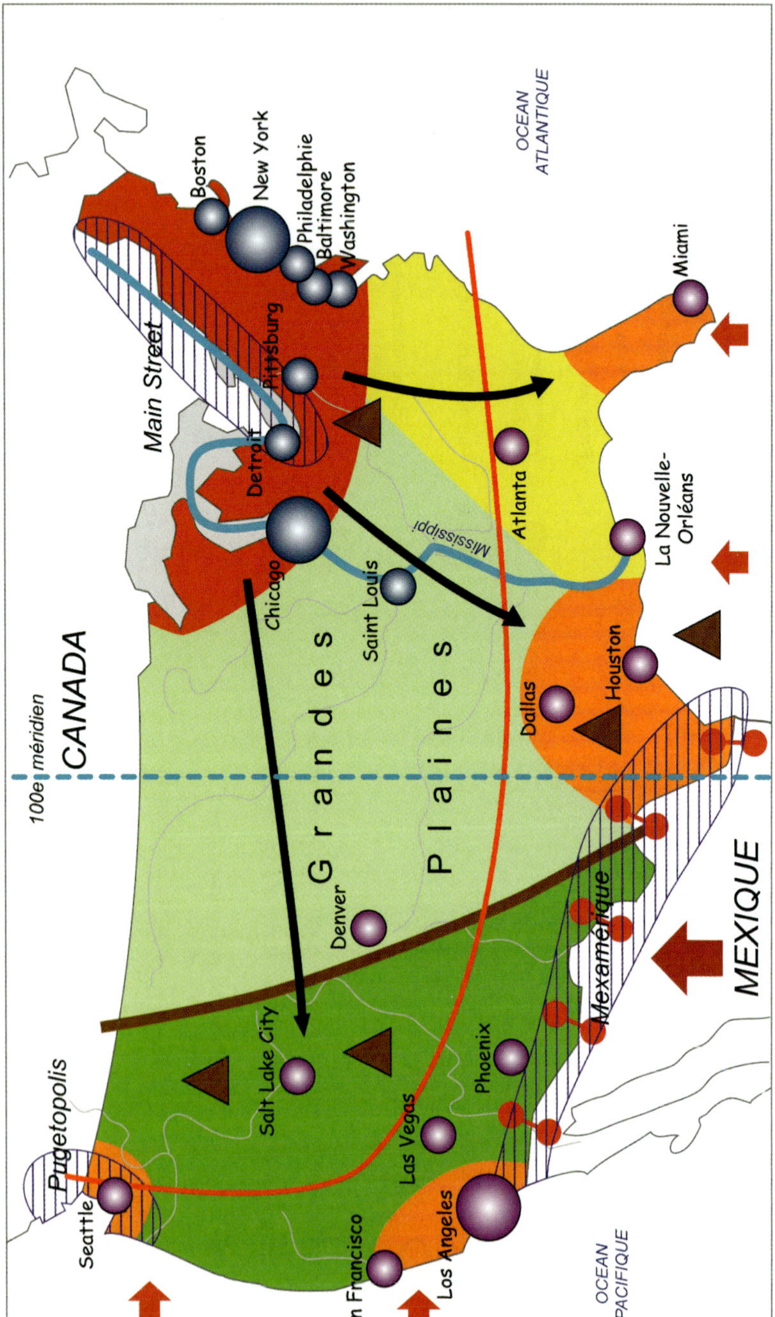

Légende

Un territoire très hiérarchisé et métropolisé

- Le Nord-Est, centre du pays
- Principaux espaces de puissance de la Sun belt
- Vieux Sud et Appalaches, des espaces de faible dynamisme en partie redynamisés par un déplacement des activités
- Les Grandes Plaines, coeur de la puissance agricole
- Les espaces "neufs" de l'Ouest, espaces de réserve et attractifs
- Villes mondiales
- Autres grandes agglomérations

Les dynamiques spatiales, reflet d'une puissance mondiale

- Flux d'immigration
- Redistribution des activités et des hommes à l'intérieur du territoire
- Espaces transfrontaliers dynamiques de l'ALENA
- Villes jumelles
- Agglomérations dynamiques dont la croissance est rapide
- Agglomérations dont l'augmentation de population est faible ou nulle

Les principaux facteurs structurant le territoire

- Limite de la Sun belt (au sud climat favorable et attractif)
- Axe fluvial majeur du Mississippi au Saint Laurent
- Hydrocarbures, charbon et minerais
- Chaînes de montagnes
- 100ème méridien, à l'ouest précipitations insuffisantes

La façade atlantique de l'Amérique du Nord

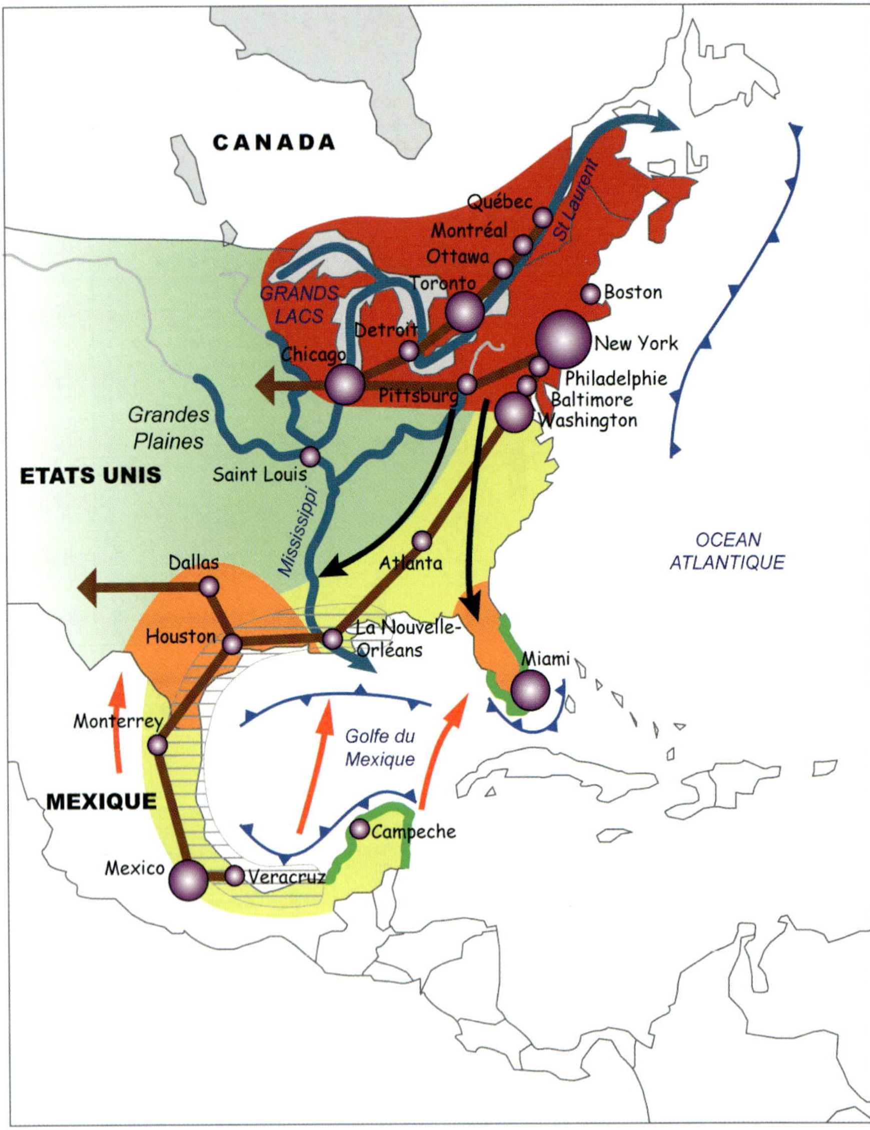

Légende

Des espaces hiérarchisés et diversifiés

- Le centre de la façade atlantique
- Les périphéries dynamiques
- Les périphéries secondaires
- Les Grandes Plaines, immense hinterland de la façade atlantique
- Littoraux fortement spécialisés dans les hydrocarbures
- Principales métropoles de la façade atlantique
- Métropoles secondaires
- Littoraux touristiques

La façade atlantique, une interface entre le monde et le continent américain

- Déplacement des hommes et de certaines activités
- Flux migratoires
- Axe fluvial majeur reliant l'intérieur aux littoraux
- Interface avec le monde
- Principaux axes de transports intérieurs

L'organisation de l'espace de l'Union européenne

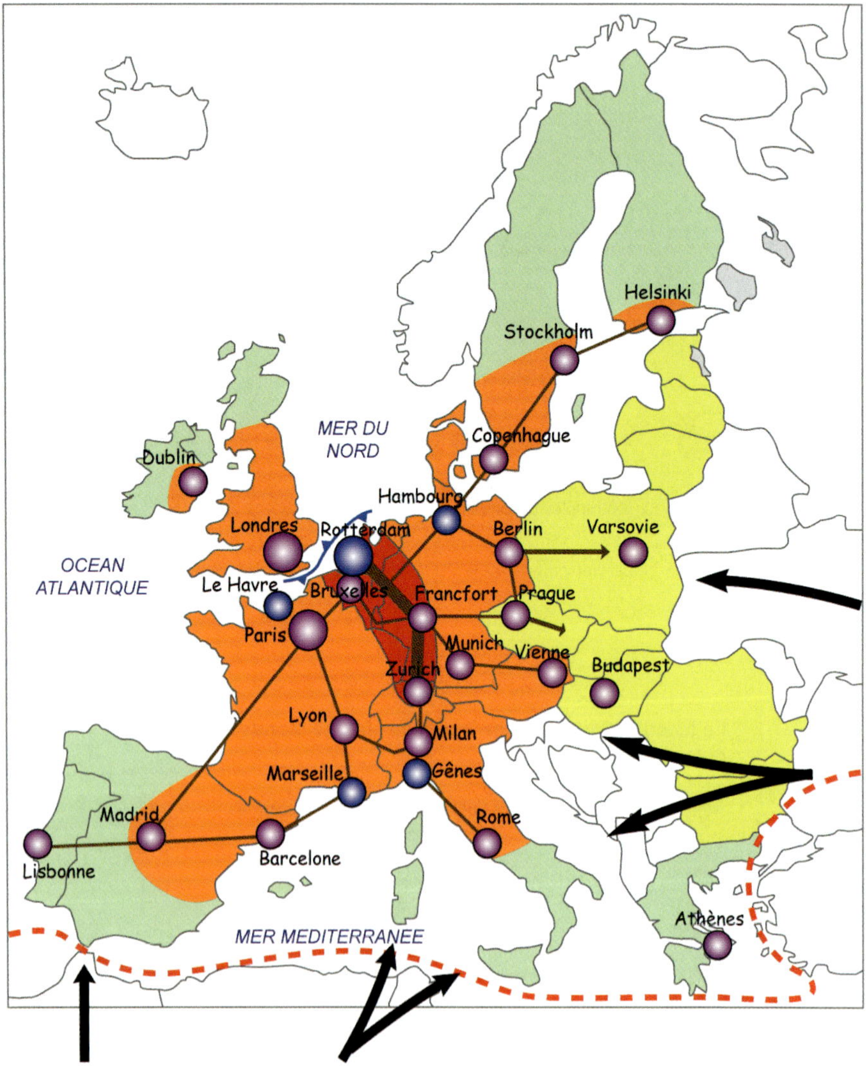

Légende

Des disparités spatiales très importantes

- L'Europe rhénane, centre de la puissance européenne
- Périphéries proches et bien intégrées au centre
- Nouveaux espaces d'Europe de l'Est
- Périphéries éloignées plus ou moins en marge

Un espace multipolaire organisé en réseaux

- Pôles d'influence mondiale
- Autres grands pôles
- Principaux axes de communication

Un espace au coeur des flux de la mondialisation

- Principaux flux d'immigration
- Grands ports internationaux
- Principale ouverture maritime et interface avec le monde
- Limite entre le Nord et le Sud

L'organisation de l'espace de l'Europe rhénane

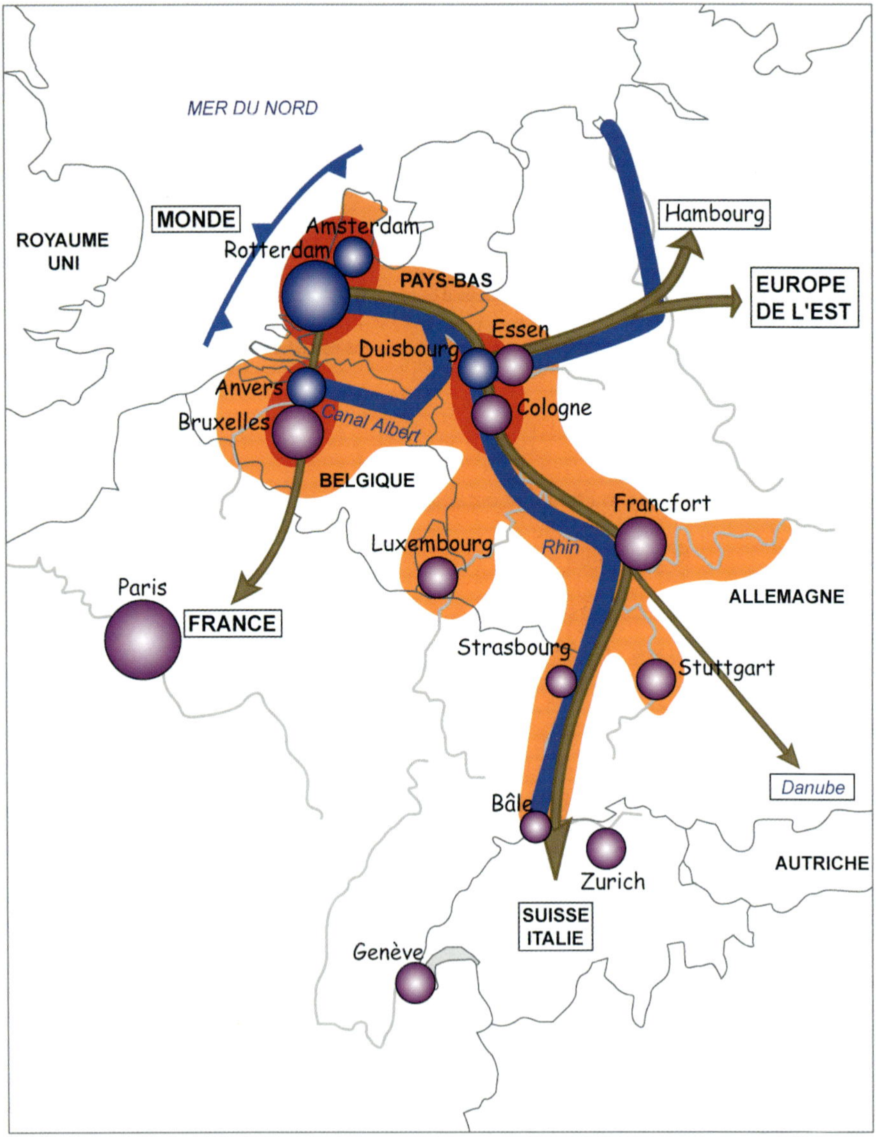

Légende

Un espace de hautes densités et multipolaire

Espaces majeurs, les plus peuplés et les plus puissants

L'Europe rhénane, un espace fortement urbanisé et industrialisé

Grands pôles d'influence internationale

Autres pôles régionaux importants

Un espace ouvert sur l'Europe et sur le monde

Axes routiers et ferroviaires

Axe fluvial majeur : le Rhin et ses principaux canaux

Grands ports

Interface avec le monde

L'organisation de l'espace de l'Asie orientale

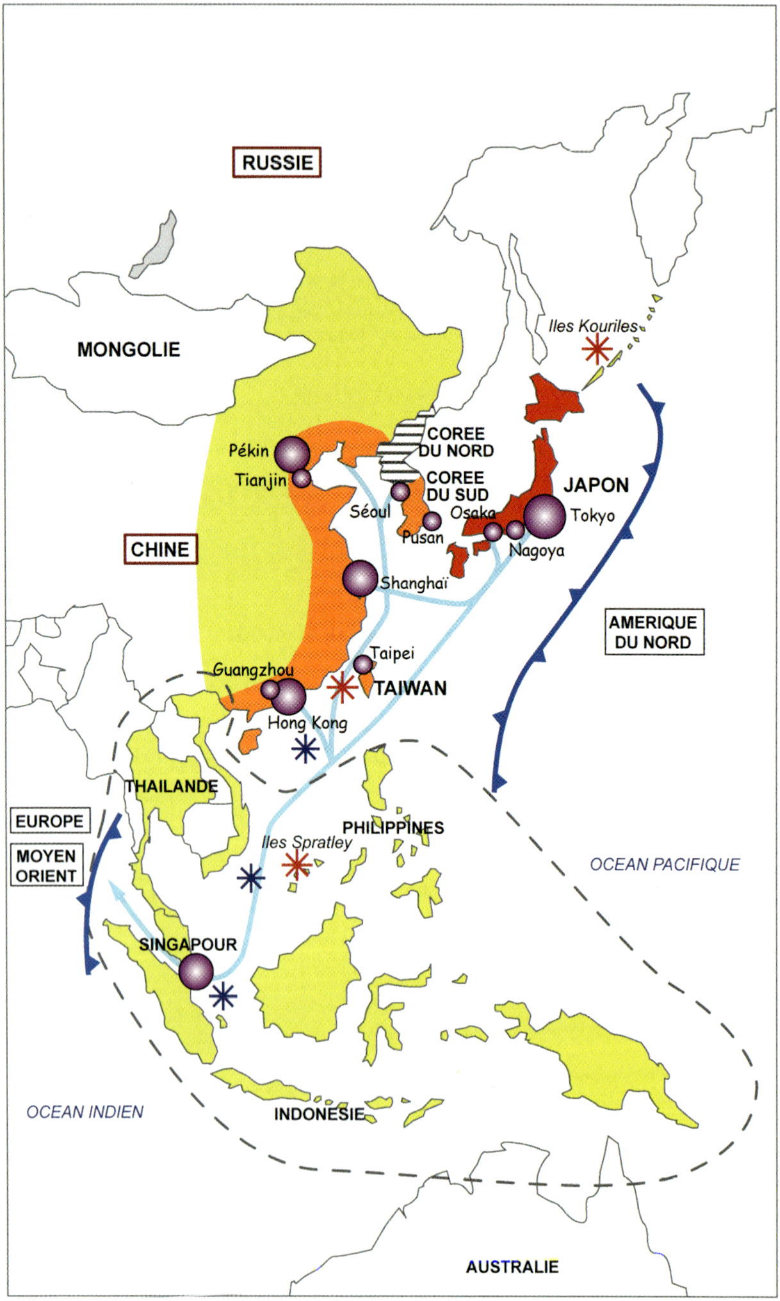

Légende

Une aire de puissance multipolaire et en expansion

Le Japon, centre de l'aire asiatique

Les NPIA et la Chine littorale, des espaces en forte croissance

Les pays ateliers d'Asie du Sud-est et la Chine intérieure, des périphéries secondaires en voie d'intégration

Grands pôles d'influence mondiale

Autres pôles régionaux importants

Une aire encore faiblement organisée et fragile

RUSSIE Etat possédant l'arme nucléaire

Piraterie importante

Conflits territoriaux entre Etats

Etat replié sur lui-même et exerçant une menace nucléaire

ASEAN, une des seules et encore très incomplète organisation régionale

Une aire parcourue par des flux intenses et très ouverte sur le monde

Principales liaisons maritimes parcourant toute la région : flux de produits bruts et de produits industriels

Interfaces majeures avec le monde

L'organisation du territoire de la mégalopole japonaise

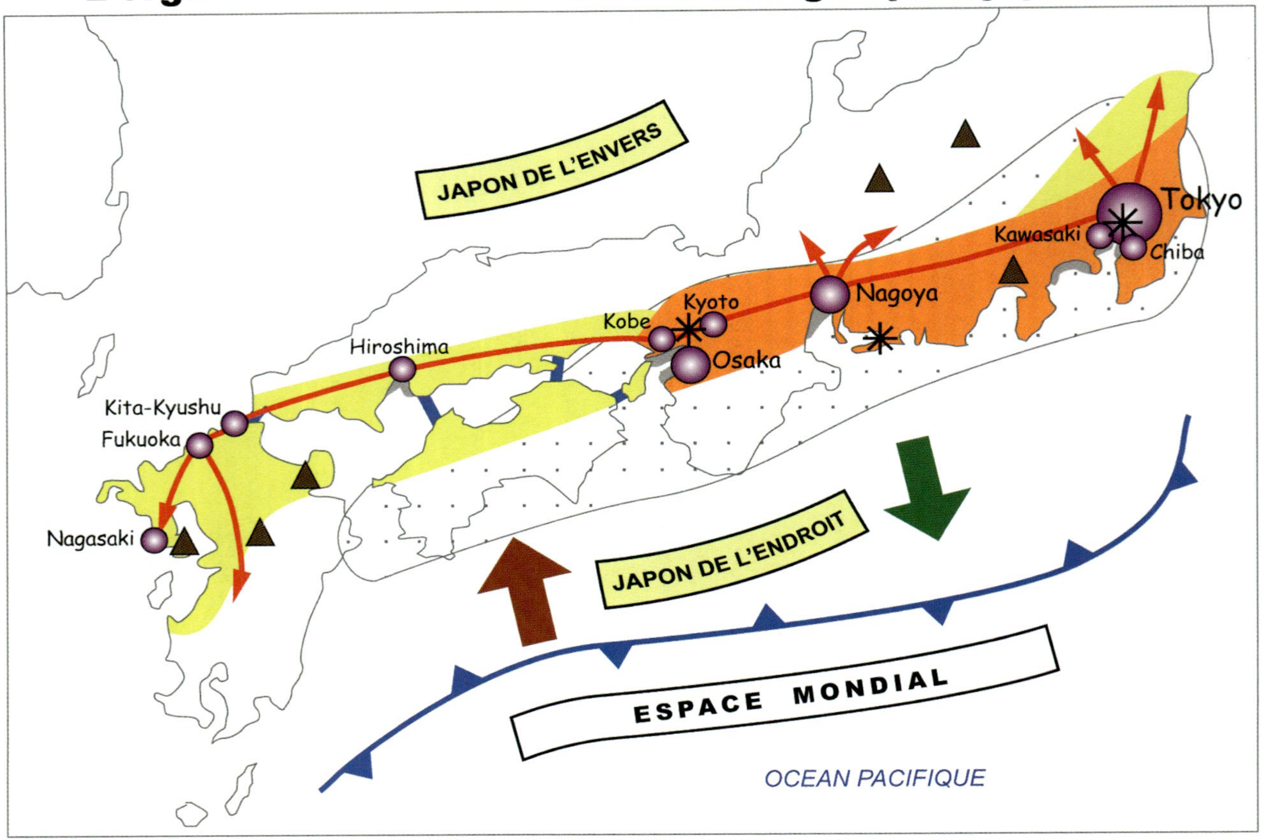

Légende

La mégalopole japonaise, un espace très industrialisé et métropolisé

- Coeur de la mégalopole
- Extensions plus récentes de la mégalopole
- Ville mondiale
- Autres grandes agglomérations

Un espace fortement aménagé, fragile et saturé

- Ponts et tunnels
- Terre-pleins
- Volcans
- Risques sismiques majeurs
- Séismes majeurs au XXe siècle

Les dynamiques spatiales, reflet d'une puissance mondiale

- Flux de produits industriels
- Flux de matières premières et d'énergie
- Axe d'extension de la Mégalopole
- Axe de transports majeurs
- Interface entre le Japon et le monde

La Méditerranée, espace de clivage ou de contact entre le Nord et le Sud ?

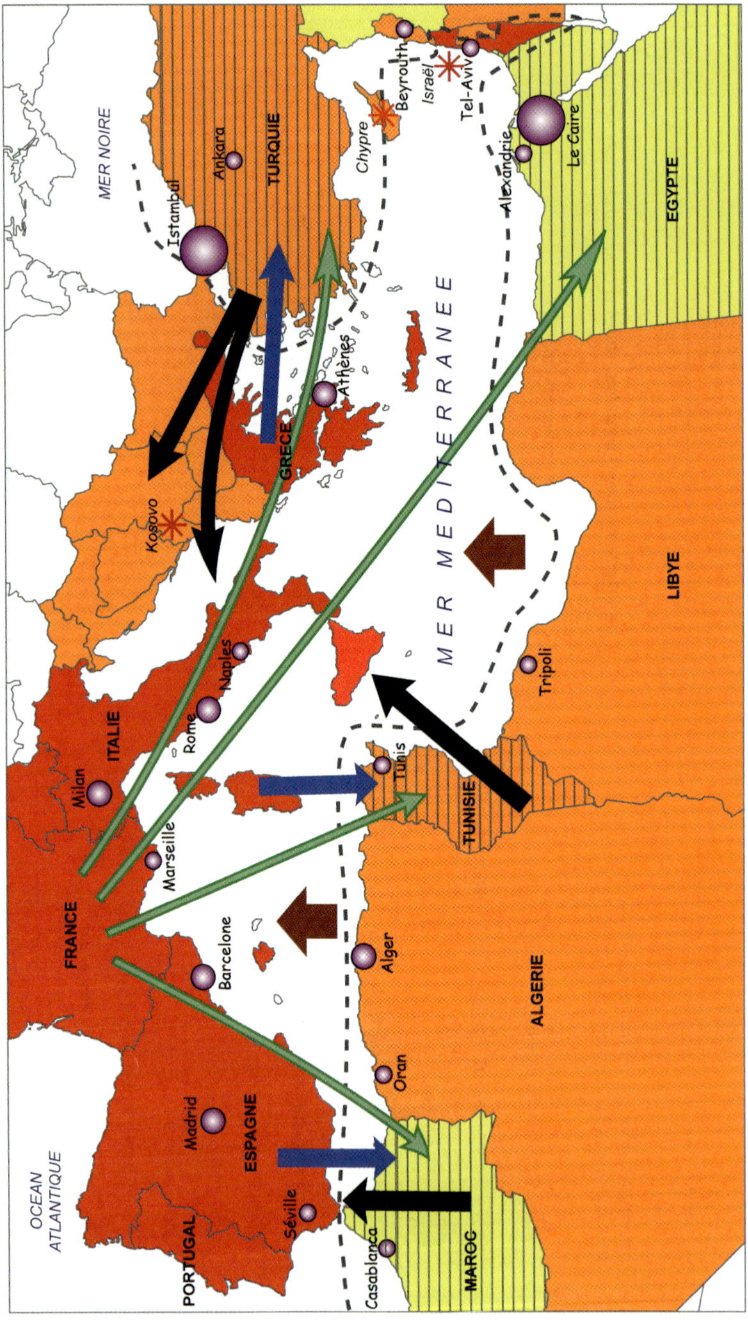

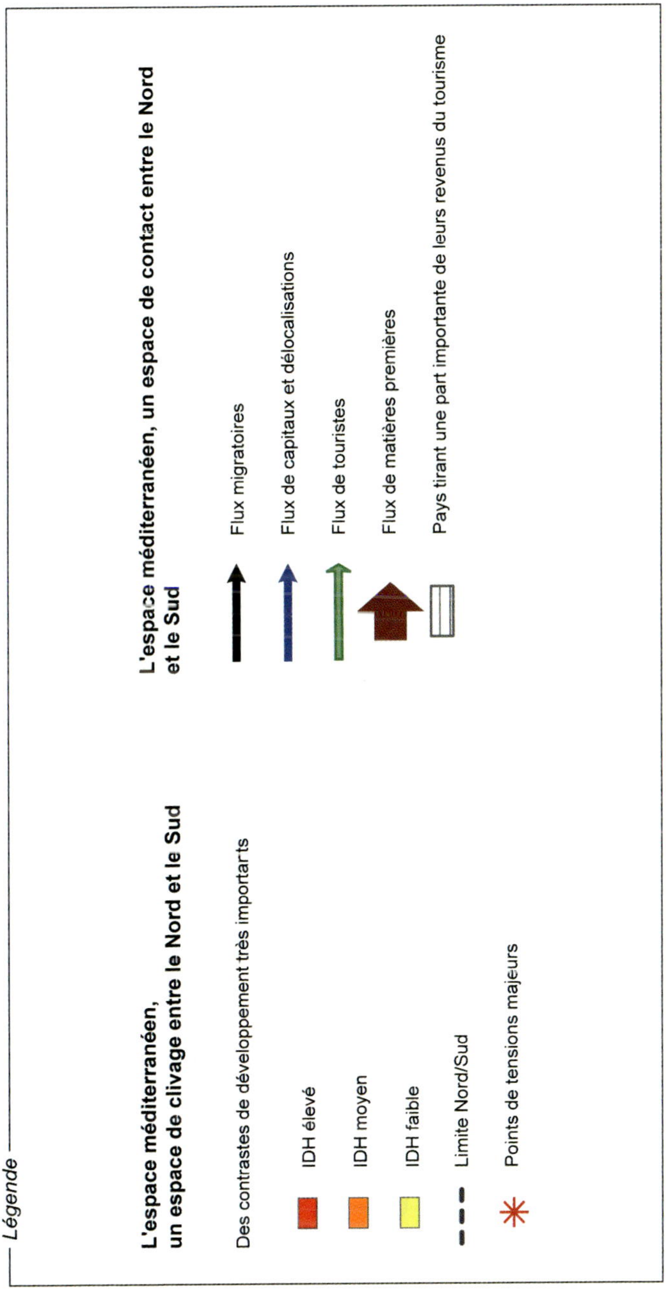
Légende
L'espace méditerranéen,
un espace de clivage entre le Nord et le Sud
Des contrastes de développement très importants
IDH élevé
IDH moyen
IDH faible
Limite Nord/Sud
Points de tensions majeurs
L'espace méditerranéen, un espace de contact entre le Nord
et le Sud
Flux migratoires
Flux de capitaux et délocalisations
Flux de touristes
Flux de matières premières
Pays tirant une part importante de leurs revenus du tourisme

40 millions d'Américains sous le seuil de pauvreté !

Malgré un niveau de chômage toujours bas (environ 5 % de la population active), **13 % de la population vit en dessous du seuil de pauvreté, soit plus de 40 millions d'Américains** ! Beaucoup d'Américains doivent se contenter de petits boulots et de jobs à temps partiels qui sont insuffisants pour vivre décemment, d'où l'existence de nombreux « working poor », les travailleurs pauvres. Bien sûr un tel chiffre choque, surtout dans le pays le plus riche du monde. Notons toutefois qu'il n'est – hélas ! – pas si différent de ce que nous connaissons chez nous. La France, avec un niveau de protection sociale plus complet, ne fait en effet pas beaucoup mieux…

Quelle menace pour la puissance américaine ?

Mais revenons à notre problématique : tout cela menace-t-il vraiment la puissance américaine ? Tous ces pauvres et ces minorités marginalisés vont-ils se soulever et faire exploser le système de l'intérieur ? Le croyez-vous vraiment ? C'est bien peu probable… Les États-Unis peuvent se permettre d'accumuler inégalités et problèmes sociaux, cela ne les empêchera sans doute pas beaucoup de continuer à dominer la planète.

Un espace surexploité ?

Des ressources inépuisables ?

Des climats variés permettant tout type de culture, des sols de qualité en abondance, des fleuves puissants qui offrent un potentiel hydroélectrique considérable (nombreux barrages sur le Colorado, la Columbia ou la rivière Tennessee), des minerais de toutes sortes et des sources d'énergie variées… Le potentiel naturel du territoire américain est considérable. C'est bien simple, à l'origine il ne manquait presque rien ! Le problème, c'est que les Américains ont cru trop longtemps que ces richesses étaient inépuisables et ils ont exploité et consommé sans compter…

Aujourd'hui, **avec moins de 5 % de la population mondiale, les Américains consomment à eux seuls 25 % de l'énergie mondiale** ! Une population terriblement « énergivore », donc. Combien nous faudrait-il de planète si l'humanité adoptait leur mode de vie… ? Au moins cinq !!

Cette surconsommation commence à poser de sérieux problèmes, notamment dans le cas du pétrole. Aujourd'hui les États-Unis sont encore le 4e producteur de pétrole du monde, mais leurs réserves déclinent. Seules deux régions possèdent encore d'importantes réserves : le Texas (plus le golfe du Mexique, donc sous l'eau ! On parle de gisements off-shore), et l'Alaska. Pour compenser la diminution de leurs réserves pétrolières, les Américains extraient des quantités importantes de charbon dont les réserves sont encore abondantes (notamment à l'Ouest).

GROS PLAN

La surexploitation des ressources : guerre pour l'eau dans le Sud-Ouest !

Le problème de la surexploitation des ressources concerne également l'eau qui commence à manquer dans de nombreux États du Sud et de l'Ouest. À l'ouest du 100e méridien, les précipitations sont en effet insuffisantes et la consommation augmente sans cesse (agriculture irriguée et usages domestiques épuisant les nappes phréatiques). La consommation a en effet explosé depuis cinquante ans : tout compté, chaque Américain consomme en moyenne près de trois fois plus d'eau qu'un Japonais ! Et le problème ne fait que s'aggraver car les Américains sont de plus en plus nombreux à aller s'installer dans les États arides du Sud-Ouest comme le Nevada (Las Vegas) ou l'Arizona (Phoenix). Dans cette région, les États-Unis exploitent tellement les eaux du Colorado que le fleuve est réduit à un maigre filet d'eau lorsqu'il arrive au Mexique ! En Californie, une véritable « guerre pour l'eau » se déroule entre usagers et s'achève bien souvent devant les tribunaux. À terme, ce manque d'eau est une réelle menace pour l'activité économique de toute la région...

Une puissance économique menacée ?

À la fin de la Seconde Guerre mondiale, les États-Unis étaient le pays le plus riche du monde (ils possédaient deux tiersdu stock d'or mondial !) et inondaient la planète de leurs produits. Leur balance commerciale était très excédentaire, autrement dit, ils vendaient beaucoup plus de produits qu'ils n'en achetaient. Les choses ont bien changé depuis ! De nos jours, les États-Unis sont très endettés et leur commerce extérieur est de plus en plus déficitaire. Serait-ce le signe d'une économie en déclin ?

Toujours plus d'importations !

Les Américains consomment trop et **leur déficit commercial ne fait que se creuser**, signe que leur industrie est de moins en moins compétitive. Dans tous les secteurs (sauf dans les technologies de l'information), l'industrie américaine perd des parts de marché, et notamment au profit des pays asiatiques avec qui les déficits sont de plus en plus importants (Chine et

Japon au premier rang). Cela s'accompagne bien évidemment de fortes pertes d'emplois dans presque tous les secteurs industriels. Et ce constat ne concerne pas seulement les industries à bas salaires (comme le textile), mais touche aussi des secteurs à forte valeur ajoutée. Un tel déficit signifie aussi que les États-Unis vivent à crédit, empruntant de l'argent à l'étranger pour y acheter de l'énergie et des produits manufacturés japonais et chinois. La balance commerciale américaine ne fait que plonger… Jusqu'à quand ?

La prospérité à crédit !

Le déficit budgétaire de l'État américain a gonflé de manière démesurée et **les États-Unis sont ainsi devenus l'État le plus endetté du monde** ! L'explosion des dépenses d'armement après 2001 a pesé lourd dans les comptes du pays ! La présence des troupes américaines hors des États-Unis coûte cher. C'est pourquoi George Bush doit, tous les ans, faire en sorte que les autres pays du monde veuillent bien lui prêter de l'argent pour qu'il puisse boucler son budget ! Remarquez, cette situation de déficit n'est pas très originale : tous les pays européens sont dans le même cas ! Mais dans celui des États-Unis, les sommes affolent. D'autant que les ménages sont eux aussi très endettés. Bref, c'est tout le pays qui vit à crédit. Une situation qui ne pourra pas durer éternellement. Il faudra, un jour ou l'autre, que les Américains dépensent moins. Et donc qu'ils changent leur mode de vie.

Une puissance industrielle en déclin ?

Dans bien des domaines, l'industrie américaine recule et ne fait que perdre des parts de marché et des emplois face à leurs concurrents. La concurrence de l'Europe ou de l'Asie est devenue un problème très sérieux. Depuis plusieurs années maintenant, la Chine, avec ses taux de croissance record, rattrape les États-Unis. Certes, la Chine vient de loin, et même si elle parvient à maintenir un tel rythme (ce qui n'est pas assuré), elle ne détrônera pas les États-Unis avant vingt ans. Mais les coups qu'elle assène à l'industrie américaine causent toujours plus de dégâts. Les industries de main-d'œuvre (comme le textile) sont de plus en plus sinistrées, tout comme l'électronique grand public (télé, magnétoscope…). Dans l'aéronautique, Boeing est durement concurrencé par Airbus. L'industrie automobile elle-même, pourtant longtemps un des fleurons de l'industrie américaine, est, actuellement, menacée. Un véritable séisme !

GROS PLAN

Ford et General Motors, la fin d'un empire américain ?

Durant des décennies, les trois grandes entreprises automobiles américaines (General Motors, Ford et Chrysler, surnommées les « Big Three » et basées à Detroit) ont dominé leur marché sans partage. Les choses ont bien changé depuis. La concurrence étrangère (japonaise surtout) leur a asséné des coups terribles et les firmes américaines n'ont fait que reculer, perdant des emplois, des parts de marché et… accumulant les déficits ! En 2005, les dettes de Ford et General Motors représentaient la bagatelle de… 450 milliards de dollars ! Soit le PNB de l'Australie ! Et les analystes financiers de Wall Street déconseillent fortement de leur prêter de l'argent, car le risque de faillite (et donc de tout perdre) est devenu trop élevé ! Une véritable descente aux enfers… Jamais la part de marché de General Motors et de Ford aux États-Unis n'a été aussi faible qu'en 2006. D'ailleurs, Toyota est devenu le deuxième constructeur mondial, reléguant Ford à la troisième place. Les marques étrangères, moins chères, plus sûres et plus fiables (bref, meilleures !) ont porté des coups terribles aux deux géants de Detroit. Voiture de l'année 2005, la Toyota Prius fait un carton aux États-Unis avec son moteur hybride et Ford a dû se résoudre à acheter au Japonais cette technologie. Quelle déchéance pour une marque qui fut une pionnière de l'automobile ! Aujourd'hui, toutes les craintes sont donc permises pour l'industrie automobile américaine. Et certains de se demander si Ford connaîtra un jour le même sort que Chrysler, racheté en 1998 par l'Allemand Daimler (Mercedes-Benz)…

Une superpuissance impuissante ?

Des milliards de dollars investis dans la défense, des dizaines de milliers d'hommes présents sur plusieurs théâtres d'opération, des flottes sur toutes les mers… Voilà bien longtemps que la puissance américaine n'a pas affiché un tel déploiement de force ! Mais pour quel résultat au juste ?

Car si la puissance d'un État se mesure à sa capacité à organiser le monde selon ses propres intérêts, il faut bien constater que malgré leur activisme débordant, les États-Unis sont loin d'avoir concrétisé cet objectif.

Le piège irakien

C'est officiel depuis novembre 2006 (mais ce n'est pas un scoop…) : **la guerre en Irak se passe mal**. Engagée depuis 2003, elle a débouché sur une rapide victoire militaire contre l'armée de Saddam Hussein. Une constitution a été adoptée et le dictateur irakien a été jugé, condamné à mort et exécuté.

Mais, depuis, les choses ne sont allées qu'en s'aggravant sur le terrain. L'Irak était un État fragile, composé de plusieurs communautés distinctes, et la chute de Saddam a libéré leurs ambitions : chiites et sunnites s'affrontent, alors qu'au nord, la minorité kurde ne rêve que d'indépendance. Les GI ont déjà perdu plus de 4 000 hommes en Irak (fin 2007) et l'armée américaine, pourtant forte de 150 000 hommes sur place, se montre incapable d'endiguer cette violence. Fin 2006, l'échec semble patent et l'avenir sombre, à tel point que les Américains réclamant un retrait de l'armée américaine sont de plus en plus nombreux. Or, un retrait rapide d'Irak précipiterait sans doute le pays dans le chaos, le ferait probablement exploser, risquant de déstabiliser toute la région. Les États-Unis ne souhaitent plus rester, mais ils ne peuvent pas partir : l'Amérique est prise au piège…

Afghanistan : le retour des talibans ?

Les choses ne sont guère plus brillantes en Afghanistan où, après avoir chassé les talibans du pouvoir en 2001, l'armée américaine (aidée pourtant de nombreux contingents étrangers, dont des troupes françaises) voit revenir sans pouvoir l'endiguer le danger taliban. Réfugiée dans les montagnes, soutenue en sous-main par le Pakistan, la guérilla des talibans revient en force. La recrudescence des attentats en 2006 est telle qu'elle fait craindre le pire et montre que la situation est loin d'être maîtrisée.

Mais où est donc Ben Laden ?

Qu'en est-il de la lutte contre le terrorisme ? Cinq ans après le 11 septembre, al-Qaida est toujours là et malgré leurs moyens de renseignements inégalés, les États-Unis ne sont toujours pas parvenus à arrêter Ben Laden…
Trois ans après l'intervention en Irak, peut-on affirmer par ailleurs que la lutte contre le terrorisme a porté ses fruits ? Il semble bien que cela soit l'inverse : l'Irak est devenu un territoire qui focalise la lutte contre l'Occident et attire tous les apprentis terroristes de la région ! Il semble bien que, de ce point de vue là, l'intervention américaine ait donc plutôt aggravé les choses. Les Américains seraient-ils en train de perdre leur guerre contre le terrorisme… ?

Iran : demain la bombe ?

Autre difficulté sur laquelle butent les États-Unis (et toute la communauté internationale d'ailleurs) : le programme nucléaire iranien. L'Iran a entrepris de mener des recherches nucléaires afin de procéder à un enrichissement de l'uranium pour, selon leur président Ahmadinejad, se doter de centrales nucléaires civiles pouvant produire de l'électricité. Ils en ont parfaitement le droit. Le problème, c'est que la plupart des États (et à leur tête les États-Unis) craignent que l'Iran souhaite en même temps (et surtout) se doter de l'armement nucléaire. Or le président iranien est violemment antisémite et affirme même régulièrement que l'État d'Israël ne devrait pas exister ! Voilà des perspectives qui peuvent faire froid dans le dos ! Les États-Unis ont entamé un bras de fer avec l'Iran pour les faire renoncer à leur programme nucléaire, mais ces menaces sont jusqu'à présent restées sans résultat. Avec une Amérique embourbée en Irak, l'Iran se sent pousser des ailes…

Nous pourrions multiplier les exemples montrant toutes les limites de la puissance militaire et politique des États-Unis. L'Amérique n'est en effet pas parvenue à favoriser le retour de la paix en Palestine et ne parvient pas non plus à dissuader la Corée du Nord de renoncer à acquérir une bombe atomique. Autant d'éléments qui peuvent faire douter de la toute puissance de l'Amérique et de l'efficacité réelle de ses moyens pourtant considérables…

Conclusion

1. **La puissance américaine s'impose à tous en ce début de** XXIe siècle. Jamais en effet un pays n'a disposé d'un tel niveau de puissance dans l'histoire, à tel point que nous sommes bien fondés à parler de superpuissance ou d'hyperpuissance à leur encontre, tant leur puissance est multiforme. Aucun autre pays n'a pour l'instant les moyens d'influencer le monde comme les États-Unis.

2. Pourtant l'histoire semble s'accélérer depuis 1991 et les choses évoluent vite et même la superpuissance américaine n'est pas à l'abri des formidables mutations en cours dans notre monde. **La puissance américaine est de plus en plus contestée et concurrencée**. À tel point qu'il y a aujourd'hui un débat pour savoir où en est l'Amérique et certains se demandent si cette puissance, qui s'épuise en Irak et dont la concurrence asiatique est en train de détruire l'économie, n'est pas déjà en déclin ?

3. Attention toutefois à ne pas aller trop vite en besogne **! L'Amérique conserve, malgré ses difficultés, des capacités exceptionnelles**, uniques même, et bien d'autres signes (la maîtrise des hautes technologies, par exemple) semblent au contraire indiquer que toute la première partie du XXIe siècle sera encore à coup sûr américaine…

Fiche : La superpuissance des États-Unis

La disparition de l'URSS en 1991 a laissé un vainqueur par défaut, les États-Unis, qui sont désormais une superpuissance sans équivalent.

Les aspects de la puissance américaine

Les États-Unis sont la première puissance mondiale :

- La première puissance économique du monde avec **près de 30 % du PIB mondial**. L'économie américaine est d'abord une économie de services (3/4 du PIB dans le tertiaire), mais son industrie et son agriculture sont les plus puissantes du monde également.
- La première puissance financière du monde (**Wall Street**).
- La première puissance militaire du monde, une armée sans équivalent. Les États-Unis réalisent à eux seuls **45 % des dépenses d'armement du monde**. C'est la seule armée du monde à pouvoir intervenir n'importe où sur terre.
- La première puissance culturelle du monde : culture, langue, modes, le **modèle américain** s'exporte partout, l'Amérique fascine et le pays reste le premier pays d'immigration du monde.
- Une puissance qui se déploie à l'échelle mondiale. La puissance américaine se déploie sur tous les continents selon ses intérêts. Économiquement, elle est très présente dans les pays de la Triade, militairement, elle s'est repositionnée là où se joue la sécurité du pays (Moyen-Orient, Asie centrale et orientale).

Les principaux facteurs de la puissance américaine

Quelques-uns des principaux fondements de la puissance américaine :

- La population : les États-Unis sont la troisième puissance démographique du monde avec **300 millions d'habitants**. Une population très bigarrée où les minorités sont de plus en plus nombreuses. Une population dynamique avec un fort esprit d'entreprise. Une fécondité supérieure à l'Europe (2 enfants par femme).
- Un territoire riche et maîtrisé. Un espace immense (**9,3 millions de km²**) et richement doté en ressources naturelles. Des contraintes naturelles réduites et largement maîtrisées par les réseaux de transport et de communication.

- Des atouts économiques et monétaires décisifs : le **dollar** est la seule grande monnaie internationale et les grandes firmes multinationales américaines sont parmi les plus puissantes du monde.
- La **domination technologique**. Les États-Unis occupent des positions très fortes dans les secteurs de haute technologie, investissent beaucoup dans la recherche et préparent donc l'avenir. Leurs grandes écoles (comme le MIT ou Harvard), de renommée mondiale, attirent nombre de « cerveaux » (c'est le *brain drain*).

Quelles limites à la puissance des États-Unis ?

Les États-Unis sont la seule superpuissance de notre temps. Ils ne sont pas pour autant tout-puissant :

- **La société américaine est très inégalitaire**. 40 millions d'Américains vivent en dessous du seuil de pauvreté. La violence et la criminalité restent à des niveaux préoccupants. Malgré sa réussite économique, la société américaine connaît encore beaucoup de dysfonctionnements.
- **Les ressources naturelles sont surexploitées**. Le territoire des États-Unis était très riche en ressources naturelles, mais cet espace a été surexploité et il est maintenant menacé. Certaines ressources sont même en voie d'épuisement, à commencer par le pétrole.
- Une puissance économique menacée ? Les États-Unis possèdent l'économie la plus puissante du monde. Elle souffre pourtant de plus en plus de **la concurrence étrangère**, notamment chinoise et japonaise.
- **L'accumulation des déficits**. Les États-Unis vivent à crédit et ont accumulé des dettes colossales. Déficit commercial et déficit du budget rendent les États-Unis vulnérables et dépendants de l'étranger, et notamment des investisseurs japonais et chinois.
- **Une puissance internationale impuissante ?** Que peut réellement cette superpuissance américaine sur la scène internationale et cette armée pour laquelle le pays dépense tant ? Incapacité à convaincre l'ONU à faire la guerre en Irak en 2003, incapacité à s'imposer militairement en Irak et même en Afghanistan, incapacité à arrêter le chef d'al-Qaida Ben Laden… Les revers s'accumulent et le pays s'épuise dans ces luttes.

Chapitre 29

L'organisation du territoire des États-Unis

Dans ce chapitre :

- L'espace, un des atouts des États-Unis
- Des régions inégalement développées
- Le poids considérable des grandes agglomérations et des interfaces actives dans l'organisation de l'espace

Par ses dimensions et ses richesses, le territoire des États-Unis offre un potentiel naturel considérable. Il est le premier fondement de la puissance du pays. À l'origine, peut-être aucun autre peuple de la terre n'a disposé d'un espace aussi favorable… Prêt pour un état des lieux ?

En quoi le territoire des États-Unis est-il un des fondements de la puissance du pays ?

Quelle est l'influence de la mondialisation sur le territoire des États-Unis ?

Quels sont les espaces où se concentre la puissance du pays ?

Page VIII du cahier couleurs : l'organisation de l'espace des États-Unis

Le territoire des États-Unis, c'est :

- **une superficie de 9,3 millions de km^2**
- **trois métropoles majeures : New York (21 millions d'habitants), Los Angeles (16 millions), Chicago (8,5 millions)**
- **25 % de l'énergie consommée dans le monde avec 5 % de la population mondiale.**

L'espace, un des fondements de la puissance des États-Unis

Le territoire, un potentiel naturel considérable

Un pays aux dimensions d'un continent !

Le territoire des États-Unis est le 4e du monde par la superficie (après la Russie, le Canada et la Chine). Les chiffres sont véritablement impressionnants :

- 9,3 millions de km², soit plus de 17 fois la France
- 4 500 km d'est en ouest et près de 2 500 km du nord au sud
- 4 fuseaux horaires (sans compter Hawaii et l'Alaska !)

Avec une densité moyenne de 30 habitants/km², les Américains ne sont pas encore près de manquer d'espace…

Des conditions climatiques plutôt favorables

Contrairement à la plupart des autres pays de taille comparable, les États-Unis ont la chance de ne pas devoir subir des climats trop contraignants (pensons au froid russe ou canadien et à l'aridité de l'Australie ou de l'ouest chinois !). Positionnés à une latitude tempérée, les États-Unis bénéficient en effet de climats variés et souvent propices aux activités humaines (ce qui permet à l'agriculture de pouvoir tout cultiver : de l'artichaut à l'ananas !). Certes, le nord du pays est parfois frappé d'hivers très rigoureux, et des coulées d'air froid peuvent même descendre jusqu'au sud du pays et faire geler les oranges, mais rien de très méchant. D'un pont de vue climatique, le plus problématique est en fait **la semi-aridité du quart sud-ouest** du pays (Arizona, Nevada, Nouveau-Mexique) qui pose de plus en plus de difficultés (manque d'eau).

Des sols et des sous-sols riches, mais pas inépuisables !

Les États-Unis bénéficient également de grandes quantités de très bons sols propices au développement de l'agriculture, essentiellement sur les littoraux et les Grandes Plaines à l'intérieur du pays. On estime qu'**au moins 50 % du territoire sont des sols cultivables et de bonne qualité** (c'est 15 %

au Japon…). Rapporté à la superficie du pays, cela offre un potentiel plutôt intéressant, non ?!

Même remarque pour **les sous-sols, eux aussi richement dotés en ressources** diverses et variées. Décidément, les Américains sont bénis des dieux ! Minerais de toute sorte (dans les Rocheuses notamment), charbon en grande quantité, mais aussi des hydrocarbures (les principaux gisements de pétrole et de gaz se trouvent au Texas et en Alaska) : il ne manquait rien ou presque pour faire une grande puissance.

Cette richesse du territoire a favorisé **une attitude très prédatrice des Américains vis à vis de leur environnement**. Ils ont cru pendant très longtemps que les ressources naturelles étaient inépuisables et ont parfois mal géré leurs ressources et les ont trop gaspillées. À tel point qu'aujourd'hui certaines sont en voie d'épuisement : c'est tout particulièrement le cas du pétrole (les États-Unis ne sont plus que les 4e producteurs mondiaux et leurs réserves sont limitées), ce qui risque de poser un jour un problème en terme de puissance…

Trois façades maritimes et un important potentiel fluvial

Autre atout naturel, les États-Unis disposent de trois belles façades maritimes s'ouvrant sur des mers libres de glace et leur offrant ainsi des interfaces particulièrement dynamiques dans le cadre d'une économie mondialisée :

- **La façade pacifique**, jouant le rôle d'interface avec la dynamique Asie.
- **La façade atlantique**, regardant vers l'Europe. Elle est très active au nord-est du pays. De grands ports se sont construits dès l'installation des premiers colons. La région offre en effet de nombreuses baies abritées et profondes.
- **La façade sud**, ouvrant sur le golfe du Mexique et ses riches champs pétrolifères.

Le potentiel fluvial est lui aussi de qualité : fleuves puissants et souvent utiles pour le développement du pays, notamment :

- **L'axe Mississippi – Grands Lacs – Saint-Laurent** qui permet de drainer les richesses de l'intérieur du territoire vers les littoraux. Le Mississippi, dont les crues ont longtemps été redoutables, a été domestiqué et est devenu un atout pour la puissance américaine. Les céréales produites dans les Grandes Plaines transitent par Saint Louis (le plus grand port fluvial du pays) et sont acheminées vers les côtes sur d'immenses convois de barges flottantes.

- **Le Colorado** qui traverse la région la plus aride du pays et permet le développement d'une intense agriculture irriguée. Mais là aussi les Américains surexploitent cette ressource : à force de pomper le fleuve Colorado et de construire des barrages, il ne reste plus beaucoup d'eau disponible pour les Mexicains quand le fleuve passe la frontière !
- Des fleuves ou rivières puissants comme **la Columbia** ou **le Tennessee** qui offrent un potentiel hydroélectrique important. De nombreux barrages équipent depuis longtemps ces cours d'eau et ont permis de favoriser le décollage économique de certaines régions (le Tennessee est équipé en barrages depuis les années 1930, ce fut une des solutions à la crise imaginée par le président Roosevelt pour relancer l'économie et redonner des emplois aux chômeurs à l'époque. C'était le temps du *New Deal*, vous vous rappelez vos cours de première... ?).

Bref, des atouts à revendre !

CROQUIS DE BAC

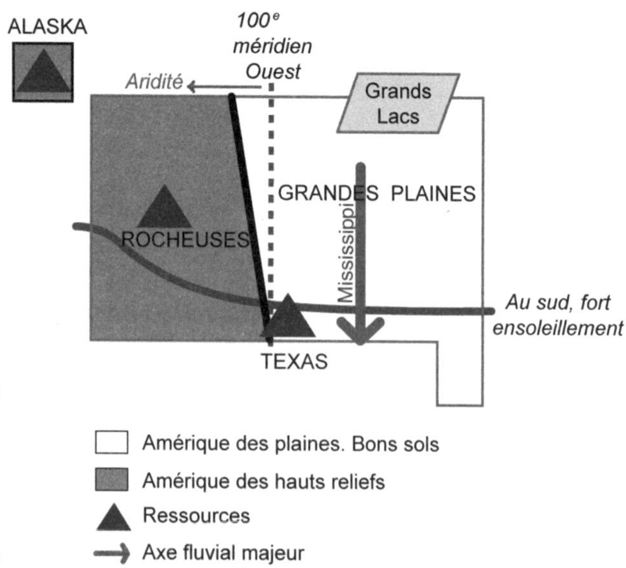

Figure 29-1 : Atouts et contraintes du territoire des États-Unis.

Des contraintes naturelles largement maîtrisées

Un territoire rapidement conquis et occupé

Les États-Unis sont un pays jeune, c'est le « nouveau monde ». Un pays qui naît un certain 4 juillet, il y a 230 ans… Un bref rappel historique s'impose.

Ce sont surtout des Britanniques (mais aussi quelques Français et des Espagnols…) qui entament la colonisation de l'Amérique du Nord au début du XVIIe siècle. Ils sont à l'origine de la création des treize premières colonies anglaises d'Amérique. Mais l'Angleterre impose de telles contraintes à ces colons que, le 4 juillet 1776, ils décident de couper les ponts et proclament leur indépendance ! Après plusieurs années de lutte contre les Anglais, les « Américains » l'emportent (avec l'aide de la France tout de même !) et créent une république. Un événement à l'époque ! Leur premier président est un certain Georges Washington… Dès lors la conquête du territoire sera rapide : en 1803, Napoléon vend la Louisiane aux Américains, ce qui ouvre la voie à la conquête de l'Ouest. En 1848, la côte Ouest est atteinte et la Californie entre dans l'Union. En quelques décennies, un territoire immense a été conquis ! Du jamais vu !

CROQUIS DE BAC

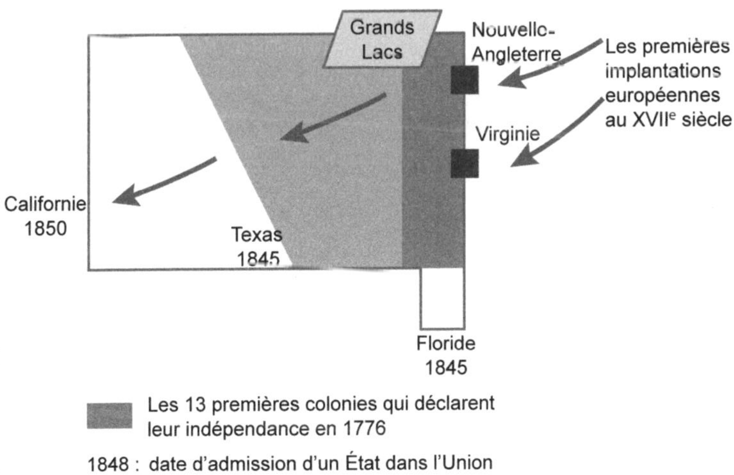

Figure 29-2 : Toujours plus à l'ouest !

GROS PLAN

Le territoire des États-Unis ? Un immense jeu de dames !

Le territoire vite conquis est également rapidement cadastré. Pour cela, les nouvelles terres sont découpées en lignes régulières, en suivant les parallèles et les méridiens, d'où l'aspect plutôt géométrique des États de l'Ouest, car tout a été tracé à la règle ! Tout le territoire a été ainsi découpé en vastes sections à angles droits, elles-mêmes découpées en sections plus petites, etc. À l'arrivée, le tout ressemble à un immense jeu de dames, encore très net sur une photo aérienne. **C'est le modèle du *grid*,** (c'est-à-dire de la « grille »). Et pour accélérer encore l'occupation et la mise en valeur de cet immense territoire, une loi de 1862 (le *Homestead Act*) offrait un quart de section (tout de même 65 hectares de terre !) à tout citoyen qui s'engageait à la mettre en valeur. Le tout, quasiment gratuitement ! Entre ça et la découverte d'or en Californie, on comprend mieux la ruée vers l'Ouest…

L'immensité vaincue !

Vous vous en doutiez : **les États-Unis disposent d'un réseau de transports très performant**. Il a permis de vaincre une des contraintes majeures du territoire américain : l'immensité. Il est une des clés de la réussite économique du pays. Ce réseau offre quelques originalités par rapport à ce que nous connaissons en France. Alors qu'il a été essentiel dans la conquête du pays, le rail a beaucoup décliné. Pas de lignes à grande vitesse ici et des trains parfois confortables, mais pas très rapides : rien à voir avec nos puissantes lignes TGV ! Les Américains l'utilisent d'ailleurs peu pour se déplacer.

En fait, les Américains utilisent presque exclusivement **leur voiture sur les distances courtes**, et l'avion sur plus longues distances. L'Amérique est véritablement le pays de l'automobile : on en compte trois pour quatre habitants, un record mondial ! Le réseau routier est moderne et les grandes villes sont desservies par d'impressionnants réseaux de *highways*. Le maillage du territoire est toutefois très inégal : si les réseaux sont denses à l'est du pays, ils le sont beaucoup moins dès que l'on a franchi le Mississippi, et on se retrouve alors vite face à de grandes autoroutes qui se contentent de traverser le pays d'est en ouest.

Le recours systématique à l'avion sur longue distance est l'autre originalité du pays. New York, Chicago, Atlanta, Dallas et Los Angeles sont les d'aéroports les plus importants, mais les lignes intérieures relient de nombreuses villes moyennes. La concurrence est féroce entre les compagnies aériennes et les prix sont bas.

GROS PLAN

Les contraintes naturelles vraiment toutes dominées ? Et Katrina ? Et San Andreas ?

Bien sûr, les moyens dont disposent les États-Unis sont impressionnants et ont permis une remarquable maîtrise du territoire. Un espace qui a donc été un élément important dans la construction de la puissance américaine. Malgré cela, les Américains restent victimes d'au moins une contrainte qu'ils ne maîtriseront pas : les tornades (qui frappent régulièrement l'intérieur du pays) et surtout les ouragans qui ravagent pratiquement tous les ans les littoraux du golfe du Mexique. Un des plus dévastateurs (l'ouragan Katrina) s'est abattu sur la Nouvelle-Orléans en août 2005 et a causé des dégats absolument gigantesques (des vents à 280 km/h, plus d'un millier de victimes et des dizaines de milliers de personnes à reloger !).

Et puis il reste aussi cette terrible inconnue… La faille de San Andreas. Il s'agit d'une faille géologique qui parcourt la Californie et provoque de réguliers tremblements de terre. Jusqu'à maintenant, pas encore trop dévastateurs (quoique… À San Francisco, en 1906, un violent séisme causa la mort de 3 000 personnes !), mais nombreux sont les spécialistes à redouter un « Big One » qui ravagerait toute la Californie, l'État le plus puissant de l'Union…

Quels sont les lieux de la puissance des États-Unis ?

Dans cet immense espace, où se localise la puissance considérable du pays ? Un peu partout ? Non ! Elle se concentre en des points bien précis du territoire et qui ne doivent rien au hasard…

Les grandes métropoles, bastion de la puissance des États-Unis

Un Américain sur deux vit dans une ville de plus de 2 millions d'habitants !

De nos jours, huit Américains sur dix vivent en ville. Cela n'a rien de très étonnant, nous retrouvons en effet des chiffres similaires en Europe. En revanche, les Américains vivent dans de très grandes villes : vingt-trois agglomérations ont plus de 2 millions d'habitants et regroupent près de la moitié de la population ! Là, c'est déjà beaucoup plus original, surtout quand on songe à l'espace dont les Américains disposent…

Parmi ces agglomérations, quelques-unes ont véritablement une envergure mondiale : **New York** (21 millions d'habitants), **Los Angeles** (16 millions d'habitants), **Chicago** (9 millions) et, bien sûr, **Washington** (7,5 millions). En dessous, quelques autres grandes agglomérations jouent un rôle de plus en plus important, notamment Dallas, Atlanta, Miami ou San Francisco.

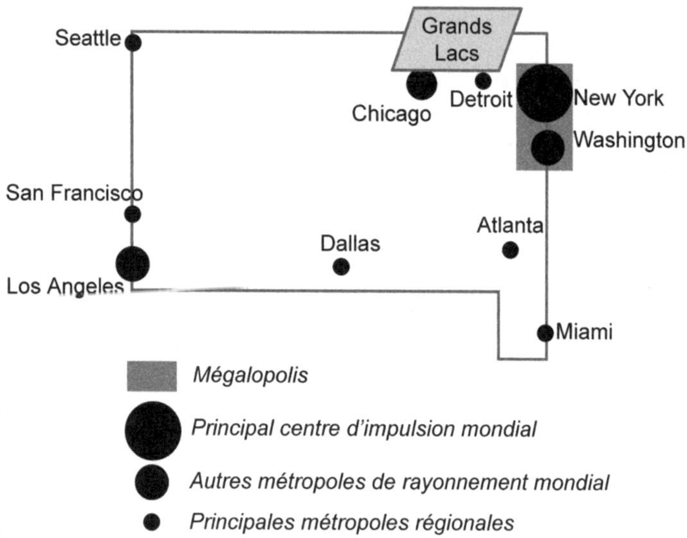

Figure 29-3 : Un territoire métropolisé.

Le CBD, quartier central des affaires

Les villes américaines sont très différentes de ce que nous connaissons en Europe. Ce sont des villes sans passé, qui ont été construites *ex nihilo*, à partir de rien : n'y cherchez donc pas le vieux centre avec ses ruelles typiques et sa cathédrale ! La plupart de ces villes ont adopté le modèle du *grid*, le plan en damier : des successions de rues et d'avenues qui se coupent à angles droits. Pratique pour se repérer ou étendre les villes à l'infini, mais un peu monotone tout de même.

Au cœur de ces grandes cités trône le **CBD**, le *Central Business District* (le quartier central des affaires). Facilement repérable puisqu'il concentre souvent les principaux gratte-ciel. Le CBD reste le lieu privilégié des affaires : c'est là, dans les grandes tours de Manhattan (à New York) ou à l'intérieur du *Loop* (à Chicago), que l'on trouve les sièges sociaux des grandes entreprises, les cabinets comptables ou juridiques ainsi que les banques.

Autour du CBD se déploient les vieux quartiers résidentiels : si certains ont été rénovés et sont luxueux, la plupart sont devenus des quartiers défavorisés où se concentrent bien souvent les Noirs ou les Hispaniques.

Banlieues, bretelles autoroutières et parcs technologiques : nouveaux espaces de puissance

Mais l'idéal de vie américain (la maison individuelle et le barbecue le dimanche entre voisins !) pousse de plus en plus de citadins (ceux qui en ont les moyens…) à aller s'installer dans des banlieues qui semblent s'étaler à l'infini (un réflexe opposé aux Français qui, quand ils en ont les moyens, s'installent dans les centres-villes). Les Américains s'y regroupent dans des quartiers homogènes socialement et ethniquement. La ville américaine est donc dévoreuse d'espace.

Ces banlieues ont à leur tour développé de nouveaux pôles d'activités, le long des bretelles d'autoroutes et souvent à proximité de grandes universités ou d'aéroports. Ces nouveaux quartiers d'affaires regroupent quantité d'entreprises de pointe et constituent de vastes parcs technologiques. C'est le cas, par exemple, **à Boston, le long de la Route 128**, une bretelle autoroutière qui ceinture la ville et concentre des entreprises « high tech ».

Des « centres-villes » partout !

À Atlanta, ces nouveaux centres d'activité prospèrent et concentrent désormais plus d'espaces de bureaux que le vieux CBD ! Les villes américaines sont donc de plus en plus polycentriques (on parle d'« **edge cities** ») et ces banlieues ont tendance à « tuer » le centre-ville en lui prenant ses habitants les plus aisés et donc ses ressources (fiscales notamment !). Ces périphéries sont les nouveaux espaces de puissance des villes américaines.

Frontières et façades maritimes, autres lieux privilégiés de la puissance américaine

Avec la mondialisation de l'économie, les flux augmentent sans cesse et les entreprises doivent pouvoir échanger et communiquer vite et bien. Les espaces bien pourvus en moyens de communication et au contact d'autres territoires dynamiques sont donc favorisés. Et ce n'est pas un hasard si, aux

États-Unis, les espaces les plus puissants sont situés sur les périphéries du territoire, c'est-à-dire :

- Au **nord-est** (au contact entre l'Europe et le Canada peuplé).
- Le long de la frontière mexicaine où une région transfrontalière s'est formée : la **Mexamérique**.
- Au **nord-ouest** également, bien que plus modestement (au contact entre l'Asie et Vancouver, on appelle parfois cette région la « Pugetopolis »).

La croissance économique phénoménale en Asie et la signature de l'**ALENA** a joué dans le même sens en favorisant ces régions. De ce point de vue, la Californie est particulièrement bien placée...

CONSEILS DU PROF

Le cas des États-Unis montre à quel point la mondialisation de l'économie mondiale et l'explosion des flux ont des conséquences majeures sur les territoires : certains espaces, les mieux connectés au reste du monde (métropoles, frontières, façades maritimes), sont favorisés pendant que d'autres sont délaissés. La mondialisation n'abolit donc pas la géographie, bien au contraire : elle tend à favoriser certains espaces au détriment d'autres. Et ne pas pouvoir s'insérer dans cet espace mondial constitue désormais un réel handicap. Ne vous privez pas d'illustrer cette nouvelle donne géographique dans vos copies sur la mondialisation avec l'exemple des États-Unis !

GROS PLAN

Une nouvelle région transfrontalière : la Mexamérique

La frontière entre les États-Unis et le Mexique offre un bon exemple des nouveaux espaces de croissance qui profitent de l'ouverture du territoire des États-Unis dans un contexte de mondialisation. Grâce à la signature de l'**ALENA**, de nombreuses entreprises américaines ont quitté le nord-est du pays et se sont installées à proximité du Mexique. Elles conçoivent leurs produits aux États-Unis, mais les font fabriquer au Mexique, dans des entreprises de montage appelées ***maquiladoras*** et qui emploient une main d'œuvre mexicaine bon marché. Les flux sont très intenses de part et d'autre de la frontière et de véritables villes jumelles (les « **twin cities** ») se sont développées. Pour le gouvernement américain, c'est aussi le moyen de retenir et de fixer une partie du flot d'immigrés mexicains qui cherchent à entrer aux États-Unis tous les ans. Depuis peu pourtant, les *maquiladoras* connaissent elles aussi des difficultés face à la concurrence croissante de la Chine.

Trois grandes régions qui contribuent inégalement à la puissance des États-Unis

Le Nord-Est des États-Unis n'est pas mort !

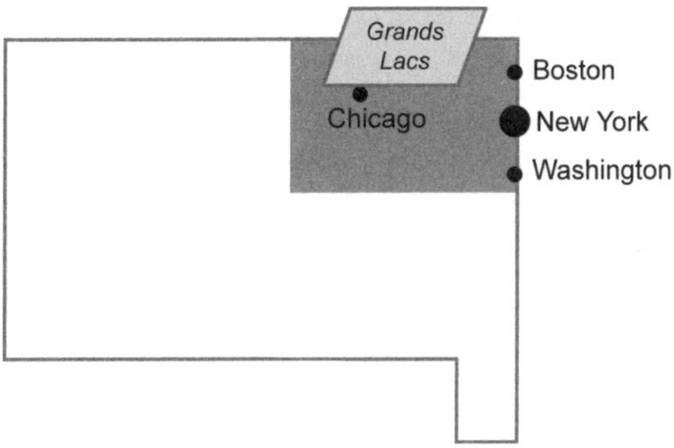

Figure 29-4 : Le Nord-Est.

Le Nord-Est est la plus « vieille » région dans ce « nouveau monde ». C'est par là que sont arrivés en masse les colons venus d'Europe. Avec le développement d'une industrie puissante (sidérurgie, automobile, chimie), le Nord-Est est rapidement devenu une grande région industrielle, d'où son surnom de *Manufacturing Belt* (ceinture industrielle). Jusqu'en 1950, le Nord-Est concentre la quasi-totalité des activités du pays et le territoire est alors très déséquilibré. Les choses ont rapidement changé par la suite…

La crise économique des années 1970-1980 a durement frappé toute la région. Les grandes villes industrielles le long de la vallée de l'Ohio et autour des Grands Lacs ont beaucoup souffert : Detroit (la capitale de l'automobile), tout comme Pittsburgh (la ville de l'acier, surnommée *smoky city* !) ont connu faillites et chômage. Bien des usines ont fermé, laissant la place à de vastes friches industrielles qui n'ont pas toutes disparu aujourd'hui. Et la vieille *Manufacturing Belt* s'est transformée par endroits en une véritable Rust Belt (ceinture de rouille !). La crise urbaine a frappé les centres-villes et de nombreux quartiers se sont paupérisés et transformés en ghettos. Certaines villes ont même vu leur population baisser (comme Detroit), au profit des agglomérations du Sud ou de l'Ouest.

VOCABULAIRE

Les Grands Lacs

Il s'agit des cinq lacs situés au nord-est des États-Unis, c'est-à-dire, d'ouest en est : le lac Supérieur, le lac Michigan, le lac Huron, le lac Érié et le lac Ontario. Ils ont été formés lors de la dernière grande glaciation. À eux cinq, ils forment une véritable mer intérieure de 250 000 km^2 (soit presque la moitié de la superficie de la France !). La frontière entre les États-Unis et le Canada les traverse. Avec le fleuve Saint-Laurent, ils constituent une remarquable voie de pénétration à l'intérieur du continent américain.

Depuis une quinzaine d'années, le Nord-Est connaît un réel renouveau. Des ghettos ont été en partie réhabilités (Harlem à New York), l'économie a été redynamisée par les hautes technologies et les municipalités essaient de faire revenir les populations à hauts revenus en réhabilitant certains quartiers. On parle de *gentryfication.*

Il faut bien reconnaître que le Nord-Est ne manque pas d'atouts : population nombreuse (encore près de 40 % de la population du pays), situation géographique favorable (position de carrefour, proximité des Grands Lacs et du Mississippi, interface avec l'Europe), concentration des capitaux (Wall Street, à New York, est le premier marché financier du monde), des pouvoirs (les sièges sociaux des grandes entreprises ou la Maison Blanche à Washington) et des grandes écoles (le MIT ou Harvard à Boston, par exemple). Avec ses villes géantes (la mégalopolis de New York à Washington concentre à elle seule 50 millions d'Américains), le Nord-Est est donc toujours le premier pôle de commandement du pays.

La Sun Belt, une périphérie dynamique mais très hétérogène

La *Sun Belt* (ou « ceinture du soleil ») regroupe les États du sud et de l'ouest des États-Unis. Ils ont en commun leur position périphérique, leur jeunesse et leur climat favorable. Mais ce qui les caractérise avant tout, c'est leur très fort dynamisme depuis quelques décennies. C'est là que sont les espaces les plus attractifs des États-Unis, là que se construit l'Amérique du futur… Jugez plutôt.

La *Sun Belt* concentre aujourd'hui deux fois plus d'habitants qu'en 1950, soit 40 % de la population du pays ! Beaucoup d'Américains sont partis s'y installer, à la recherche d'un cadre de vie plus favorable ou d'un meilleur job, fuyant le froid, la pollution ou la crise économique de la

Frost Belt (le Nord-Est). Les industries de hautes technologies pullulent ici : informatique, biotechnologie, aéronautique, aérospatial, cinéma… Citons en vrac quelques productions *made in Sun Belt* très symboliques de la réussite de ce croissant fertile : le 747 (Boeing), le système d'exploitation Windows (Microsoft), le microprocesseur Pentium (Intel), la navette spatiale ou *Star Wars* ! La région est aussi le lieu privilégié d'implantation des industries d'armement : cette *Sun Belt* est une véritable Gun Belt !

La *Sun Belt* (voir figure 29-5) n'est toutefois pas un espace homogène. C'est un espace immense et éclaté, une succession de centres dynamiques peu reliés entre eux. Elle regroupe des États très différents et qui ne réussissent pas tous aussi bien. En réalité, **trois États concentrent l'essentiel de la puissance de la *Sun Belt* : la Californie, le Texas et la Floride** (voir figure 29-6).

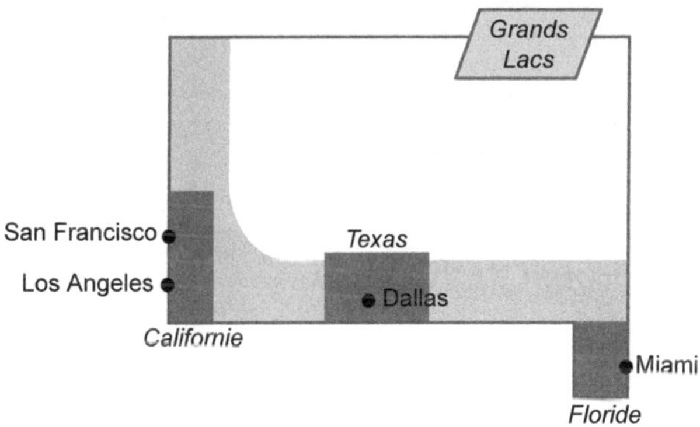

Figure 29-5 : La *Sun Belt*.

La Californie : la 6e puissance économique du monde à elle toute seule !

La Californie jouit vraiment d'une situation exceptionnelle : superficie (2e État de l'Union avec 400 000 km², soit les trois quarts de la France !), position d'interface (entre l'Amérique latine et l'Asie), cadre naturel (l'océan Pacifique, la Sierra Nevada, le parc naturel du Yosemite…). C'est l'État le plus puissant de toute l'Union (6e PIB mondial, soit à peu près comme la France !) et l'État le plus peuplé (36 millions d'habitants). C'est aussi le 1er État industriel du pays, bien sûr très tourné vers les nouvelles technologies, et le 1er État agricole des États-Unis (le « panier à salade » du pays), spécialisé dans les productions « du soleil » (vignes, fruits et légumes) dans des vallées comme Imperial Valley où une irrigation massive a permis de développer les cultures sur le désert.

Le Texas : du bœuf et du pétrole d'abord !

Longtemps voué au *ranching* (bovin), le Texas doit d'abord sa richesse récente au pétrole. Cette manne pétrolière a été à l'origine du décollage de grandes métropoles comme Dallas et Houston. Aujourd'hui, le Texas est toujours le 1er État pétrolier du pays et il est devenu le 2e État le plus peuplé de l'Union avec 21 millions d'habitants. Depuis, le Texas s'est diversifié vers les hautes technologies (l'informatique, avec Texas Instrument ou Dell) et Houston, port industriel et pétrolier, est devenu le QG de la NASA. Comme les autres États de la *Sun Belt*, le Texas est un État de plus en plus métissé. Au sud, les Hispaniques sont tellement nombreux que même George Bush a dû faire campagne en espagnol !

Pour l'élevage : ranching ou feed lots ?

Aux États-Unis, l'élevage est pratiqué soit de façon industrielle et intensive dans des parcs à viande (les *feed lots*) où s'entassent des milliers de bêtes sur des surfaces réduites, soit de façon extensive en laissant paître les animaux librement sur des surfaces considérables (notamment dans le nord du pays). C'est le ranching.

Ah… Le soleil de Floride… !

Vous ne le croirez peut-être pas, mais c'est pourtant vrai : la Floride a longtemps été une région de marécages où personne ne voulait vivre ! Depuis, cet État a connu un véritable boom : en 1940, il ne comptait que 2 millions d'habitants et…. plus de 15 millions aujourd'hui ! La Floride doit d'abord sa réussite au soleil. Il est à l'origine de sa réussite agricole (agrumes, légumes, canne à sucre…), du tourisme et de l'arrivée de quantité de retraités ! Des parcs à thèmes (Disneyworld à Orlando) et des noms qui font rêver attirent des millions de vacanciers tous les ans : Miami, West Palm Beach ou les croisières dans les Caraïbes… L'implantation de nombreuses entreprises de hautes technologies n'a fait que renforcer la puissance de ce « jeune » État.

Vers une nouvelle Amérique…

Ces États ouverts, modernes et métissés préfigurent les États-Unis du XXIe siècle. Leur dynamisme est tel depuis quelques décennies que l'on assiste à un progressif basculement du territoire américain, du nord-est vers le sud et l'ouest. Depuis l'indépendance, le centre de gravité de la population n'a fait que se déplacer vers le sud-ouest et a franchi le Mississippi depuis près de 30 ans ! En 2025, Los Angeles sera probablement la première ville du pays devant Dallas, reléguant New York à la 3e place ! Composées en majorité de minorités hispaniques et asiatiques, ces grandes métropoles seront alors bien différentes de la très européenne Boston…

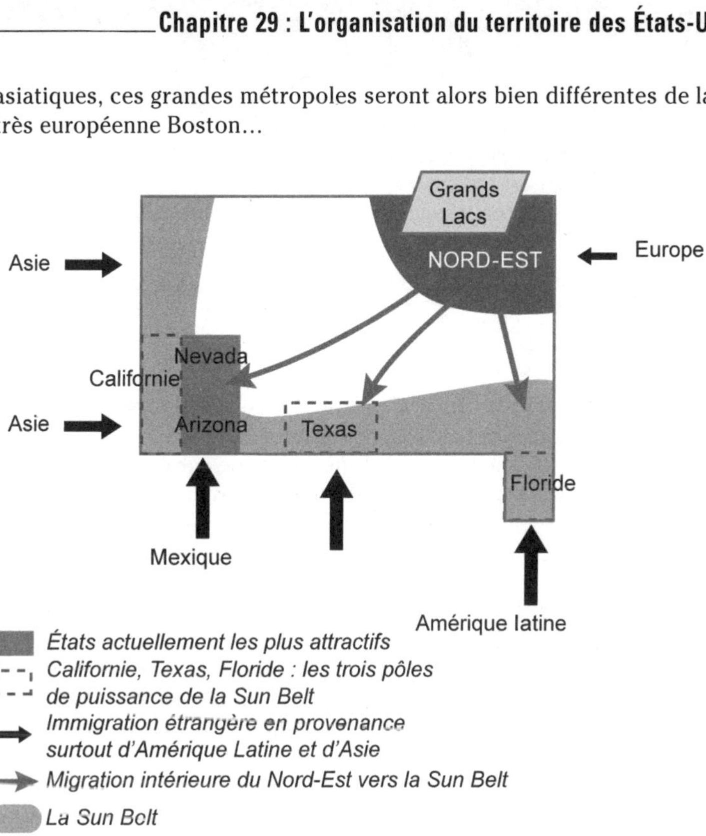

Figure 29-6 : Les dynamiques spatiales de la population américaine : la **Sun Belt**, une région en forte croissance.

Des espaces centraux plus périphériques mais non sans atouts

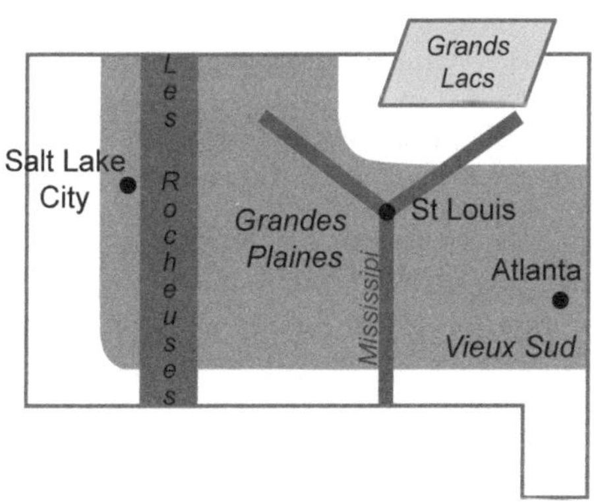

Figure 29-7 : Les espaces centraux.

Ce sont des espaces souvent peu peuplés, marqués par l'immensité, la ruralité, l'absence d'un important réseau urbain et même parfois par le déclin démographique. Ils peuvent apparaître comme secondaires, presque une périphérie au cœur même du pays. Économiquement, ces grands espaces sont pourtant loin d'être négligeables… (voir figure 29-7).

Les Grandes Plaines, le grenier à blé du monde !

Les Grandes Plaines occupent tout le cœur du pays. Il faut vous imaginer un espace immense, sans arbre, monotone, traversé par le Mississippi, que les Américains ont surnommé le *big muddy*, le « grand boueux ». Peu de grandes villes, si ce n'est Saint Louis, peu de minorités noires ou hispaniques : cette Amérique est bien différente de celle de la côte est ou du Sud.
C'est le règne des grandes exploitations agricoles, de plus en plus vastes au fur et à mesure que l'on s'avance vers l'ouest et le nord. C'est ici que réside la puissance agricole des États-Unis. Des fermes gigantesques, qui finissent par dépasser les 800 ha dans le Montana ! (Rappelons que c'est 40 ha en moyenne en France et guère plus de… 1 ha au Japon !). Les Plaines sont le grenier à céréales des États-Unis : blé, maïs et soja sont expédiés par Saint Louis vers les ports des Grands Lacs sur de grandes barges *via* le Mississippi. C'est également une grande région d'élevage de bovins, élevés industriellement dans des parcs à viandes – les *feed lots* – ou en *ranching* à l'ouest.

Les Rocheuses : des espaces de réserve

À l'ouest de Denver, le paysage change totalement. Nous entrons dans l'Amérique des hauts-reliefs. Les Rocheuses s'élèvent brutalement à plus de 4 000 m au-dessus de Denver et culminent à plus de 6 000 m en Alaska (mont McKinley). Là débute l'Amérique des grands espaces, le *Wild West*, un territoire encore quasi vide : à peine 10 millions d'habitants sur un espace grand comme quatre fois la France, et encore, concentrés dans quelques villes très éloignées les unes des autres ! Les Mormons qui se sont installés à Salt Lake City ont trouvé là l'isolement qu'ils recherchaient ! Ces espaces sont encore largement préservés et les parcs naturels sont nombreux : Yellowstone dans le Wyoming, Grand Canyon en Arizona. Ils constituent encore des espaces de réserve, prometteurs pour l'avenir. Les ressources y sont abondantes et sont d'ores et déjà exploitées, notamment certains minerais (cuivre) ou le charbon dans des mines à ciel ouvert.

Le vieux Sud en partie revitalisé

Le « vieux Sud » comprend les États autrefois esclavagistes et spécialisés dans les cultures de tabac ou de coton, qui s'opposèrent au nord industriel lors de la guerre civile de 1861-1865 (la guerre de Sécession). Ce sont des États qui sont longtemps restés très pauvres et concentrent encore aujourd'hui d'importantes minorités de Noirs. Le gouvernement américain a multiplié les efforts pour sortir le Sud de sa pauvreté. La région a connu un essor économique récent. Atlanta, ville de Coca-Cola, de CNN et des J.O. de 1996, est devenue le symbole de ce renouveau.

Quelques remarques pour conclure :

1. Les États-Unis bénéficient d'un espace très riche qui constitue un des fondements de leur puissance.
2. C'est un territoire ouvert, en perpétuelle recomposition et où tout bouge très vite.
3. Les espaces périphériques et les grandes métropoles sont actuellement les espaces les plus dynamiques et sont la traduction spatiale de la mondialisation.
4. Le Sud et l'Ouest sont aujourd'hui les espaces les plus dynamiques. Ils profitent d'un « effet sud » (héliotropisme), d'un « effet ALENA » et du boom économique de l'Asie, et de l'envolée des prix du pétrole !

Fiche : L'organisation du territoire des États-Unis

L'espace, un des fondements de la puissance des États-Unis

Un **pays aux dimensions d'un continent**. 9,3 millions de km², 4 500 km d'Est en Ouest et près de 2 500 km du Nord au Sud. Une densité encore relativement faible (30 habitants au km²).

Des atouts importants, des milieux à fort potentiel. Les ressources naturelles sont abondantes et variées. Hydrocarbures ou minerais, à l'origine, peu de choses manquent, tout est là pour faire de ce pays une grande puissance. Le pays possède de vastes espaces de bonnes terres (les Grandes Plaines), des climats variés et souvent favorables, des forêts gigantesques et des fleuves puissants (Mississippi, Tennessee, Columbia, Colorado…).

Des contraintes réduites. Ce territoire immense possède moins de contraintes naturelles que les espaces russe, canadien ou chinois. Les plus sérieux problèmes sont le manque d'eau dans le quart sud-ouest et les réguliers accidents climatiques (blizzards, tornades, et surtout les terribles cyclones qui frappent régulièrement le sud-est du pays comme le cyclone Katrina en 2005 qui a ravagé La Nouvelle-Orléans).

Cet espace aux atouts nombreux a été rapidement mis au service de la puissance du pays. Une contrainte majeure fut longtemps l'occupation et l'exploitation d'une telle immensité. La conquête et l'appropriation du territoire ont été rapides, réalisées pour l'essentiel dans la première moitié du XIXe siècle. La loi du *Homestead Act* en 1862 a favorisé une mise en valeur rapide du territoire.

L'immensité a été vaincue par des moyens de transport et de communication très performants. D'abord le train (première liaison transcontinentale réalisée en 1869), puis de nos jours la route, l'avion et les réseaux. Les fleuves ont été domestiqués (digues, barrages…) et, eux aussi, mis au service de la puissance du pays (de l'axe Mississippi – Saint-Laurent).

Métropoles et interfaces, au cœur de la puissance des États-Unis

Population et activités économiques se concentrent dans de grandes agglomérations. 8 Américains sur 10 vivent en ville et 23 agglomérations ont plus de 2 millions d'habitants. New York (21 millions d'habitants),

Los Angeles (16 millions d'habitants) et Chicago (8,5 millions d'habitants) sont les trois principales villes du pays.

La ville américaine est très différente de la ville européenne, elle s'étale à l'infini (**banlieues**) et multiplie les centres (**polycentrisme**). Au sein de ces espaces urbains, ce sont surtout les CBD (comme Manhattan à New York ou le Loop à Chicago) ainsi que les banlieues, le long des bretelles d'autoroutes et à proximité de grandes universités ou d'aéroports, qui concentrent les activités, le savoir et les capitaux.

En dehors des espaces urbains, les **interfaces** sont les autres espaces de puissance du pays. Des espaces souvent attractifs quant ils mettent les États-Unis en contact avec un espace dynamique. C'est le cas des frontières sud (vers le Mexique), nord-est (vers l'Europe) ou ouest (vers l'Asie) du pays. Ouvert aux flux de la mondialisation, l'espace américain est donc en constante évolution.

Trois régions contribuant inégalement à la puissance des États-Unis

Le Nord-Est est le berceau historique et reste encore le cœur de la puissance américaine malgré la crise des années 1970-1980 et les difficultés des industries traditionnelles. Les atouts de cet espace restent importants : population nombreuse (40 % de la population du pays), situation géographique favorable (position de carrefour, proximité des Grands Lacs et du Mississippi, interface avec l'Europe), concentration des capitaux, des pouvoirs (les sièges sociaux des grandes entreprises ou la Maison-Blanche à Washington), et des grandes écoles (le MIT ou Harvard à Boston, par exemple). Avec ses villes géantes (la mégalopolis de New York à Washington concentre à elle seule 50 millions d'Américains), le Nord-Est est donc toujours le premier pôle de commandement du pays.

La Sun Belt est la périphérie la plus dynamique du pays, mais c'est un espace hétérogène. Cet espace regroupe une quinzaine d'États du sud et de l'ouest des États-Unis. Ils ont en commun leur climat favorable et leur dynamisme. En fait, surtout trois États se distinguent : la Californie d'abord (l'État le plus peuplé et le plus puissant de l'Union), le Texas (qui bénéficie de son pétrole et des hautes technologies) et la Floride (agriculture, tourisme et hautes technologies). Les autres sont plus en retrait.

Au centre du territoire, les espaces centraux sont moins dynamiques, moins peuplés et moins urbanisés. Ils ne sont pourtant pas sans atouts : puissance agricole dans les Grandes Plaines, véritables « grenier à blé » du monde, redynamisation partielle du « vieux Sud » autrefois très pauvre (Atlanta) et vastes espaces de réserve dans les Rocheuses encore riches en ressources variées. Toutefois, ce n'est pas là que réside le cœur de la puissance du pays.

Chapitre 30

La façade atlantique de l'Amérique du Nord

Dans ce chapitre :

- La principale interface entre le continent américain et le monde
- Du nord au sud, trois sous-ensembles nettement différenciés

La façade atlantique de l'Amérique du Nord est un espace qui s'étend sur plus de 4 000 km du Saint-Laurent au golfe du Mexique inclus et associe donc les trois pays de l'**ALENA** (États-Unis, Canada, Mexique). Cela veut dire qu'elle regroupe des espaces très différents, tant du point de vue de la géographie physique (relief, climat, littoraux) que du niveau de développement (le Mexique étant moins développé que ses voisins du Nord). Cette façade est d'une épaisseur très inégale : elle se réduit parfois à une simple bande littorale mais peut s'étendre sur une grande profondeur lorsque les régions intérieures sont très intégrées à ces littoraux. Les activités humaines ignorent de plus en plus les frontières et des synergies se développent entre États limitrophes. C'est tout l'intérêt de l'étude de cet espace transfrontalier.

Remarque préalable importante

Le cours ci-dessous correspond très précisément à celui des terminales L et ES. Pour les terminales S, le programme est légèrement différent puisqu'il s'intitule : « la façade atlantique des États-Unis » (et non pas de l'Amérique du Nord). Si vous êtes en TS, vous adapterez donc facilement ce cours. Il change peu, l'articulation reste la même, il vous suffira d'ignorer les développements consacrés au Canada et au Mexique.

Dans quelle mesure la façade atlantique de l'Amérique du Nord est-elle un espace majeur du continent américain ?

Page X du cahier couleurs : l'organisation de l'espace de la façade atlantique de l'Amérique du Nord

La façade atlantique de l'Amérique du Nord, c'est :

- **220 millions d'habitants, soit plus d'un Nord-Américain sur deux**
- **2/3 du PIB de l'Amérique du Nord**
- **50 millions d'habitants dans la mégalopolis**

La façade la plus active de l'Amérique du Nord

Un des espaces les plus dynamiques du monde

Un pôle de commandement majeur du continent américain et de la planète

La façade atlantique de l'Amérique du Nord concentre parmi les principaux pôles de commandement du monde :

- Washington, cœur du pouvoir politique (Maison-Blanche) et militaire (Pentagone) des États-Unis (et donc du monde, tant l'influence des décisions prises aux États-Unis est forte !).
- New York et Chicago, grands pôles multiformes où se concentrent les marchés financiers, les grands médias ou les organisations internationales (ONU).
- Concentration d'un grand nombre de sièges sociaux de grandes entreprises, aux États-Unis surtout, mais également au Canada (IBM à New York, Coca-Cola à Atlanta).
- Présence, enfin, sur cet espace de la majorité des grandes universités américaines et canadiennes.

Une concentration d'hommes et d'activités considérable

Cette façade atlantique, c'est environ 220 millions d'hommes, soit plus d'un Nord-Américain sur deux (environ 430 millions d'habitants pour toute l'Amérique du Nord). Cela situe d'emblée son poids dans l'espace continental. De fait, un nombre important de grandes métropoles de l'Amérique du Nord se situent dans cet espace. New York, Chicago, Washington, Miami, Atlanta, Toronto, Montréal, etc. Autant de très grandes agglomérations comptant chacune plusieurs millions d'habitants.

Économiquement, c'est encore plus flagrant. Un chiffre résume, au fond, le poids de cette façade en Amérique du Nord : elle produit à elle seule deux tiers du PIB de l'Amérique du Nord ! Nous sommes bien en droit de parler d'un espace majeur.

Une interface mondiale

Cette façade est également l'espace de contact privilégié entre le continent américain et le reste du monde. Elle constitue l'interface majeure du continent américain, sa porte d'entrée la plus active, et cela pour toutes sortes de flux : immigration, commerce, investissements, tourisme… Preuve de cette ouverture, l'exceptionnelle concentration portuaire et aéroportuaire par où transite une part considérable de ces flux. Sur les 25 premiers ports de l'espace nord-américain, 21 se situent sur cette interface. Et les proportions sont du même ordre concernant les aéroports ! Cette situation de contact est un réel atout car, ne l'oublions pas, au sein d'une économie mondialisée, ce sont les flux qui sont à l'origine du développement (voir figure 30-1).

Ces grands ports drainent les richesses d'un immense **hinterland**, qui s'étend des Grands Lacs à tout le bassin du Mississippi. Depuis cette façade, les États-Unis, le Canada et le Mexique réalisent les trois quarts de leurs échanges. Le Mexique expédie son pétrole, le Canada ses minerais. Le trafic le long de l'interface est également très important. Trafic routier et aérien naturellement, mais également fluvial *via* l'*Intercoastal waterway*, un long canal côtier qui longe tout le littoral est-américain.

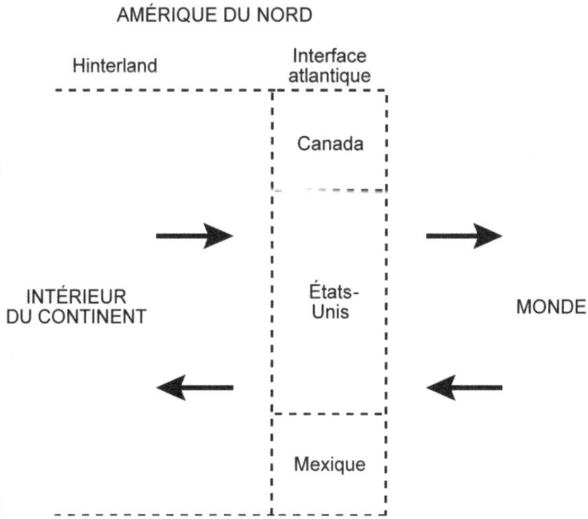

Figure 30-1 : La façade atlantique de l'Amérique du Nord : une interface majeure entre le continent américain (l'hinterland) et le monde.

D'importants atouts historiques et géographiques

L'Amérique est née à l'est !

Les États-Unis, tout comme le Canada, sont nés à l'est. C'est depuis cette façade atlantique que s'est faite la conquête de l'Amérique. Elle a été le premier espace peuplé et urbanisé par les Européens.

GROS PLAN

Conquistadores, trappeurs et puritains

Le voyage de Christophe Colomb en 1492 vers les Amériques aura finalement eu un impact décisif. Lui qui espérait trouver un chemin plus court pour accéder aux Indes, il aura en fait ouvert à la colonisation européenne un nouveau continent ! À sa suite, bien des colons et aventuriers de tout poil allaient se précipiter.

Ce sont surtout trois pays, la France, l'Espagne et la Grande-Bretagne, qui ont entrepris cette conquête de l'Amérique du Nord. Les Français, en petit nombre, ont pénétré à l'intérieur du continent par les fleuves. Le Saint-Laurent, principalement, dont l'estuaire fut découvert par un Malouin (de Saint-Malo !) du nom de Jacques Cartier en 1534. Ils ont fondé une colonie au Canada (avec beaucoup de trappeurs…) et créé les villes de Québec et de Montréal. Pendant ce temps-là, les Espagnols s'octroyaient progressivement presque tout le sud du continent. Le conquistador Hernan Cortes fonda la ville de Vera Cruz en 1519 et entreprit la conquête (et le pillage !) de tout le Mexique depuis cette base. L'influence espagnole devait se faire sentir jusqu'en Floride et en Californie (Los Angeles, San Francisco…). Au début du XVIIe siècle enfin, les Britanniques (et quelques Hollandais…) occupèrent toute la côte est des futurs États-Unis, et cela à partir de deux foyers principaux : le premier, en 1607 en Virginie, où les colons mirent en place une économie de plantations (du coton et du tabac surtout) fondée sur l'esclavage des Noirs ; le second, en Nouvelle-Angleterre (la région autour de Boston) en 1620, où l'arrivée des premiers colons à bord du bateau le *Mayflower*, marqua profondément les futurs États-Unis. Ces protestants austères (aussi appelés « puritains ») voyaient en effet l'Amérique comme une nouvelle Terre promise où ils pourraient enfin construire une société fidèle aux Évangiles. Bien des valeurs des États-Unis d'aujourd'hui trouvent leurs origines dans la réussite de ces premières implantations (liberté individuelle, démocratie, protestantisme).

Pendant des décennies, la côte est va être la porte d'entrée de millions d'immigrants européens fuyant la misère ou les persécutions et débarquant à Ellis Island (le passage obligé de tout immigré arrivant à New York) dans l'espoir de refaire leur vie.

Ils vont être à l'origine de la puissance de l'Amérique et vont permettre une croissance exponentielle de ses villes. Donnons-nous le tournis un instant : Chicago ne comptait que 4 000 habitants en 1833 et plus de 8 millions aujourd'hui ! Presque la population de Paris et toutes ses banlieues ! Pas mal pour une ville de moins de deux siècles…

Les conséquences de cette histoire sur l'organisation du territoire américain sont bien évidemment décisives. Prenez une carte représentant les grandes densités de population ou les grands pôles économiques américains : vous y lirez encore les marques de cet héritage et cette domination de l'Est. Même si de nos jours cette façade atlantique s'ouvre de plus en plus sur l'Amérique latine et desserre ses liens avec l'Europe, et même si c'est la façade pacifique qui est désormais la plus dynamique, elle reste encore l'espace dominant du continent.

Des espaces naturels aux atouts variables

Sur cette façade atlantique, les littoraux sont très différents de part et d'autre du cap Hatteras (un cap situé juste au sud de Washington). Alors qu'au sud les lagunes dominent, au nord les côtes sont rocheuses, et les grandes baies sont très favorables à l'implantation de ports en eaux profondes dans des sites protégés (New York dans la baie de l'Hudson et Philadelphie dans la baie de la Delaware). Elles sont le résultat des dernières glaciations (les glaciers ont creusé ces baies). C'est une des raisons de la présence des grandes métropoles au nord.

Autre potentiel naturel bien mis en valeur, les cours d'eau (utilisés comme voie de navigation ou pour produire de l'hydroélectricité). Les grands fleuves ont été domestiqués, et l'ensemble formé par le Saint-Laurent, le Mississippi et les Grands Lacs (un ensemble bien relié au moyen de canaux et d'écluses) constitue un axe majeur pour le pays permettant d'acheminer vers le littoral les productions des Grandes Plaines (les céréales par exemple, *via* le port fluvial de Saint Louis). Cette véritable autoroute fluviale accroît considérablement l'**hinterland** des ports de la côte est.

Dans les Appalaches et à proximité des Grands Lacs, d'importants gisements de fer et de charbon ont été à l'origine de la première vague d'industrialisation au XIXe siècle fondée sur l'acier. Et c'est tout naturellement que les grandes entreprises automobiles (General Motors et Ford) se sont installées à Detroit. La même logique a prévalu côté canadien. Au Canada, les provinces orientales du Québec et de l'Ontario produisent l'essentiel de l'hydroélectricité du pays et sont, elles aussi, très riches en ressources diverses (minerais, bois).

Plus au sud, les activités se sont développées autour du soleil (le tourisme) et plus encore des hydrocarbures qui ont fait la fortune des États littoraux, aussi bien aux États-Unis qu'au Mexique. Le golfe du Mexique est devenu une des plus importantes régions productrices du monde, que se partage les États-Unis et le Mexique (gisements off-shore, c'est-à-dire sous la mer).

Du nord au sud, trois sous-ensembles très différenciés

Si la façade atlantique est globalement la plus puissante du continent américain, tous les espaces de cette façade ne participent pas autant à cette puissance. En réalité, trois espaces (le Nord-Est, la Floride et la côte du golfe du Mexique) sont réellement moteurs et fortement insérés dans le système-monde. Entre ces régions puissantes, des espaces plus faibles et dominés existent, comme la côte du sud-est atlantique (entre Washington et la Floride), les Appalaches ou le vieux Sud.

Le Nord-Est atlantique, le centre

Une concentration de puissance sans équivalent

Le Nord-Est atlantique comprend la mégalopolis (de Boston à Washington) et la région des Grands Lacs en contact étroit avec tout le sud-est canadien. Le cœur de la puissance des États-Unis et du Canada est ici, ainsi que la plupart des plus grandes agglomérations. Poids démographique, pôles de commandement, puissance économique et financière : à tout point de vue, le Nord-Est atlantique est bien l'espace central de cette façade.

La mégalopolis : le centre du centre !

La **mégalopolis** constitue dans ce Nord-Est un véritable hypercentre concentrant sans doute les trois éléments déterminants de la puissance d'un État : les pôles de décision, les grandes universités et les capitaux (c'est-à-dire le pouvoir, le savoir et la richesse).

La mégalopolis est l'espace le plus peuplé et le plus urbanisé de la façade atlantique (voir figure 30-2). Elle s'étend sur environ 800 km de long, de Boston au nord à Washington au sud. Là vivent environ 50 millions d'Américains, principalement concentrés dans quelques grandes agglomérations (Boston, New York, Philadelphie, Baltimore, Washington).

Entre ces grandes villes, une multitude de villes moyennes et d'immenses lotissements pavillonnaires qui semblent s'étaler à l'infini et ont progressivement grignoté les espaces ruraux. D'où l'impression d'une très grande ville, d'une mégalopolis. L'intensité des flux Nord/Sud entre ces grandes agglomérations conforte d'ailleurs largement ce sentiment. Certes, l'urbanisation n'est pas continue sur 800 km et bien des espaces verts subsistent. N'imaginez pas non plus des quartiers continus fortement urbanisés : les densités sont le plus souvent encore modestes et seuls les centres-villes sont très densément peuplés. C'est plutôt le règne d'immenses banlieues résidentielles, des bretelles autoroutières et des zones industrielles et portuaires.

Sur cet espace se concentrent tous les pôles de commandement des États-Unis et donc de la façade atlantique : les marchés financiers (Wall Street), le siège du **FMI,** de l'**OTAN** et de l'**ONU**, le tiers des sièges sociaux des grandes entreprises américaines, le Pentagone (le ministère de la Défense), le Congrès, la Maison-Blanche. Impressionnant ! C'est là aussi que l'on trouve les grandes universités et la plupart des médias du pays.

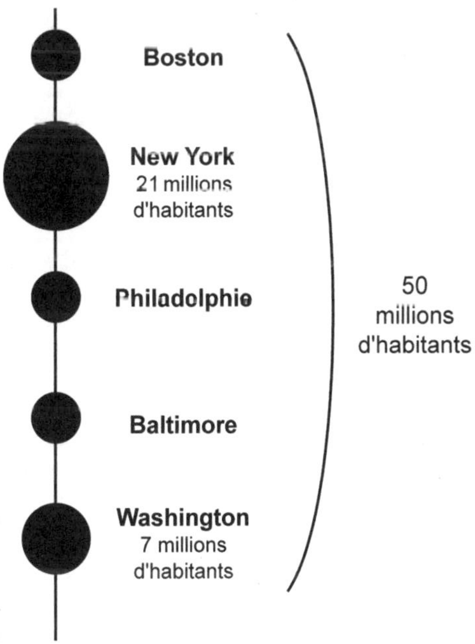

Figure 30-2 : La mégalopolis américaine.

New York, la « grosse pomme »...

Au cœur de cette mégalopolis trône New York, surnommée *Big Apple*. Une ville à part, hors norme. Une immense tour de Babel de 21 millions d'habitants (deux fois et demie toute la population de l'Île-de-France !) mêlant toutes les communautés ethniques de la planète. La ville demeure le plus important pôle de commandement du monde, malgré les attentats du 11 septembre 2001 qui ont entraîné la disparition des deux tours du World Trade Center. Au sud de la ville, Manhattan reste un des quartiers symboliques de cette puissance et concentre encore tout ce qui compte en matière économique, financière ou culturelle, même si après les attentats, bien des entreprises ont quitté le quartier. Cette ville est le lieu de tous les excès et de toutes les excentricités. New York est une véritable ruche d'un étonnant dynamisme. C'est également une incroyable mosaïque sociale où la plus grande pauvreté voisine avec les plus grandes richesses. Comme dans bien des villes d'Amérique, les communautés se regroupent par quartiers homogènes : les Portoricains dans le Bronx, les Italiens dans Little Italy, etc. Et en pénétrant Chinatown, on peut encore se demander si l'on est toujours en Amérique ! Les quartiers s'enchevêtrent ainsi sans véritable plan d'ensemble. La ségrégation spatiale est forte : on se côtoie plus que l'on ne se mélange entre communautés. Et on quitte les quartiers centraux pour s'installer dans des banlieues chics dès qu'on en a les moyens. New York est un monde à elle seule.

Les Grands Lacs et la « Grande Rue » (ou « Main Street »)

Plusieurs grandes villes industrielles se sont rapidement développées le long des cinq Grands Lacs ou de la vallée de l'Ohio, profitant des ressources de la région (fer et charbon) et des facilités de communication : Detroit, Cleveland, Pittsburgh... et bien sûr la plus importante, Chicago. Chicago doit une bonne partie de sa fortune à sa situation de carrefour ; la ville reste le principal carrefour ferroviaire et un des plus grands aéroports du pays. Cette région fut longtemps « la forge » de l'Amérique, concentrant les grandes industries métallurgiques. Et malgré la crise, elle reste la plus industrialisée du continent.

Les Grands Lacs se prolongent au Canada jusqu'à Toronto et Québec, formant comme un grand corridor urbanisé et industrialisé : *Main Street*, comme disent les Américains (à Québec on dit « Grande Rue » !). C'est dans ce couloir que se situe le cœur du Canada, sur l'axe Windsor-Toronto-Ottawa-Montréal-Québec. Deux Canadiens sur trois vivent dans ce couloir et les pôles majeurs du pays sont ici : Ottawa, la capitale fédérale et Toronto, la principale agglomération du pays. Toronto a d'ailleurs supplanté Montréal et est devenue une ville mondiale avec ses 5 millions d'habitants.

Le Canada « utile » se concentre dans cet espace réduit (à l'échelle du pays, tout du moins !). Tout le long de cet axe circulent des flux considérables. Le Canada exporte ses matières premières et son énergie vers les États-Unis (fer, électricité, bois…) et les États-Unis ont implanté beaucoup d'usines d'assemblage, notamment automobile, au Canada. Detroit et Windsor sont d'ailleurs devenues des villes jumelles, reliées par un pont et un tunnel, et bon nombre de cadres américains vivent au Canada. Les fronts de lac forment des cadres agréables et accueillent beaucoup de touristes. Grâce au Saint-Laurent, totalement aménagé (écluses, brise-glace l'hiver, canaux) et navigable sur 3 800 km, les Grands Lacs constituent un **hinterland** puissant des grands ports de la côte est.

GROS PLAN

Le MIT, véritable « Mecque » des chercheurs !

Le MIT (Massachussets Institute of Technology) est probablement un des campus universitaires les plus réputés des États-Unis et donc du monde. Campus immense regroupant cinq facultés, le MIT illustre bien la puissance des États-Unis en matière de recherche. Les secteurs les plus prestigieux y sont les sciences (la physique est la matière reine du campus) et l'économie. Très sélective, cette immense pépinière à cerveaux située près de Boston dispose de moyens réellement impressionnants : 1 000 enseignants pour 10 000 étudiants (dont une centaine de Français), plus de 50 laboratoires ultramodernes sur des secteurs de pointe. Pour les étudiants du monde entier, c'est un peu le paradis sur terre ! L'université fonctionne à l'américaine : l'école est privée, elle fournit à ses professeurs un salaire et des locaux pour ouvrir un laboratoire, à eux ensuite de bien diriger tout cela, d'embaucher leurs collaborateurs et de trouver les fonds ! Auprès de qui ? Grandes entreprises, fondations ou agences fédérales. L'armée américaine est également très présente et subventionne le plus important « labo » (top secret !) qui travaille sur l'électronique militaire, les dispositifs antimissiles et les réseaux de communication cryptés… La plus grosse partie du budget du MIT ne va pourtant pas à l'enseignement mais à la recherche. Et les résultats sont à la hauteur : le MIT, c'est 59 prix Nobel (un record !), plus de 150 brevets déposés en 2003 et des centaines d'articles publiés tous les ans dans les plus prestigieuses revues scientifiques du monde (elles aussi américaines, d'ailleurs…). Tous les ans, une vingtaine de start-up (ces petites entreprises spécialisées dans les hautes technologies) naissent ici. Impressionnant palmarès. Bien évidemment, les étudiants les plus brillants de la planète se bousculent au portillon pour pénétrer dans le prestigieux MIT (40 % des étudiants sont étrangers). Les États-Unis ne sont pas encore près d'être décrochés des hautes technologies…

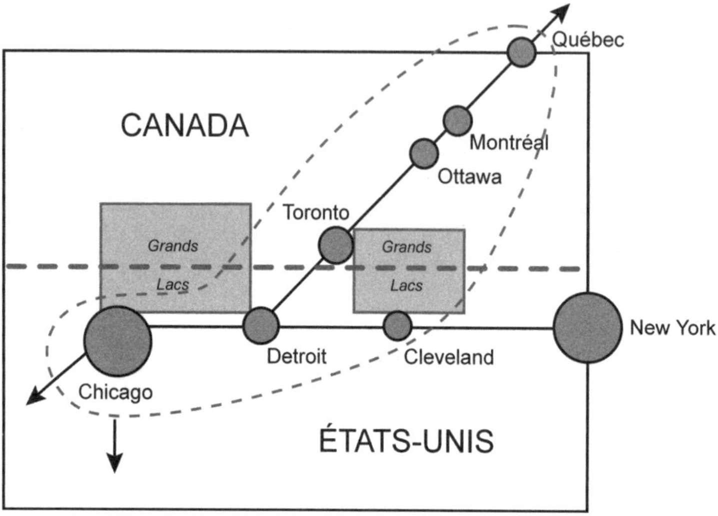

Figure 30-3 : La « Grande Rue » (ou « Main Street »), un espace transfrontalier majeur entre les États-Unis et le Canada.

La Floride, une périphérie dynamique

Une croissance phénoménale

Le géographe Gérard Dorel a eu une belle expression pour résumer les principales étapes du boom extraordinaire qu'a connu la Floride ces cinquante dernières années : « C'est une autre histoire de la création : le premier jour, il y eut le soleil ; le second jour, le tourisme ; le troisième, les oranges ; le quatrième, les Latinos ; le cinquième, l'industrie ; le sixième, la banque ; le dimanche, Miami se reposa en fumant un joint, puisque la ville est aussi devenue, dans les années 1970, la capitale des narcodollars » !

De fait, cet État a connu une véritable métamorphose en quelques décennies. Entre 1940 et 2000, la population est passée de 2 à 16 millions d'habitants !

Des oranges, cap Canaveral et Disney !

La Floride, c'est tout à la fois une grande région agricole exportatrice, la première région touristique des États-Unis et un centre financier majeur (Miami est le 2e centre bancaire pour les transactions internationales après New York).

Le soleil fut sans doute un des atouts décisifs pour cet État. Il a permis le développement d'une puissante agriculture (oranges, ananas, pamplemousses, canne à sucre...) et du tourisme. Entre les plages de West Palm Beach, le parc régional des Everglades (un espace marécageux, rempli d'alligators et de mangroves !), les croisières organisées au départ de Miami vers les Caraïbes (les Américains en raffolent !) et les très nombreux parcs à thèmes autour d'Orlando (depuis la création de Disneyworld en 1971, une dizaine de parcs à thèmes géants se sont développés : Epcot center, les studios Universal, Kennedy Space center...), la Floride est imbattable en matière de loisirs ! Mais elle ne se résume pas à cela. Une puissante industrie de haute technologie a également vu le jour : la base de lancement de la NASA à cap Kennedy bien sûr, mais aussi une véritable *Electronic Belt* (informatique et défense) entre cap Kennedy et Tampa.

Miami, capitale mondiale des retraités !

La population de la Floride possède bien des originalités. Comme dans la plupart des États américains (et notamment ceux de la *Sun Belt*), les inégalités sociales sont considérables, d'autant que la Floride compte un très grand nombre de Latinos. La Floride, c'est le luxe, la frime et les cocotiers... et c'est aussi beaucoup de pauvreté. Parmi les populations à revenus moyens ou élevés figurent les retraités. Combien d'Américains quittent la *Frost Belt* (le Nord-Est) dès leur retraite acquise pour aller couler des jours heureux au soleil ? La Floride est l'État qui en compte le plus grand nombre, à tel point que de véritables « villes pour retraités » avec clubs et activités en tous genres ont fleuri un peu partout. Et Miami est une des rares villes au monde à posséder une pyramide des âges totalement inversée (les classes les plus nombreuses sont les plus âgées !).

La côte du golfe du Mexique : du pétrole et du soleil

De La Nouvelle-Orléans jusqu'à Cancun s'étire un littoral plat, dont la partie mexicaine fut longtemps délaissée (les Aztèques vivaient dans les montagnes de l'intérieur) car insalubre. Aujourd'hui tout a bien changé. L'industrie pétrolière a été à l'origine d'une transformation et d'une industrialisation de la région. Cette richesse a entraîné, par la suite, le décollage d'un grand nombre d'activités (hautes technologies aux États-Unis).

Le golfe du Mexique est une région riche en pétrole et en gaz, l'exploitation est massive et très rentable quand le prix du baril flambe, comme c'est le cas depuis 2002 ! À l'instar de la famille Ewing dans la série *Dallas*, combien d'Américains doivent-ils leur richesse à cet or noir ? Tous les grands pôles industriels de la région sont d'abord de grands centres qui traitent, raffinent et commercialisent des hydrocarbures : La Nouvelle-Orléans, Houston aux États-Unis, Vera Cruz ou Tampico au Mexique sont de grands ports largement spécialisés dans les hydrocarbures.

Le long de la frontière, entre le Texas et le Mexique, les **maquiladoras** concentrent encore beaucoup d'industries d'assemblage, attirées par les faibles salaires mexicains, malgré la concurrence de plus en plus forte de la Chine. Le soleil et la mer ont également permis le développement de grandes stations touristiques balnéaires où viennent majoritairement des Américains (Cancun reste la plus célèbre d'entre elles).

Pour conclure...

À RETENIR

1. Malgré la percée du Pacifique, la façade atlantique de l'Amérique est bien encore l'interface majeure du continent. Elle constitue à la fois une interface entre le monde et l'Amérique, mais aussi entre le nord et le sud du continent.
2. À tout point de vue, cette façade reste largement organisée et dominée par les États-Unis.

Fiche : La façade atlantique de l'Amérique du Nord

La façade atlantique de l'Amérique du Nord est **un espace qui s'étend sur plus de 4 000 km du Saint-Laurent au golfe du Mexique** inclus et associe donc les trois pays de l'ALENA (États-Unis, Canada, Mexique). Elle constitue une interface exceptionnelle entre l'Amérique et le monde, mais elle regroupe des espaces au dynamisme très inégal.

Un pôle de commandement majeur du continent américain

La façade atlantique de l'Amérique du Nord concentre parmi **les principaux pôles de commandement du monde** : pouvoir politique (Maison-Blanche à Washington) et militaire (Pentagone), grandes métropoles mondiales (New York, Chicago, Toronto), concentration des pouvoirs économiques (sièges sociaux de grandes entreprises) et financiers (principales Bourses à New York ou Chicago), présence de la majorité des grandes universités américaines et canadiennes.

C'est aussi l'**espace le plus peuplé et le plus puissant du continent américain** : la façade atlantique regroupe environ 220 millions d'hommes, soit plus d'un Nord-Américain sur deux. Elle produit à elle seule deux tiers du PIB de l'Amérique du Nord.

Une interface majeure entre le monde et l'Amérique : c'est le lieu qui contrôle et organise les flux de toutes natures, véritable plaque tournante, elle attire les activités, les hommes et les capitaux. Une ouverture sur le monde confirmée par la présence de la plupart des grands ports et grands aéroports du continent.

Un espace qui a bénéficié d'importants atouts historiques et géographiques :

- **Atouts historiques** : c'est depuis la côte Est que s'est effectuée la conquête du continent, c'est là que se sont installés d'emblée les premières industries, les premiers grands ports et les grandes agglomérations.
- **Atouts géographiques** : présence de baies en eaux profondes au nord du cap Hatteras qui ont permis l'installation de grands ports (baies d'Hudson, Delaware, Chesapeake). Présence de cours d'eau puissants (axe Saint-Laurent – Mississippi) permettant de relier le littoral à un hinterland vaste et puissant. Présence de minerai (fer) et d'énergie (charbon, pétrole, hydroélectricité) qui ont permis le développement d'une puissante industrie.

Du Nord au Sud, trois sous-ensembles très différenciés

Si la façade atlantique est globalement la plus puissante du continent américain, tous les espaces de cette façade ne participent pas autant à cette puissance. Trois espaces concentrent l'essentiel de la puissance de cet espace :

- Le **Nord-Est atlantique** est le centre. Cette vaste région regroupe trois ensembles très puissants : la mégalopolis (de Boston à Washington), les Grands Lacs et le sud-est canadien. Le cœur de la puissance des États-Unis et du Canada se trouve ici. La mégalopolis concentre 50 millions d'habitants et les pôles de commandement les plus importants du monde, et notamment New York (immense métropole, regroupant places financières, principaux médias, sièges d'entreprises, grandes universités…) et Washington (siège des pouvoirs politiques et militaires des États-Unis). Les Grands Lacs sont l'autre espace de puissance, plus tournés vers l'industrie et organisés autour d'une grande métropole d'influence mondiale : Chicago. Ils sont en contact avec le sud-est canadien qui regroupe les pouvoirs économiques (Toronto) et politiques du pays (Ottawa). Entre le Canada et les États-Unis, le long de « la Grande Rue » (ou « Main Street »), les Grands Lacs sont parcourus de flux très intenses.
- La **Floride**, bien que ne pouvant pas être comparée au Nord-Est, est un autre espace de puissance. C'est un des États les plus dynamiques des États-Unis, ayant connu une croissance de sa population et de son économie parmi les plus importantes du pays depuis cinquante ans. Le soleil est à l'origine de cet essor. Aujourd'hui, la Floride compte 16 millions d'habitants et possède des activités de premier plan : hautes technologies (tournées vers le spatial), agriculture puissante, grands parcs touristiques (autour de Disney et Orlando), stations balnéaires (Miami)…
- La **côte du golfe du Mexique** est le troisième espace de puissance de la façade atlantique. Elle possède deux atouts très favorables : le pétrole et le soleil. La hausse des cours du pétrole depuis trois ans profite beaucoup à la région et notamment au Texas qui est un des États les plus puissants de l'Union, très tourné vers les hautes technologies et les industries d'armement. Entre le Mexique et les États-Unis, les maquiladoras ont dopé les flux par-delà la frontière. Les littoraux et les conditions climatiques favorables ont permis également un développement d'un tourisme balnéaire très intense (Cancun).

Chapitre 31

La puissance économique de l'Union européenne

(Terminales L et ES - lecture conseillée pour les TS)

Dans ce chapitre :

- L'Union européenne, un pôle majeur de l'économie mondiale
- Une Europe aux bases solides mais cependant en perte de vitesse actuellement
- Un espace multipolaire

Construite à six en 1957, l'Union européenne (l'UE) compte aujourd'hui 25 pays. Elle est un des trois grands pôles économiques du monde, avec les États-Unis et le Japon. Avec environ 7 % de la population mondiale (490 millions d'habitants pour 27 pays), l'UE produit environ 30 % des richesses mondiales (donc en gros autant que les États-Unis). Derrière cette puissance se dissimulent pourtant des faiblesses inquiétantes et de grandes disparités entre des régions riches et d'autres plus en difficultés.

Quels sont les aspects, les limites et la géographie de cette puissance économique ?

CROQUIS DE BAC

Page XII du cahier couleurs : l'organisation de l'espace de l'Union européenne

CHIFFRES CLÉS

L'Union européenne, c'est :

- **490 millions d'habitants**
- **30 % du PIB mondial**
- **40 % du commerce mondial**

Un pôle majeur de l'économie mondiale

Contrairement à ce que l'on croit trop souvent, tout ne va pas mal en Europe, bien au contraire ! L'Europe, c'est un PIB équivalent à celui des États-Unis (30 % du PIB mondial), le double de celui du Japon et cinq fois celui de la Chine. Économiquement, le tableau est plutôt brillant...

La première puissance commerciale du monde

Les pays de l'UE réalisent près de 40 % du commerce mondial de marchandises. C'est donc le premier espace d'échanges du monde. Cette réussite est d'abord celle du grand marché européen qui offre de réelles opportunités à tous les pays membres. Les pays européens commercent en effet d'abord et surtout entre eux. La construction européenne s'est traduite depuis longtemps par une suppression des frontières intérieures pour les marchandises, les capitaux, mais aussi les hommes. La liberté de circulation est donc presque totale entre les pays de l'UE. Cela augmente la concurrence, obligeant souvent les entreprises à améliorer leurs produits et à baisser leurs tarifs : une bonne préparation avant d'aller se confronter au marché mondial !

L'UE est le premier exportateur mondial (eh non, ce n'est pas la Chine...) et son commerce extérieur est excédentaire : l'Europe gagne donc plus qu'elle ne perd dans ses échanges commerciaux (au jeu du libre-échange, l'Europe est donc loin d'être la plus mal placée).

Cette performance, l'UE la doit d'abord à **l'Allemagne**, qui est actuellement la **première puissance commerciale du monde** (si !) : elle exporte désormais plus de produits que le Japon ou les États-Unis ! Belle performance pour un pays beaucoup moins peuplé que ses concurrents et avec des salaires plus élevés, non ?

Une grande puissance industrielle

Les pays de l'UE possèdent **une industrie diversifiée et puissante**. L'Europe fut à l'origine de la révolution industrielle (à partir du XVIIIe siècle), la tradition industrielle est donc ancienne et solide dans de nombreux pays, les qualités de la main-d'œuvre et des productions sont reconnues, le savoir-faire est réel et envié par tous ses concurrents.

L'industrie européenne occupe des positions fortes dans de très nombreux secteurs. Quelques exemples :

- L'UE, c'est la première industrie **automobile** du monde : Daimler-Benz (Mercedes et Chrysler), Renault, PSA (Peugeot-Citroën), BMW, Fiat et surtout Volkswagen. C'est une industrie conquérante sur tous les marchés du monde. Preuve de sa vitalité, le rachat par Renault du japonais Nissan et son redressement (Nissan était en grande difficulté il y a quelques années, elle est à nouveau profitable).
- L'UE, c'est aussi une industrie **aéronautique** extrêmement puissante. Qui ne connaît pas le succès international d'Airbus ? Renommée méritée car EADS vend désormais autant d'avions que Boeing, les deux géants se partageant le marché mondial.

GROS PLAN

Airbus : une « succes story » à l'américaine en Europe

Quatre pays (France, Allemagne, Grande-Bretagne et Espagne) ont uni leurs compétences pour fabriquer les avions Airbus. Chacun de ces quatre pays construit un morceau des avions et le tout est transporté puis assemblé à Toulouse. Avec environ 46 000 personnes, le groupe européen EADS détient aujourd'hui environ 50 % du marché mondial des avions de plus de cent places. Le lancement récent de l'A380 a prouvé à nouveau le savoir-faire européen sur un secteur de très haute technologie comme l'aéronautique. Et les retards de livraison de l'avion ainsi que les déboires de l'entreprise EADS en 2006 n'enlèvent rien à la réussite de cette formidable entreprise. Une extraordinaire performance pour une société créée en 1970, non ?

- La réussite dans **l'aérospatiale** est également remarquable avec la fusée Ariane. La réussite d'Ariane 5 montre à nouveau la maîtrise des plus hautes technologies par les Européens. Arianespace est le leader mondial sur le marché des lanceurs commerciaux (plus de la moitié des satellites qui tournent au-dessus de nos têtes sont lancés par Ariane !), un marché porteur, tant les pays souhaitant avoir leurs satellites sur orbite sont nombreux.
- Les **télécommunications** sont un autre secteur où les Européens sont performants. Leurs grandes entreprises sont innovantes (Nokia, France Télécom, Deutsche Telekom) et le projet Galileo (un concurrent européen au GPS américain) devrait permettre à l'Europe de faire jeu égal avec les États-Unis.
- Bien d'autres secteurs industriels sont à la pointe en Europe : la chimie et surtout la **pharmacie** (avec les géants allemands et français Sanofi, BASF, Bayer), l'industrie pétrolière (Royal Dutch, Shell, BP, Total), la sidérurgie (Arcelor), les industries agroalimentaires (Unilever, Danone) qui s'appuient sur la puissance

agricole de l'UE, etc. Faut-il encore compléter ce brillant palmarès ? Un dernier exemple : **le luxe et les cosmétiques**, particulièrement bien représentés en France et en Italie. L'Europe est en effet à nouveau numéro 1 mondial dans ces deux secteurs (L'Oréal et LVMH), avec des produits qui se vendent bien et… très cher (les Japonais raffolent des sacs Louis Vuitton ou du cognac Hennessy !).

La deuxième puissance agricole du monde

L'UE est la 2e puissance agricole du monde derrière les États-Unis. C'est une agriculture globalement **moderne et performante** (avec toutefois des écarts encore considérables entre Europe de l'Est et Europe de l'Ouest). Une performance obtenue d'abord grâce à la puissance de l'agriculture française. Cette agriculture bénéficie de conditions naturelles favorables (climats tempérés et variés, peu de régions arides, beaucoup de bons sols). Elle s'appuie également sur une recherche agronomique de très haut niveau qui permet d'améliorer sans cesse les productions.

La PAC, victime de son succès !

La PAC (la politique agricole commune) a joué un grand rôle dans cette réussite de l'agriculture européenne. La PAC est la plus ancienne et la plus importante des politiques communes que mènent ensemble les pays européens. Elle a été décidée lors de la signature du traité de Rome en 1957 et est entrée en vigueur en 1962. À l'époque, son objectif était surtout d'augmenter les productions (l'Europe ne produisait alors pas assez) et de garantir un niveau de vie décent aux agriculteurs. Pour atteindre ces objectifs, les pays européens ont décidé de fixer des prix garantis pour un certain nombre de produits agricoles essentiels (le blé, par exemple). Les agriculteurs étaient donc assurés de pouvoir vendre toute leur récolte à un bon prix car l'Europe s'engageait à racheter leurs productions s'ils ne trouvaient pas preneur. Les productions ont donc fortement augmenté… ainsi que les stocks ! À tel point que l'on a fini par ne plus savoir qu'en faire (l'Europe accumulait des montagnes de lait, de beurre…) ! Et les prix garantis finissaient par coûter de plus en plus cher à l'Europe (les deux tiers du budget européen y passaient !). La PAC avait trop bien réussi… Depuis une douzaine d'années, la PAC est en cours de réforme (baisse des prix garantis et aide directe aux producteurs). Une réforme difficile à faire accepter, mais sans doute inévitable. Il n'empêche que le bilan est assez remarquable.

Une grande puissance financière

À l'instar du Japon et surtout des États-Unis, l'Europe dispose de grandes places boursières qui permettent de drainer l'épargne des ménages vers les entreprises et l'État. La plus importante est **Londres**, puis **Francfort** et **Paris**. Un certain nombre de marchés boursiers européens (Paris, Amsterdam, Bruxelles puis Lisbonne) ont amorcé depuis quelques années un rapprochement et ont donné naissance à la société **Euronext**. Peu à peu, tout cela se concentre pour offrir aux intervenants la possibilité d'agir plus vite, n'importe où et à moindre coût avec un seul intermédiaire. Encore une des conséquences directes de la mondialisation qui pousse à être toujours plus gros pour survivre. Va-t-on, à terme, vers la constitution d'un unique grand marché boursier européen ?

Preuve que l'Europe reste un espace très attractif, elle est toujours le premier pôle récepteur d'**IDE** (les investissements en provenance de l'étranger). Toutes les grandes entreprises du monde cherchent à être présentes en Europe (en rachetant une entreprise ou en construisant des usines) afin de pouvoir vendre directement sur le marché européen, le plus gros du monde.

La première puissance touristique du monde

Le tourisme, c'est un secteur économique de plus en plus important et de plus en plus lucratif ! Et là, l'Europe écrase (et de loin) tous les autres pays du monde. Les pays les plus touristiques du monde sont en effet tous européens : France, Italie, Espagne. Le patrimoine de ces pays et leur variété géographique sont en effet exceptionnels.

Fondements et limites de la puissance de l'Union européenne

Une puissance qui repose sur du solide !

La puissance économique de l'Union européenne ne date pas d'hier, et ses fondements sont encore solides…

Les Européens sont nombreux, riches (en moyenne, bien sûr !) et bien formés !

CHIFFRES CLÉS

Avec **490 millions d'habitants**, l'Union européenne est le pôle le plus peuplé de la Triade (300 millions d'habitants aux États-Unis et 127 millions au Japon).

C'est aussi le premier marché de consommation du monde du fait du niveau de vie élevé de la population. Enfin l'Europe dispose d'une main-d'œuvre de qualité car bien formée : dans tous les pays, la scolarité est généralisée et les écoles sont performantes (dans les tests internationaux, les Scandinaves obtiennent des scores particulièrement élevés).

Des infrastructures de transport et de communication exceptionnelles !

Sur un espace relativement réduit, l'Union européenne offre **un réseau de transport d'une densité et d'une qualité sans équivalent dans le monde**. Ils laissent peu d'espace à l'écart et permettent de relier tous les points du continent à grande vitesse :

- Le réseau routier et autoroutier est dense, les autoroutes sont nombreuses et de qualité.
- Le réseau de train à grande vitesse (le TGV français ou l'ICE allemand) est tout simplement sans équivalent dans le monde.
- Les aéroports internationaux sont nombreux (Paris, Londres, Francfort...).
- Présence également de très grands ports internationaux : Rotterdam, Anvers.
- Les réseaux de télécommunication sont très modernes et permettent des communications quasi instantanées. L'Europe est un des espaces les plus connectés du monde à Internet, et la taille des « tuyaux » (des débits) ne cesse d'augmenter.

Les contraintes naturelles ont donc été largement vaincues. Un exemple l'illustre bien et prouve, à nouveau, le haut niveau de technicité des ingénieurs européens : la construction d'un grand nombre de ponts et tunnels de dimensions exceptionnelles :

- Le pont de l'Öresund entre le Danemark et la Suède (15 km de long !).
- Le tunnel sous la Manche (c'est un fiasco financier car le tunnel a coûté trop cher, mais c'est un succès technique et commercial).
- Le viaduc de Millau en France.
- Et de plus en plus fort : un projet de pont suspendu de 5 300 m de long est prévu pour relier la Sicile au reste de l'Italie ! Ouverture prévue vers 2010 ou 2012.

Bref, autant de prouesses techniques qui prouvent la qualité du savoir-faire des Européens.

Il faut absolument insister sur l'importance de ces réseaux. **C'est un atout majeur, indispensable même, dans la compétition économique mondiale.** Dans une économie mondialisée où tout circule toujours plus vite, une entreprise doit pouvoir être en contact rapide avec ses fournisseurs et ses clients. La qualité des réseaux est une des raisons qui explique que de nombreuses entreprises étrangères s'installent en Europe.

Des grandes entreprises dynamiques et compétitives

L'UE dispose dans de nombreux secteurs de firmes multinationales de premier plan. Elles se sont bien adaptées à la mondialisation et sont souvent leaders sur leurs marchés. Ces grandes multinationales bénéficient pleinement de la mondialisation. Elles sont présentes dans un très grand nombre de domaines, prouvant que les Européens ont les moyens de s'imposer. Les plus grosses se retrouvent dans le secteur du pétrole : l'anglais BP est numéro 1 en Europe avec plus de 200 milliards d'euros de chiffre d'affaires, suivi du hollandais Royal Dutch Shell et du français Total. Mais d'une manière générale, un grand nombre de secteurs sont représentés parmi ces multinationales, prouvant la diversité de l'économie européenne : grande distribution (Carrefour), cosmétiques (L'Oréal), automobile (Daimler Chrysler et Volkswagen), électronique (Siemens), optique (Essilor). La plupart de ces entreprises ont pris une taille mondiale en se regroupant et en fusionnant entre elles. Aucun secteur n'a échappé à cette concentration. Pour rester sur des exemples français : Peugeot a absorbé Citroën pour devenir PSA ; Total a d'abord absorbé Fina puis Elf Aquitaine pour devenir le plus grand groupe industriel français et un des plus gros groupes pétroliers du monde ; la banque BNP a « mangé » Paribas, etc. Et les exemples sont légion !

L'euro, c'est du solide !

La monnaie unique européenne a été **créée en 1999**. Elle est entrée en circulation pour les particuliers (apparition des pièces et des billets) en 2002. Les Européens voulaient en finir avec le désordre monétaire qui régnait jusque-là : la valeur des monnaies changeait tout le temps (le mark montait, la lire baissait…) et cela limitait le commerce entre pays européens (les frais de change étaient élevés, l'instabilité des monnaies créait des risques, etc.). Bref, c'était loin d'être l'idéal ! Avec l'euro, c'est la fin de tous ces problèmes. Les Européens commercent et voyagent désormais avec la même monnaie, une monnaie en outre beaucoup plus stable et solide à l'échelle mondiale que ne l'étaient les anciennes monnaies nationales (à l'exception du mark allemand…). La Banque centrale européenne (**BCE**), dont le siège est à Francfort, est chargée de gérer l'euro.

Mais aussi des faiblesses inquiétantes...

Quelles sont, à l'inverse de ce qui précède, les principales faiblesses de l'Union ?

Vingt-cinq États différents ne font pas une puissance globale !

Jusqu'à présent, nous avons parlé de l'Europe comme s'il s'agissait d'un seul et même pays. Et bien sûr, quand on additionne les richesses et la population de ces vingt-sept pays, la comparaison est souvent flatteuse avec ses principaux concurrents (États-Unis, Japon ou Chine). Raisonner ainsi est en partie justifié car les pays européens sont dans un processus de rapprochement toujours plus étroit. Mais ce raisonnement est aussi critiquable car, au fond, vingt-sept pays différents, avec leurs langues, leurs lois, leurs réglementations et leurs pouvoirs politiques différents, font-ils une seule et même grande puissance ?

Non, l'UE, ce n'est pas (et ce ne sera sans doute jamais) les États-Unis. Et c'est là une des grandes faiblesses. Quelques exemples pour vous le faire mieux comprendre :

- **En matière politique, les Européens sont souvent divisés** (on l'a vu avec la guerre en Irak en 2003, lorsque la France et l'Allemagne s'y opposaient pendant que le Royaume-Uni, l'Italie et l'Espagne la soutenaient). C'est une réelle faiblesse. L'Europe, en tant qu'acteur sur la scène internationale, n'existe presque pas en comparaison des États-Unis.
- Même remarque en matière de défense : **les Européens n'ont pas une grande défense commune** mais vingt-sept « petites » armées nationales. Cela coûte plus cher et c'est moins efficace ! On est là à des années-lumière de la puissance américaine ! Bruxelles n'est pas Washington !
- Et c'est un peu la même chose avec l'euro. L'euro est une monnaie unique, la même pour tous les pays de l'Union. Elle est gérée par une Banque centrale européenne (la BCE) qui siège à Francfort. Mais **il est bien difficile pour la BCE de savoir comment gérer l'euro sans gouvernement européen**, avec vingt-sept pays aux niveaux de développement différents, menant des politiques économiques différentes et dont les rythmes de croissance sont parfois inverses (quand certains sont en croissance, les autres sont en crise !).

La croissance économique manque de tonus !

Un des problèmes sérieux que rencontrent beaucoup de pays européens est leur incapacité à avoir une forte croissance économique : la France, l'Allemagne, l'Italie notamment affichent des taux de croissance de leur économie faibles, à l'inverse des États-Unis. Le résultat, c'est que **l'écart de puissance économique entre les pays de l'UE et les États-Unis n'a fait que s'accroître ces quinze dernières années**. Si cette tendance se poursuit, le poids économique de l'Europe dans le monde passera de 25 % à 12 % d'ici 2050 ! Ce manque de dynamisme économique a de graves conséquences : chômage élevé, fort endettement de la plupart des États et difficulté à innover. Seuls quelques pays tirent leur épingle du jeu, comme l'Espagne, l'Irlande ou le Royaume-Uni. Mais pour les deux premiers, il y a sans doute un effet de rattrapage qui ne durera peut-être pas éternellement (ils étaient très en retard il y a vingt ans).

Attention à ne pas sacrifier la recherche et les hautes technologies !

Les pays européens n'investissent pas assez dans la recherche et le développement et risquent de se faire distancer dans la course aux hautes technologies (le projet Galileo est – hélas ! – plus une exception qu'un cas général). Quand le Japon et les États-Unis dépensent en gros 3 % de leurs richesses (part du PIB) dans la recherche (c'est même 3,5 % pour le Japon qui ne cesse d'intensifier ses efforts en la matière), les Européens restent à 2 %. C'est peut-être un des éléments les plus graves pour l'avenir, et nos gouvernants seraient bien inspirés de s'en préoccuper urgemment !

Quand on sait que la plupart des produits que nous consommerons demain ne sont pas encore inventés, on comprend à quel point il est vital de se maintenir dans la course aux nouvelles technologies ! C'est la capacité d'innover de l'UE et sa possibilité d'être présente sur les marchés de l'avenir qui se trouvent en cause.

Bientôt une Europe « aux cheveux gris »... ?

Autre aspect de cette perte de dynamisme : le vieillissement démographique. Tout le monde le sait, la fécondité a beaucoup baissé en Europe (depuis le début des années 1970 et la fin du *baby-boom*). Elle est actuellement de 1,5 enfant par femme (il en faudrait 2,1 pour assurer le renouvellement des générations, un chiffre atteint par les États-Unis) et connaît en outre de fortes disparités (en Allemagne, en Italie, en Espagne elle s'est littéralement effondrée, elle résiste en Pologne, en Irlande et même assez bien en France). Un des problèmes posé par ce vieillissement est le coût qu'il va représenter (car il faudra bien que, d'une façon ou d'une autre, toujours moins d'actifs financent toujours plus de retraités !). Cela risque de peser sur l'activité économique ou sur les finances des États (plus d'impôts ?).

Géographie de la puissance économique européenne : un espace multipolaire

Centres et périphéries en Europe

Un espace très hétérogène

L'espace européen est économiquement très hétérogène. À côté de centres puissants subsistent de vastes espaces périphériques. **Les niveaux de PIB/hab., d'IDH ou les taux de chômage sont en effet très variables entre les États** (IDH de 0,94 en Suède et de 0,80 en Lettonie, par exemple) ou entre les régions d'un même pays (Allemagne de l'Est et de l'Ouest, Italie du Nord et du Sud). Cette distinction centre-périphérie s'observe donc à toutes les échelles.

Quand on étudie une carte européenne des PIB par région et des densités de population, les écarts sont également très importants. Un centre, qui concentre l'essentiel des richesses, ressort nettement. Il est entouré de périphéries plus ou moins lointaines et intégrées.

Au centre : la mégalopole européenne et les grandes métropoles

L'organisation du territoire de l'UE est plus complexe qu'aux États-Unis ou au Japon (très forte polarisation sur les mégalopolis). Dans le cas de l'Europe, un centre ressort (entre le sud de l'Angleterre et le nord de l'Italie, formant une mégalopole européenne entre Londres, Milan, Francfort et Paris), mais il est très éclaté et il est relayé par un grand nombre de grandes métropoles. **L'Europe est un espace multipolaire**. Rien d'étonnant à cela : n'oublions pas que l'UE n'est pas un pays, mais vingt-sept pays qui conservent tous leurs pôles de puissance et de commandement. Bien sûr, même si toutes ces métropoles sont au carrefour d'importants nœuds de communication et sont parfaitement reliées au reste du monde, elles n'ont pas toutes un rayonnement mondial. Seules Londres, Paris ou Francfort peuvent réellement prétendre à ce titre. Il n'en reste pas moins que nous sommes face à un espace dont l'organisation reste assez complexe, plus éclatée que celle du Japon, plus polycentrique surtout.

Des périphéries plus ou moins intégrées

À côté de ces espaces centraux subsistent essentiellement trois types de périphéries :

- **Des périphéries proches** qui sont bien intégrées au centre et bien développées : ce sont en gros tous les espaces autour de la mégalopole européenne, jusqu'à l'Irlande qui connaît depuis quelques années un développement économique remarquable. Dans cet espace existent de nombreuses métropoles puissantes qui constituent d'importants pôles secondaires (autour de Barcelone, Stockholm, Hambourg, Rome…).
- **Des périphéries marginales ou en difficulté**. Des espaces peu intégrés au reste, souvent délaissés et en retard de développement : sud de l'Italie (le Mezzogiorno), Corse, Sardaigne, une grande partie de la Grèce et du Portugal, l'Écosse… Plus loin encore, quelques espaces « ultrapériphériques » sont lourdement pénalisés par l'éloignement et l'isolement : départements d'outre-mer, Canaries, grand Nord scandinave…
- Dernier type de périphéries : **les pays d'Europe de l'Est** qu'il faut encore mettre à part car leur entrée dans l'Union est récente (2004). Leur retard économique est encore important, mais la plupart sont en train de le rattraper retard et ils devraient peu à peu bien s'intégrer au reste de l'Europe et adopter l'euro.

Difficile de réduire ces inégalités spatiales…

Un des principaux objectifs de l'UE est d'aider les régions en difficulté afin de réduire ces inégalités spatiales. Vaste chantier…

Le FEDER : un fonds pour aider les régions en difficulté

Nous l'avons dit, l'UE est globalement riche, mais cette richesse est mal répartie. Alors qu'une minorité de régions produit l'essentiel des richesses, un Européen sur quatre vit dans une région où le PIB est inférieur à 75 % de la moyenne européenne. Cela fait tout de même beaucoup ! Face à cette disparité, **l'Union a décidé d'agir en consacrant 35 % de son budget à l'aide aux régions en difficulté**, ce qui en fait le deuxième budget juste derrière la PAC.

Le FEDER (Fonds européen pour le développement régional) est le principal fonds chargé de cette aide. Il consacre l'essentiel de ses moyens aux régions les plus en retard en termes de développement et connaissant des taux élevés de chômage. Jusqu'à l'arrivée des pays d'Europe de l'Est, les aides (on les appelle aussi les « fonds structurels ») se sont concentrées surtout sur l'Espagne, le sud de l'Italie, le Portugal, la Grèce, l'Allemagne de l'Est et la France. Les actions menées sont très variées : financement d'autoroutes, traitement des déchets, adduction d'eau, amélioration des télécommunications, formation professionnelle, etc. Bref, un peu tout ce qui peut permettre aux régions en retard de se développer !

Les plus riches payant pour les plus pauvres (le budget de l'Union provient d'abord d'une cotisation des États en fonction de leurs richesses), cette politique régionale de l'Union est donc **une vaste politique de solidarité et de transfert de richesses à l'échelle européenne**. Comme quoi, l'Union est loin de n'être qu'un grand marché économique…

Pour quels résultats ?

Les résultats ont été très importants. En partie grâce à ces aides, les écarts de revenus moyens par habitant entre les pays de l'Europe des quinze ont baissé, les régions les plus pauvres rattrapant la moyenne européenne.

GROS PLAN

L'Espagne, grande gagnante des aides régionales européennes !

L'exemple de l'Espagne illustre bien ce rattrapage et le rôle du FEDER, car l'Espagne est le pays à avoir, jusqu'à présent, le plus bénéficié de ces aides : elle est maintenant au 2e rang. (Depuis 2006, c'est la Pologne qui reçoit le plus d'aides). Lorsque l'Espagne sort du franquisme (mort du dictateur Franco en 1975) et entre dans l'UE (en 1986), c'est un pays encore très en retard économiquement. Le pays possède notamment des infrastructures de transport très insuffisantes, condition pourtant essentielle au développement. Il faut lancer de nombreux grands travaux et construire plusieurs milliers de kilomètres d'autoroutes, mais l'Espagne ne peut pas financer seule un tel programme. D'où l'intervention de Bruxelles, *via* le FEDER. L'UE participe ainsi au financement d'autoroutes autour de Madrid, à la construction de lignes de TGV, à la modernisation du port de Valence, au développement du métro de Madrid, à l'agrandissement des aéroports de Madrid et de Barcelone… Incontestablement, si l'Espagne a pu rattraper aussi vite le niveau de développement des autres pays européens, l'UE y est pour quelque chose !

Mais c'est encore insuffisant. Les disparités restent fortes entre les régions européennes. Ne nous leurrons pas : **le FEDER ne peut pas tout**. Il ne peut créer seul le développement économique. Le FEDER est, de plus, confronté aujourd'hui à deux problèmes : l'essentiel des fonds devra partir vers les dix pays d'Europe de l'Est qui viennent d'entrer dans l'Union et qui en ont furieusement besoin ! Vu l'ampleur du travail à effectuer, il faudrait donc plus d'argent… Et c'est bien là où réside le deuxième problème : les pays riches de l'UE refusent, pour l'instant, d'augmenter le budget de l'UE, donc les aides régionales pour dix nouveaux pays entrants. Les Européens deviendraient-ils radins ? Dommage, car, à terme, cette politique généreuse bénéficie à tous ! En tout cas, pour les années à venir, il y aura moins d'aides à se partager. Les écarts entre régions diminueront donc moins vite.

Conclusion

1. L'UE est aujourd'hui un des trois premiers pôles économiques du monde (un des trois membres de la Triade).
2. Sa puissance économique est solide mais elle doit faire face à des difficultés importantes, sans doute plus importantes que les États-Unis ou le Japon. Les Européens ont les atouts nécessaires pour rebondir et pour tenter de jouer un rôle accru dans les affaires du monde.
3. Mais depuis le refus du projet de Constitution européenne (refus de la France et des Pays-Bas en 2005), le projet européen est en panne et la solidarité entre membres est régulièrement remise en cause. Le traité de Lisbonne signé fin 2007 pour débloquer l'Union à la suite des « Non » français et hollandais sera-t-il suffisant pour inverser cette tendance ? Rien n'est moins sûr tant les préoccupations nationales semblent souvent prendre le pas sur les intérêts européens.

Fiche : La puissance économique de l'Union européenne (UE)

Construite à six en 1957, l'Union européenne compte aujourd'hui vingt-cinq pays. Elle est un des trois grands pôles économiques du monde, avec les États-Unis et le Japon.

L'UE, un pôle majeur de la Triade

Avec environ 7 % de la population mondiale (**490 millions d'habitants** pour vingt-sept pays), l'UE produit près de 30 % des richesses mondiales. Elle est un des trois pôles de la Triade et occupe une place essentielle au sein de l'espace mondial.

Les pays de l'UE réalisent près de **40 % du commerce mondial** de marchandises. C'est donc le premier espace d'échanges du monde. Cette réussite est d'abord celle du grand marché européen : l'ouverture des frontières a favorisé le développement économique.

L'UE possède une **industrie puissante**, diversifiée et compétitive dans pratiquement tous les secteurs d'activités : automobile, télécommunications, pétrole, chimie… Elle possède aussi des services de premier plan et la deuxième agriculture du monde, une réussite en bonne partie due à la **PAC** qui a permis un fort développement de l'agriculture européenne à partir de 1962. L'UE est aussi une grande **puissance financière** (Bourses de Londres, Francfort, Paris) ainsi que l'espace touristique le plus attractif du monde.

Forces et faiblesses de l'Union européenne

L'Union européenne possède des atouts nombreux :

- Une **population** nombreuse et à hauts revenus.
- Des **infrastructures de transport et de communication** de très grande qualité. L'UE possède un réseau de transport d'une densité et d'une qualité sans équivalent dans le monde : réseau autoroutier, trains à grande vitesse, nombreux aéroports internationaux (Londres, Paris, Francfort), grands ports (Rotterdam). Ces infrastructures sont un atout majeur dans la compétition mondiale.
- Des **grandes entreprises** dynamiques et compétitives très bien intégrées dans l'économie mondiale et qui bénéficient pleinement de la mondialisation (Daimler, Siemens, L'Oréal…).

- Une monnaie solide. Depuis sa création, **l'euro** assure aux pays membres une grande stabilité monétaire leur permettant de maintenir des taux d'intérêts bas favorables à l'activité économique.

L'Union européenne est toutefois handicapée par plusieurs faiblesses :

- Un espace toujours très **divisé** politiquement. L'Union européenne n'a pas la cohésion des États-Unis, sa fragmentation politique handicape les prises de décisions communes, sa puissance internationale en est diminuée d'autant.
- Un espace au **dynamisme économique très hétérogène**. Alors que certains pays connaissent une croissance forte (Irlande, Grande-Bretagne, Espagne), la France, l'Allemagne et plus encore l'Italie restent plus en retrait.
- Un élément inquiétant pour l'avenir : des investissements dans la **recherche** trop limités par rapport aux puissances concurrentes et une présence encore trop faible dans les secteurs d'avenir.
- Autre sujet d'inquiétude : l'actuel **vieillissement** de la population dans plusieurs pays qui risque de peser sur le dynamisme économique (risques de hausse des prélèvements).

Géographiquement, un espace multipolaire

L'espace européen est économiquement très hétérogène. À côté de centres puissants subsistent de vastes espaces périphériques voire en marge :

- **Au centre : la mégalopole européenne et les grandes métropoles**. Le principal espace de puissance se situe entre le sud de l'Angleterre et le nord de l'Italie, formant une mégalopole européenne (Londres, Milan, Francfort et Paris), mais il est très éclaté et il est relayé par un grand nombre de grandes métropoles secondaires. L'Europe est **un espace multipolaire**.
- À côté existent **des périphéries plus ou moins intégrées** : des périphéries proches qui sont bien intégrées au centre et bien développées (les espaces autour de la mégalopole européenne), puis des périphéries marginales ou en difficulté. Des espaces peu intégrés au centre, souvent délaissés et en retard de développement (le Mezzogiorno italien, une grande partie de la Grèce et du Portugal, les marges nordiques du continent).

L'UE consacre beaucoup de ressources à réduire ces inégalités et à venir en aide à ces périphéries en difficultés (**fonds structurels** du FEDER). Mais l'entrée des pays d'Europe de l'Est nécessiterait des efforts financiers accrus.

Chapitre 32

Un espace central : L'Europe rhénane

(Terminales L et ES uniquement)

Dans ce chapitre :

- L'Europe rhénane, au cœur de la puissance économique de l'Union européenne
- Un espace de hautes densités, industriel et multipolaire

L'Europe rhénane est un espace original, difficile à définir et à délimiter. C'est une portion d'Europe traversée du nord au sud par le Rhin et qui s'étend approximativement des Alpes suisses jusqu'à la mer du Nord. Ainsi définie, l'Europe rhénane parcourt six pays au cœur de l'Europe, incluant même une partie de la Suisse qui n'est pas membre de l'UE.

Tentons de mieux définir cet espace et de comprendre quelle est sa place en Europe.

Qu'est-ce que l'Europe rhénane ?

Quelle est sa place au sein de la puissance économique de l'Europe ?

Page XIV du cahier couleurs : l'organisation de l'espace de l'Europe rhénane

L'Europe rhénane, c'est :

- **25 % du PIB de l'Union européenne**
- **plus de 80 millions d'habitants**
- **le Rhin, 1 300 km de long**

Un espace unique en Europe par sa puissance et ses densités

Le cœur économique de l'Union européenne

L'Europe rhénane est un des espaces économiques les plus puissants de la planète. À elle seule, elle produit environ **25 % du PIB de l'Union européenne**. Il s'agit d'un espace toutefois différent des mégalopolis américaine et japonaise.

Cette Europe rhénane est d'abord une vaste zone d'industries traditionnelles, et c'est l'un des plus grands ensembles industriels du monde. Les industries lourdes se sont installées depuis longtemps (dès la révolution industrielle) sur les bords du Rhin, utilisant les ressources naturelles abondantes de la région : minerai de fer et charbon (d'où l'acier). Entre la Ruhr et la Sarre allemandes, le Luxembourg, la Belgique et la Lorraine française, c'est bien là qu'était la forge de l'Europe. La sidérurgie et la chimie ont fait la puissance de cet espace. De véritables empires industriels s'y sont édifiés (Krupp, Thyssen, Bayer…). Le XXe siècle a vu la poursuite de cette industrialisation avec l'automobile (Daimler Benz) et le pétrole. Actuellement, les industries se sont fortement diversifiées (pharmacie, électronique), mais les industries traditionnelles restent prépondérantes (l'usine géante de BASF à Ludwigshafen reste le premier site industriel d'Europe).

Ce bastion de l'industrie européenne a été relayé depuis longtemps (dès la fin du Moyen Âge) par **un puissant pôle financier**. Luxembourg, Zurich, Francfort (siège de la BCE), Amsterdam et Genève sont des places financières internationales de premier plan. Les industriels et les banquiers ont donc fait la puissance de cet espace au cours des siècles. Finalement, on pourrait presque dire que le capitalisme moderne, celui de la grande industrie et de la banque, est né ici (dès le XIVe siècle avec les Fugger, une grande famille de banquiers allemands). Sa critique aussi d'ailleurs… puisque c'est là qu'est né Karl Marx (à Trèves) !

Des villes, des villes et encore des villes !

Sur un espace sensiblement plus petit que la France vivent plus de **80 millions d'habitants**, majoritairement de langue allemande. Des densités presque partout très élevées : 380 hab./km^{2} aux Pays-Bas et 340 en Belgique, soit plus de trois fois les densités françaises ! Et pourtant pas de ville géante comme Paris ou Londres dans cet espace. C'est une des spécificités de l'Europe rhénane : un espace très urbanisé (un grand nombre de villes) mais **des villes petites ou moyennes**. Le morcellement politique (l'espace rhénan s'étale sur six pays différents) y est pour beaucoup. Cela dit, la concentration de ces villes moyennes est telle (une soixantaine de villes de plus de 100 000 habitants !) que, par endroits, elles peuvent constituer des grandes conurbations et de véritables métropoles. Au moins deux sont très importantes : la Randstadt hollandaise autour d'Amsterdam avec 6 millions d'habitants et surtout la conurbation Rhin-Ruhr autour de Cologne regroupant 11 millions d'habitants (c'est plus que Paris et toute l'Île-de-France !). Cet espace n'a donc pas un centre, mais plusieurs, plus ou moins spécialisés dans des fonctions différentes (voir figure 32-1).

CROQUIS DE BAC

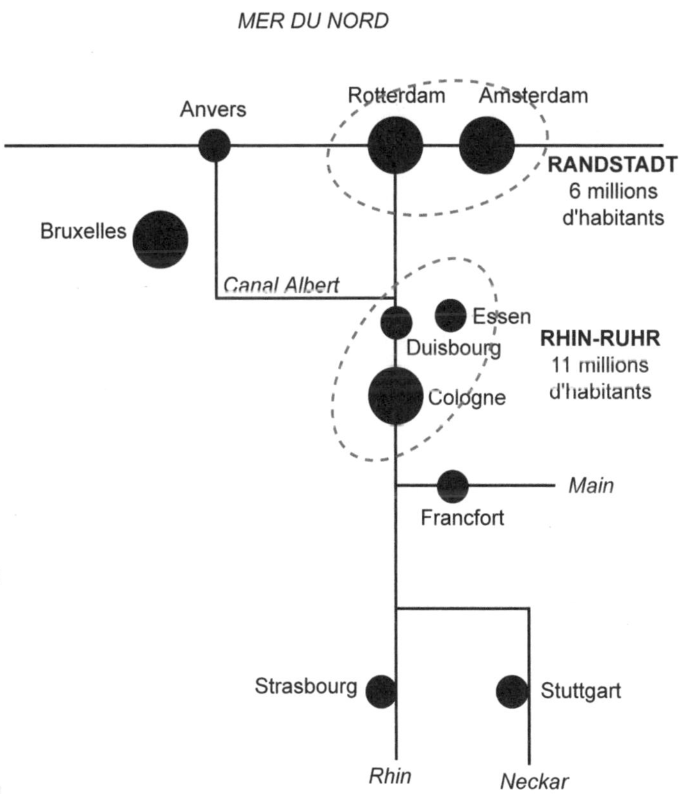

Figure 32-1 : L'Europe rhénane : un espace de fortes densités et de villes moyennes.

Le cœur politique de l'Union européenne

L'Europe rhénane souffre de l'absence d'une grande ville mondiale de l'envergure de New York, Londres ou Paris. C'est un réel handicap car c'est d'abord dans ces grandes villes globales que s'installent les grands centres décisionnaires (pouvoir politique, sièges sociaux des grandes entreprises, tertiaire supérieur, grands marchés financiers…). Et le transfert de la capitale allemande de Bonn à Berlin a encore accentué cette faiblesse politique.

Cela ne veut pas dire que l'Europe rhénane ne dispose d'aucun centre de commandement, mais ce sont les centres de l'Union européenne, car c'est dans cet espace qu'est née l'Europe. Ce sont en effet des Belges (Paul-Henri Spaak), des Lorrains (Robert Schuman) et des Allemands rhénans (Konrad Adenauer) qui ont créé l'Europe (ce sont les « pères fondateurs » de l'Union). Cet espace, qui fut longtemps une zone de guerres et de divisions, est ainsi devenu le berceau de la réconciliation des peuples européens. C'est donc sans grande surprise que nous trouvons là **tous les principaux centres de décisions de l'UE** : **Bruxelles** (Commission européenne), **Luxembourg** (Cour de justice européenne), **Strasbourg** (Parlement européen), sans oublier **Francfort**, où siège la **BCE** (Banque centrale européenne). Un poids politique qui devrait s'accroître si l'UE devait se développer et s'intégrer davantage. Avec l'installation à **La Haye** de la Cour pénale internationale et la présence à Genève du siège de l'**OMC** (Organisation mondiale du commerce) et de l'**OMS** (Organisation mondiale de la santé), l'Europe rhénane voit se confirmer son rôle d'espace politique international.

Toutes les grandes institutions de l'Union européenne sont au cœur de cette Europe rhénane (voir figure 32-2).

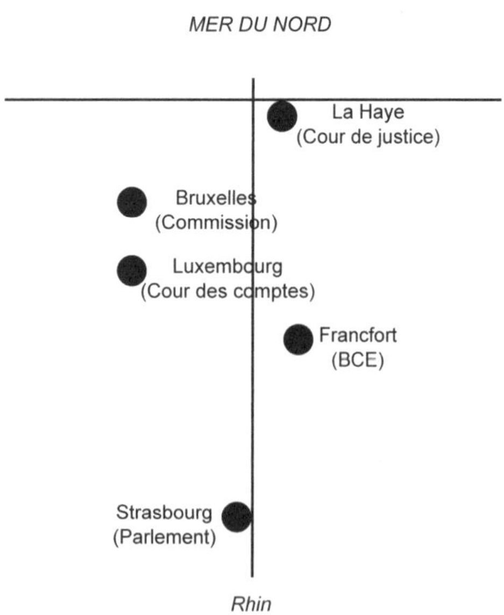

Figure 32-2 : L'Europe rhénane au cœur de l'Europe politique.

Un espace totalement aménagé et mis au service de la puissance économique

L'espace rhénan est un lieu de hautes densités que les hommes ont totalement aménagé pour leurs activités. Une nature totalement domestiquée, mais qui est parfois surexploitée.

Le Rhin : la voie fluviale la plus fréquentée du monde

Le Rhin est bien sûr un axe majeur pour la région et donne un semblant d'unité à cet ensemble géographique plutôt hétérogène qu'est l'Europe rhénane. **Long de plus de 1 300 km**, le Rhin naît en Suisse et se jette dans la mer du Nord à Rotterdam.

Dès l'Antiquité, et tout au long du Moyen Âge, le Rhin connaît un trafic fluvial intense, mais les nombreux droits de douane et autres droits de stockage dont il fallait s'acquitter le long du fleuve freinaient son essor. Tout change à partir du début du XIXe siècle : une Commission centrale pour la navigation sur le Rhin est créée, des grands travaux d'aménagement sont entrepris sur le fleuve et les droits de douane sont progressivement démantelés (instaurant déjà une sorte de marché commun avant l'Union !). Construction de digues, correction des principaux méandres, dragage des zones marécageuses et travaux de canalisation permettent un développement important du trafic, malgré la concurrence du rail. Les nombreux canaux construits autour du Rhin ont en effet fortement accru son **hinterland** en reliant le Rhin à une grande partie de l'Europe (canal Albert en Belgique, canal Rhin-Main Danube, Mittelandkanal jusqu'à la Weser et l'Elbe). **De nos jours, le Rhin est ainsi devenu la voie fluviale la plus fréquentée du monde**. C'est une véritable « autoroute liquide », navigable de Bâle à Rotterdam et parcourue par des bateaux de fort tonnage (barges et péniches essentiellement, tourisme fluvial également). Un convoi de barges peut représenter jusqu'à l'équivalent de 400 camions ! Cela reste un moyen de transport privilégié pour les pondéreux et les matières premières. Un moyen de transport un peu lent, mais peu polluant et relativement peu coûteux pour ces gros volumes. Une dizaine de grands ports jalonnent le fleuve, notamment Duisbourg, qui est le premier port fluvial du monde. Le Rhin est donc à la fois frontière et lieu d'échanges au cœur de l'Europe.

Les Pays-Bas, un pays qui se construit sous la mer !

Les Pays-Bas constituent un excellent exemple d'une nature domestiquée par l'homme. Il s'agit en effet d'un pays original puisque **les deux tiers de la superficie du pays se trouvent en dessous du niveau de la mer** ! D'où son nom de « Pays-Bas »... Ce sont les hommes qui, à force de labeur et d'ingéniosité, ont gagné ces immenses superficies sur la mer. Le principe est simple : on assèche les terres inondables et on construit des digues pour empêcher la mer d'avancer. Ainsi sont nés les polders. Une aventure qui ne date pas d'hier, puisque les premiers travaux d'assèchement et d'endiguement ont débuté dès l'an 1000 ! Aujourd'hui, le résultat est impressionnant et un immense réseau de digues de plus de trois mètres de haut fait face à la mer. Avec toujours la crainte d'un scénario catastrophe en cas de rupture de ces digues... comme en 1953 où elles ont lâché, entraînant une inondation majeure et faisant plus de 1 800 morts.

Les tunnels alpins

Les Alpes ne sont plus depuis longtemps une entrave à la circulation. L'Italie du Nord est en étroite relation avec l'Europe rhénane tant les infrastructures routières ont été développées. Et de nouveaux tunnels sont prévus pour 2006 et 2012 sous le Simplon et sous le Saint-Gothard avec le projet de mettre les camions sur des trains. Point noir de ces flux toujours plus intenses : les riverains et les vallées commencent à saturer face au trafic ! La récente catastrophe du Mont-Blanc (incendie terrible sous le tunnel où trente-neuf personnes ont trouvé la mort le 24 mars 1999) a aussi pointé les problèmes et les risques liés à un trafic trop soutenu. Mais, malgré le coût énorme de ces nouveaux tunnels et les problèmes environnementaux, il va néanmoins falloir faire face à l'augmentation prévue du trafic pour les années à venir...

Des flux massifs

Tous ces aménagements ont permis une forte augmentation du trafic. **L'espace rhénan est maintenant un gigantesque couloir parcouru par de nombreux réseaux où circulent des flux considérables**. De Bâle, au sud, à Rotterdam, au nord, circule sans discontinuité tout ce que vend et achète l'Europe ! Les grands ports de Rotterdam et d'Anvers sont les portes d'entrée des matières premières consommées par les industries étalées le long du Rhin. En sens inverse, les produits finis redescendent vers les ports. L'axe rhénan s'est doublé d'un réseau routier, autoroutier et ferroviaire extrêmement dense. Aucun espace en Europe ne possède une telle concentration d'axes routiers. Deux autoroutes principales jalonnent le Rhin et les bretelles et ramifications sont considérables aux abords des grandes villes. Aujourd'hui, ce sont ces flux routiers qui sont les plus importants, puisqu'ils représentent environ les deux tiers du trafic total. Plusieurs aéroports internationaux complètent cette impressionnante panoplie, notamment Francfort (3e aéroport d'Europe) et Amsterdam.

Ces aménagements et ces flux, qui sont les moyens et les manifestations de cette puissance de l'Europe rhénane, montrent toutefois leurs limites. **Ce couloir rhénan est en effet de plus en plus saturé** : la circulation routière et ses nuisances provoquent la grogne des habitants. La nature souffre, le cadre de vie se dégrade. L'exemple du Rhin illustre bien ces limites environnementales au développement économique intensif de la région.

GROS PLAN

S.O.S. Rhin !

Rançon de ce succès, l'axe rhénan est aujourd'hui saturé et connaît des problèmes liés à ces hautes densités : pollution, terrains rares et chers, problèmes de circulation. Cela génère des coûts et l'environnement s'est dégradé.

Les grandes concentrations industrielles et les villes notamment avaient pris la fâcheuse habitude de déverser leurs déchets dans le Rhin... C'était tentant, mais catastrophique d'un point de vue écologique : le Rhin était devenu un véritable égout où marinaient ensemble du plomb, des métaux lourds, des pesticides... Charmant ! Depuis une vingtaine d'années, et sous la pression de plus en plus importante de l'opinion publique, les pays rhénans se sont mis au chevet du malade pour limiter ces rejets. Incontestablement, il y a du mieux. On dit même que les truites seraient revenues... ! Malgré cela, le convalescent reste encore bien fragile...

L'organisation spatiale de l'Europe rhénane

Au cœur de l'Europe économique

L'Europe rhénane, c'est donc d'abord des flux, des allées et venues perpétuelles. Une véritable ruche ! Ces flux ne mettent pas en contact seulement les centres qui jalonnent le Rhin : l'axe rhénan se prolonge en effet dans toutes les directions, mettant ainsi en contact tous les grands centres économiques de l'Europe. Cette situation géographiquement assez centrale en Europe a d'évidence favorisé le développement de la région : **tous les centres majeurs du continent sont en effet à proximité** (sud de l'Angleterre, région parisienne, nord de l'Italie). Elle communique facilement avec la plaine d'Allemagne, le bassin du Danube, l'Italie, le sillon rhodanien et le Bassin parisien, et possède une large ouverture maritime sur une mer très fréquentée (au contact de la mer du Nord, la mer Baltique et l'océan Atlantique). L'**hinterland** de ses ports est donc particulièrement étendu et puissant. L'Europe rhénane est donc bien au cœur de l'Europe économique. C'est un espace très « extraverti », c'est-à-dire très ouvert sur le reste de l'Europe et sur le monde.

Au sein de cette Europe rhénane, deux régions sont particulièrement remarquables : la Randstadt hollandaise et la Ruhr allemande.

La Randstadt hollandaise : une puissante façade maritime

La Randstadt hollandaise est **une vaste conurbation** qui s'est peu à peu constituée à partir de villes proches les unes des autres. La Randstadt fait face à la mer et ceinture un espace agricole appelé le « Cœur vert ». La Randstadt regroupe les principales villes des Pays-Bas, et notamment Amsterdam, la capitale, La Haye, le siège du gouvernement et le grand port de Rotterdam. Au total, la Randstadt regroupe **6 millions de Hollandais**, soit 40 % de la population totale. Pour l'Europe rhénane, l'essentiel est bien sûr Rotterdam.

La région Rhin-Ruhr, la plus grosse concentration d'usines du continent !

La région Rhin-Ruhr est entièrement située en Allemagne. Avec ses **11 millions d'habitants**, une trentaine de villes de plus de 100 000 habitants et ses usines géantes, elle regroupe sur un espace réduit (dans un triangle Cologne-Dortmund-Duisbourg) une concentration de grandes villes et de zones industrielles sans équivalent en Europe.

La Ruhr, c'est d'abord un bastion d'industries traditionnelles issues de la révolution industrielle qui s'est construit sur la principale ressource de la région : le charbon. La région est également un très important nœud de communications : pas moins de deux aéroports, trois autoroutes parallèles, le premier centre ferroviaire d'Allemagne (Cologne) et le premier port fluvial du monde (Duisbourg) !

Pourtant, la Ruhr a perdu de son éclat d'antan, car la crise de la sidérurgie a durement frappé la région. Licenciements et fermetures d'usines ont été nombreux et les hauts fourneaux ont souvent cédé la place à des friches industrielles. Des difficultés que l'on retrouve dans de nombreuses régions de cette Europe rhénane qui avaient, elles aussi, bâti leur puissance industrielle sur le charbon et le minerai de fer (Belgique, Lorraine, Sarre...).

Malgré les efforts entrepris, la reconversion vers des activités nouvelles reste difficile – le chômage est supérieur à la moyenne nationale allemande. Les atouts de la région, pourtant nombreux, ne sont pas toujours suffisants. Malgré son excellent réseau de transport, la Ruhr peine à attirer des services de premier plan et des industries de haute technologie. Elle reste pénalisée par son image de « pays noir » et par l'absence d'une grande métropole mondiale (comme Londres ou Paris).

GROS PLAN

Rotterdam, la station-service de l'Europe !

Rotterdam est la troisième ville des Pays-Bas, mais c'est surtout le premier port d'Europe. Il bénéficie d'une position de carrefour assez remarquable : situé dans le delta du Rhin et de la Meuse, il ouvre sur la mer du Nord et est à proximité de la Manche et de la mer Baltique. Il est surtout devenu le débouché principal de l'Europe rhénane, laissant son principal concurrent, Anvers, loin derrière lui. Une situation d'interface donc assez exceptionnelle entre le monde et l'axe rhénan. Sa fortune n'était pourtant pas assurée car Rotterdam est un port de fond d'estuaire dont le site n'est guère facile et qui a nécessité de lourds aménagements. Des plans d'eau immenses ont été construits (avec des tirants d'eau de plus de 22 mètres, un record mondial !), les déchargements sont rapides et le port, qui s'étale désormais sur plus de 30 km, est accessible 24 heures sur 24 sans écluse. Bref, un bel outil ! Rotterdam est la principale porte d'entrée européenne pour toutes sortes de pondéreux et de matières premières, et notamment le pétrole dont le port s'est longtemps fait une spécialité (près de la moitié de son trafic !). Rotterdam est en quelque sorte la station-service de toute l'Europe ! Et tout le long des quais se sont installés de grands complexes industriels (raffineries et chimie). Depuis quelques années, Rotterdam intensifie toutefois le trafic des conteneurs, en plein développement. Avec Anvers, Rotterdam est l'ouverture maritime de cet **hinterland** dynamique que constitue l'Europe rhénane. Malgré cette hausse continue du trafic et des marchandises traitées, Rotterdam n'est pourtant plus le premier port du monde. Signe des temps ? Il vient en effet (en 2004) d'être dépassé par les ports de Singapour et de Shanghai, portés par l'incroyable boom économique que connaît la Chine actuellement.

Conclusion : au fait, l'Europe rhénane, ça existe ?

À RETENIR

1. Alors, qu'est-ce que l'Europe rhénane ? Un fleuve, des routes et des villes, voilà l'image qui domine pour ce cœur économique et industriel européen ! C'est **un espace transfrontalier original** où les réseaux et les flux ont pu fortement se développer malgré les

frontières, jusqu'à permettre la construction d'un espace puissant (et là, nous retrouvons nos problématiques des premiers cours sur la mondialisation : un monde de flux qui se jouent des frontières !). Elle est un peu la colonne vertébrale (les réseaux) et le poumon économique (la façade maritime) de l'Europe.

2. L'existence de cette Europe rhénane est-elle la preuve de l'affaiblissement des États dans une Union européenne toujours plus unifiée ? En partie, oui. Mais n'exagérons pas : malgré sa forte couleur culturelle germanique et le Rhin qui lui donne un semblant d'unité, **l'Europe rhénane ne constitue pas un espace unifié**, ni politiquement (huit États différents) ni culturellement. D'ailleurs, nous n'y avons trouvé ni capitale, ni siège de gouvernement ! Elle reste d'abord un agrégat de villes et de petits territoires différents mais en relation. Il y a donc quelque chose d'artificiel à parler d'« Europe rhénane » car au fond, cet espace reste à bien des égards qu'une construction intellectuelle des géographes. **Les différences entre les États restent fortes (lois, cultures...)**. Les frontières existent toujours.

Fiche : Un espace central, l'Europe rhénane

L'Europe rhénane est un espace original, difficile à définir et à délimiter. C'est une portion d'Europe traversée du nord au sud par le Rhin et qui s'étend approximativement des Alpes suisses jusqu'à la mer du Nord.

Un espace unique en Europe par sa puissance et ses densités

L'Europe rhénane est le cœur économique de l'Union européenne et un des espaces les plus puissants de la planète. À lui seul, il produit environ 25 % du PIB de l'Union européenne.

C'est d'abord un espace très industrialisé, l'un des plus grands ensembles industriels du monde, dont la base est formée par les industries traditionnelles qui se sont développées au XIXe siècle en utilisant les ressources naturelles abondantes de la région (minerai de fer et charbon dans la Ruhr, la Sarre, le Luxembourg, la Belgique et la Lorraine). Ce bastion de l'industrie européenne a été relayé depuis longtemps par un pôle financier puissant (Luxembourg, Zurich, Francfort, Genève).

L'Europe rhénane est un espace très densément peuplé et très urbanisé. Sur un espace sensiblement plus petit que la France vivent plus de 80 millions d'habitants, majoritairement de langue allemande. Les densités sont presque partout très élevées (souvent plus de 300 hab./km^2). C'est un espace très urbanisé concentrant un grand nombre de villes moyennes et sans grandes métropoles d'envergure mondiale (comme New York ou Tokyo).

Si elle manque de grandes métropoles mondiales, l'Europe rhénane regroupe toutefois les centres de décision de l'Union européenne (Bruxelles, Luxembourg, Strasbourg, Francfort).

Un espace aménagé et mis au service de la puissance économique

Ces espaces de hautes densités ont été totalement aménagés et mis au service de la puissance économique. Une nature totalement domestiquée, mais qui est parfois surexploitée.

Le Rhin parcourt toute l'Europe rhénane et lui donne son unité. Long de 1 300 km, c'est la voie fluviale la plus fréquentée du monde. Le fleuve a été totalement aménagé et il est devenu une véritable « autoroute liquide », navigable de Bâle à Rotterdam, et parcourue par des bateaux de fort tonnage qui transportent énergie et pondéreux entre Rotterdam et les grands centres industriels rhénans. Duisbourg est le premier port fluvial du monde.

Les Pays-Bas sont un autre exemple d'espace totalement aménagé. Pays de dimensions réduites et très densément peuplé, les Pays-Bas ont depuis longtemps gagné de l'espace sur la mer en construisant d'importants réseaux de digues, donnant naissance aux polders.

L'espace rhénan est maintenant **un gigantesque couloir** parcouru par de nombreux réseaux où circulent des flux considérables. Les réseaux ferrés, routiers et autoroutiers atteignent des densités exceptionnelles. Aucun espace en Europe ne possède une telle concentration d'axes routiers. Ils mettent en contact l'Europe rhénane avec le reste du continent, ou débouchent sur les grands ports de la mer du Nord (Rotterdam, Anvers) et relient ainsi cet espace au reste du monde. Les tunnels alpins permettent de mettre en contact l'Europe rhénane et l'Europe du Sud, achevant de faire de l'espace rhénan le centre de l'Europe.

L'hinterland de ces ports est donc particulièrement étendu et puissant. L'Europe rhénane est donc bien au cœur de l'Europe économique. C'est un espace très « extraverti », c'est-à-dire très ouvert sur le reste de l'Europe et sur le monde.

L'organisation spatiale de l'Europe rhénane

Au sein de cette Europe rhénane, deux régions sont particulièrement remarquables : la Randstad hollandaise et la Ruhr allemande.

La **Randstad** regroupe les principales villes des Pays-Bas, et notamment Amsterdam, la capitale, La Haye, le siège du gouvernement et le grand port de Rotterdam. Au total, la Randstad regroupe 6 millions de Hollandais, soit 40 % de la population totale. Le cœur de cet espace est le port de Rotterdam, premier port d'Europe et troisième port du monde.

La région **Rhin-Ruhr** est entièrement située en Allemagne. Avec ses 11 millions d'habitants, une trentaine de villes de plus de 100 000 habitants et ses usines géantes, elle regroupe sur un espace réduit (dans un triangle Cologne-Dortmund-Duisbourg) une concentration de grandes villes et de zones industrielles sans équivalent en Europe.

L'Europe rhénane est donc un espace transfrontalier original où les réseaux et les flux ont pu fortement se développer malgré les frontières, jusqu'à permettre la construction d'un espace puissant. Elle ne constitue pas un espace unifié, ni politiquement ni culturellement. Elle reste d'abord un agrégat de villes et de petits territoires différents mais en relation.

Chapitre 33

L'Asie orientale, une aire de puissance en expansion

Dans ce chapitre :

- Une région puissante et en pleine expansion
- Un espace très hétérogène
- Une puissance économique concentrée sur les littoraux

L'Asie orientale… mais de quoi parle-t-on au juste ? Il faut, avant toute autre chose, commencer par situer précisément cet espace. **La question au programme englobe le Japon, la Corée du Sud, Taiwan, la Chine littorale** (uniquement les côtes et pas l'intérieur du territoire) et Singapour. Cette aire asiatique ainsi définie est un espace très éclaté en zones littorales, archipels et presqu'îles. C'est aussi un espace où la diversité domine : diversité des niveaux de développement (entre le Japon et la Chine), des territoires (de la minuscule cité-État de Singapour aux provinces maritimes d'un « État-continent » comme la Chine) et des systèmes politiques (dictature à parti unique en Chine, démocratie dans les autres pays).

Si ces États sont si différents, qu'est-ce qui peut bien justifier ce regroupement ? N'ont-ils rien en commun ? Bien sûr que si ! Le dynamisme et la puissance économique, voilà les points communs. L'Asie orientale connaît depuis quelques décennies des taux de croissance économique élevés qui lui ont permis de devenir un des pôles économiques majeurs de la planète, le troisième pôle de la Triade. C'est donc à nouveau la notion de puissance – ce thème central de votre année de terminale ! – qui nous servira de fil conducteur.

Quels sont les aspects, la géographie et les limites de la puissance de l'Asie orientale ?

Page XVI du cahier couleurs : l'organisation de l'espace de l'Asie orientale

L'Asie orientale, c'est :

- **800 millions d'habitants, et presque le double si on intègre toute la Chine**
- **25 % du PIB mondial**
- **10 % de croissance annuelle pour l'économie chinoise**

Une région puissante et en pleine expansion

800 millions d'hommes, au moins !

La puissance de l'Asie orientale provient d'abord de son poids démographique : environ **800 millions d'habitants dans les limites définies par le programme**, mais beaucoup plus si l'on intègre toute la Chine. Première puissance démographique du monde, la Chine compte en effet à elle seule 1,3 milliard d'habitants. Le Japon, avec 127 millions d'habitants, et la Corée du Sud, avec 48 millions, viennent loin derrière. En tout, ces pays représentent un quart de l'humanité. Un écart très net avec l'Union européenne (450 millions d'habitants) et les États-Unis (300 millions)... Le volume de main-d'œuvre est donc considérable, tout comme le nombre de clients potentiels. On comprend mieux pourquoi tant d'industriels européens ou américains se ruent à la conquête du marché chinois, vu comme un nouvel eldorado !

Cela dit, la population, qui a longtemps été en augmentation rapide, vieillit désormais, car la fécondité a beaucoup diminué depuis quelques décennies, même en Chine où le taux de fécondité est de l'ordre de 1,8 enfant par femme (soit à peu près comme la France).

Quant aux densités, elles sont souvent très élevées, car la population se regroupe de plus en plus sur les littoraux. C'est d'ailleurs sur ces littoraux que l'on retrouve les principales agglomérations, et notamment **Tokyo** (30 millions d'habitants), **Séoul** (20 millions), **Shanghai** (17 millions), **Singapour** (3 millions) ou **Taipei** (3 millions).

Une croissance économique phénoménale

L'Asie orientale, nouveau poids lourd de l'économie mondiale

CHIFFRES CLÉS

L'Asie orientale est une région économiquement très puissante. Elle est un des trois pôles de la Triade (avec les États-Unis et l'Union européenne). Globalement, elle produit actuellement environ **25 % de la richesse mondiale**, c'est donc un peu moins que l'Europe ou les États-Unis. Pour l'instant…

Oui, pour l'instant, car ces pays asiatiques sont en forte croissance et comblent peu à peu leur retard. Si le Japon a perdu son dynamisme et connaît depuis 1991 des taux de croissance médiocres (c'est-à-dire équivalents à ceux de la France ou de l'Allemagne actuellement, de l'ordre de 1 à 2 % par an), les NPIA et la Chine continuent de se développer rapidement. Le résultat, c'est que la part de l'Asie orientale dans le PIB mondial a beaucoup augmenté en quelques décennies : une croissance tellement rapide que l'on parle parfois de « miracle asiatique » (voir figure 33-1).

L'Asie orientale s'octroie une part toujours plus grosse du gâteau !

GROS PLAN

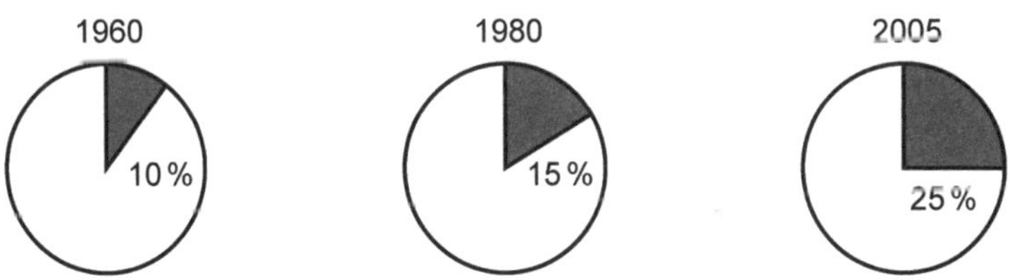

Figure 33-1 : Part de l'Asie orientale dans le PIB mondial.

Des années de folle croissance pour la Chine

Depuis quelques années, c'est surtout la Chine qui attire l'attention. Elle est en effet le pays asiatique qui se développe le plus rapidement. Un chiffre résume ce dynamisme : **l'économie du pays croît à un rythme de 10 % par an** depuis plusieurs années ! 10 % par an : insistons lourdement sur l'importance de ce chiffre. Cela signifie que tous les ans, en moyenne, les Chinois produisent 10 % de richesses supplémentaires. Stupéfiant ! C'est beaucoup plus que les pays de l'Union européenne ou les États-Unis.

Après le « made in Japan » et le « made in Taiwan », voici le « made in China » !

Ce succès économique de l'Asie orientale, vous pouvez le mesurer tous les jours en faisant vos courses : il suffit de regarder les étiquettes pour savoir où l'objet que vous convoitez a été fabriqué. Pulls, jouets, montres, caméscopes, imprimantes, téléviseurs, ordinateurs ou portables… Dans de nombreux domaines, il y a fort à parier que vous tombiez sur un produit fabriqué en Asie. Des produits qui inondent la planète, et des marques (surtout japonaises jusqu'à maintenant) de plus en plus connues et de plus en plus souvent synonymes de qualité et d'innovation comme Sony, Toyota, Canon, Honda ou Samsung (Corée)…

Cette réussite commerciale est l'aspect le plus manifeste de la réussite économique de l'Asie orientale. La région représente aujourd'hui déjà plus de 20 % des exportations mondiales. Selon l'OMC, **la Chine devrait devenir le 1er exportateur mondial en 2008**, devant l'Allemagne, les États-Unis et le Japon. Autre façon de mesurer ces succès commerciaux : la balance commerciale de ces pays asiatiques est excédentaire avec la plupart des autres pays du monde. Ce qui veut dire qu'ils exportent plus qu'ils n'importent. C'est le signe de produits compétitifs et d'un excellent rapport qualité/prix.

Et cela ne devrait pas s'arrêter de sitôt ! Car la Chine a rejoint l'**OMC** en 2001 afin de pouvoir vendre plus facilement ses produits dans le monde entier. S'il est une région sur terre qui a pleinement profité de la mondialisation, c'est bien l'Asie orientale…

Une formidable réussite industrielle

Derrière ces succès commerciaux, on trouve une formidable réussite industrielle, et **une stratégie**, toujours la même : fabriquer d'abord des produits bon marché en profitant des faibles coûts de main-d'œuvre, puis, progressivement, améliorer les productions et monter en gamme afin de se positionner sur des produits à plus forte valeur ajoutée. C'est ce qu'ont fait le Japon et les NPIA il y a quelques décennies, et c'est ce qu'est en train de faire la Chine, mais à une tout autre échelle (vu sa taille !).

GROS PLAN

La Chine : déjà un impressionnant palmarès…

Spécialisée autrefois dans les produits peu élaborés comme le textile et les jouets, la Chine affiche en effet aujourd'hui clairement ses ambitions et investit de plus en plus les secteurs de haute technologie. La route est encore longue avant de faire jeu égal avec l'Union européenne et surtout les États-Unis, mais le pays apprend vite… La Chine fabrique en effet déjà 75 % des montres, horloges et jouets vendus dans le monde, 60 % des vélos, 50 % des appareils photo, 50 % des ordinateurs, 60 % des chaussures, 25 % des machines à laver, 20 % des réfrigérateurs, etc. Un véritable raz de marée !

Comment s'organise l'Asie orientale ?

L'Asie orientale, c'est trois pôles bien différents : le Japon, les NPIA et la Chine.

Japon, Chine, NPIA : trois pôles et beaucoup de différences

Le Japon, l'élève le plus précoce

Le Japon est le premier pays asiatique à s'être développé, et cela ne date pas d'hier. Le pays a en effet débuté sa modernisation à partir de l'ère **Meiji, en 1868**. À l'époque, le pays copiait l'Occident. Les choses ont bien changé depuis…

Anéanti en 1945 (à la suite des deux bombes atomiques lancées par les États-Unis sur Hiroshima et Nagasaki), le Japon se reconstruit sur des bases démocratiques et connaît une croissance économique fulgurante à partir des années 1950. Trente ans plus tard – au début des années 1980, donc –, le Japon est déjà la 2e puissance économique du monde, menaçant même les États-Unis ! À l'époque, nombreux sont les économistes et journalistes à annoncer la fin proche de la puissance américaine et l'inévitable domination du « pays du Soleil-Levant ». Changement brutal de scénario en 1991, date à partir de laquelle le pays entre dans une sévère crise économique. La croissance est en panne, la consommation intérieure chute et le Japon connaît de graves difficultés (krach boursier, explosion de la dette), dont il semble enfin sortir en 2005. Le pays conserve toutefois des atouts exceptionnels : puissance financière, maîtrise des hautes technologies, industries très performantes, grandes entreprises puissantes et innovantes. Malgré le dynamisme actuel de la Chine, le Japon est toujours le pôle le plus puissant de la région et continue de dominer les autres à tout point de vue.

Les NPIA, les petits doués de la classe

Les **NPIA** sont les pays que l'on a longtemps appelé les « quatre dragons asiatiques ». Ce sont la **Corée du Sud** (à ne pas confondre avec la Corée du Nord !), **Taiwan, Singapour et Hong Kong**. Hong Kong ayant été rattaché à la Chine en 1997, il n'en reste donc que trois. Ces petits pays se sont développés à la suite du Japon à partir des années 1960 et en s'inspirant d'ailleurs du modèle japonais. Ils ont eux aussi connu une croissance économique très forte et sont sortis du sous-développement. Leur niveau de vie est désormais comparable à celui de l'Europe. Tout comme le Japon, ces pays tirent leurs succès de leur industrie et de la conquête des marchés extérieurs.

La Chine, le futur premier ?

C'est le pays de tous les records qui monopolise l'actualité économique depuis quelques années. Première puissance démographique du monde, la Chine est un pays original à plus d'un titre.

La Chine devient un pays communiste lorsque Mao Tsé-Toung (on dit plutôt Mao Zedong maintenant) s'empare du pouvoir en 1949. Mao dirige le pays jusqu'à sa mort en 1976. Malgré plusieurs tentatives de modernisation, la Chine reste un pays économiquement sous-développé pendant toute la période.

Tout va changer à partir de 1978, sous l'impulsion d'un nouveau dirigeant, Deng Xiao Ping. Pour sortir le pays du sous-développement, **Deng décide de convertir progressivement l'économie chinoise au capitalisme** et laisse s'installer les capitaux étrangers en Chine. La Chine change de voie, s'ouvre et se modernise. Elle adopte, selon les dirigeants chinois, une « économie socialiste de marché ».

GROS PLAN

L' « économie socialiste de marché » : késaco ?

La Chine passe à une économie capitaliste mais, à la différence de la Russie, progressivement et avec prudence. Le parti communiste reste seul au pouvoir, la Chine reste donc une dictature et, dans un premier temps, seules quelques régions côtières sont ouvertes aux capitaux étrangers (ces régions sont appelées les **« zones économiques spéciales », les ZES**). Les prix sont libérés. Les sociétés anonymes, l'actionnariat privé et l'ouverture de marchés financiers sont autorisés. Les entreprises d'État sont peu à peu privatisées. C'est bien du capitalisme, mais… dans un pays qui se dit toujours communiste ! Une première mondiale ! D'où la naissance d'un concept original, un véritable hybride : une « économie socialiste de marché », selon les termes employés par le gouvernement chinois lui-même. Un mélange improbable et détonnant : d'une part, la permanence en Chine d'un système politique rigide qui refuse toute évolution vers la démocratie et, d'autre part, le développement d'un libéralisme économique de plus en plus débridé (sans mauvais jeu de mots…).

Cette conversion à l'économie de marché a permis un décollage économique impressionnant du pays qui accumule aujourd'hui les records. Croissance phénoménale, conquête des marchés extérieurs, la Chine semble vouloir tout rafler et se lance maintenant dans la conquête des produits de haute technologie. Le pays semble en effet disposer de tous les atouts : main-d'œuvre inépuisable, peu chère et de mieux en mieux formée, ainsi qu'un marché de consommation colossal. **Début 2008, la Chine est devenue la 3e puissance économique du monde**, reléguant la France à la 6e place… Dure réalité ! Et au rythme où elle se développe elle devrait dépasser le Japon pour devenir la 2e économie mondiale d'ici quelques années. Si elle ne trébuche pas entre-temps, bien évidemment…

Une puissance économique concentrée sur les littoraux

Observez les cartes et vous verrez que la quasi-totalité des activités économiques des pays de la région se concentre sur les littoraux (dans ce cas, on parle souvent de **littoralisation** de l'économie). Les ports sont nombreux et puissants, les deux plus grands ports du monde sont d'ailleurs Singapour et Shanghai. C'est bien la preuve d'économies ouvertes sur le monde et tournées vers l'exportation. Et c'est aussi très révélateur de la montée en puissance de l'Asie orientale au sein de l'économie mondiale.

Le Japon, la plus grande mégalopole du monde

Au Japon, la grande mégalopole littorale qui s'étend au sud-ouest de Tokyo concentre l'essentiel de la puissance économique du pays. Avec ses 30 millions d'habitants, Tokyo est le pôle majeur du pays et de toute l'Asie orientale (voir le schéma dans le cours sur la mégalopole japonaise).

Les NPIA, des économies tournées vers l'extérieur

La littoralisation de l'économie est également une réalité pour les NPIA dont les territoires s'organisent autour d'un ou deux grands pôles qui sont d'abord des ports (voir figures 33-2 et 33-3).

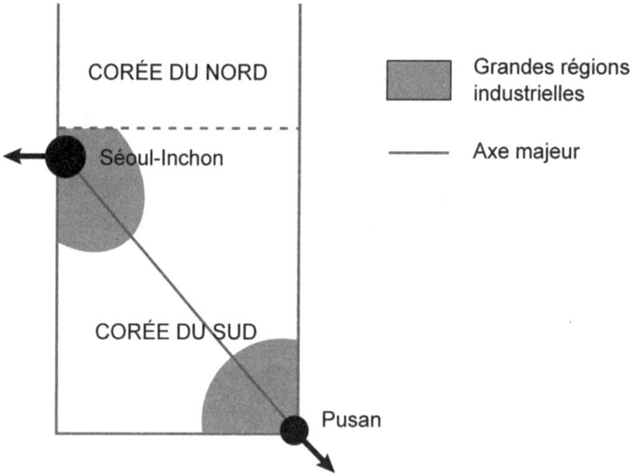

Figure 33-2 : La Corée du Sud, autour de Séoul et Pusan.

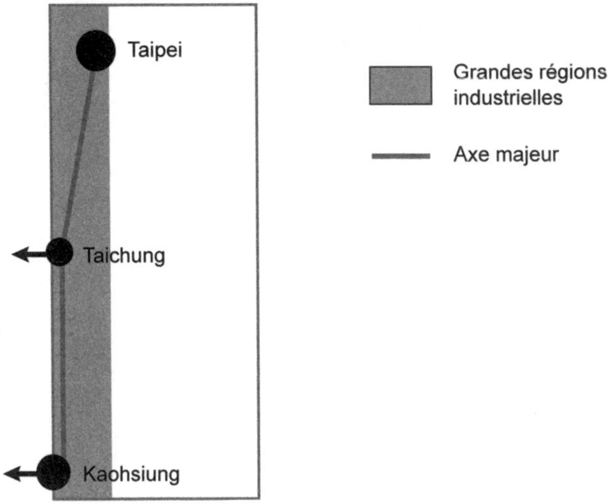

Figure 33-3 : L'île de Taiwan, organisée autour des pôles de Taipei et Kaohsiung.

Quant à Singapour, cette minuscule cité-État de 40 km de long sur 20 km de large est avant tout un port, qui plus est remarquablement bien situé (en face du détroit de Malacca, l'un des plus fréquentés du monde) !

La Chine a tout misé sur ses provinces littorales

Le développement de l'économie chinoise se fait lui aussi à partir des provinces littorales qui ont été les premières ouvertes à l'économie de marché. **Trois grandes régions industrielles dominent actuellement** : le delta de la rivière des perles (avec les pôles de Guangzhou et Hong Kong), le delta du fleuve Yangzi (avec Shanghai), et le nord-est, entre Tianjin et Beijing (c'est-à-dire Pékin). Cette Chine littorale réalise à elle seule les 90 % du commerce extérieur de la Chine, capte les 90 % des investissements étrangers et réalise 60 % du PIB du pays ! C'est dire si les écarts avec les régions de l'intérieur et de l'ouest lointain (Tibet, Xinjiang) sont importants ! (voir figure 33-4).

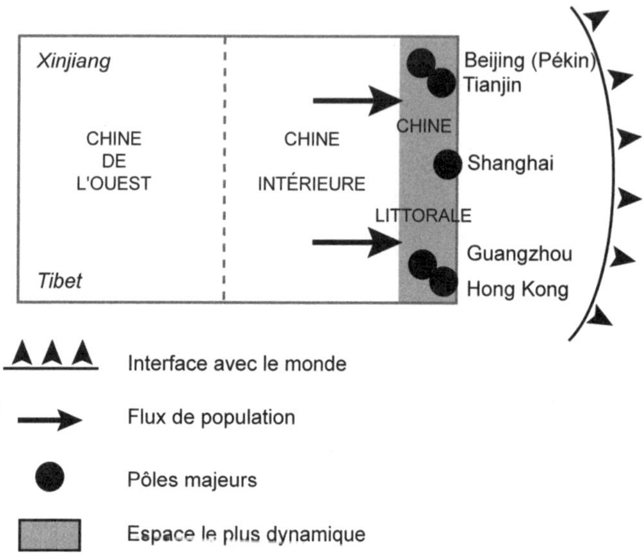

Figure 33-4 : La Chine littorale, moteur du pays.

Des flux de plus en plus importants au sein de la région

Entre tous ces pôles circulent des flux de plus en plus intenses et **une nouvelle division internationale du travail s'instaure**. C'est-à-dire ? C'est simple : chaque pays se spécialise dans ce qu'il fait de mieux. Le Japon investit dans la région en apportant ses capitaux et sa technologie et fait fabriquer ses produits en Chine en profitant de ses très bas coûts de main-d'œuvre. Cette complémentarité entre les économies de la région est à l'origine d'une forte augmentation des échanges entre les pays. Ainsi, un produit est souvent fabriqué par morceaux dans certains pays, qui sont assemblés encore ailleurs ! Les produits sont plus souvent *made in Asia* que simplement *made in Japan* ou *made in Taiwan* !

Cette complémentarité durera-t-elle ? Rien n'est moins sûr, car la Chine n'a en effet nullement l'intention de se cantonner dans des activités à faible valeur ajoutée : pas question pour elle de se contenter de faire des pulls ou d'assembler des télés pour le compte des autres ! **La Chine** a un tel potentiel qu'elle est en effet capable de tout faire en même temps : des pulls et de la haute technologie ! **Une mutation de ses activités vers le high-tech** qu'elle a déjà démarrée avec un réel succès puisqu'elle est d'ores et déjà capable d'envoyer dans l'espace ses propres cosmonautes… euh… pardon, ses « taïkonautes », puisque c'est le terme employé lorsque l'on parle de cosmonautes chinois (la Chine a envoyé avec succès son deuxième vol habité dans l'espace en octobre 2005) !

Une région en voie d'intégration ?

Il n'existe pas (encore ?) en Asie orientale de grandes organisations régionales comme l'Union européenne en Europe. Vu les différences, les divergences et les contentieux entre les États, nous en sommes sûrement encore assez loin ! Pourtant, des liens se nouent progressivement entre ces pays qui prennent conscience de leur intérêt à travailler ensemble. Les nombreuses tensions au sein de la région poussent également ces États à rechercher des solutions pacifiques aux difficultés. Tout cela est encore balbutiant, mais deux organisations, au moins, jouent tout de même un rôle croissant.

L'ASEAN, pour développer le libre-échange

La plus importante de ces organisations régionales est l'**ASEAN** (Association of South East Asian Nations, en anglais). Créée en 1967, l'ASEAN unissait alors des pays anticommunistes (nous étions en pleine guerre froide !). Son objectif est aujourd'hui principalement économique (création d'une zone de libre-échange entre les pays membres). Parmi les pays de l'Asie orientale, seul Singapour en est membre, mais la Chine, la Corée du Sud et le Japon s'y sont associés depuis.

L'APEC, un vaste forum entre les deux rives du Pacifique

L'autre organisation régionale est l'**APEC**. L'APEC (Asia-Pacific Economic Cooperation, à nouveau en anglais) compte 21 membres (dont les États-Unis et le Canada), mais elle est surtout un forum de discussion dont le but est de faciliter le développement économique des États membres. Peu à peu, les États de l'APEC tentent de coopérer sur d'autres domaines que l'économie. En 2005, la lutte contre le terrorisme ou contre la grippe aviaire sont ainsi à l'ordre du jour. **À tout point de vue, la région émerge et cherche à se structurer**.

Une aire de puissance invulnérable ?

La puissance du Japon et les succès actuels de la Chine font parfois oublier un peu vite que la région a, elle aussi, ses points faibles. Elles sont de trois ordres : politique, économique et environnemental.

Une région à hauts risques !

Bientôt un conflit majeur en Asie orientale ?

Les actualités en parlent peu souvent et pourtant l'Asie orientale est une véritable poudrière. Les contentieux et conflits potentiels entre les États de la région sont nombreux. Tout le monde se bagarre autour de limitation de frontières ou de possession d'îles. Quelques exemples, parmi d'autres :

- Chine, Vietnam, Taiwan, Malaisie et Philippines s'opposent sur la possession des îles Spratley, un groupe de récifs perdus et inhabités en mer de Chine… mais qui recèleraient du pétrole (d'où l'intérêt !). Plusieurs de ces pays occupent déjà militairement une partie des îlots.
- La Chine revendique les îles Senkaku japonaises.
- Opposition également entre le Japon et la Russie à propos des îles Kouriles, au nord du Japon…

Et ce ne sont là que quelques-unes des situations qui menacent la stabilité et la paix de la région ! Deux conflits dépassent en effet pour l'instant tous ceux-ci en intensité : le « conflit des deux Chine » et le problème autour du nucléaire en Corée du Nord.

Deux Chine en conflit !

Cela va peut-être vous surprendre, mais c'est pourtant vrai : il n'existe non pas une, mais deux Chine ! La plus importante (celle que tout le monde connaît) est la République populaire de Chine, dont la capitale est Pékin (Beijing). Et l'autre, alors ? C'est la République de Chine (notez la différence… !), plus connue sous le nom de Taiwan, avec pour capitale Taipei. Et ces deux Chine sont en conflit. Pour mieux comprendre la situation, il faut remonter près de soixante ans en arrière…

Dès les années 1920, la Chine est en guerre civile. Deux camps s'affrontent : d'un côté, les nationalistes de Tchang Kaï-Chek (il dirige un parti appelé le Kuomintang), de l'autre, le jeune parti communiste chinois dirigé par Mao Zedong. Après 1945, les communistes de Mao prennent peu à peu le dessus et Tchang Kaï-Chek doit s'enfuir avec ses partisans. Grâce au soutien des États-Unis, il trouve refuge sur l'île de Formose, aujourd'hui plus connue sous le nom de Taiwan. En 1954, les États-Unis et Tchang Kaï-Chek signent un traité qui assure une protection militaire américaine à Taiwan. Une protection sans doute pas superflue, car Pékin refuse de reconnaître l'existence de Taiwan. Et depuis cinquante ans, nous en sommes toujours là ! La Chine populaire répète sans cesse qu'elle entend bien, un jour ou l'autre, récupérer l'île qu'elle considère comme faisant partie de la Chine. Et bien sûr, les Taiwanais souhaitent absolument conserver leur indépendance et dépensent pour cela des sommes folles en armement pour se défendre… au cas où la Chine qui les menace régulièrement déciderait d'intervenir militairement ! En réalité, c'est surtout le soutien des États-Unis qui garantit l'indépendance de Taiwan. Le conflit est donc latent, entre les deux Chine et, régulièrement, Pékin mène des manœuvres militaires au large de Taiwan pour faire monter la pression. Et pour aggraver encore les choses, la Chine a adopté en mars 2005 une loi « antisécession » prévoyant le recours à la force si Taiwan osait déclarer officiellement son indépendance… Bref, la situation est très tendue !

Échos de la guerre froide et menaces nucléaires en Corée

Depuis 1945, la péninsule coréenne est partagée par une frontière hermétique et infranchissable, un véritable « rideau de fer » entre deux États que tout oppose : au sud (capitale : Séoul), une démocratie libérale, et au nord (capitale : Pyongyang), une des dernières dictatures communistes du monde qui vit repliée sur elle-même et qui menace, depuis quelques années, les autres pays de la région d'une éventuelle attaque nucléaire. La menace est prise au sérieux par les États-Unis et par les États voisins, notamment la Corée du Sud, déjà victime d'une invasion du Nord en 1950 (guerre de Corée, 1950-1953). Qu'en est-il au juste ? La Corée du Nord se risquerait-elle vraiment à une telle folie ? Il est probable que Pyongyang ne brandisse cette menace que pour obtenir en échange de l'arrêt de son programme nucléaire une aide économique car le pays va mal (il sort d'une terrible famine). Une sorte de chantage à la bombe, en quelque sorte… Mais le régime en plein échec économique, incapable de nourrir sa propre population et dirigé par un dictateur aussi omnipotent que mégalomane, est imprévisible. Le jeu est donc dangereux…

Une croissance économique irrésistible ?

La croissance économique chinoise va-t-elle se poursuivre longtemps à un tel rythme ? Bien malin qui pourrait le dire ! C'est possible. Mais, dans tous les cas, **la Chine va devoir faire face, tôt ou tard, à de sérieux problèmes** qui sont en train de s'accumuler et pèseront, à terme, sur sa croissance. Rappelons quelques vérités sur les limites de ce « miracle asiatique »…

Une croissance économique construite sur des bases fragiles

Les difficultés rencontrées par le Japon depuis 1991 et la crise économique qui a touché de nombreux pays d'Asie en 1997 ont montré toute la fragilité des économies asiatiques que l'on croit trop souvent invulnérables. Des économies souvent gangrenées par la **corruption** et où les comptes des banques, qui accumulent des **créances douteuses**, sont très fragiles et peuvent s'effondrer à tout moment. C'est tout particulièrement vrai en Chine aujourd'hui.

Autre problème de taille : celui de l'énergie. La Chine consomme de plus en plus de pétrole et doit en acheter toujours plus à l'étranger. La hausse des cours du pétrole depuis 2002 est d'ailleurs en partie le résultat de cette très forte demande chinoise. Déjà les coupures d'électricité sont régulières en Chine, le pays peinant à faire face à cette demande boulimique d'énergie. Quant aux autres États de la région, c'est encore pire puisqu'ils ne disposent de presque aucune ressource en énergie (le Japon doit presque tout importer).

Une bombe à retardement social pour la Chine ?

Chômage, retraites, démocratie : les tensions sociales sont en train de s'accumuler en Chine, et il faudra bien y faire face un jour ou l'autre :

- **Le développement s'est effectué uniquement sur les provinces littorales** et le contraste avec l'intérieur du pays est désormais considérable. Cela alimente un exode rural considérable, des millions de paysans pauvres venant s'entasser dans les villes côtières en espérant trouver du travail. En vain, car le chômage, en Chine, reste considérable et les espaces urbains de plus en plus saturés.
- À la suite de la politique de « l'enfant unique » (lancée en 1979) et de la réduction autoritaire de la natalité en Chine (un couple est durement pénalisé s'il a plusieurs enfants), **la population de la Chine est en train de vieillir à une vitesse accélérée**. Déjà problématique au Japon, le vieillissement de la population chinoise risque de coûter fort cher au pays, d'autant que, pour l'instant, rien n'est prévu ou presque pour faire face à cet inévitable raz de marée de retraités !

- **Combien de temps le parti communiste chinois pourra-t-il diriger le pays d'une main de fer et interdire certaines libertés individuelles ?** Quand reverra-t-on une demande démocratique en Chine (la dernière a eu lieu sur la place Tian'anmen en 1989, mais a été brisée par la force par le pouvoir qui a envoyé ses chars contre les étudiants) ? Construira-t-on un jour des systèmes sociaux dignes de ce nom ? Les Chinois accepteront-ils longtemps leurs très bas salaires ? Il est impossible de répondre à ces questions mais, à mesure que le pays s'enrichit et s'ouvre sur l'extérieur, ces pressions augmentent. En 2005, la contestation sociale a été très forte, et elle a à nouveau été réprimée dans le sang. Combien de temps une telle situation pourra-t-elle durer ?

Des contraintes géographiques et environnementales importantes

Une région entre séismes et tsunamis

L'Asie orientale est une zone fragile. Les catastrophes naturelles (tremblements de terre, typhons, tsunamis…) y sont régulières. Un terrible tsunami a balayé l'Asie du Sud en 2004, et le Japon vit constamment sous la menace des tremblements de terre (voir le cours sur « La mégalopole japonaise »).

La nature sacrifiée…

Le développement économique intensif de l'Asie orientale s'est fait au détriment de l'environnement. Les dégâts faits à la nature sont de plus en plus graves. C'est bien sûr une mauvaise nouvelle pour la planète, mais c'est aussi une menace pour le développement même de ces pays. **Déjà ces nuisances pèsent sur l'économie, et ce n'est qu'un début**. Car il faudra un jour ou l'autre s'en occuper, et la note risque d'être salée ! Quelques exemples :

- **La dégradation continue des sols** qui sont surexploités, un phénomène renforcé par la déforestation, l'utilisation de plus en plus massive des pesticides et les pluies acides qui accélèrent la désertification de la Chine.
- L'accès à une eau de qualité est un autre souci. La plupart des villes chinoises souffrent déjà d'une **pénurie d'eau**, dont les coûts de traitement sont appelés à exploser, car le traitement de l'eau est à peine commencé. L'absence d'une bonne politique de gestion de l'eau entraîne une pollution accélérée des réserves.

- **La pollution de l'air** augmente elle aussi à vitesse rapide, certaines villes sont déjà polluées très au-delà des normes limites fixées par l'OMS !
- Quelles dépenses supplémentaires ces dégâts environnementaux auront-ils sur la santé des Chinois et sur l'économie de la Chine ? Nul ne peut le dire précisément aujourd'hui mais, dans un pays de 1,3 milliard d'habitants, elles seront à coup sûr colossales…

Conclusion

À RETENIR

1. **L'Asie orientale est le pôle le plus dynamique de la Triade**. Chaque jour elle se renforce et se rapproche de la puissance de l'Europe et des États-Unis. Si elle maintient sa croissance actuelle, la Chine dominera le monde avec (ou contre !) les États-Unis, d'ici 2020 ou 2030.
2. Cette aire de puissance asiatique n'a pas de limites géographiques précises : derrière ces cinq États émergent de nombreux autres pays en Asie du Sud-Est qui rêvent de réaliser les mêmes exploits (Vietnam, Indonésie, Philippines, Thaïlande…). Ce pôle asiatique est donc probablement amené à se renforcer.
3. Les facteurs d'instabilité restent cependant nombreux dans une région sous tension qui se développe à marche forcée et accumule les déséquilibres. Derrière cette puissance perdurent en effet de réelles fragilités.

Fiche : L'Asie orientale, une aire de puissance en expansion

L'Asie orientale comprend le Japon, la Corée du Sud, Taiwan, la Chine littorale et Singapour.

Une région en pleine expansion

Puissance démographique d'abord. Avec **800 millions d'habitants** (et même 1,5 milliard si l'on prend en compte toute la population chinoise), l'Asie orientale est un des espaces les plus peuplés du monde. Les densités sont très élevées sur les littoraux. Principales agglomérations : Tokyo (30 millions d'habitants), Séoul (20 millions), Shanghai (17 millions), Singapour (3 millions), Taipei (3 millions).

L'Asie orientale est l'espace économiquement le plus dynamique du monde, c'est-à-dire celui qui croît le plus vite. Réalisant **25 % du PIB mondial**, la région pèse désormais pratiquement autant que l'Union européenne ou les États-Unis. C'est la Chine qui possède les taux de croissance les plus rapides (environ 10 % par an).

L'Asie orientale a fondé sa réussite économique sur l'exportation de produits industriels. La région représente aujourd'hui environ 20 % des exportations mondiales. Le Japon est le troisième exportateur mondial, devant la Chine, actuellement au quatrième rang. Le modèle a été sensiblement le même partout : fabriquer d'abord des produits bon marché en profitant des faibles coûts de main d'œuvre, puis, progressivement, améliorer les productions et monter en gamme afin de se positionner sur des produits à plus forte valeur ajoutée.

L'organisation de l'espace de l'Asie orientale

Trois pôles différents coexistent en Asie orientale : le **Japon** reste le centre de cet espace et le pôle le plus puissant de l'Asie orientale (2e PIB du monde). Il s'est développé le premier et depuis longtemps (ère Meiji, 1868). Il a servi de modèle aux **NPI** (Corée du Sud, Singapour, Taiwan) dont l'essor a été très fort dans les années 1970 et 1980. La **Chine** est le dernier pays à s'être ouvert (à partir de 1978 et l'arrivée au pouvoir de Deng Xiao Ping), mais son rattrapage est très rapide depuis les années 1990.

Les activités de tous les pays de la zone sont très fortement **littoralisées**. Au Japon, 80 % de la puissance économique se concentrent dans la mégalopolis côtière (de Tokyo à Fukuoka), en Corée du Sud, les principaux pôles sont les ports de Pusan et Séoul, à Taiwan c'est le littoral Est qui est le plus développé et en Chine, l'ouverture économique a d'abord et volontairement concerné les seules provinces littorales (les deux tiers du PIB du pays sont réalisés par les provinces littorales). C'est la preuve d'économies très extraverties et tournées vers les exportations et le monde.

Autre signe du dynamisme de la région, **les flux** entre les pays de l'Asie orientale augmentent considérablement. Une certaine division du travail s'est instaurée entre le savoir-faire et les capitaux japonais (ou coréens et taïwanais) d'une part et la main d'œuvre à bas coût de la Chine d'autre part.

Cette intégration est beaucoup plus timide au niveau politique. **Peu d'organisations** existent (ASEAN, APEC) et leurs buts restent limités (création de zones de libre-échange).

Les quatre limites à cette puissance

Les tensions politiques tout d'abord car l'Asie orientale est **une véritable poudrière**. Les contentieux et conflits potentiels entre les États de la région sont nombreux. Le plus sérieux est celui qui oppose la Chine et Taiwan. Autre inquiétude : les menaces nucléaires en provenance de Corée du Nord.

La croissance économique est actuellement très forte en Chine, mais **est-elle durable ?** La croissance du Japon est médiocre depuis quinze ans et la Chine est en phase de rattrapage. La corruption est forte, les fragilités nombreuses (du système bancaire notamment). La région est loin d'être à l'abri des crises (la dernière date de 1997).

Les **problèmes sociaux** restent importants, certains inquiétants à terme :

- Vieillissement rapide de la population japonaise.
- En Chine, le développement s'est effectué uniquement sur les provinces littorales et profite encore peu à la population qui ne bénéficie pas encore d'une protection sociale digne de ce nom.
- En Chine, le parti communiste pourra-t-il encore longtemps restreindre les libertés individuelles ?

Les contraintes géographiques et environnementales :

- Les catastrophes naturelles (tremblements de terre, typhons, tsunamis…) sont régulières et meurtrières en Asie orientale.
- Surtout, l'environnement a beaucoup souffert du développement économique, une situation qui n'est pas tenable indéfiniment et qui aura un coût (financier et humain).

Chapitre 34

Un espace central : la mégalopole japonaise

Dans ce chapitre :

- La mégalopole japonaise, un des plus puissants centres du monde
- Mais un espace fragile et saturé

Le Japon est la terre de tous les paradoxes et de tous les contrastes. Détruit et occupé par les États-Unis en 1945, le Japon est aujourd'hui la 2e puissance économique du monde (avec un PIB de 4 500 milliards de dollars) et exporte ses produits sur toute la planète. Et pourtant, le territoire japonais est bien ingrat : un archipel de plusieurs milliers d'îles (dont quatre îles principales), à la superficie réduite (380 000 km^2, soit à peine 70 % de la superficie de la France), très montagneux (seuls 16 % du territoire sont des plaines) et très pauvre en ressources naturelles. Manifestement, avec leur territoire, les Japonais ont été moins bien gâtés que les Américains ! Cela n'a pas empêché cette formidable réussite économique. Comme quoi, il n'est bien de richesse que d'hommes…

D'un point de vue spatial, cette puissance économique se concentre principalement sur une étroite bande littorale pour former une immense mégalopole, la troisième de notre programme, après les mégalopoles américaine et rhénane, mais la plus puissante et la plus peuplée des trois. C'est cette mégalopole qui est au programme et elle seule (donc pas la totalité du Japon). Elle constitue le centre, le cœur de la puissance économique du Japon.

Comment s'organise la mégalopole japonaise ?

Quels sont les aspects et les limites de cette puissance ?

CROQUIS DE BAC

Page XVIII du cahier couleurs : l'organisation du territoire de la mégalopole japonaise

La mégalopole japonaise, c'est :

- **100 millions d'habitants**
- **80 % de la puissance économique du Japon**
- **Tokyo, la plus grande agglomération du monde avec 30 millions d'habitants**

La mégalopole japonaise, un des plus puissants centres du monde

Une mégalopole de plus de 1 000 kilomètres de long !

Localisons tout d'abord précisément cette mégalopole japonaise. **Elle s'étend de Tokyo à Fukuoka sur une étroite bande littorale** de plus de 1 000 km de long. Si l'on parle de **mégalopole**, c'est pour désigner un espace jalonné de grandes – voire de très grandes ! – villes qui, en se développant, ont parfois fini par se rejoindre, formant ainsi un immense complexe urbain parcouru par des flux intenses. Du fait de l'exiguïté des plaines littorales japonaises, cette mégalopole n'est pas très large. Elle est majoritairement située sur la principale île du Japon (Honshu), mais empiète également sur les deux îles du sud-ouest, Kyushu et Shikoku.

La mégalopole s'étire donc le long d'un littoral très découpé, alternant entre des grandes baies favorables à l'installation de ports (comme la baie de Tokyo ou celle de Nagoya) et des espaces beaucoup plus réduits à flanc de montagne.

100 millions d'habitants !

Cette immense mégalopole s'est progressivement constituée depuis les années 1950. Peu à peu, avec le développement des zones industrielles et l'augmentation de la population, les grandes agglomérations se sont étendues jusqu'à donner cette impression de « très très grande ville ». Là, sur cette étroite bande littorale, vivent environ 100 millions de personnes, soit à peu près quatre Japonais sur cinq ! Autrement dit, et même s'il ne s'agit pas d'un corridor urbain continu de Tokyo à Fukuoka (des espaces verts subsistent entre les grandes agglomérations), les densités de population sont très élevées.

Au nord, la principale agglomération est bien sûr **Tokyo et ses 30 millions d'habitants**. Avec respectivement 16 et 8 millions d'habitants, Osaka-Kobe et Nagoya sont les deux autres pôles majeurs de cette mégalopole. À elles seules, ces trois grandes agglomérations regroupent plus de 40 % de la population du pays ! (voir figure 34-1).

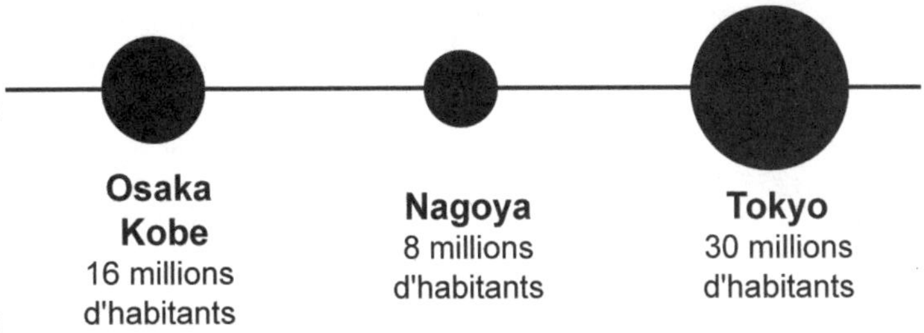

Figure 34-1 : Les trois pôles majeurs de la mégalopole japonaise.

80 % de la puissance économique du Japon !

Le Japon est une très grande puissance industrielle, occupant des positions de premier plan dans des secteurs aussi essentiels que la construction navale, la construction automobile, la sidérurgie, la chimie, l'horlogerie ou la bureautique. Sans parler des industries de haute technologie où le Japon excelle. Biotechnologies, optique, robotique, télécoms, informatique, jeux vidéo ou pharmacie : ce « petit » pays dénué de ressources naturelles est bien un géant industriel ! Il est bien loin le temps où le Japon se contentait de copier et de reproduire les innovations produites en Europe ou aux États-Unis. Aujourd'hui, c'est bien souvent le contraire ! Le Japon est un des pays les plus innovants du monde, maîtrisant des techniques de pointe comme très peu d'autres pays sur terre sont capables de le faire.

GROS PLAN

Le Japon voit votre avenir avec des robots !

Les Japonais sont fous de technologie. Portables et autres gadgets électroniques sont une spécialité du pays depuis longtemps (qui n'a jamais entendu parler des Tamagoshi ?). Une des nombreuses spécialités high-tech du Japon, ce sont les robots ! Les Japonais investissent beaucoup dans ce secteur, convaincus qu'il y a ici un marché d'avenir qui va tout révolutionner. Des robots pour passer la tondeuse, faire le ménage, assister les personnes âgées, guider les aveugles ou assurer la sécurité : les Japonais voient notre avenir rempli de ces humanoïdes ! Et les modèles présentés depuis deux ou trois ans sont de plus en plus convaincants ! À ce rythme-là, nous devrions en voir arriver dans nos foyers dans les prochaines années. Si cela marche et que la mode prend, les Japonais pourraient bien faire un fabuleux « carton » commercial ! À quand des robots militaires comme ceux de *Star Wars* ?

Géographiquement, les 80 % cette puissance économique se concentrent sur la mégalopole. De Tokyo à Fukuoka se succèdent d'immenses zones industrielles et portuaires qui occupent les trois quarts des emplois industriels du pays.

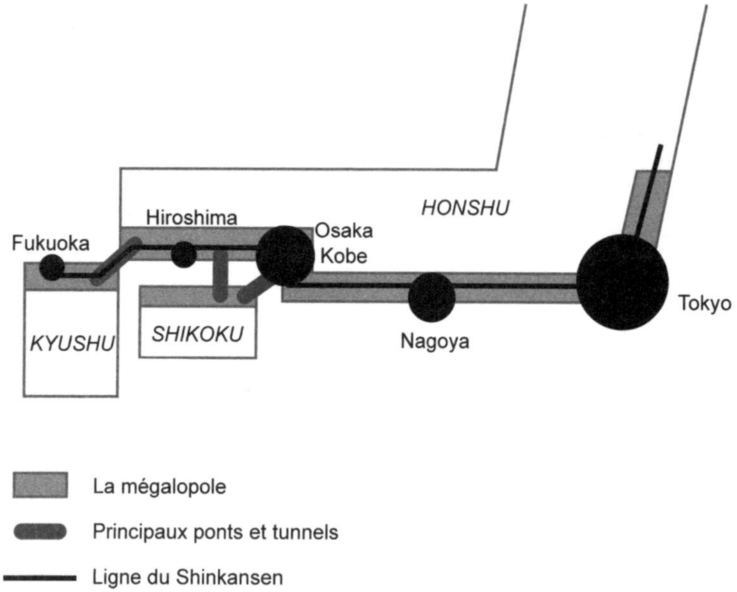

Figure 34-2 : La mégalopole japonaise.

Un espace totalement aménagé

Tout cela n'a été possible qu'au prix d'un très important aménagement du territoire. Très vite en effet, les Japonais se sont retrouvés un peu à l'étroit sur les plaines côtières de Honshu. Le développement des villes et des zones industrielles a pris une telle extension que l'on a décidé de gagner des terres nouvelles… sur la mer ! Un travail de titan, tant les contraintes naturelles sont fortes au Japon ! Les travaux ont démarré dans les années 1950. Depuis, **les littoraux ont été totalement transformés** et mis au service de la puissance japonaise. Plusieurs techniques ont été utilisées, mais c'est surtout la constitution de **terre-pleins** qui s'est imposée. Le principe est simple : on apporte des remblais afin de gagner de la terre sur la mer.

Les terre-pleins : la réponse du Japon à son manque d'espace

Les grandes baies de Tokyo, Osaka ou Nagoya sont désormais en partie occupées par ces terre-pleins et les photos aériennes offrent un spectacle toujours surprenant d'un littoral à angles droits. Là, sur ces vastes terre-pleins se sont installées des zones industrielles et des extensions portuaires. À Osaka, on est même allé jusqu'à construire **l'aéroport du Kansai** sur un terre-plein situé à 5 km au large de la côte et relié au littoral par un pont ! Un aéroport qui repose sur un millier de piliers et qui a résisté au tremblement de terre de Kobe en 1995. Comme quoi, la technique est au point !

Des flux majeurs et des contraintes spatiales largement maîtrisées

Sur ces littoraux exigus circulent des flux impressionnants. Les grandes métropoles nippones sont en effet toutes reliées entre elles par des infrastructures de transport de premier plan (un réseau autoroutier, doublé du TGV japonais, appelé **le Shinkansen**, en service depuis 1964).

Une autre forte contrainte est liée à l'insularité du Japon. La mégalopole s'étale en effet sur les trois grandes îles du sud de l'archipel. Une contrainte, elle aussi, largement maîtrisée grâce à la construction de nombreux ponts et tunnels qui relient ces trois îles en de nombreux points.

Un espace ouvert sur l'océan Pacifique et sur le monde

La mégalopole japonaise concentre l'essentiel de la puissance économique du pays. Avec 30 000 km de côtes, le Japon est entièrement tourné vers la mer. La mer a d'ailleurs toujours été un élément fondamental du territoire japonais. Entre le XVIIe et le XIXe siècle, elle a joué un rôle de barrière avec le reste du monde, permettant au Japon de se protéger de l'extérieur. Aujourd'hui, c'est l'inverse : elle est l'instrument de l'ouverture du pays sur le monde. Le littoral de la mégalopole, presque totalement industrialisé, en est le meilleur symbole.

Quel contraste avec les littoraux situés au nord du Japon (face à la Russie et la Corée) qui sont en effet beaucoup moins développés ! C'est pourquoi on oppose parfois deux Japon, **un Japon dit de « l'Endroit »**, ouvert et dynamique, **et un Japon de « l'Envers »**, beaucoup moins développé. C'est donc sur le Japon de l'Endroit que se trouve la mégalopole japonaise. Elle est véritablement le poumon économique du pays : c'est de là que tout part, mais c'est là que tout arrive également, car le Japon, qui manque de tout, est très dépendant de l'extérieur et doit importer de grandes quantités de produits alimentaires, d'énergie et de matières premières. **La mégalopole japonaise est ainsi la première façade portuaire du monde**, et le Japon la 3e puissance commerciale du monde, derrière l'Allemagne et les États-Unis. Le territoire du Japon est donc très déséquilibré, tant la concentration d'hommes et d'activités est forte sur la mégalopole.

Tokyo, hypercentre et ville mondiale

Cette mégalopole est elle-même déséquilibrée en raison du poids de Tokyo, cœur de la mégalopole, véritable « centre du centre » ! L'agglomération écrase de toute sa puissance non seulement les autres grands pôles japonais mais aussi ceux de toute l'Asie. Tokyo, avec ses 30 millions d'habitants (trois fois la population de toute l'Île-de-France, donc de Paris et ses banlieues !), est une agglomération sans équivalent, économiquement la plus puissante du monde. À elle seule, l'agglomération produit chaque année **1/3 du PIB japonais**, soit autant de richesses que toute la France (pourtant peuplée de 60 millions d'habitants !).

Le Kanto (la région autour de Tokyo) est la première région industrielle du monde. Tout le long de l'immense baie de Tokyo s'égrènent sur des dizaines de kilomètres des zones industrielles aux activités très variées et de nombreux ports comme Yokohama, Kawasaki et Chiba. Leurs trafics cumulés feraient d'ailleurs de Tokyo le premier port du monde.

Tokyo concentre également les principaux pouvoirs politiques, économiques, financiers et culturels du Japon. Elle abrite, entre autres, le plus gros marché financier d'Asie (la principale Bourse japonaise est le Kabuto-chô) ainsi que le plus important quartier d'affaires du pays (Shinjuku). Y sont regroupés également les sièges sociaux des grandes sociétés japonaises, mais aussi les grandes écoles (l'université de Tokyo est la plus réputée du pays), la cité scientifique de Tsukuba, (une des plus grandes concentrations en recherche fondamentale du monde), les grands médias (presse et télé), etc. Bref, vous l'aurez compris, au Japon, il y a d'abord Tokyo, puis le reste !

Un espace confronté à d'importantes difficultés

Un espace étroit, fractionné et... plein !

Le Japon est un petit pays... en termes de superficie, bien sûr, pas en termes de puissance économique ! Seulement **380 000 km²** (rappelons que c'est 550 000 pour la France), plus de 3 000 îlots (dont environ 400 sont habités) et, de plus, un relief très accidenté. Les plaines littorales sont souvent étroites et l'intérieur du pays est couvert de montagnes jeunes aux pentes abruptes (le point culminant du pays est le célèbre mont Fuji avec ses 3 776 m) dévalées par des fleuves courts et violents. L'espace plat utilisable est donc rare, puisque les montagnes et coteaux (souvent couverts de forêts) occupent les trois quarts du territoire : seul un quart du territoire reste adapté aux activités industrielles. **Le Japon possède l'espace le plus difficile de tous les pays industrialisés**. Et sur ce territoire très contraignant vivent 127 millions d'habitants, soit plus de deux fois la population française ! C'est dire que l'aménagement du territoire et la gestion de l'espace posent de redoutables problèmes aux Japonais !

Un espace saturé et pollué

Cette surconcentration d'hommes et d'activités sur la mégalopole entraîne des nuisances nombreuses : pollution très élevée, circulation saturée, prix de l'immobilier exorbitant... Prendre le métro à Tokyo est une expérience étonnante (des employés du métro sont là pour pousser et tasser les gens à l'intérieur afin de bien remplir les rames !). Un espace qui est aujourd'hui saturé (la baie de Tokyo est encombrée de terre-pleins) et qui **doit s'étendre à l'intérieur du pays ou vers le nord** pour se désengorger un peu. Or, la prise de conscience de ce nécessaire desserrement des activités a été tardive et les nuisances à gérer se sont accumulées.

Un espace fragile, des contraintes naturelles fortes

Tout le monde le sait : **le Japon est un pays de tremblements de terre**. Les petites secousses sont régulières et le Japon subit tous les siècles au moins un tremblement de terre majeur ! L'explication est simple et malheureusement imparable pour les Japonais : le pays se trouve à la jonction de trois plaques tectoniques (la plaque eurasiatique d'une part, les plaques pacifique et philippine d'autre part, deux plaques qui glissent sous le Japon) qui entretiennent une instabilité constante.

Au cours du XXe siècle, le Japon a ainsi été mortellement frappé à deux reprises par des séismes majeurs : le plus grave à **Tokyo en 1923** (140 000 morts) et plus récemment à **Kobe en 1995** (6 000 morts). Et comme on manque de place, on reconstruit aux mêmes endroits, jusqu'au prochain séisme... Les Japonais vivent avec cette hantise permanente (la population s'entraîne régulièrement pour savoir comment réagir en cas de séisme, notamment les enfants dans les écoles), d'autant que le tremblement de terre de Kobe a ébranlé bien des certitudes et a érodé la confiance de la population envers les bâtiments qui, leur avait-on dit, étaient bâtis de telle façon qu'ils devaient résister à de forts tremblements de terre...

Et s'il n'y avait que cela ! Car en termes de risques naturels, le pays doit subir bien d'autres calamités : volcanisme important (encore une soixantaine de volcans en activité), raz de marée (ou tsunamis) qui peuvent dévaster les côtes, typhons, enneigement prolongé ou même sécheresse... L'histoire du Japon est ponctuée de ravages souvent majeurs. Le Japon est donc une terre à risque (voir figure 34-3).

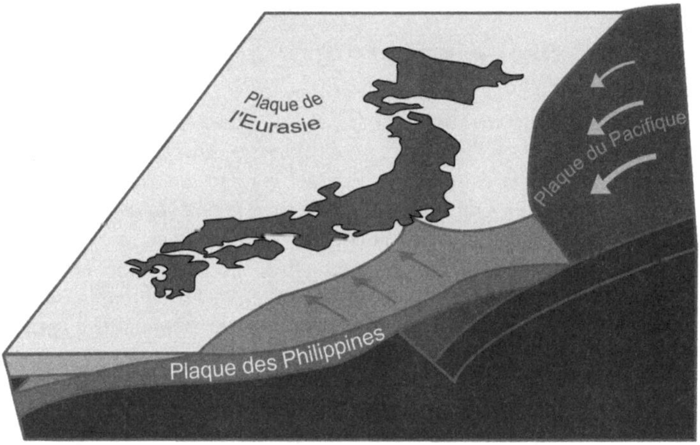

Figure 34-3 : Plaques tectoniques et séismes au Japon.

Conclusion

Le Japon est un géant économique, un pays riche et d'une puissance considérable. Les Japonais forcent d'ailleurs l'admiration pour être parvenus à construire une telle puissance sur un pays aussi fragile, aussi petit et pour ainsi dire sans ressources naturelles !

Le pays doit pourtant désormais faire face à d'importantes difficultés :

À RETENIR

1. **Depuis 1991, c'en est fini de la très forte croissance économique** que connaissait le pays dans les années 1970 et 1980. Depuis quinze ans, la croissance est molle, le pays a été distancé par les États-Unis et se fait rattraper par la Chine. Le Japon doit en outre faire face à des difficultés nouvelles : apparition du chômage et fort vieillissement de sa population.

2. **La montée en puissance de la Chine** va très probablement faire de plus en plus d'ombre à la puissance japonaise en Asie orientale, d'autant que le Japon n'est pas une grande puissance militaire, ne joue qu'un rôle réduit dans les relations internationales et reste dépendant des États-Unis pour sa sécurité (interdiction de construire des armes nucléaires).
3. Enfin la gestion **d'un espace fragile** et saturé reste un défi permanent pour le pays.

Alors, quel sera l'avenir du « pays du Soleil-Levant » ? Le XXIe siècle s'ouvre avec de réelles incertitudes. Le Japon profite toutefois de la croissance chinoise et se porte mieux depuis peu. Il conserve par ailleurs des atouts formidables, exceptionnels même, et notamment une population remarquablement bien formée et une impressionnante maîtrise des hautes technologies. Il n'empêche : l'arrivée de la Chine bouscule tout et les cartes de la puissance sont en train d'être redistribuées en Asie.

Fiche : Un espace central, la mégalopole japonaise

Détruit en 1945, le Japon est aujourd'hui **la deuxième puissance économique** du monde et exporte ses produits sur toute la planète. L'essentiel de cette puissance se concentre dans la mégalopole.

La mégalopole japonaise, un des plus puissants centres du monde

La mégalopole japonaise s'étend **de Tokyo à Fukuoka sur une étroite bande littorale de plus de 1 000 kilomètres de long** (essentiellement sur la principale île : Honshu). C'est un espace jalonné de grandes villes, qui, en se développant, ont parfois fini par se rejoindre, formant ainsi un immense complexe urbain parcouru par des flux intenses.

Elle regroupe 80 % de la population du pays. Au nord, la principale agglomération est bien sûr Tokyo et ses 30 millions d'habitants. Avec respectivement 16 et 8 millions d'habitants, Osaka - Kobe et Nagoya sont les deux autres pôles majeurs de cette mégalopole.

Cette mégalopole, c'est aussi **80 % de la puissance économique du pays**. Le Japon étant la deuxième puissance industrielle du monde, occupant des positions dominantes aussi bien dans les grandes industries traditionnelles (sidérurgie, automobile) que dans les hautes technologies, c'est dire si les concentrations sont fortes sur ces littoraux. De Tokyo à Fukuoka se succèdent d'immenses zones industrielles et portuaires qui occupent les trois quarts des emplois industriels du pays.

La mégalopole japonaise est **la première façade portuaire du monde**, et le Japon la troisième puissance commerciale du monde, derrière l'Allemagne et les États-Unis. Le territoire du Japon est donc très déséquilibré, tant la concentration d'hommes et d'activités est forte sur la mégalopole.

Cette mégalopole est elle-même déséquilibrée en raison du **poids de Tokyo**, cœur de la mégalopole. Tokyo est une agglomération sans équivalent, économiquement la plus puissante du monde. À elle seule, l'agglomération produit chaque année un tiers du PIB japonais. Tokyo concentre les principaux pouvoirs politiques, économiques, financiers et culturels du Japon. Elle abrite, entre autres, le plus gros marché financier d'Asie (la principale Bourse japonaise est le Kabuto-chô) ainsi que le plus important quartier d'affaires du pays (Shinjuku). L'université de Tokyo est la plus réputée du pays.

Un espace aménagé et... à ménager !

Le territoire japonais est **un archipel de plusieurs milliers d'îles** (dont quatre îles principales), à la superficie réduite (380 000 km^2, soit plus petit que la France), très montagneux (seul un quart du territoire reste adapté aux activités industrielles) et très pauvre en ressources naturelles.

Le territoire japonais se prête donc fort mal au développement d'une grande puissance économique. Il a nécessité de très lourds aménagements.

Les grandes baies de Tokyo, Osaka ou Nagoya, sont désormais totalement occupées par des terre-pleins. Là, sur ces vastes **terre-pleins** se sont installées des zones industrielles et des extensions portuaires. Face au manque de place, on construit depuis quelques années des îles flottantes en pleine mer.

Sur ces littoraux exigus circulent **des flux impressionnants**. Les grandes métropoles nippones sont en effet toutes reliées entre elles par des infrastructures de transport de premier plan (un réseau autoroutier, TGV japonais, appelé le Shinkansen, en service depuis 1964). Toutes les principales îles sont reliées par des systèmes de tunnels et de ponts, permettant de vaincre une des principales contraintes du Japon : l'insularité.

Cette sur-concentration d'hommes et d'activités sur la mégalopole entraîne **des nuisances nombreuses** : pollution très élevée, circulation difficile, prix de l'immobilier exorbitant… Un espace qui est aujourd'hui saturé (la baie de Tokyo est encombrée de terre-pleins) et qui doit s'étendre à l'intérieur du pays ou vers le nord pour se désengorger un peu.

Le Japon subit régulièrement des catastrophes naturelles (volcans, tsunamis, typhons…). Le pire est sans doute les tremblements de terre, parfois très violents. Le pays se trouve à la jonction de trois plaques tectoniques et, au cours du XXe siècle, il a été frappé à deux reprises par des séismes majeurs : le plus grave à Tokyo en 1923 (140 000 morts) et plus récemment à **Kobé en 1995** (6 000 morts). Le Japon est donc une terre à risque. La gestion d'un espace fragile et saturé reste un défi permanent pour le pays.

Le Japon est un géant économique, un pays riche et d'une puissance considérable. Il doit pourtant aujourd'hui faire face à deux difficultés majeures : la perte de son dynamisme économique (croissance très faible depuis la crise de 1991) et démographique (vieillissement) ainsi que la montée en puissance de la Chine en Asie orientale qui fait de plus en plus d'ombre à la puissance japonaise.

Chapitre 35

Unité et diversité des Suds

(Terminales L et ES uniquement)

Dans ce chapitre :

- Notre monde est inégalement développé
- Amérique latine, monde arabe, Asie, Afrique : un Sud à plusieurs vitesses
- Le Brésil : un bon exemple des réussites et des limites du développement dans un grand pays du Sud

Nous l'avons vu dans les deux premiers cours sur la mondialisation : notre monde est très inégalitaire. Un Nord développé se différencie nettement d'un Sud encore largement sous-développé. Mais cette vision du monde un peu binaire, en « noir et blanc », correspond-elle à la réalité ? Le monde est-il aussi « simple » que cela ?

Certes, nous verrons que la fracture Nord/Sud existe encore bel et bien. Mais elle est de plus en plus difficile à suivre car, avec la mondialisation, le monde se fragmente en de nombreux espaces dont les rythmes de développement divergent fortement. Certains pays décollent, d'autres stagnent, d'autres enfin régressent. Les écarts grandissent. Notre Terre est multiple et complexe.

Comment différencier le Nord et le Sud ?

Quels sont les différents Suds sur terre ?

Dans quelle mesure le Brésil est-il représentatif de nombreux pays du Sud aujourd'hui ?

Page IV du cahier couleurs : l'espace mondial : des Nords, des Suds ?

Le Brésil, grand pays du Sud, c'est :

- **180 millions d'habitants**
- **un pays-continent de 8,5 millions de km²**
- **São Paulo, 18 millions d'habitants dont 2 millions dans des *favelas***

Un monde inégalement développé

La fracture entre le Nord et le Sud existe toujours !

Qu'est-ce que le « Sud » ?

D'abord une rapide définition : qu'est-ce que le « Sud » ? Entendons par là **l'ensemble des Pays en voie de développement (les PED)**. Ces PED forment un groupe de pays très hétérogène, mais qui présentent néanmoins un certain nombre de caractéristiques communes. Nous allons le voir, il existe un grand nombre d'indicateurs du sous-développement. Ces indicateurs différencient encore nettement un Nord développé d'un Sud sous-développé.

Et qu'est-ce que le sous-développement ?

On dit qu'un pays est sous-développé si une majorité de sa population ne parvient pas à satisfaire à certains besoins essentiels. Lesquels ? Ils sont nombreux ! Notons parmi les plus importants : pouvoir se nourrir, avoir accès à de l'eau potable, bénéficier d'une instruction minimale, pouvoir se soigner et avoir une espérance de vie pas trop éloignée de ce que la médecine autorise actuellement.

L'IDH, indicateur majeur de la mesure du développement

Tout cela est fort bien, mais remarquez que cette définition du développement est un peu floue : pas facile en effet de dire quand une population parvient à satisfaire ses besoins essentiels ! Au bac, vous pourrez donc tomber (notamment en étude de documents) sur des cartes ou tableaux statistiques très variés sur le développement (accès à l'eau potable, nombre de médecins par habitants…). Cela ne doit pas vous surprendre : c'est bien toujours du développement humain dont on parle.

Un indicateur de l'ONU, l'IDH, mesure les niveaux de développement sur Terre en retenant trois critères majeurs : les richesses (le PIB/hab.), l'espérance de vie et le niveau d'éducation. C'est certes incomplet (l'IDH ne mesure pas le degré de liberté individuelle ou le respect des droits de l'homme, par exemple), mais c'est déjà mieux que le seul PIB/hab. !

Ne l'oubliez pas : la richesse ce n'est pas le développement. Le développement c'est la richesse mise au service de l'amélioration des conditions de vie d'une population. Pas de développement sans richesses, certes, mais un pays riche n'a pas forcément un développement harmonieux de sa population (en cas de fortes inégalités par exemple).

Premier critère du développement : le PIB par habitant (PIB/hab.)

Le PIB/hab. mesure la quantité de richesses produites en un an pour un habitant. Attention, il ne s'agit pas de ce que touche la population : le PIB/hab. ne mesure pas les revenus, mais les richesses produites. Cela permet de savoir si un pays produit beaucoup de richesses ou pas, donc si son économie est puissante. C'est le premier critère du développement et il est fondamental : sans richesses, aucun développement n'est en effet possible.

Le PIB/hab.-ppa, un indicateur à connaître !

Le PIB/hab. est un indicateur majeur pour mesurer les différences de richesses produites entre les pays, mais il pose un petit problème. Calculé pour tous les pays en dollar américain, le PIB/hab. ne rend pas bien compte des écarts de niveaux de vie d'un pays à l'autre, car, c'est une évidence, 1 dollar en Afrique ou en Europe ne représente pas du tout le même pouvoir d'achat ! C'est pourquoi les économistes lui préfèrent souvent le **PIB/hab.-ppa, c'est-à-dire en parité de pouvoir d'achat** qui offre le gros avantage de tenir compte du coût de la vie, différent d'un pays à l'autre. En utilisant cet indicateur, les écarts entre le Nord et le Sud diminuent sensiblement.

Second marqueur du développement : l'espérance de vie

L'espérance de vie est un bon critère du développement, car **ce seul chiffre offre un condensé de l'état sanitaire d'une population** : mortalité infantile, qualité de la médecine, importance des dépenses de santé, état des hôpitaux, niveau d'hygiène de la population… Autant d'éléments essentiels du développement d'une population qui transparaissent dans l'espérance de vie. Ce seul critère est donc une synthèse fondamentale du développement.

Troisième marqueur du sous-développement : le niveau d'éducation

Comment espérer voir une population progresser si elle ne possède pas un niveau d'éducation minimal ? **L'éducation, c'est la clé du développement**. Il existe de nombreux moyens pour mesurer le niveau d'éducation (nombre d'enfants scolarisés, pourcentage d'adultes analphabètes…) mais tous vont toujours à peu près dans le même sens.

La carte de l'IDH : un monde de plus en plus complexe et quatre idées clés !

S'il y a bien un document auquel il faut vous attendre le jour du bac, c'est cette carte représentant les niveaux d'IDH sur terre. Carte essentielle, qui montre une synthèse des différents critères du développement que nous avons détaillés ci-dessus et qui offre également une image assez juste de l'inégal développement dans le monde. Bien sûr, on ne vous demande pas de la connaître par cœur, mais soyez capable d'en faire ressortir les conclusions principales. Oui, mais encore ? Réponses ci-dessous ! !

- **La fracture Nord/Sud est toujours d'actualité**. Richesses produites, espérance de vie, niveau d'éducation (et nous pourrions prendre encore bien d'autres indicateurs), il existe bien un Sud sous-développé qui s'oppose à un Nord très développé. Sur la carte de l'IDH mondial, les grands blocs se dégagent assez vite.
- **Cette fracture est cependant de plus en plus difficile à tracer** : la limite Nord/Sud est nette entre l'Europe et l'Afrique ou entre l'Amérique du Nord et l'Amérique latine, mais en Asie… ? Beaucoup moins évident ! Pourquoi ? C'est le résultat des évolutions des quinze dernières années. Deux idées majeures à retenir :
- La situation s'est complexifiée au Nord : avec la chute du communisme et l'effondrement économique de l'Europe de l'Est et de l'ex-URSS, **il faut maintenant différencier deux Nords** : la Triade qui domine et l'ex-bloc communiste en reconstruction. Les écarts de développement sont importants entre ces deux Nords.
- Le Sud est encore plus hétérogène ! Le temps d'un tiers-monde totalement sous-développé est bien fini ! Le Sud n'existe plus, il a éclaté **! Il existe maintenant <u>des</u> Suds aux rythmes de développement très différents** : certains pays se développent vite (pays émergents comme la Chine), d'autres stagnent, voire reculent (PMA). Donc, ne simplifiez pas ! Que reste-t-il en effet de commun entre la Chine et l'Angola… ?

L'IDH dans le monde : le tracé de la fracture Nord/Sud s'est complexifié

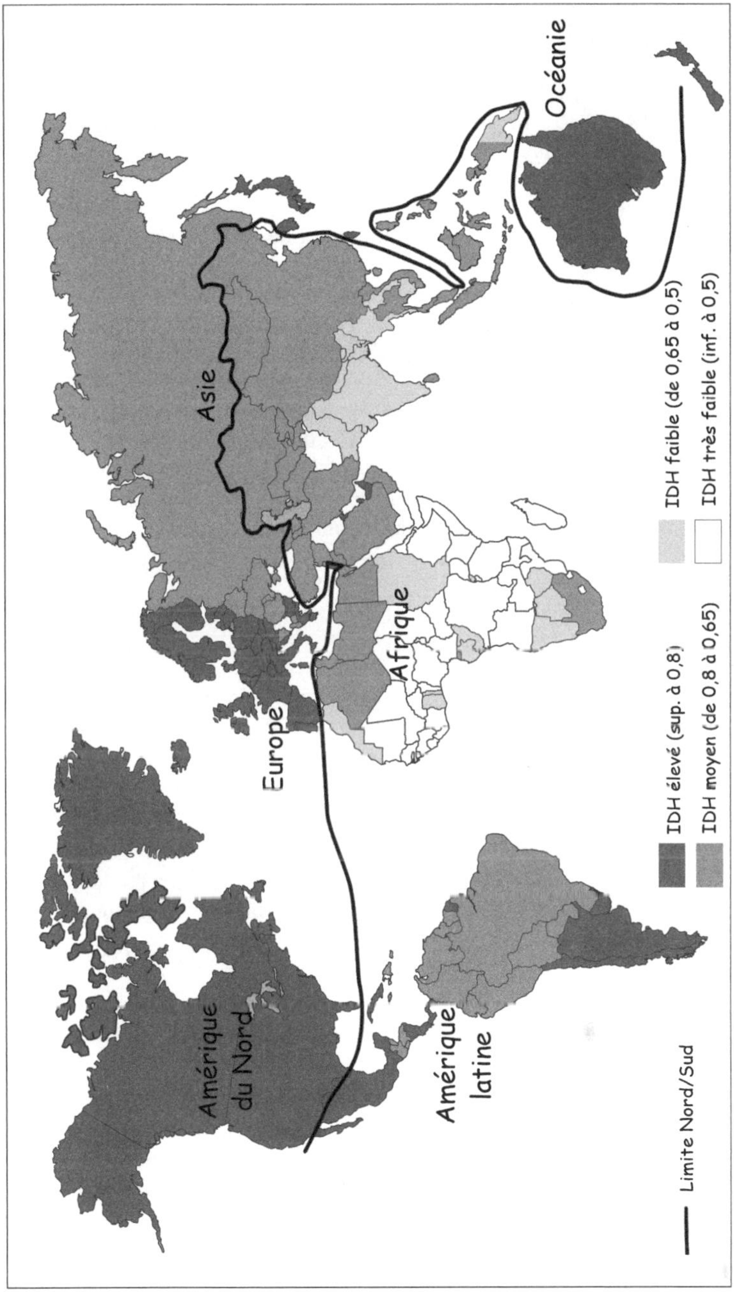

Un Sud à plusieurs vitesses

Aujourd'hui, c'est donc un Sud éclaté et diversifié qui apparaît. Différencier un Nord développé et un Sud en développement est devenu très insuffisant. Le monde est beaucoup plus complexe que cela. Le Sud est devenu un espace très hétérogène.

D'un continent à l'autre, les situations sont désormais très différentes. Petit tour d'horizon de ces Suds…

L'Asie, un développement irrésistible ?

Quel retournement de situation ! Et quel progrès ! Il n'y a pas si longtemps, l'Asie semblait vouée aux guerres et aux dictatures et personne ne voyait beaucoup de lumière au bout du tunnel. Rappelons-nous les drames de la dictature de Mao en Chine, de la guerre du Vietnam ou des carnages perpétrés par les Khmers rouges au Cambodge. Aujourd'hui, l'Asie est, globalement, le continent qui se développe le plus vite. C'est le « bon élève » de la mondialisation. Beaucoup de pays décollent, c'est presque tout le continent qui bouge. Même le Bangladesh, longtemps synonyme d'échec absolu, progresse.

L'Asie n'en reste pas moins **un continent multiple avec des situations très contrastées**. Il y a encore de très grands écarts de développement et la progression du continent se fait à des rythmes très variés.

Quelles sont les idées essentielles à retenir à propos de cet immense continent ?

- **Deux « géants » sont en train de naître : l'Inde, et surtout la Chine** dont la progression est stupéfiante depuis une vingtaine d'années.
- Globalement, l'Asie de l'Est (autour de la Chine) progresse plus vite que l'Asie du Sud (autour de l'Inde).
- **Un certain nombre d'États restent à l'écart du développement**, d'abord pour des raisons politiques (pays en guerre ou dirigés par une dictature) : Birmanie, Afghanistan, Corée du Nord.
- L'enrichissement réel d'un grand nombre de pays s'accompagne souvent d'un renforcement des inégalités à l'intérieur des pays. Un océan de pauvreté subsiste toujours, même s'il tend à diminuer dans de nombreux pays. L'enrichissement progresse plus vite que le développement et les inégalités entre régions et au sein de la population s'accroissent.

L'Amérique latine, un développement réussi ?

De toutes les régions du Sud, l'Amérique latine est sans doute celle qui s'est engagée le plus tôt dans la voie du développement. Avec d'ailleurs de réels succès : espérance de vie et éducation de la population ont fait de très importants progrès.

Incontestablement, et malgré les nombreuses crises qui se sont succédé, **le développement a progressé ces vingt dernières années** : en moyenne l'IDH est passé de 0,65 en 1975 à 0,75 en 2004. Le continent s'est urbanisé, la démographie est maîtrisée. Une industrie s'est développée dans de nombreux pays qui parviennent peu à peu à s'intégrer dans le commerce mondial. L'Amérique latine est parvenue également à sortir des dictatures (les nombreuses juntes militaires des années 1960 et 1970, dont celle d'Augusto Pinochet au Chili de 1973 à 1990) et la démocratie semble s'être installée pour de bon. Autant de tendances positives.

Bon. Tout va bien alors ? Non, car le pari du développement, même s'il semble bien engagé, n'est pas encore gagné. Quatre bémols aux succès enregistrés par l'Amérique latine :

- **Comme toujours, ce développement est très inégal**. Il touche certains pays, certains espaces et certaines populations. En Amérique latine, le Mexique, l'Argentine, le Chili, le Brésil ont capté l'essentiel de ce développement. À l'inverse, plusieurs pays andins (Bolivie, Pérou) et d'Amérique centrale (Guatemala, Nicaragua, Haïti) sont à la traîne. À l'intérieur de chaque pays, les contrastes de développement sont également très forts : l'enrichissement ne bénéficie pas à tous.
- Puisque seulement une partie de la population profite du développement, les inégalités augmentent. **L'Amérique latine reste le continent où les inégalités sont les plus fortes au monde.** Inégalités entre les populations mais aussi entre les territoires (d'une région à l'autre, d'un quartier à l'autre). Les conséquences sont évidentes : augmentation des migrations (entassement dans des bidonvilles, immigration), fractures au sein des sociétés et montée de la violence urbaine.
- Malgré les progrès, la pauvreté globale reste à un niveau très élevé : **40 % de la population en Amérique latine vit encore en dessous du seuil de pauvreté.** C'est considérable.
- Enfin, **ce développement est souvent fragile**, des crises fréquentes pouvant balayer rapidement une partie des progrès (le dernier exemple en date : l'Argentine en 2001 où une terrible crise financière a ruiné toute une partie de la population).

Alors ? Développement réussi en Amérique latine ? Il faut fortement nuancer : partiellement réussi, et toujours fragile. Des tendances sont encourageantes, d'autres inquiétantes.

Le développement inégal, nous retrouvons là encore une des idées fortes du programme de terminale. C'est un des résultats majeurs de la mondialisation. La mondialisation crée du développement, mais de manière inégale, ne l'oubliez pas : certains pays, certains territoires, certaines populations. Les exemples abondent qui vous permettront de le démontrer dans vos copies, celui de l'Amérique latine en est un parmi d'autres.

Le monde arabe, un développement bloqué ?

Tout d'abord une idée essentielle : le « monde arabe » ne forme certainement pas un bloc uni. Les différences et les tensions entre pays sont très fortes du Maroc à l'Iran et l'Islam est loin de suffire à créer une unité. En fait, c'est même plutôt l'inverse : ces pays commercent peu entre eux, échangent peu.

Il faut distinguer, dans ce vaste ensemble, au moins deux types de pays : des États riches et peu peuplés (pays pétroliers du golfe Persique comme l'Arabie Saoudite et les petits États comme le Qatar ou les Émirats arabes unis) et les pays pauvres et très peuplés (comme l'Égypte ou l'Iran). Mais dans tous les cas, les inégalités sont très fortes et le développement ne progresse pas aussi vite que les cours du pétrole ! Entre le PIB/hab. et l'**IDH**, c'est ainsi souvent le grand écart dans la région ! Preuve que les richesses sont très mal redistribuées et ne profitent qu'à une minorité.

Au fond, le monde arabe souffre de deux problèmes majeurs : l'évolution des sociétés est trop souvent bloquée par des pouvoirs rigides et conservateurs (le sort des femmes, souvent très pénalisées, est un frein majeur au développement) et les guerres à répétition épuisent les pays et empêchent toute croissance durable. Contrairement à ce que l'on croit trop souvent, il ne suffit pas d'avoir du pétrole pour se développer.

Richesses produites et développement ne vont pas toujours ensemble !

Il y a parfois de fortes distorsions entre le PIB/hab. et l'**IDH** dans un pays. Un pays peut être bien classé en termes de PIB/hab. et mal classé en termes d'IDH, ou inversement. Ces différences nous renseignent beaucoup sur le fonctionnement du pays et sur la bonne ou mauvaise répartition des richesses. Un exemple pour mieux comprendre : l'Arabie Saoudite est au 35e rang mondial pour le PIB/hab. et au 77e rang mondial pour l'IDH. Inversement, la France est au 14e rang mondial pour le PIB/hab. et au 16e rang pour l'IDH. Quel sens donner à ces chiffres ? Tout simplement que la richesse produite par la France est mieux répartie et profite plus à la population qu'en Arabie Saoudite.

GROS PLAN

La « malédiction » du pétrole

Avec l'envolée des cours depuis 2003, les pays producteurs de pétrole encaissent 2 milliards de dollars par jour ! Et pourtant, aucun de ces États n'est parvenu jusqu'à présent à se développer ! Mais où passe donc l'argent… ? En fait, la majorité des pays pétroliers ne sont pas des États démocratiques. L'argent est souvent détourné par les dirigeants et ne profitent que peu au pays et souvent encore moins à la population. Corruption, détournements et pots-de-vin enrichissent ainsi une minorité et laissent la masse de la population dans la misère. Au Nigeria, 300 milliards de dollars de revenus pétroliers sont venus remplir les caisses du gouvernement au cours des vingt-cinq dernières années, mais le revenu par tête est resté inférieur à 1 dollar par jour ! La raison ? L'argent atterrit sur des comptes bancaires en Suisse, comme celui de l'ancien dictateur Sani Abacha (au pouvoir dans les années 1990). Trop souvent, les pays pétroliers se contentent de vivre de la rente pétrolière et ne profitent pas de ces revenus pour développer l'économie et investir dans l'industrie. Ils restent donc totalement dépendants du pétrole et de la fluctuation des cours. Quand le pétrole est cher, l'État algérien lance des grands programmes de construction de logements… qui s'arrêtent quand les cours baissent. Dans les monarchies pétrolières du Moyen-Orient (l'Arabie Saoudite en tête), les familles régnantes ont amassé des sommes considérables mais investissent d'abord leur argent en Bourse, aux États-Unis ou en Europe ! D'ailleurs, au Moyen-Orient, le nombre de millionnaires augmente plus vite qu'ailleurs dans le monde, alors que la plupart des pays de la zone ont vu leur PIB/hab. baisser depuis 1973….

L'Afrique subsaharienne, un développement impossible ?

L'Afrique subsaharienne (au sud du Sahara) va mal. Sur les cinquante **PMA** (les **pays les moins avancés du monde**) recensés par l'ONU, trente-deux appartiennent à l'Afrique subsaharienne. Bel euphémisme que ce terme de « pays les moins avancés » ! Ce sont bien en fait les pays où se concentre de plus en plus toute la misère du monde. Dans ces pays, le développement progresse peu ou même recule. Alors que le monde ne cesse de s'enrichir, le nombre de ces PMA n'a cessé d'augmenter. Depuis 1990, dix-huit pays ont même vu leur **IDH** reculer alors que la planète a connu, dans son ensemble, une assez forte croissance ! La conclusion est simple à formuler : la croissance économique mondiale ne profite pas à tous. Une partie de l'humanité continue de s'enfoncer dans la misère et le sous-développement. Et au premier rang de ces laissés-pour-compte, l'Afrique subsaharienne dont l'écart en termes de richesses ou de développement avec le reste du monde ne cesse de s'accroître. Non, tout ne va pas toujours mieux sur terre… Il faudra une action énergique des pays les plus développés pour en finir avec cette misère.

Le problème majeur pour l'Afrique : la faiblesse de l'État

Si un pays ne possède pas un État solide et respecté, tout développement est impossible. Pourquoi ? Parce que **seul l'État peut scolariser et améliorer le niveau de formation d'une population**, créer les indispensables infrastructures de transport, mener des politiques pour maîtriser la démographie, garantir le droit de tous et notamment des plus faibles (les femmes et les enfants). Seul un État stable et garantissant la liberté et la sécurité du commerce peut attirer les investissements. Plus important encore : **seul l'État peut garantir la sécurité des populations**, sécurité contre la criminalité ou les mafias de toutes sortes. Il existe un lien très fort entre l'insécurité et le sous-développement.

C'est le problème majeur de l'Afrique subsaharienne. Trop d'États faibles, gangrenés par la corruption et depuis trop longtemps dirigés par des hommes qui se préoccupent plus de leur fortune personnelle que du développement de leurs populations. La réussite des pays asiatiques s'appuie d'abord sur des États solides qui ont su construire le développement de leur pays. L'absence de démocratie est toujours facteur d'instabilité politique.

Des inégalités de développement à toutes les échelles : l'exemple du Brésil

Changeons d'échelle et observons le Brésil. Ce pays est en effet un excellent exemple des actuelles réussites et limites de nombreux pays du Sud.

Le Brésil, un géant en formation ?

Le potentiel d'un « grand »

Le Brésil est un des États les plus puissants du Sud. Il a déjà presque tout d'un « grand » :

- Une superficie à la taille d'un continent (8,5 millions de km^2, soit 15 fois la France).

CHIFFRES CLÉS

- Une population nombreuse (**180 millions d'habitants**, soit le 5e rang mondial).
- Un PIB de 500 milliards de dollars, désormais proche de l'Australie (soit le 15e rang mondial, et même le 9e si l'on prend le PIB en parité de pouvoir d'achat).

Le pays est riche, possède beaucoup de ressources naturelles et maîtrise de mieux en mieux les hautes technologies. Aéronautique, aérospatial (le Brésil construit ses propres satellites), recherche génétique, énergie nucléaire : le Brésil a du potentiel et développe ses savoir-faire. Le pays est sorti de la dictature en 1985 et la démocratie semble s'être implantée pour de bon. Un gage de développement pour le futur.

Le réveil du géant latino ?

Après vingt ans de quasi-stagnation économique, le Brésil sortirait-il enfin de sa léthargie ? La croissance économique est de retour, le chômage a un peu baissé et la dette du pays diminue. La lutte contre la pauvreté donne, elle aussi, ses premiers résultats. Succès fragile et à confirmer ? Sans doute. Il faudra attendre encore un peu pour savoir si la gestion du président Lula porte ses fruits.

En tout cas, le Brésil participe de plus en plus activement à la mondialisation (le pays sait de mieux en mieux se faire entendre au sein de l'OMC) et l'économie brésilienne est conquérante, notamment en matière agricole.

Le Brésil, champion du monde des inégalités sociales !

Ne nous emballons pas trop vite. Le Brésil va mieux, mais il n'est pas encore tiré d'affaire. Les signes de sous-développement sont en effet toujours nombreux. Le Brésil reste le champion des inégalités sociales malgré une très légère amélioration ces dernières années. Le Brésil, c'est la « Belindia », comme l'avait baptisé un économiste du pays, c'est-à-dire une petite Belgique (une minorité de la population vivant très bien) et une immense Inde (une grande majorité de la population toujours en grande difficulté). Voilà tout le paradoxe de ce grand pays qui concentre à la fois une richesse parfois insolente et d'immenses poches de grande pauvreté.

GROS PLAN

Le Brésil, bientôt la « ferme du monde » ?

La puissance agricole est un des signes les plus évidents de l'actuelle réussite du Brésil. Le pays, de la taille d'un continent, affiche en effet ses ambitions : **sur des surfaces colossales, les grands propriétaires développent une agriculture ultramoderne et très rentable**. Maïs, soja, viande bovine, sucre, poulet, jus d'orange, café : le Brésil est souvent aux premiers rangs mondiaux en termes de production agricole. Avec plus de 180 millions de têtes de bétail (soit plus de bovins que d'habitants !). Le pays est prêt à inonder les marchés mondiaux ! Et les Brésiliens peuvent doubler cette production et casser les prix s'il le faut ! Lors des grandes réunions de l'OMC (comme à Hong Kong en décembre 2005), le pays réclame l'ouverture massive des frontières à ses produits. Bref, beaucoup plus de libéralisme dans le commerce international. Le pays a les atouts pour un tel défi : recherche agronomique performante, surfaces gigantesques, matériel moderne (des « armées » de moissonneuses guidées par GPS sont mobilisées pour les récoltes). Si les pays de l'Union européenne renonçaient à soutenir leurs agricultures (au moyen de la PAC), nul doute que nous serions rapidement submergés par les produits brésiliens ! L'agriculture rapporte déjà à elle seule plusieurs dizaines de milliards de dollars par an au Brésil. Une réussite qui se retrouve aussi sur les routes : tous les Brésiliens roulent en effet avec des voitures « Flex », c'est-à-dire des véhicules qui fonctionnent aussi bien à l'essence qu'à l'éthanol, le « carburant vert » produit à partir de végétaux. Toutefois, ce succès a aussi un coût : il se paie souvent cher en termes de dégâts sur l'environnement, car les cultures intensives sont obtenues en utilisant massivement des produits chimiques… Sans parler de l'utilisation systématique des OGM. Une solution durable ?

CHIFFRES CLÉS

Un chiffre pour illustrer notre propos : 37 % des Brésiliens sont pauvres et doivent survivre avec moins de 2 dollars par jour (soit 65 millions de personnes). **44 millions de Brésiliens ne mangent pas à leur faim**. Indéniablement, les images du carnaval ou de la célèbre plage de Copacabana à Rio sont bien trompeuses : sous le soleil et derrière les plages s'étale la grande pauvreté. À deux pas des quartiers chic, des millions de Brésiliens s'entassent dans les *favelas* (les immenses bidonvilles du pays), le tout dans des conditions de vie très misérables (insalubrité et insécurité).

GROS PLAN

Des paysans sans terre dans un pays de 8,5 millions de km² !

C'est en effet à peine croyable..., dans un pays aussi vaste et aussi peu densément peuplé que le Brésil (la densité moyenne est de 20 hab./km², cinq fois plus faible qu'en France), des millions de paysans sont sans terre ! Cela à cause de l'extrême concentration des terres : moins de trois cents très grands propriétaires terriens exploitent près de 37 millions d'hectares (chiffre sidéral et sidérant !) tandis qu'environ 5 millions de familles de paysans sans terre survivent à peine et ne parviennent pas à posséder leur propre lopin.

D'où la naissance en 1985 du **Mouvement des sans-terre (MST)**, afin d'exiger une redistribution de ces immenses superficies. Le président Lula avait promis de les appuyer. Un petit nombre de ces paysans a trouvé une terre depuis son arrivée, mais la réforme agraire ne progresse pas au rythme souhaité (1 % des plus riches possèdent toujours presque 50 % des terres), car Lula ne souhaite pas affronter directement les grands propriétaires. L'État s'oriente vers une autre voie : la déforestation de l'Amazonie pour y installer les milliers de paysans sans terre. Certes, le Brésil est vaste, mais la déforestation de la forêt amazonienne progresse extrêmement vite depuis quelques années. L'Amazonie et la planète pourront-elles le supporter ?

Des inégalités spatiales à toutes les échelles

Le Brésil est ainsi assez représentatif des problèmes rencontrés par bon nombre d'États du Sud en croissance. Car souvent une partie seulement de la population profite de la mondialisation, et les inégalités sociales augmentent, d'où ces très forts contrastes. Des contrastes visibles également dans l'espace (voir figure 35-1).

À l'échelle du pays, quatre régions très inégalement développées

Au Brésil, les inégalités régionales sont extrêmement fortes. La richesse se concentre principalement dans le sud-est qui est le véritable centre du pays avec les deux grandes agglomérations de Rio de Janeiro et São Paulo. Le Nordeste reste agricole et pauvre, le centre-ouest bénéficie de la présence de la capitale Brasilia et l'ouest – l'espace amazonien – est une réserve d'espace de plus en plus convoitée.

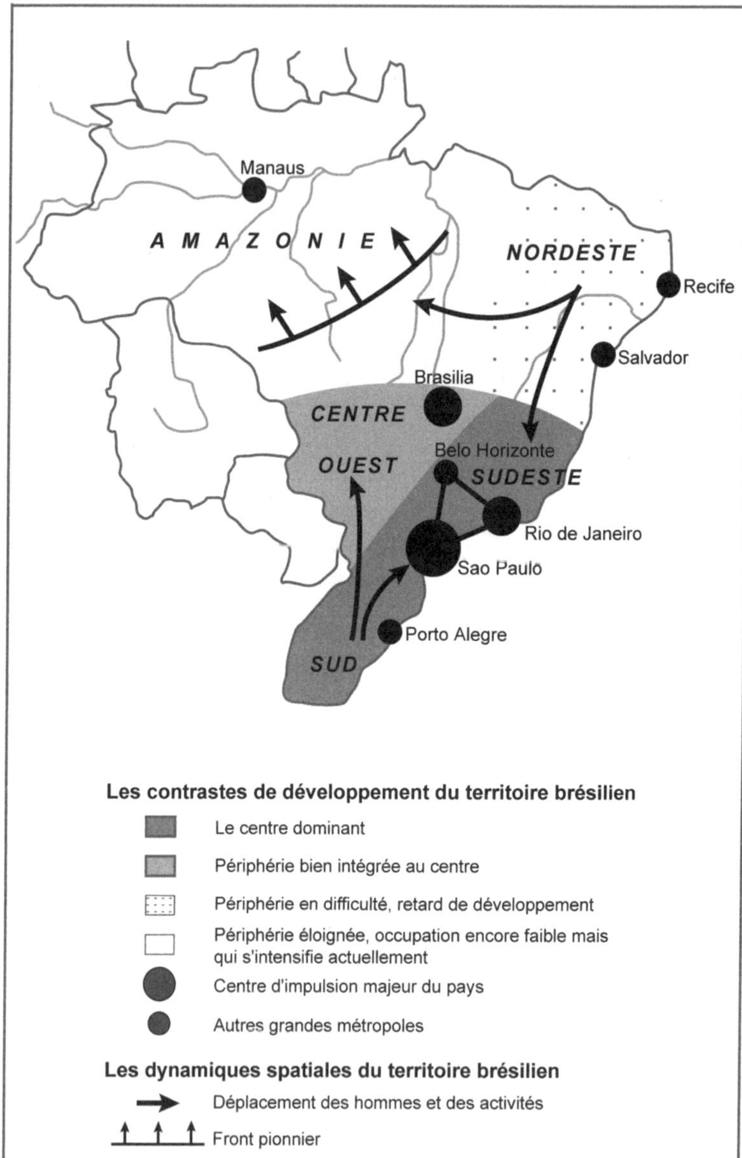

Figure 35-1 : Les « quatre » Brésil.

À l'échelle des villes, les mêmes contrastes : quartiers huppés et favelas

Dans les grandes villes brésiliennes, situées principalement au sud-est du pays, des kilomètres de favelas se succèdent à proximité des centres-villes, signes d'une explosion urbaine et d'une croissance anarchique des villes. La population s'y entasse dans des conditions de forte insalubrité. Dans les rues, beaucoup de misère et donc de criminalité. Une urbanisation rapide et mal maîtrisée est souvent un trait commun aux PED. C'est bien pire encore dans les grandes métropoles d'Afrique subsaharienne (comme Lagos au Nigeria).

São Paulo, le cœur du Brésil, est aussi la ville de tous les contrastes

CHIFFRES CLÉS

Avec ses **18 millions d'habitants, São Paulo** est la plus grande et la plus riche agglomération du Brésil. Elle regroupe 10 % de la population du pays et réalise plus de 20 % de son PIB ! Le Brésil est donc lui aussi concerné par le phénomène de **métropolisation** qui s'est développé à la faveur de la mondialisation de l'économie. La ville s'étale désormais sur une centaine de kilomètres et a acquis un statut de ville mondiale avec le développement économique du pays.

São Paulo offre un impressionnant concentré des inégalités qui règnent dans le pays. La ville est dynamique et concentre les quartiers d'affaires dans un centre-ville regroupant les tours et les quartiers aisés. Ces quartiers sont très proches de ceux que l'on connaît en Amérique du Nord. Et comme dans de nombreuses grandes villes des États-Unis, la ségrégation urbaine est forte et les populations aisées se regroupent de plus en plus souvent dans des quartiers fermés, des ghettos pour riches (on les appelle les *gated communities* aux États-Unis). La misère pourtant n'est jamais très loin, à quelques pâtés de maison. En périphérie, c'est l'univers des bidonvilles à perte de vue, des gangs et de la criminalité. Les paysans sont nombreux à quitter les campagnes pour venir en ville dans l'espoir de trouver de meilleures conditions de vie et surtout un travail. Pour la plupart des paysans, la déception est souvent au bout du chemin. Les favelas poussent un peu partout comme des champignons. À São Paulo, elles regrouperaient désormais environ 2 millions de personnes contre à peine 100 000 en 1970 ! Et dans des conditions sanitaires souvent déplorables : sans eau courante, ni électricité, ni égout. Quel contraste avec les rues du centre où l'on se croirait presque en Europe !

Les grandes villes brésiliennes offrent ainsi un instantané et un concentré du Brésil moderne, de ses réussites et de ses limites.

Conclusion

À RETENIR

- La géographie des inégalités est donc en train d'évoluer. Les notions de Nord et de Sud évoluent. L'idée d'un tiers-monde homogène, tel qu'il avait été défini en 1952 par Alfred Sauvy, doit être remise en cause. Il n'existe pas un tiers-monde, mais des Suds.
- **La situation entre le Nord et le Sud n'est pas figée**. Les évolutions sont continuelles et la mondialisation redessine en permanence la géographie de notre monde. Nous vivons dans un monde de fortes mobilités.
- **Si la plupart des pays du monde essaient de se développer, peu nombreux sont ceux qui y parviennent vraiment**. Le développement résulte de la conjonction de plusieurs facteurs qu'il n'est pas toujours facile de réunir. Sur le chemin du développement, beaucoup d'États sont donc au départ, mais bien peu sont à l'arrivée… Même ceux qui progressent le plus souffrent souvent d'un développement déséquilibré (inégalités sociales ou régionales) et restent fragiles.

Fiche : Unité et diversité des Suds

Notre monde est très inégalitaire. Un Nord développé se différencie nettement d'un Sud encore largement sous-développé. Pourtant, les choses ne sont pas figées et la mondialisation favorise en partie une réorganisation de l'espace mondial. Les notions de Nord et de Sud évoluent.

Un monde inégalement développé

Les pays du Sud regroupent l'ensemble des Pays en voie de développement (les PED). On dit qu'un pays est sous développé si une majorité de sa population ne parvient pas à satisfaire à ses besoins essentiels. L'IDH est l'indicateur de référence pour mesurer les niveaux de développement sur terre en retenant trois critères majeurs : les richesses (le PIB/hab.), l'espérance de vie et le niveau d'éducation.

Les écarts de développement sont toujours très importants entre les différentes parties du monde. Richesses produites, espérance de vie, niveau d'éducation, il existe bien un Sud sous-développé qui s'oppose à un Nord très développé. La fracture Nord/Sud est toujours d'actualité. Le phénomène nouveau de ces dernières années, c'est la diversité grandissante entre les pays du Sud. À la faveur de la mondialisation, une partie du Sud se développe pendant qu'une autre stagne ou même recule dans certains cas. Le Sud est devenu un espace très hétérogène.

Un Sud à plusieurs vitesses

L'Asie est, globalement, le continent qui se développe le plus vite. L'Inde et surtout la Chine sont en forte croissance. Des dizaines de millions de Chinois ne font d'ores et déjà plus partie du Sud. L'Asie n'en reste pas moins un continent multiple avec des situations très contrastées. Un certain nombre d'États restent à l'écart du développement, notamment les pays en guerre ou dirigés par une dictature : Birmanie, Afghanistan, Corée du Nord. L'enrichissement de l'Asie s'accompagne souvent d'un renforcement des inégalités à l'intérieur des pays, car la redistribution des richesses s'opère souvent fort mal. Un océan de pauvreté subsiste (Inde).

La situation est également en amélioration dans de nombreux pays d'Amérique latine. Le Brésil participe aux flux mondiaux, et la vente des ressources naturelles permette un certain enrichissement. Les sociétés d'Amérique latine sont très urbanisées et ont maîtrisé leur natalité depuis longtemps. Le problème majeur de l'Amérique latine reste les inégalités.

Le « monde arabe » a beaucoup plus de difficultés à se développer. La misère perdure pour une majorité de la population, les progrès sont très lents, les pouvoirs politiques très conservateurs bloquent souvent les évolutions et la condition féminine reste fréquemment une difficulté et un obstacle au développement.

L'Afrique subsaharienne est l'espace qui a le plus de difficultés. Les progrès sont faibles, l'Afrique participe peu aux flux de la mondialisation et n'en tire que très peu de bénéfices. Surtout, l'instabilité politique et la violence interdisent toute possibilité de développement.

Des inégalités de développement à toutes les échelles : l'exemple du Brésil

Le Brésil est un des États les plus puissants du Sud : 8,5 millions de km^2, 180 millions d'habitants, un PIB de 500 milliards de dollars, proche de l'Australie.

La puissance agricole est un des signes les plus évidents de l'actuelle réussite du Brésil. Surfaces gigantesques, exploitations ultra modernes, le Brésil inonde déjà le marché mondial de ses produits (maïs, soja, viande bovine, sucre, poulet, jus d'orange, café...).

À l'instar de nombreux États du Sud en développement, la société brésilienne est marquée par des inégalités très fortes : 44 millions de Brésiliens ne mangent pas à leur faim, des millions de paysans sont sans terres alors que de grands propriétaires possèdent des exploitations gigantesques.

Les inégalités régionales sont, elles aussi, extrêmement fortes. La richesse se concentre principalement dans le Sud-Est qui est le véritable centre du pays avec les deux grandes agglomérations de Rio de Janeiro et São Paulo. Le Nordeste reste agricole et pauvre, le Centre-Ouest bénéficie de la présence de la capitale Brasilia et l'Ouest – l'espace amazonien – est une réserve d'espace de plus en plus convoitée.

Dans les grandes villes brésiliennes, situées principalement au sud-est du pays, des kilomètres de favelas se succèdent à proximité des centres-villes, signes d'une explosion urbaine et d'une croissance anarchique des villes. La population s'y entasse dans des conditions de forte insalubrité. Une urbanisation rapide et mal maîtrisée est souvent un trait commun aux PED. C'est le cas à São Paulo, la grande métropole brésilienne de plus de 18 millions d'habitants.

Chapitre 36

Un exemple d'interface Nord/ Sud : l'espace méditerranéen

Dans ce chapitre :

- Une interface Nord/Sud plus complexe qu'il n'y paraît
- Des flux Nord/Sud très déséquilibrés
- Le Nord oublierait-il son Sud ?

Méditerranée signifie « la mer au milieu des terres ». L'espace méditerranéen correspond à l'ensemble des États baignés par la mer Méditerranée. Un espace de civilisation, de contact, d'échanges et de conflits depuis des siècles. Une mer presque fermée et contrôlée par trois points de passage (le détroit de Gibraltar, le détroit du Bosphore et le canal de Suez).

Aujourd'hui, ce sont plus de 400 millions d'hommes qui cohabitent sur le pourtour méditerranéen et qui se répartissent dans des États aux développements très différents. La limite entre un Nord développé et un Sud sous-développé traverse d'ailleurs la Méditerranée. Quelles en sont les conséquences ? Comment fonctionne cette interface Nord/Sud ?

La Méditerranée est-elle aujourd'hui davantage une ligne de fracture ou de contact entre le Nord et le Sud ?

Page XX du cahier couleurs : la Méditerranée, espace de clivage ou de contact entre le Nord et le Sud ?

L'espace méditerranéen, c'est :

- **un total de 400 millions d'habitants**
- **une coupure de moins de 700 m de large au détroit du Bosphore**
- **90 % du PIB produits par les pays européens alors qu'ils ne représentent que 40 % de la population**

Une interface Nord/Sud plus complexe qu'il n'y paraît

La Méditerranée est-elle bien une limite entre le Nord et le Sud ? La réalité est un peu plus compliquée qu'il n'y paraît...

Géographiquement, une coupure ? Oui, mais...

La Méditerranée, une coupure physique Nord/Sud...

Si l'on considère uniquement les choses sous l'angle de la géographie physique, alors la Méditerranée est bien une fracture entre l'Europe et l'Afrique. Une coupure plus ou moins bien marquée toutefois selon les endroits. Libye, Égypte ou Algérie se situent assez loin de l'Europe, la mer étant ici très large (700 km entre Marseille et Alger).

... mais qui se resserre à l'est et à l'ouest !

Mais à l'ouest ou à l'est, les choses se compliquent un peu, car cette fracture n'existe presque pas. Entre le Maroc et l'Espagne, **le détroit de Gibraltar** éloigne-t-il ou rapproche-t-il les deux continents ? Le détroit ne fait guère que 15 km de large et, en Afrique même, l'Espagne possède encore des territoires, quelques petites enclaves – **Ceuta et Melilla** – qui mettent directement en contact l'Europe et l'Afrique.

À l'est, cette coupure physique existe également, mais elle est encore plus fine : **le détroit du Bosphore** coupe la Turquie en deux et ne fait guère plus de 1 à 2 km de large en moyenne (moins de 700 m à l'endroit le plus étroit). Istanbul étant située sur le continent européen, le détroit est probablement plus un point de contact qu'une ligne de fracture...

Un dernier exemple pose aussi des difficultés : **Chypre**. L'île, partagée entre une communauté grecque au sud et une communauté turque au nord, doit-elle être intégrée au nord ou au sud ?

Peuples, cultures et religion : chrétienté au nord et islam au sud ?

Oui, bien sûr, ce n'est pas faux. Mais seulement dans les grandes lignes et sans faire de détail ! Car les choses sont, à nouveau, plus compliquées que cela. En fait, la région est une extraordinaire mosaïque culturelle.

Catholiques, orthodoxes, juifs, sunnites et chiites

Les trois grandes religions monothéistes sont fortement représentées autour du bassin de la Méditerranée. En gros, l'islam est au sud, la chrétienté au nord, et le judaïsme entre les deux, dans le petit État d'Israël.

Mais attention ! Car à trop vouloir simplifier, nous finirions par dire des choses fausses ! Ces grandes lignes souffrent en effet de nombreuses exceptions et nuances :

- L'Europe du Nord-Ouest regroupe des pays de culture chrétienne, mais l'idée doit être nuancée du fait du **fort recul des pratiques** et convictions religieuses au sein d'une majorité de la population. Les minorités musulmanes sont par ailleurs très importantes. La France, par exemple, compte environ 5 à 6 millions de musulmans.
- **Les Balkans** sont bien une terre de chrétienté mais, contrairement à l'Europe du Nord-Ouest qui est catholique (au sud), et protestante (au nord, de l'Allemagne à la Scandinavie), c'est le **christianisme orthodoxe** qui domine. Et les différences sont très fortes. La rupture (très ancienne : depuis 1054 !) entre Rome et Constantinople est loin d'être effacée.
- **Dans les Balkans** toujours, pourtant situés au nord, **l'influence de l'islam** est plus forte encore qu'en Europe de l'Ouest. La conquête et la présence turque pendant des siècles (l'Empire ottoman s'étendait jusqu'aux portes de Vienne au XVIIe siècle !) a entraîné des conversions massives de populations à l'islam. Aujourd'hui, Bosnie et Albanie sont majoritairement peuplés de musulmans.
- Au sud aussi il existe de fortes minorités religieuses. Une importante communauté chrétienne subsiste **en Égypte (les Coptes)**, et également au Liban.
- Au sud, enfin, il n'existe pas un mais **deux islams**. Si la majorité des musulmans sont des sunnites, de fortes minorités chiites existent également. Et les oppositions sont souvent très fortes entre les deux. Quant à la Turquie, sa situation est originale : dotée d'une population musulmane à 98 %, **la Turquie est un État laïc** depuis fort longtemps et la religion n'y a pas la même influence que dans les autres pays musulmans. Pas si simple, tout cela…

Et les peuples ? Des minorités partout !

À côté de groupes de populations dominants existent un peu partout d'importantes minorités qui relativisent aussi la simple opposition Nord/Sud. Ainsi au sud, si les populations sont majoritairement arabes – et parlent donc principalement l'arabe ! –, de nombreuses minorités font exception :

- **Les Turcs** parlent turc, et pas arabe.
- La forte minorité **kurde**, un peuple sans État vivant à cheval sur la Turquie, la Syrie et l'Irak et longtemps persécuté pendant l'histoire, parle kurde.
- L'Afrique du Nord elle-même est bien loin de n'être peuplée que d'Arabes : **les Berbères** y sont très nombreux et très différents des Arabes (langues, culture, traditions).

À RETENIR

Bref, il ne faut surtout pas voir le monde arabo-musulman comme un monde uniforme, homogène et uni.

Au Nord, les minorités sont également très nombreuses, mais c'est indéniablement dans les Balkans que cette mosaïque culturelle est la plus complexe. Là, les peuples se mêlent et s'enchevêtrent de façon inextricable (Serbes, Bosniaques, Croates, Hongrois, Albanais…).

Et en termes de développement ? La fracture Nord/Sud est-elle si nette que cela ?

À l'ouest de la Méditerranée, entre l'Afrique du Nord et l'Europe de l'Ouest, la fracture Nord/Sud est considérable

C'est entre l'Europe du Nord-Ouest et l'Afrique du Nord que les contrastes de richesses et de développement sont les plus forts. En fait, le fossé est même gigantesque… Peu d'endroits sur terre mettent en contact des régions avec un différentiel aussi important.

Tous les indicateurs économiques ou de développement vont dans le même sens. Par exemple, en matière de richesses produites, les écarts entre la rive nord et la rive sud de la Méditerranée sont extrêmement importants. Les pays européens produisent près de 90 % du PIB du bassin méditerranéen alors qu'ils ne représentent que 40 % de la population ! Et l'essentiel de ce

CHIFFRES CLÉS

PIB est produit par l'Europe du Nord-Ouest. Ainsi, **le PIB/hab. espagnol est quinze fois supérieur à celui du Maroc**, une proportion identique entre la France et l'Algérie, alors que la différence n'est que de six contre un entre les États-Unis et le Mexique.

Afrique du Nord et Europe du Nord-Ouest : le grand fossé en matière de développement...

Tous les indicateurs permettant de mesurer le développement (niveau d'industrialisation, qualité des infrastructures de transport, encadrement médical ou scolaire...) vont dans le même sens : les différences sont très fortes. Là encore, l'**IDH** offre une synthèse très parlante de ces contrastes :

France : 0,94
Espagne : 0,93
Algérie : 0,72
Maroc : 0,63

Que d'écarts... Rappelons comme repère qu'un pays aussi pauvre et peu développé que Madagascar possède un IDH de 0,5. L'écart entre les niveaux de développement du Maroc et de Madagascar est ainsi bien moins important (0,13 point) qu'entre le Maroc et la France (0,21 point).

Les dynamiques démographiques sont, elles aussi, bien différentes. Si la fécondité est partout à la baisse, elle reste beaucoup plus élevée au sud qu'au nord et oppose des populations jeunes et en croissance rapide au sud à des populations vieillissantes et à croissance très lente au nord ! Un exemple parmi d'autres : l'Égypte. Le pays comptait 20 millions d'habitants en 1950 et plus de 70 millions aujourd'hui ! Dans le même laps de temps, la France, loin d'être un des pays les moins dynamiques d'Europe, est passée de 42 à 61 millions d'habitants ! Et la dynamique démographique est telle en Afrique du Nord que la population va continuer d'augmenter à vitesse rapide dans les années à venir. Le déséquilibre va donc encore s'accentuer entre le Nord et le Sud.

Mais à l'est de la Méditerranée, la fracture Nord/Sud doit être nuancée !

La fracture Nord/Sud offre un visage bien différent entre l'ouest et l'est de la Méditerranée.

Au nord... deux Nords !

Le versant nord de la Méditerranée est loin de ne compter que des États riches et développés ! Richesse et développement se concentrent dans l'Europe de l'Ouest. En Europe de l'Est, c'est beaucoup moins vrai. Les Balkans comptent de nombreux États dont la situation n'est guère différente de celle qui prévaut en Afrique du Nord. Par exemple, la Bosnie et l'Albanie ont des **IDH** de 0,78, alors que la Tunisie est à 0,75. On ne peut pas dire que les écarts soient flagrants ! La Bosnie et l'Albanie sont, en termes de développement, davantage des États du Sud que du Nord. La Turquie est, elle aussi, en situation d'intermédiaire (mais faut-il la considérer au nord, donc européenne, ou au sud ?), avec un **IDH** également à 0,75.

CONSEILS DU PROF

L'esprit critique, ça a du bon !

N'hésitez pas à critiquer un peu les documents quand cela s'impose. Si l'on vous soumet des cartes positionnant sans état d'âme les Balkans au nord, vous serez en droit de n'être que très moyennement convaincu… En utilisant les remarques faites ci-dessus, vous pourrez adopter une position nuancée, et plus proche de la réalité.

Un Sud pas toujours si pauvre que cela…

À l'inverse, le versant méridional de la Méditerranée est inégalement sous-développé. Un exemple est flagrant : celui d'Israël. Avec un **IDH** de 0,91, ce pays du Proche-Orient est indiscutablement un pays du Nord à rapprocher des États de l'Europe de l'Ouest, donc du Nord riche !

Et, si l'on écarte l'Europe du Nord-Ouest, l'Algérie, la Tunisie ou la Libye ne sont pas si pauvres que cela… Algérie et Libye bénéficient d'une rente pétrolière et leurs PIB/hab. ne sont pas si éloignés d'un bon nombre de pays du nord de la Méditerranée. Le tableau ci-dessous vous le prouvera aisément.

PIB/hab. : une fracture Nord/Sud ou Est/Ouest ?

(en parité de pouvoir d'achat)

Europe du Sud-Ouest	Europe du Sud-Est	Sud de la Méditerranée
France 27 600 $	Bulgarie : 7 500 $	Israël : 19 500 $
Italie : 26 800 $	Bosnie : 6 200 $	Tunisie : 6 800 $
Espagne : 22 200 $	Albanie : 4 700 $	Algérie : 6 000 $

Pas si simple tout cela, que dois-je retenir ?

La fracture Nord/Sud n'est véritablement nette qu'à l'ouest de la Méditerranée. Parler d'une fracture Nord/Sud identique à l'est de la Méditerranée est une erreur, que prouvent aisément tous les chiffres invoqués.

Dans le bassin de la Méditerranée, seul le quart nord-ouest apparaît comme réellement très développé. **Une autre ligne de clivage apparaît donc au nord, très marquée, entre l'est et l'ouest de l'Europe**. Résumons ces conclusions dans le petit schéma ci-dessous (voir figure 36-1).

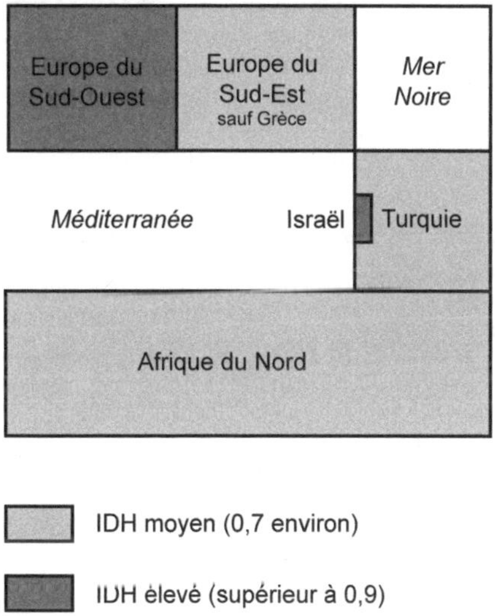

Figure 36-1 : La Méditerranée vue selon le critère de l'IDH : seul le quart nord-ouest est réellement développé.

Sud du Nord ou nord du Sud ?

En changeant d'échelle et en prenant un peu de recul, nous pouvons affiner notre réflexion. **À l'échelle mondiale, l'Afrique du Nord est un Sud en transition, entre un Sud pauvre au sud du Sahara et une Europe riche au nord**. L'Afrique du Nord apparaît alors comme un espace intermédiaire entre un Nord riche (Europe de l'Ouest) et un Sud très pauvre, une sorte de Nord du Sud si vous voulez ! Et si l'on compare les niveaux d'**IDH**, une autre fracture Nord/Sud très forte apparaît par-delà le Sahara.

L'Afrique du Nord est un espace intermédiaire. Le Sahara est une fracture tout aussi forte que la Méditerranée, et même bien plus nette à l'est (voir figure 36-2).

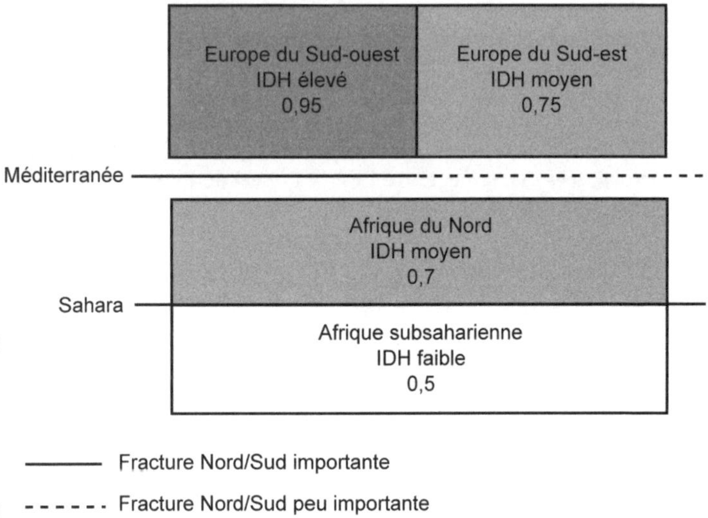

Figure 36-2 : À la recherche de la fracture Nord/Sud…

Des flux Nord/Sud variés mais très déséquilibrés

La Méditerranée, un espace de contacts

Des flux anciens

Depuis l'Antiquité, la Méditerranée a toujours été un espace où les hommes et les marchandises se sont beaucoup déplacés. Ces flux ont été à l'origine de nombreux liens et les civilisations successives ont essaimé sur les littoraux de tout le bassin méditerranéen. Les Grecs, notamment, ont fondé un grand nombre de colonies sur les côtes de la Méditerranée (Marseille, par exemple), et pour les Romains la Méditerranée est la *Mare Nostrum* qu'ils occupent aussi bien au nord qu'au sud. L'importance de ces contacts anciens est évident quand on observe la géographie : **les villes sont nombreuses, et toutes littorales. La fonction d'échanges, au contact d'une mer qui les permettait, a donc bien été essentielle**. Comment se caractérisent ces flux aujourd'hui ?

Les contrastes de développement à l'origine de flux intenses

Les contrastes de développement que nous avons soulignés entre les deux rives de la Méditerranée sont à l'origine de **flux très variés mais surtout très déséquilibrés**. Un exemple simple : les travailleurs immigrés se déplacent du sud vers le nord, mais les touristes, du nord vers le sud ! Ces flux sont très importants. Ils accréditent l'idée que la Méditerranée est une zone de contacts et d'échanges tout autant qu'une ligne de fracture.

Les flux de personnes

Le bassin de la Méditerranée est un espace où les flux humains sont de grande ampleur.

Du sud vers le nord : travailleurs et réfugiés

Pendant toute la période des Trente Glorieuses, les flux de travailleurs immigrés en provenance de l'Afrique du Nord et à destination de l'Europe du Nord-Ouest ont été très importants. L'Europe connaissait une forte croissance et manquait de main-d'œuvre. D'importantes minorités en provenance du Sud vivent désormais en Europe : environ 3 millions de Turcs, 1 million de Marocains, 600 000 Algériens… **Ces flux ont connu un coup d'arrêt après 1973**, à la suite du premier choc pétrolier, du début de la crise économique et de la montée du chômage. Il ne subsiste aujourd'hui essentiellement que deux façons pour un immigré de venir s'installer en Europe : demander le droit d'asile et le statut de réfugié (un statut accordé au compte-gouttes par les Européens) ou demander à bénéficier d'un regroupement familial (si une personne a une partie de sa famille en Europe, il peut faire une demande d'installation). Actuellement en France, cela donne environ 80 000 entrées par an.

En fait, **les pays européens ont cherché depuis une trentaine d'années à se protéger** et se barricadent toujours plus contre les flux migratoires jugés indésirables. L'Europe a érigé une véritable « forteresse » à ses frontières afin d'empêcher les immigrés d'entrer sur son sol (barbelés, murs, miradors, déploiement de police, etc.). Avec la signature des accords de Schengen, les pays de l'Union européenne ont décidé de faciliter la libre circulation des hommes entre les pays européens, mais aussi de renforcer encore les contrôles aux frontières extérieures de l'Europe. Toujours le thème d'une Europe forteresse, donc…

La forteresse Europe, pas si imprenable que cela !

Quels sont les résultats ? Le déploiement policier aux frontières de l'Europe coûte cher et il est moyennement efficace. Ne nous leurrons pas : jamais il ne suffira à arrêter les flux d'immigrés en provenance du Sud. Des flux toujours plus massifs de clandestins qui fuient la misère de l'Afrique ou de l'Asie centrale et qui se ruent sur l'Europe de l'Ouest. De plus en plus, ces immigrés proviennent d'Afrique subsaharienne et l'Afrique du Nord devient de plus en plus une zone de transit : on fuit la guerre civile en Côte-d'Ivoire ou la misère au Mali…

La ruée d'immigrés africains sur les enclaves espagnoles (mais situées en Afrique) de Ceuta et Melilla en octobre 2005 a montré clairement à l'Europe que la pression migratoire allait sans doute continuer à enfler. **Tant que le différentiel de développement sera si fort entre l'Afrique et l'Europe, rien n'arrêtera ces réfugiés qui n'ont plus rien à perdre**…

Du nord vers le sud, les touristes

Autre flux important dans le bassin méditerranéen et un sujet moins dramatique que le précédent : le tourisme ! **La Méditerranée est la première destination touristique du monde** et le deuxième espace de croisière du monde après les Caraïbes. Ce n'est pas vraiment une surprise… En revanche, contrairement à ce que l'on croit souvent, les trois premiers pays touristiques de la région sont au nord. Ainsi, la France, l'Italie et l'Espagne – qui sont aussi les plus grands pays touristiques du monde – accueillent à eux seuls presque 80 % des touristes de la région ! Les sites sont connus : Côte d'Azur, Costa del Sol, Baléares... Entre les deux rives de la Méditerranée, ce sont bien évidemment des flux Nord/Sud : les Européens affectionnent de plus en plus de prendre quelques jours de soleil au Maroc ou en Tunisie (le tourisme y a véritablement décollé ces quinze dernières années), à moins que ce ne soit pour une découverte des pyramides d'Égypte. On dit que **ces flux touristiques sont très dissymétriques** (ils vont tous du Nord vers le Sud et pas l'inverse).

Ce tourisme est donc très largement balnéaire et littoral (la seule véritable exception au sud est l'Égypte, visitée d'abord pour son exceptionnel patrimoine). Le tourisme représente souvent un apport en devises très important pour les pays du Sud et permet la création de très nombreux emplois.

Mais ce tourisme n'entraîne pas d'industrialisation de ces pays. Il est à l'origine d'**un développement économique très localisé** (stations littorales très intégrées, d'où les touristes sortent peu) **et souvent fragile** (il peut fortement reculer en cas d'attentats terroristes, comme ce fut le cas en

Égypte à la suite de l'attentat à Louxor en 1997). Ce tourisme peut aussi apporter un certain nombre de nuisances environnementales (la mode actuelle des hôtels chic avec piscine dans des milieux aussi fragiles que les oasis du désert est une véritable aberration en termes de développement durable…).

Les flux de marchandises et les flux financiers

Les flux de marchandises

Le bassin méditerranéen n'est pas une zone d'échanges intenses comparativement à la mer du Nord ou l'aire pacifique. En fait, c'est surtout le trafic des hydrocarbures qui est important, car la Méditerranée est un important lieu de passage des navires en provenance du Moyen-Orient *via* le canal de Suez. Mais ces flux évitent souvent les ports de la Méditerranée. Cette mer intérieure est donc d'abord un espace de transit.

Les principaux flux Nord/Sud de marchandises s'organisent selon le modèle centre-périphérie. C'est-à-dire ? Le centre, l'espace le plus puissant, **l'UE, attire les matières premières et redistribue ses produits finis** vers les périphéries qui se situent au sud.

Autrement dit, l'Algérie vend ses hydrocarbures, le Maroc son phosphate ou, comme la Tunisie, ses agrumes, et ils achètent en retour des produits industriels (donc à bien plus forte valeur ajoutée) aux pays européens. Ces flux vers l'UE sont bien sûr très importants pour les pays du Sud : ils représentent en effet les deux tiers de leurs échanges et ils sont en constante augmentation. Mais ils sont beaucoup plus secondaires pour les pays du Nord pour qui c'est une nouvelle raison de se désintéresser de leur flanc sud… Quant aux échanges Sud/Sud, ils sont très peu importants.

La Méditerranée n'est donc pas une importante zone commerciale. De toute évidence, les pays européens s'impliquent très peu au sud. Un constat encore plus évident lorsque l'on parle des flux financiers…

Les flux financiers

Quels sont les flux de capitaux qui circulent entre le nord et le sud de la Méditerranée ? **L'un des plus importants est le rapatriement des revenus des travailleurs à l'étranger**. Nombreux sont en effet les travailleurs immigrés qui renvoient en Afrique une partie de leurs revenus gagnés en Europe afin d'aider leurs familles restées sur place (environ 4 milliards d'euros par an rien que pour le Maghreb). Ils sont bien évidemment très insuffisants pour insuffler un réel développement dans ces régions. Ils permettent juste d'améliorer la vie quotidienne des familles restées en Afrique. Guère plus.

Pour initier un réel développement au sud, il faudrait que des investissements plus conséquents proviennent d'Europe. Et là, c'est plutôt faible... Les investissements en provenance du Nord sont réduits (quelques délocalisations vers les *call centers* ou pour implanter des usines de production textile, mais qui ont tendance à filer en Chine maintenant...), l'aide au développement (**APD**) stagne.

Le Nord oublie-t-il son Sud ?

Entre le Nord et le Sud, de plus en plus d'intérêts communs...

Nous le voyons bien depuis le début de ce chapitre, la Méditerranée est une région fracturée par de nombreux clivages, une mosaïque très complexe, un espace qui n'a plus jamais été uni depuis l'Empire romain (la Méditerranée s'appelait alors *Mare Nostrum*).

Et pourtant la géographie s'impose, une fois de plus ! Car elle met en contact les 400 millions d'habitants du pourtour méditerranéen. La Méditerranée est une ligne de fracture, mais c'est aussi une zone de contacts, un espace où les peuples échangent, communiquent et se mêlent. Les relations sont nombreuses, on l'a vu. Alors, qu'est-ce que cela signifie ? C'est bien simple : **s'ignorer est impossible**. La géographie, qui crée cette proximité, nous rappelle régulièrement à l'ordre pour nous dire que le Sud est là, bien là, tout près de nous. Et avec l'entrée dans l'UE du Portugal, de l'Espagne, et plus récemment de Malte, de Chypre, et peut-être demain de la Turquie, les points de contact entre les deux rives de la Méditerranée ne font que se multiplier. Désormais presque toutes les îles de la Méditerranée sont intégrées à l'Europe. La Méditerranée est une mer de plus en plus européenne. Les frontières de l'Europe ne s'arrêtent donc plus au littoral de Marseille, mais plutôt le long des côtes du Maroc ou de la Tunisie ! Et avec l'Espagne, l'UE est présente sur le sol même de l'Afrique (enclaves de Ceuta et Melilla) ! Nord et Sud se sont donc rapprochés. Enfin, géographiquement, car pour le reste, c'est plutôt l'inverse...

...mais une coopération Nord/Sud toujours à la traîne

Un début de coopération a débuté, timidement, entre l'Europe et la Méditerranée dans les années 1970. Mais avec la chute du mur de Berlin en 1989, l'histoire s'est brusquement accélérée en Europe et l'Union européenne s'est tournée vers l'est. Certes, il y avait urgence. Mais en se tournant vers l'est, les Européens ont aussi pris le risque d'oublier leur Sud.

En 1995, certains pays du sud de l'UE (comme la France, l'Espagne ou l'Italie) ont souhaité relancer un partenariat euro-méditerranéen moribond. **Une grande conférence à Barcelone** a marqué cette volonté de relance. En 2000, un programme d'aide au développement, baptisé MEDA, a été adopté. Dix ans après, le bilan est pourtant bien mince… **Les fonds alloués sont faibles**, beaucoup plus faibles que ceux engagés en Europe de l'Est. De toute évidence, les PSEM (pays du sud et de l'est de la Méditerranée) ne constituent pas une priorité pour l'UE.

Or, les rives sud et est de la Méditerranée sont des zones instables, et dont les conflits ont des répercussions de plus en plus fortes en Europe. Les écarts de richesse augmentent entre le Nord et le Sud, donc les tensions. Et le boom démographique actuel en Afrique du Nord va encore accroître ces tensions. L'ignorer devient impossible.

L'Europe se ferme donc sans résoudre les problèmes qui, pourtant, s'accumulent. L'Europe a peur de son flanc sud, l'ignore même trop souvent. Elle se replie, se barricade. Cette « **politique du hérisson** » est-elle une tactique gagnante ? On peut vraiment en douter… L'UE a sans doute tout intérêt à tenter de favoriser un vrai développement au sud de la Méditerranée, c'est la seule solution viable à long terme. Le cafouillage actuel en Europe (depuis la victoire du « non » au référendum sur la Constitution européenne en 2005) n'arrange pas les choses et n'incite guère à l'optimisme : l'UE patine et les pays membres refusent de dépenser 1 euro de plus pour l'Europe. Déjà les crédits sont-ils limités pour l'Est. Alors, le Sud… Il risque d'attendre ! Un choix à court terme. Et risqué.

La volonté de Nicolas Sarkozy de relancer la coopération euro-méditerranée en créant une Union méditerranéenne semble donc plutôt la bienvenue. Dans un discours prononcé à Tanger en octobre 2007, il s'est même montré très ambitieux, citant l'Union européenne comme modèle de référence pour cette future Union méditerranéenne. Mais encore faudra-t-il, au delà des mots, pouvoir enclencher une véritable dynamique.

Conclusion

Situé à l'intersection de trois continents, l'espace méditerranéen est à la fois :

- une ligne de fracture Nord/Sud et donc un bon observatoire des inégalités Nord/Sud ;
- un espace intermédiaire entre un Sud pauvre (Afrique subsaharienne) et un Nord riche (Europe du Nord-Ouest) ;
- une zone de multiples contacts Nord/Sud.

C'est un espace où les fractures sont fortes, les contacts fragiles, les préjugés nombreux. Or ces pays riverains ont de plus en plus d'intérêts en commun. **Qu'on le veuille ou non, Nord et Sud jouent une partie importante de leur avenir ensemble**. La nécessité d'une gestion commune s'impose. Plus facile à dire qu'à faire ! Mais la fermeture et le repli ne sont en aucun cas une solution. Au fond, on peut se demander si l'espace méditerranéen n'est pas représentatif du peu d'intérêt que le Nord porte vers le Sud à l'échelle mondiale…

Fiche : L'espace méditerranéen, une interface Nord/Sud

L'espace méditerranéen correspond à l'ensemble des États baignés par la mer Méditerranée. Un espace de civilisation, de contact, d'échanges et de conflits depuis des siècles, mais aussi un espace de tensions et de fractures.

Une interface Nord/Sud plus complexe qu'il n'y paraît...

La Méditerranée est une **coupure physique Nord/Sud plus ou moins bien marquée** selon les endroits : 700 km entre Marseille et Alger, mais seulement 15 km au détroit de Gibraltar et guère plus de 1 à 2 km de large en moyenne au détroit du Bosphore.

Culturellement, la Méditerranée est à la fois une ligne de fracture et une ligne de contact culturel. D'un point de vue religieux, si le Sud est plutôt terre d'islam et le Nord terre de chrétienté, les rivages méditerranéens partagent en commun un important patrimoine historique (Rome) et les migrations des peuples au cours des siècles ont contribué à l'installation d'importantes minorités (musulmans au Nord, chrétiens au Sud) qui interdisent toute simplification abusive.

En terme de développement, les écarts sont considérables à l'ouest (écart maximal entre l'Espagne et le Maroc) mais à l'est de la Méditerranée, le tracé de la limite Nord/Sud est beaucoup plus contestable : la Turquie (au Sud) est un État en croissance alors que certains États des Balkans (au Nord) ont un niveau de développement très bas.

Des flux Nord/Sud variés mais très déséquilibrés

Ces écarts de niveau de développement sont à l'origine de **flux intenses mais très dissymétriques**.

C'est le cas des flux de personnes :

- Du sud vers le nord, des flux intenses de personnes (souvent des hommes jeunes) fuyant la misère et la guerre du Sud pour venir s'installer au Nord. La réaction de l'Europe se résume jusqu'à maintenant à une attitude de repli et de fermeture par rapport à ces flux.
- Du nord vers le sud, les flux de touristes.

C'est également le cas des flux de marchandises. Les échanges entre le nord et le sud de la Méditerranée n'ont pas l'intensité de ceux de la mer du Nord par exemple. Cette mer intérieure est donc d'abord un espace de transit (navires venant du canal de Suez et se dirigeant vers la mer du Nord). Les échanges Nord/Sud sont en outre très déséquilibrés : l'Europe achète les matières premières et les produits agricoles du Sud et lui revend des produits finis.

Même faiblesse et même déséquilibre à propos des flux financiers : les pays du Sud n'ont pas les moyens d'investir au Nord (à l'exception des pétromonarchies du Golfe) et l'Europe investit peu au Sud. L'un des flux les plus importants concerne le rapatriement des revenus des travailleurs immigrés vers leurs familles restées sur place. C'est tout dire.

Une coopération Nord/Sud sans pas à la hauteur des enjeux

Ces flux contraints, limités et déséquilibrés sont peut-être la preuve que les rives Nord et Sud de la Méditerranée éprouvent de grandes difficultés à construire un avenir en commun. Pourtant **ces flux transforment déjà de façon importante les espaces et les sociétés tant au Sud qu'au Nord** : naissance de grandes stations balnéaires ou de grandes exploitations agricoles au Sud, existence de fortes communautés musulmanes au Nord… La géographie qui crée cette proximité et qui met en contact les 400 millions d'habitants du pourtour méditerranéen impose donc la recherche de solutions communes aux problèmes que rencontrent tous les États de l'interface Méditerranée. S'ignorer semble impossible et même dangereux.

Un début de coopération a débuté, timidement, entre l'Europe et la Méditerranée dans les années 1970. Mais avec la chute du mur de Berlin en 1989, l'histoire s'est brusquement accélérée en Europe et l'Union européenne s'est tournée vers l'Est.

En 1995, le partenariat euro-méditerranéen moribond a été relancé. Une **grande conférence à Barcelone** a marqué cette volonté de relance. En 2000, un programme d'aide au développement, baptisé MEDA, a été lancé. Dix ans après, le bilan est pourtant bien mince… Les fonds alloués sont faibles, beaucoup plus faibles que ceux engagés en Europe de l'Est. De toute évidence, les PSEM (Pays du sud et de l'est de la Méditerranée) ne constituent pas une priorité pour l'UE. Il reste encore beaucoup à faire.

Chapitre 37

La Russie, un État et un espace en recomposition

(Terminales L et ES uniquement)

Dans ce chapitre :

- De l'URSS à la Russie : un État en recomposition
- L'espace russe, un territoire difficile à maîtriser et très déséquilibré

La Russie est la principale héritière de l'ex-URSS. Mais les choses ont bien changé pour les Russes depuis ce 25 décembre 1991, jour où Mikhaïl Gorbatchev a mis fin à l'Union soviétique. L'empire a disparu, le communisme a été abandonné. L'État, la société, l'économie et le territoire, tout est en recomposition. Une nouvelle donne pour la Russie. Depuis, le pays tente de se reconstruire et de maintenir, difficilement, son rang de grande puissance.

Alors, quinze ans après ce grand virage de 1991, que reste-t-il de la puissance russe ?

Quels sont les aspects et limites de la puissance russe ?

Comment se recomposent l'État et le territoire russe ?

CROQUIS DE BAC

Page XXII du cahier couleurs : la Russie, un territoire smaîtrisé ?

CHIFFRES CLÉS

La Russie, c'est :

- **une superficie record de 17 millions de km²**
- **144 millions d'habitants**
- **30 % des réserves mondiales de gaz**

De l'URSS à la Russie : un État en recomposition

Le grand virage de 1991

Avec la chute du communisme et la disparition de l'URSS en 1991, le pays a complètement changé du jour au lendemain. Économie, pouvoir, société : dans quel état se trouve la Russie quinze ans après le séisme de 1991 ? (voir figure 37-1).

De Lénine à Gorbatchev : la Russie à nouveau en révolution

En 1917, une révolution communiste balaie l'ancienne Russie des tsars. Lénine, chef du parti communiste russe (le parti bolchevique), prend le pouvoir. En 1922, l'URSS (Union des républiques socialistes soviétiques) naît : c'est un vaste empire, dirigé depuis Moscou, et qui impose sa domination aux peuples voisins de la Russie (Ukraine, Biélorussie, Kazakhstan...). **Jusqu'en 1991, l'URSS est une dictature communiste** : la démocratie est supprimée (seul le parti communiste est autorisé et son dirigeant, le secrétaire général, détient, de fait, l'essentiel des pouvoirs). L'économie passe elle aussi sous le contrôle du parti communiste. L'État fixe les prix et possède une grande partie des entreprises. La libre entreprise est interdite. Cette dictature communiste va se maintenir jusqu'en 1991. L'URSS est alors une grande puissance militaire, rivale des États-Unis, dont l'influence s'est étendue à toute l'Europe de l'Est après 1945 (Pologne, Roumanie, Bulgarie... jetez un œil sur votre cours d'histoire !).

Lorsque Gorbatchev arrive au pouvoir en 1985, l'URSS est un empire bien malade et dont l'économie est de plus en plus improductive. Afin de redresser le pays, Gorbatchev entreprend de profondes réformes, redonnant notamment un peu de liberté à la population et aux entreprises. Mais cette politique produit l'effet inverse de ce qu'escomptait Gorbatchev et conduit rapidement à un effondrement de tout le système ! En 1989, Gorbatchev accepte la chute du mur de Berlin. C'était accepter la disparition de l'Empire soviétique. En 1991, toutes les républiques de l'URSS proclament leur indépendance. **L'URSS disparaît officiellement le 25 décembre 1991**.

Reste à la place une quinzaine d'États indépendants dont le plus important est la Russie. Tous ces États abandonnent le communisme et choisissent de passer à la démocratie et au capitalisme.

Ce passage au capitalisme se fait rapidement sous Boris Eltsine qui dirige la Russie de 1991 à 2000. Depuis l'an 2000, c'est Vladimir Poutine qui est président de la Russie.

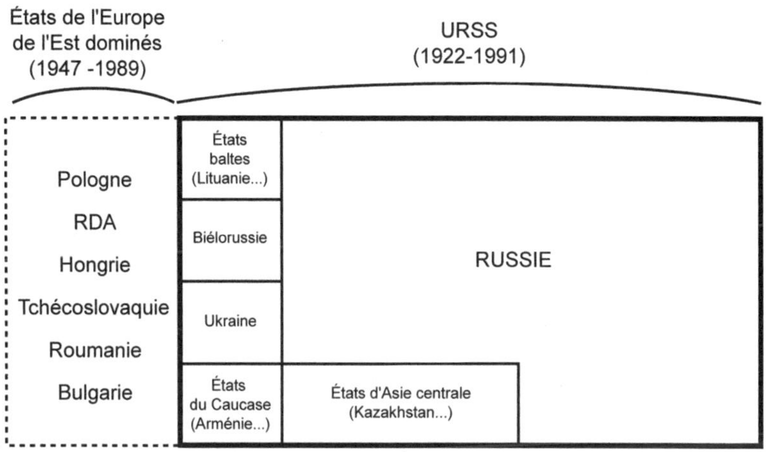

Figure 37-1 : De l'URSS à la Russie : l'éclatement de l'empire.

La Russie de Poutine : une démocratie encore très autoritaire

Depuis 1991, la Russie est devenue une démocratie. Mais c'est une bien jeune démocratie (les Russes n'en ont jamais connu avant !) et qui a encore bien des progrès à faire. Le président est élu au suffrage universel tous les quatre ans. Il a beaucoup de pouvoirs, Poutine les a d'ailleurs encore renforcés. La presse et la télévision demeurent libres mais sont surveillées de près par l'État qui leur impose une véritable autocensure. Avec Poutine, la dérive autoritaire de cette jeune démocratie est évidente. Pour l'instant sa popularité semble solide, sans doute du fait d'une réelle amélioration de l'économie depuis quelques années que le président met bien évidemment à son compte. Réélu en 2004 avec 71 % des voix, Poutine n'a pour le moment aucun opposant sérieux. Surveillez les élections de 2008.

Le « bain glacé » du libéralisme économique

Passer d'une économie d'État à une économie de marché n'a pas été une mince affaire ! L'essentiel de cette transformation a constitué en une vente massive des entreprises de l'État au profit d'investisseurs privés. **Une privatisation de l'économie**, donc. Une réforme menée à la hussarde par Boris Eltsine et expédiée en quelques années. **Le choc fut très brutal** et la désorganisation a été telle que, dans un premier temps, **le PIB russe s'est littéralement effondré** (il a reculé de moitié dans les années 1990 !). Ce passage rapide au libéralisme fut également un choc pour les Russes. Le pays et toute la société ont été profondément bouleversés par cette transformation. Pour la population, c'est tout un monde qui s'est effondré. Du jour au lendemain, il a fallu réapprendre à vivre et à travailler autrement, faire l'apprentissage de la liberté mais également de la concurrence et de la précarité. Des réflexes nouveaux qui ne s'acquièrent pas en un jour… Une véritable révolution.

Depuis les années 2000, la situation économique s'améliore. Le PIB est de nouveau en croissance, la Russie semble se redresser.

GROS PLAN

Les « oligarques », propriétaires de la nouvelle Russie ?

Le passage rapide au libéralisme et la privatisation de l'économie russe ont été l'occasion pour des hommes ambitieux et proches du pouvoir de construire en un temps record de gigantesques empires industriels… et d'amasser au passage des fortunes colossales ! Lorsque l'État a vendu – et parfois bradé – les entreprises publiques, certains hommes bénéficiant de complicités au plus haut niveau de l'État (parmi les proches de Boris Eltsine, notamment) ont en effet senti les bonnes affaires et ont rapidement pris le contrôle des grands groupes pétroliers ou des médias. C'est le cas de Mikhaïl Khodorkovski (aujourd'hui en prison) qui a racheté la compagnie pétrolière Ioukos pour seulement 350 millions de dollars alors qu'elle est estimée aujourd'hui à plusieurs dizaines de milliards ! C'est également le cas de Boris Berezovski, un ancien « parrain du Kremlin » ou de Roman Abramovitch, un proche de Poutine, qui contrôle le géant pétrolier Sibneft et qui a acheté le Football club anglais de Chelsea en 2003. Ces oligarques, comme on les appelle, sont les magnats de cette nouvelle Russie capitaliste.

Un Russe sur cinq seulement en bonne santé ?

Si l'économie semble repartir de l'avant, la société russe, en revanche, connaît toujours une crise extrêmement grave, un phénomène qui n'est pas nouveau et qui remonte à l'époque soviétique. Cette crise se manifeste d'abord du point de vue démographique : **la Russie est l'un des rares pays au monde à voir sa population diminuer** ! Tous les ans, les Russes sont moins nombreux. À l'origine de ce déclin, une fécondité très basse (1,2 enfant par femme) et une espérance de vie moyenne en recul. En Russie, **l'espérance de vie des hommes** est désormais la plus basse de tous les pays développés : **seulement 57 ans** ! Suicides (le 2e taux le plus élevé du monde !), consommation d'alcool (l'alcool frelaté fait des ravages en matière de santé !) ou de tabac expliquent en partie cette situation catastrophique et sont bien les révélateurs d'une société malade. Le sida devient, lui aussi, un problème préoccupant (officiellement plus de 300 000 séropositifs, mais trois fois plus en réalité, et un chiffre en constante augmentation). D'où le constat du ministre de la Santé, Youri Sevchenko en 2003, affirmant que « seulement 20 % de la population est en bonne santé » ! À ce rythme-là, la Russie devrait passer de 144 millions d'habitants en 2005 à 100 millions en 2050 !

La Russie est-elle encore un pays du Nord ?

La question peut paraître incongrue pour un pays aussi septentrional que la Russie… C'est bien sûr en termes de développement que la question se justifie ! Car avec un PIB de 400 milliards de dollars (alors qu'il s'élève à 1 500 milliards pour la France et 11 000 pour les États-Unis), la Russie est une puissance pauvre. La petite minorité de Russes (au plus une dizaine de millions) qui est parvenue à s'enrichir dans les affaires et mène parfois grand train de vie ne doit pas faire illusion : le revenu moyen n'est que de 220 euros par mois et une grande partie de la population vit pauvrement. Les retraités perçoivent souvent des pensions de misère qui ne leur permettent pas de vivre décemment. La pauvreté est forte (un Russe sur cinq vit avec moins de 80 euros par mois). Preuve de ce faible niveau de développement, la Russie n'est qu'au 62e rang mondial du développement humain (l'**IDH**), c'est-à-dire au même niveau que le Brésil (63e rang) et loin derrière l'Argentine ou le Mexique.

Un pouvoir central affaibli

21 républiques, 7 territoires, 48 oblast (arrondissements)… et plus d'une centaine de peuples !

La Russie est un État fédéral composé de 88 régions aux statuts différents et disposant de plus ou moins d'autonomie (21 républiques, 7 territoires, 48 arrondissements, 1 région autonome, 9 districts autonomes plus Moscou et Saint-Pétersbourg ! Ouf !). Chaque région a en effet son gouverneur et son assemblée qui vote des lois propres à chaque circonscription. Une structure indispensable dans un pays aussi vaste et regroupant des populations aussi différentes. Car, même si son territoire a été réduit en 1991, la nouvelle Russie reste un pays immense regroupant des populations très variées.

Les Russes sont très majoritaires (80 % de la population), mais les minorités sont très nombreuses et d'une très grande diversité : Turco-mongols de la Volga (les Tatars), musulmans du Caucase ou Inuits du grand Nord sibérien… au total, plus d'une centaine de peuples.

Minorités et forces centrifuges

Un des défis qui s'est rapidement posé à la nouvelle Russie lors de la « révolution » de 1991 fut d'**éviter l'éclatement de son territoire**. Car si la disparition de l'URSS s'est accompagnée d'une indépendance des peuples soviétiques à l'extérieur de la Russie (les Ukrainiens, les Lituaniens…), elle s'est aussi traduite par une demande d'autonomie – voire d'indépendance – à l'intérieur même de la Russie, parmi certaines populations victimes depuis longtemps de la répression russe (ce fut surtout le cas des régions les plus périphériques et peuplées de minorités non russes). L'occasion était trop belle… Pendant la présidence de Boris Eltsine, **certaines régions éloignées de la capitale se sont ainsi octroyées une large autonomie**, vendant elles-mêmes leurs productions sans rendre de comptes à Moscou. Vladimir Poutine a entrepris de reprendre les choses en mains, utilisant la force quand le besoin s'en faisait sentir. C'est à la faveur de cet affaiblissement du pouvoir central à Moscou qu'a éclaté la guerre de Tchétchénie.

Deux guerres en Tchétchénie

La Tchétchénie est une minuscule parcelle de la grande fédération de Russie. C'est une des petites républiques du Caucase qui n'a jamais vraiment accepté la domination russe. La population est d'origine turque et de religion musulmane. Cette Russie du Caucase est donc bien différente de la Russie slave et orthodoxe de Moscou. La répression, au temps des tsars puis pendant la période soviétique, a toujours été très forte. Les Tchétchènes ont tenté de profiter d'un affaiblissement du pouvoir russe en 1991 pour proclamer leur indépendance. Moscou ne l'a pas accepté et, depuis 1992, les Russes mènent en Tchétchénie une guerre terriblement meurtrière. Cela en toute impunité, car bien rares sont les protestations officielles venant d'Europe ou des États-Unis…

Cette nouvelle Russie est-elle toujours une grande puissance ?

Assurément, **le pays n'est plus la grande puissance d'antan** capable de rivaliser avec les États-Unis. La Russie conserve néanmoins de l'ancienne URSS un certain nombre d'atouts qui lui permettent de maintenir une position importante, quoique désormais secondaire, sur la scène internationale. En tout cas encore suffisamment puissante pour continuer à se faire respecter.

La Russie a tout d'abord hérité de l'ancienne URSS une formidable **puissance militaire** et surtout nucléaire. Et cela compte ! Parce que les Russes disposent de l'arme atomique, on les embête moins… S'ils peuvent massacrer « tranquillement » les Tchétchènes, c'est d'abord parce qu'ils possèdent la bombe atomique. D'une manière générale, la Russie reste une grande puissance militaire, même s'il n'est pas facile de connaître exactement la puissance actuelle de l'armée russe qui s'est beaucoup réduite depuis 1991. Les troupes sont mal payées, le matériel est mal entretenu (la flotte rouille dans les ports…) : incontestablement, l'arsenal russe est beaucoup moins opérationnel que par le passé (le drame du *Koursk*, ce sous-marin nucléaire russe qui a coulé en juillet 2000, en fut une preuve parmi d'autres). Il n'empêche que cette armée a encore de beaux restes…

La Russie est également membre de plusieurs importantes organisations internationales. Elle est membre permanent du **Conseil de sécurité de l'ONU**, et à ce titre dispose d'un droit de veto sur toutes les décisions prises par l'Organisation. Elle fait également partie du **G8**, ce groupe des pays les plus riches du monde (même si elle ne fait pas partie des pays riches, c'est à nouveau un signe de reconnaissance de sa puissance).

Enfin, son potentiel scientifique (mathématiques, sciences physiques) et énergétique (hydrocarbures) sont deux autres atouts forts pour l'avenir.

L'espace russe : un territoire difficile à maîtriser et très déséquilibré

Un espace bien difficile à mettre en valeur

Est-ce vraiment une chance de posséder le plus vaste territoire du monde ?

La Russie possède le territoire le plus vaste du monde. Accrochez-vous bien car les chiffres sont assez astronomiques : 10 000 km d'est en ouest – 11 fuseaux horaires ! – et 3 000 km du nord au sud, en tout **17 millions de km²**, soit 34 fois le territoire de la France ou presque deux fois celui des États-Unis ! Le territoire russe est vraiment hors catégorie !

Est-ce pour autant un atout ? À première vue, oui, car les ressources peuvent paraître quasiment illimitées sur un espace aussi vaste… Mais encore faut-il pouvoir maîtriser cet immense territoire. Car de telles distances imposent la construction d'infrastructures de transport gigantesques pour pouvoir exploiter ce potentiel, sans quoi cet immense espace n'est guère utile… Et quand ils mesurent les investissements nécessaires à la domestication de leur espace, les Russes peuvent parfois se dire qu'ils se seraient bien contentés d'un territoire un peu plus petit et surtout moins contraignant !

Le froid…

Le froid : c'est, avec les distances, la contrainte majeure du pays. Combien d'envahisseurs (Hitler le dernier en date) se sont en effet cassé les dents sur le terrible hiver russe ?

Située à de hautes latitudes, la Russie est clairement un pays nordique. Observez le territoire russe sur un atlas et vous remarquerez que la quasi-totalité du territoire se trouve au nord du 50e parallèle, c'est-à-dire à la même latitude que le Canada… Et comme la Russie est un pays immense et éloigné de toute mer tempérée, le climat y est très continental, ce qui accentue encore la rigueur de l'hiver. L'hiver est donc très froid et très long : cinq mois à Moscou, huit mois à Iakoutsk en Sibérie ! **En janvier, plus d'un tiers du territoire russe a des températures moyennes inférieures à -30 °C**, avec de fortes variations entre l'Ouest (-11 °C à Moscou) et l'Est (-40 °C à Iakoutsk). C'est en Sibérie (à Oïmiakon) qu'a été relevée la température la plus basse jamais enregistrée dans l'hémisphère Nord : -78 °C !

Tout gèle donc pendant des mois, et les conséquences négatives sur les transports (fleuves gelés) et les activités humaines sont considérables (conditions de travail extrêmes en Sibérie). **L'arrivée du printemps n'améliore pas forcément les choses**. Les eaux issues de la fonte des neiges ne parviennent pas à s'évacuer car les embouchures des fleuves, au nord, restent gelées jusqu'en juin. La Sibérie se transforme alors en immense marécage, les fleuves sont impraticables, les chemins sont de véritables bourbiers où les voitures s'enfoncent. Au nord, le sol ne dégèle qu'en surface, le sous-sol reste gelé en profondeur car l'été n'est pas assez chaud (c'est la *merzlota*, un sol continuellement gelé). Seule pousse une pauvre toundra sur ce sol marécageux où les racines des arbres ne parviennent pas à s'enfoncer.

Un territoire enclavé

Autre problème majeur pour les Russes depuis toujours : le très fort enclavement du territoire. Ce n'est pas le moindre des paradoxes de ce grand pays. **Avec une superficie pourtant gigantesque, la Russie**

éprouve de grandes difficultés à se relier au reste du monde. Le pays ne donne que sur des steppes, des chaînes de montagnes ou un océan glacial gelé la plus grande partie de l'année ! Les quelques ports sont très périphériques, très éloignés des ressources naturelles et pas toujours idéalement situés.

Des fleuves géants, excessifs et qui ne coulent pas dans le bon sens !

La Russie dispose de quelques très puissants fleuves. Dans de nombreux pays, ils structurent le territoire et facilitent les échanges. Ainsi le Rhin en Europe ou l'axe Mississippi–Saint-Laurent en Amérique du Nord. Le problème des grands fleuves russes est que leur débit est extrêmement irrégulier (hiver gelé, crues au printemps, débit faible en été) et qu'ils coulent souvent du sud vers le nord (la **Léna**, l'**Ob** ou l'**Ienisseï**), se jetant donc dans l'océan Glacial Arctique, un océan presque inutilisable ! Vu la configuration du pays, il aurait mieux valu qu'ils coulent dans un sens est-ouest. Seuls quelques fleuves comme la **Volga** ou le **Don** à l'ouest peuvent donc être réellement utilisés. Les grands fleuves sibériens aident peu au désenclavement du pays.

Des richesses naturelles considérables

Cet immense territoire regorge de ressources naturelles. Elles constituent un des meilleurs atouts pour la Russie.

Les riches terres noires de l'Ouest

Avec la disparition de l'URSS en 1991, la Russie a perdu le contrôle sur les très bonnes terres à blé de l'Ukraine. Sur l'immense territoire russe, une grande partie des sols ne vaut pas grand-chose pour l'agriculture : terres peu fertiles ou *merzlota* inapte aux cultures. Malgré cela, l'ouest russe reste un espace très favorable à l'exploitation agricole. Le pays possède encore plusieurs millions d'hectares de bonnes terres riches en humus appelées « terres noires ». C'est encore plus qu'il n'en faut pour satisfaire les besoins de la population.

Des forêts à perte de vue

La Russie est un pays très peu peuplé et près de la moitié de cet immense territoire est couverte de forêts. C'est dire le potentiel gigantesque dont dispose le pays en la matière ! Bien sûr, toutes ces forêts sont de qualité inégale et toutes ne sont pas facilement exploitables. Les forêts les plus utilisées sont celles de l'ouest du pays, même si les plus grosses ressources sont à l'est, en Sibérie. Mais l'exploitation de **l'immense taïga** est encore peu rentable du fait de l'éloignement des centres industriels et des zones de consommation.

Pétrole et gaz, les deux meilleures cartes de la Russie

L'atout majeur de la Russie, ce n'est pourtant ni le bois ni ses minerais : c'est son potentiel énergétique et minier. Fer, nickel, cuivre, or, diamant, bauxite…, le sous-sol russe est riche en minerais de toutes sortes. Même remarque pour le charbon dont les réserves sont considérables (environ 20 % des réserves mondiales).

CHIFFRES CLÉS

Mais l'essentiel n'est pas là. **Le plus important, ce sont les hydrocarbures**, c'est-à-dire le pétrole et le gaz. **La Russie est actuellement le second producteur de pétrole au monde derrière l'Arabie saoudite** (les réserves russes sont toutefois moindres que celles de l'Arabie). L'envolée des cours du pétrole depuis 2002 est une aubaine pour la Russie qui en tire des revenus considérables. Cela donne également au pays une position stratégique dans un monde où la consommation d'énergie ne fait qu'augmenter et où les réserves pétrolières sont comptées. Autrement dit, avec le pétrole, la Russie devient un partenaire incontournable. Et la Russie possède un autre « joker » : ses réserves en gaz. Le gaz, c'est la grande richesse du pays. Et les réserves sont énormes, beaucoup plus que celles de pétrole : **la Russie posséderait à elle seule 30 % des réserves mondiales de gaz**, soit le plus gros potentiel du monde ! Les Russes sont les premiers producteurs et premiers exportateurs de gaz du monde et ils le seront encore longtemps. Et cela à un moment où le pétrole est de plus en plus rare et cher (les réserves de gaz dans le monde sont plus importantes que celles de pétrole), et que l'utilisation du pétrole et du charbon est critiquée car leur utilisation produit trop de gaz à effet de serre (accentuant le réchauffement de la planète). Avec ses gazoducs, la Russie approvisionne déjà toute l'Europe et demain sans doute la Chine. Même les États-Unis s'intéressent au gaz russe. Le gaz… un nouvel eldorado pour la Russie ?

Un territoire mal maîtrisé et très déséquilibré

C'est le défi principal de l'immensité de la Russie : comment parvenir à maîtriser un tel espace ? Pour cela, il faut impérativement un système de transport performant, d'autant que les contraintes climatiques (le froid notamment) n'arrangent pas les choses ! Seulement voilà : les transports ont toujours été le talon d'Achille de la puissance russe…

Inégal peuplement et occupation de l'espace

La Russie est peu peuplée. Seuls 144 millions d'habitants occupent cet espace immense. La densité moyenne est donc très faible (8 hab./km^2). De plus, **cette population est très inégalement répartie** sur le territoire, les trois quarts des Russes vivant à l'ouest de l'Oural, donc dans la partie européenne de la Russie. C'est dire que l'immense Sibérie est bien peu peuplée… Seules quelques villes au sud s'étirent le long du transsibérien jusqu'à son terminus, Vladivostok, et voilà tout. À l'exception de quelques villes minières qui survivent tant bien que mal, le grand Nord est quasiment vide. Les grandes agglomérations se situent ainsi presque toutes à l'ouest du pays et, un peu, au sud. Le déséquilibre du peuplement du pays est donc très fort, ce qui, vu les distances, pose un redoutable problème en termes d'aménagement et de maîtrise du territoire.

L'éternel problème des transports

Pour maîtriser un tel territoire, pour vaincre l'immensité et exploiter les immenses ressources de la Sibérie, les Russes ont absolument besoin d'un réseau de transport très efficace. Car les distances entre les grandes villes de l'ouest et les richesses situées au nord et à l'est sont véritablement gigantesques ! Pour vaincre les contraintes climatiques également. Exploiter les richesses du sous-sol malgré le froid, les crues des fleuves et la ***raspoutitsa*** du printemps (la période du dégel) n'est pas une mince affaire non plus ! Comment acheminer l'électricité produite par les barrages sur l'Ienisseï, le charbon, le gaz ou le pétrole sibérien à moindre coût et sans perdre en cours de route une trop grande partie de cette énergie ? Voilà les défis ! Et il faut bien reconnaître que les transports russes n'ont jamais été à la hauteur. **Routes, voies de chemin de fer, lignes aériennes ou oléoducs sont en nombre et en qualité très insuffisants**. Seule la partie ouest du pays est à peu près correctement desservie. Au-delà des monts Oural, les trains sont lents, les autoroutes presque inexistantes, les routes rares et mal entretenues, et les oléoducs en mauvais état (les fuites dans ces immenses tuyaux provoquent des pertes et une pollution assez considérables !). Le transsibérien et le BAM (la ligne Baïkal Amour Magistral) sont les seuls axes ferroviaires reliant l'est et l'ouest du pays, et encore ne font-ils que longer le sud du pays. Ce problème des transports est récurrent depuis la période soviétique. Sans une meilleure maîtrise de leur territoire, les Russes ne parviendront pas à en exploiter correctement toutes les potentialités. Mais ils n'en ont aujourd'hui pas les moyens financiers et devront sans doute faire appel à des investisseurs étrangers (voir figure 37-2).

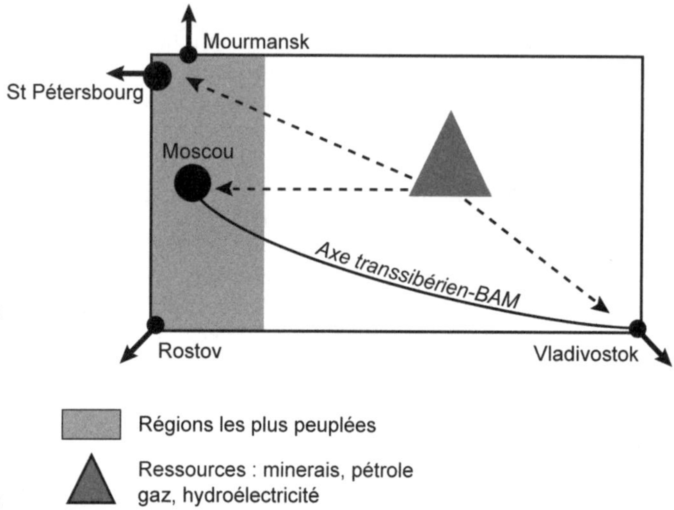

Figure 37-2 : Le défi des transports : comment exporter les ressources ?

Centre et périphérie : le grand écart !

Les inégalités régionales, notamment entre l'est et l'ouest du pays, ont toujours été considérables (la population et l'économie se concentrant à l'ouest du pays). Depuis 1991, ces inégalités se sont encore amplifiées, car la dégradation des conditions de vie dans les régions reculées de la Sibérie ont poussé bien des Russes à abandonner ces régions pionnières pour rejoindre l'ouest du pays (voir figure 37-3).

Tous les pôles de commandement de la Russie se situent à l'ouest et notamment à **Moscou** (et aussi un peu à Saint-Pétersbourg), la capitale, qui, avec ses **11 millions d'habitants**, domine le pays. Elle est le siège du pouvoir politique (le Kremlin) et de l'essentiel du pouvoir économique et culturel du pays (les grandes entreprises y ont leur siège ainsi que les grands médias). Cette ville active et dont la modernisation est rapide (Moscou est couverte de grands chantiers !) est un peu la vitrine de la nouvelle Russie. De nouveaux quartiers d'affaires se développent et la capitale russe affirme de plus en plus son rôle de ville mondiale. Quel contraste avec l'est du territoire, espace immense peu peuplé, qui manque de tout (écoles, médecins…) et qui survit à l'écart de tout !

Centre et périphérie en Russie

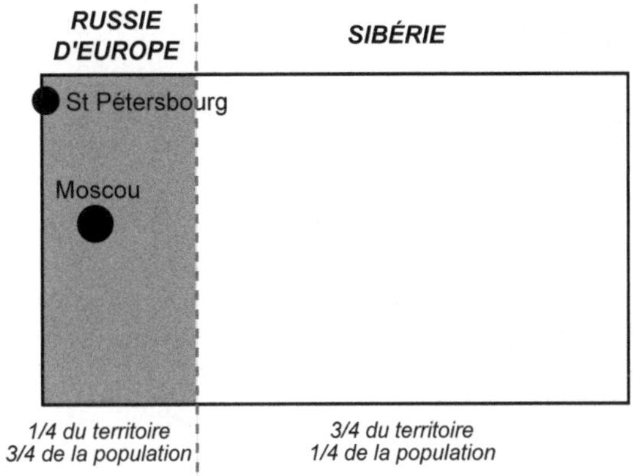

Figure 37-3 : Le rapport centre-périphérie en Russie.

Conclusion

1. La Russie de ce début de XXIe siècle reste un pays atypique et inclassable. Elle a incontestablement perdu une bonne partie de son ancienne puissance et n'est plus en état d'influencer le cours du monde comme elle le faisait au temps de l'URSS. Elle conserve néanmoins un certain nombre d'atouts et possède encore les moyens de se faire respecter. Elle est aujourd'hui une puissance pauvre, un pays du Nord en reconstruction, mais elle reste un acteur incontournable de notre monde.

2. La Russie est encore en pleine transition et anticiper sur son avenir n'est pas chose facile. La démocratie, toute jeune, est encore mal assurée et fragile, et l'autoritarisme de Poutine inquiète. L'économie du pays est toujours convalescente. La croissance est là depuis quelques années, certes, mais est-elle durable ? Sera-t-elle suffisante pour faire sortir de la pauvreté les millions de Russes qui restent aujourd'hui en marge de ce récent dynamisme ? Le pays saura-t-il utiliser intelligemment l'argent tiré de ses exportations d'hydrocarbures pour favoriser un meilleur développement du pays ? La Russie n'a pas fini de susciter les interrogations…

Fiche : La Russie, un État et un espace en recomposition

De l'URSS à la Russie : un État en recomposition

Lorsque **Gorbatchev** arrive au pouvoir en 1985, le système soviétique est à bout de souffle, l'économie est de plus en plus improductive. Les réformes qu'il impose (**Perestroïka** et **Glasnost**) aboutissent non pas au redressement espéré de l'Union soviétique, mais à sa disparition le 25 décembre 1991. La Russie adopte alors la démocratie et le capitalisme. Mais cette jeune démocratie est encore fragile (autoritarisme du président Vladimir Poutine).

Le **passage d'une économie d'État à une économie privée** s'est fait sans ménagement sous Boris Eltsine (1991-2000) et a profité à une minorité de Russes qui se sont énormément enrichis en rachetant peu cher d'anciennes entreprises d'État (ce sont les oligarques). Le choc fut très brutal et la désorganisation a été telle que, dans un premier temps, le PIB russe s'est littéralement effondré. Depuis les années 2000, et aidée par la forte hausse des prix des hydrocarbures, la Russie connaît une forte croissance et son économie se redresse.

Si l'économie repart de l'avant, la société russe, en revanche, vit toujours une crise extrêmement grave : taux de mortalité supérieur au taux de natalité (d'où une baisse de la population), alcoolisme, sida et suicide à des niveaux très élevés… À ce rythme-là, la Russie devrait passer de 144 millions d'habitants en 2005 à 100 millions en 2050. La situation est donc grave.

Une puissance affaiblie

La Russie est un État fédéral composé de quatre-vingt-huit régions aux statuts différents et disposant de plus ou moins d'autonomie. À la faveur du choc de 1991, de nombreuses régions périphériques ou éloignées ont profité de la faiblesse de l'État pour s'affranchir au moins en partie du pouvoir de Moscou. La Tchétchénie est même allée jusqu'à réclamer son indépendance, un mouvement réprimé durement par Moscou. La présence de nombreuses minorités non-russes au sein de la population a clairement favorisé ces mouvements centrifuges. Avec Poutine, Moscou reprend peu à peu les choses en main.

Militairement, la puissance russe est également affaiblie. Le matériel n'est pas toujours bien entretenu (manque de moyens) et donc pas toujours opérationnel. La Russie reste toutefois une grande **puissance nucléaire,** ce qui lui confère un poids important dans les relations internationales. Elle a également hérité de l'URSS une place au Conseil de sécurité de l'ONU et elle fait partie du G8. Elle reste donc un acteur incontournable de notre monde. Elle conserve enfin un potentiel scientifique important, un atout pour l'avenir, sans parler des considérables ressources naturelles de son territoire.

L'espace russe : un territoire difficile à maîtriser et très déséquilibré

La Russie possède un territoire difficile à mettre en valeur. **Trois contraintes** majeures existent :

- **La superficie** : c'est le territoire le plus vaste du monde, 17 millions de km^2, 10 000 km d'est en ouest et 3 000 km du nord au sud.
- **Le climat** : il est très continental, l'amplitude thermique est très forte et surtout les hivers sont très rigoureux (six mois d'hiver en Sibérie, températures fortement négatives).
- **L'enclavement** : cet immense territoire est mal relié au monde. Le pays ne donne que sur des steppes, des chaînes de montagne ou un océan glacial. Les rares ports du pays sont très périphériques (St Petersbourg, Vladivostok, Rostov). Les trois grands fleuves sibériens (Ob, Léna, Ienisseï) coulent vers l'océan Glacial Arctique et sont peu utiles.

Les atouts du territoire sont pourtant nombreux :

- Les riches **terres noires** de l'ouest (plusieurs millions d'hectares de bonnes terres riches en humus).
- Des **forêts** immenses, même si la qualité des bois est très inégale.
- Des **minerais** en abondance : fer, nickel, cuivre, or, diamant, bauxite… Même remarque pour le charbon dont les réserves sont considérables (environ 20 % des réserves mondiales).
- Et surtout les **hydrocarbures** : pétrole (la Russie est le 2e producteur mondial) et plus encore gaz (la Russie possède le tiers des réserves mondiales).

La maîtrise de cet immense territoire reste difficile et imparfaite. Les transports ne sont toujours pas à la hauteur des défis. Routes, voies de chemin de fer, lignes aériennes ou oléoducs sont en nombre et en qualité insuffisants. Les réseaux de transports ne sont denses qu'à l'ouest et surtout autour de Moscou. Le transsibérien et le BAM sont les seuls axes ferroviaires reliant l'est et l'ouest du pays.

L'organisation du territoire reste donc très déséquilibrée. Avec 144 millions d'habitants, la Russie est peu peuplée (densité moyenne de 8 hab./km^2). La population est très inégalement répartie sur le territoire, les trois quarts des Russes vivant à l'ouest de l'Oural ou au sud, le long du transsibérien. Tous les pôles de commandement de la Russie se situent à l'ouest (Moscou, 12 millions d'habitants).

Cinquième partie

La partie des Dix

Dans cette partie :

À ce stade du livre, arrêtons-nous un moment pour faire le point sur 10 fonds de carte, 10 thèmes de citations, 10 films à connaître...

Chapitre 38

10 fonds de carte

Dans ce chapitre :

- Où se trouvent exactement Nagoya, Dallas ou Francfort ?
- Et les trois grands fleuves sibériens, l'Ob, la Léna ou l'Ienisseï, savez-vous les placer à coup sûr au bon endroit ? La seule façon de le savoir est de vous tester comme si vous étiez au bac, c'est-à-dire avec un fond de carte vierge !

Localisez les villes, replacez les différents éléments de l'organisation des territoires (flux, fleuves, ports, énergie…), bref entraînez-vous à refaire vos croquis. Nous vous fournissons ici tous les fonds de carte nécessaires pour cela. Ils sont identiques à ceux que vous aurez le jour du bac. N'hésitez pas à les photocopier, en les agrandissant un peu (le jour du bac, les fonds de carte sont de la taille d'une feuille A4).

Le monde

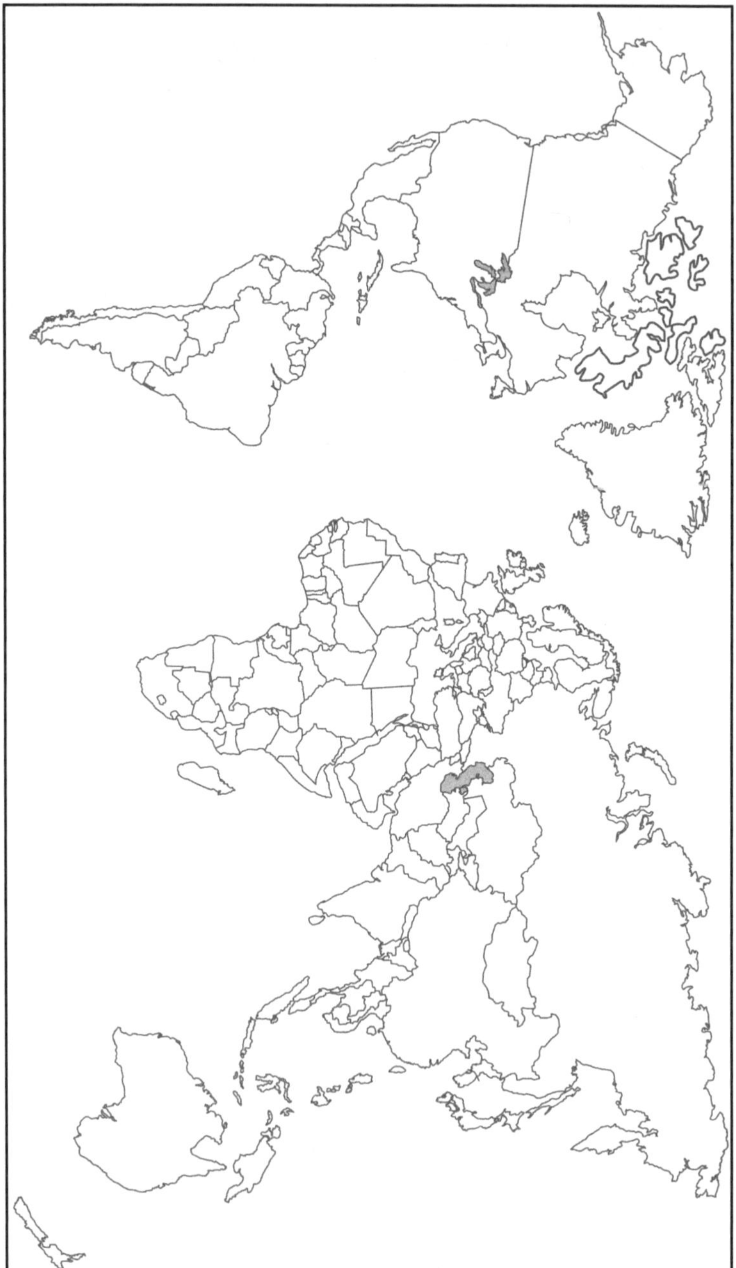

Le monde (projection polaire)

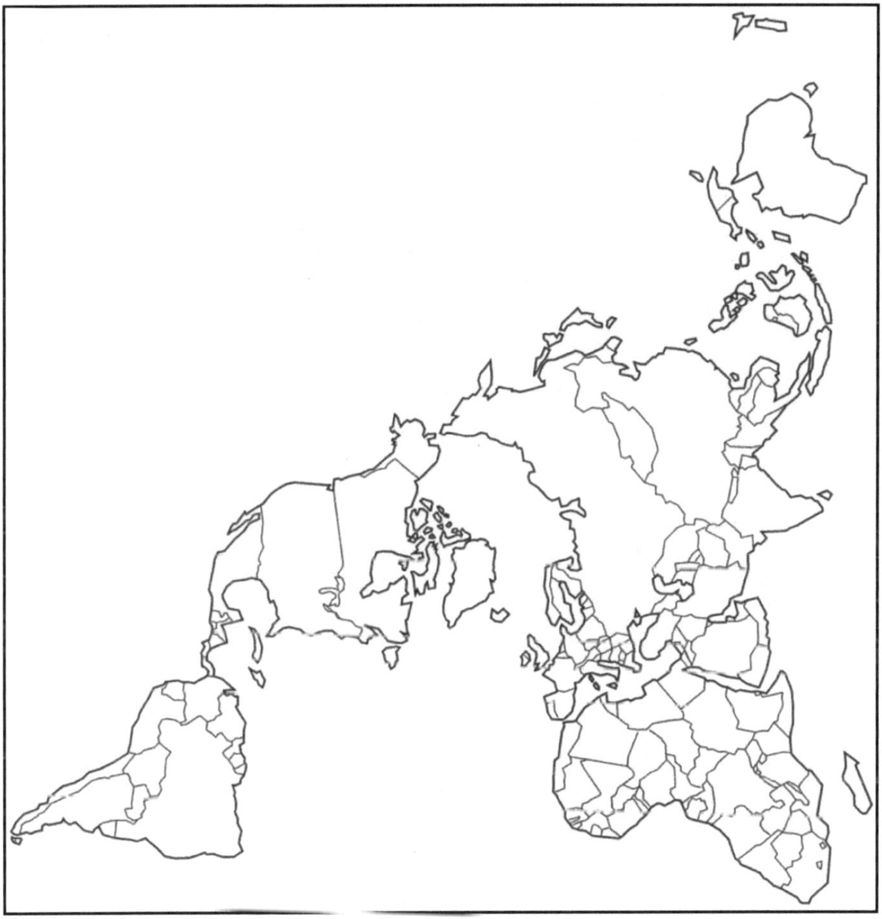

Les États-Unis

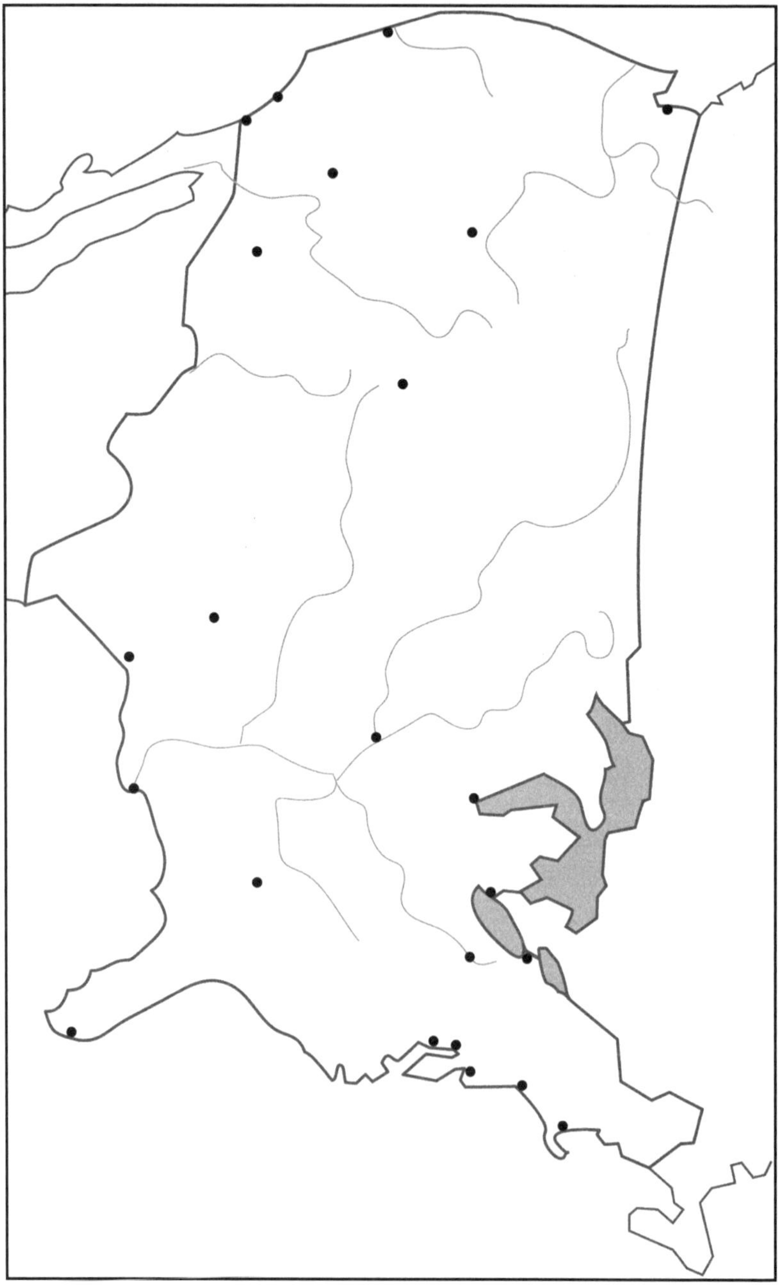

La façade atlantique de l'Amérique du Nord

L'Union européenne

L'espace rhénan

L'Asie orientale

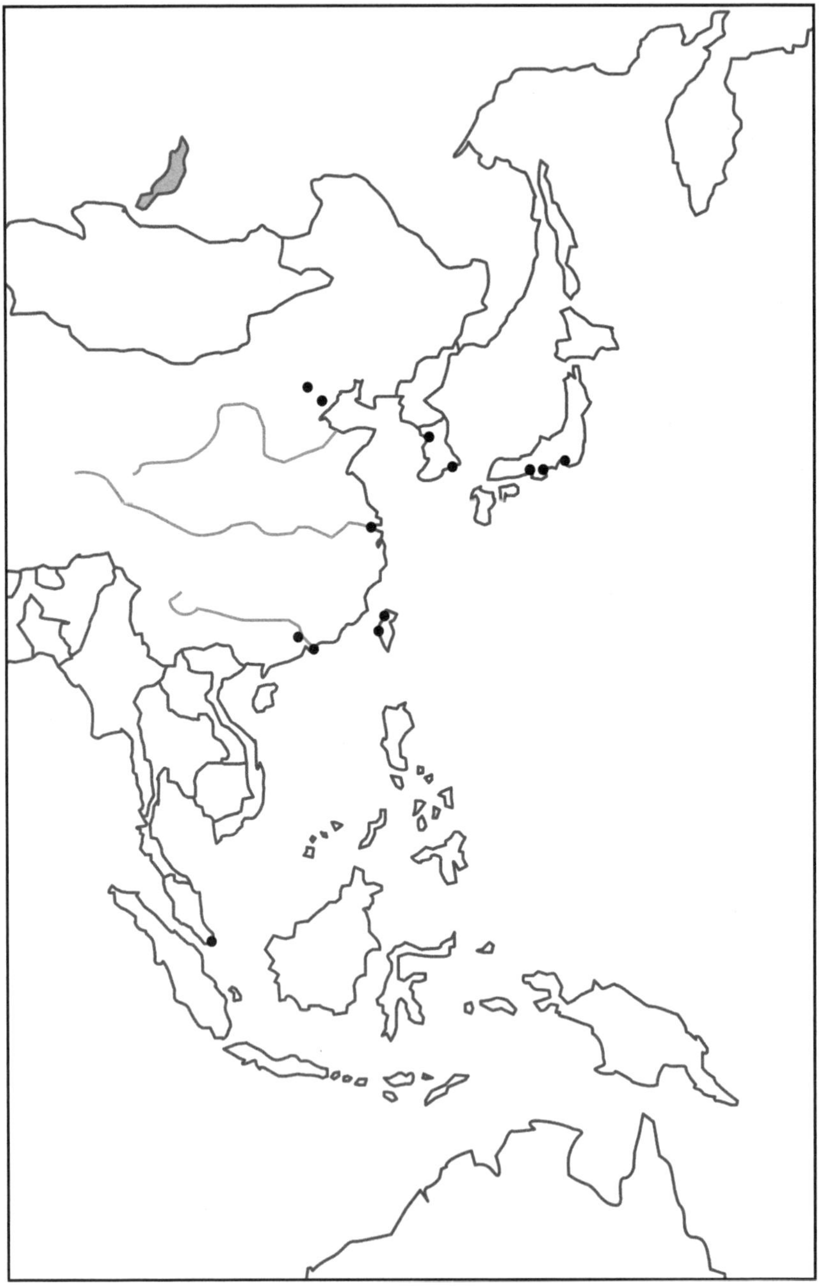

La mégalopole japonaise

L'espace méditerranéen

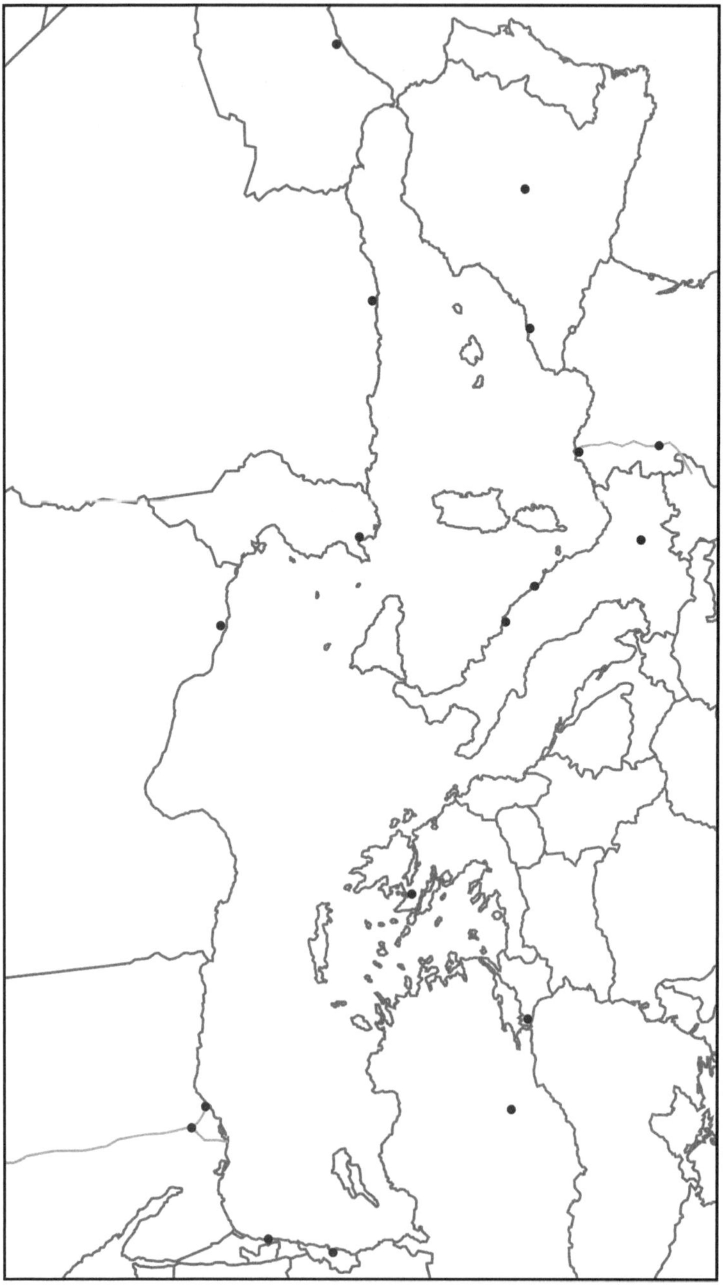

La Russie

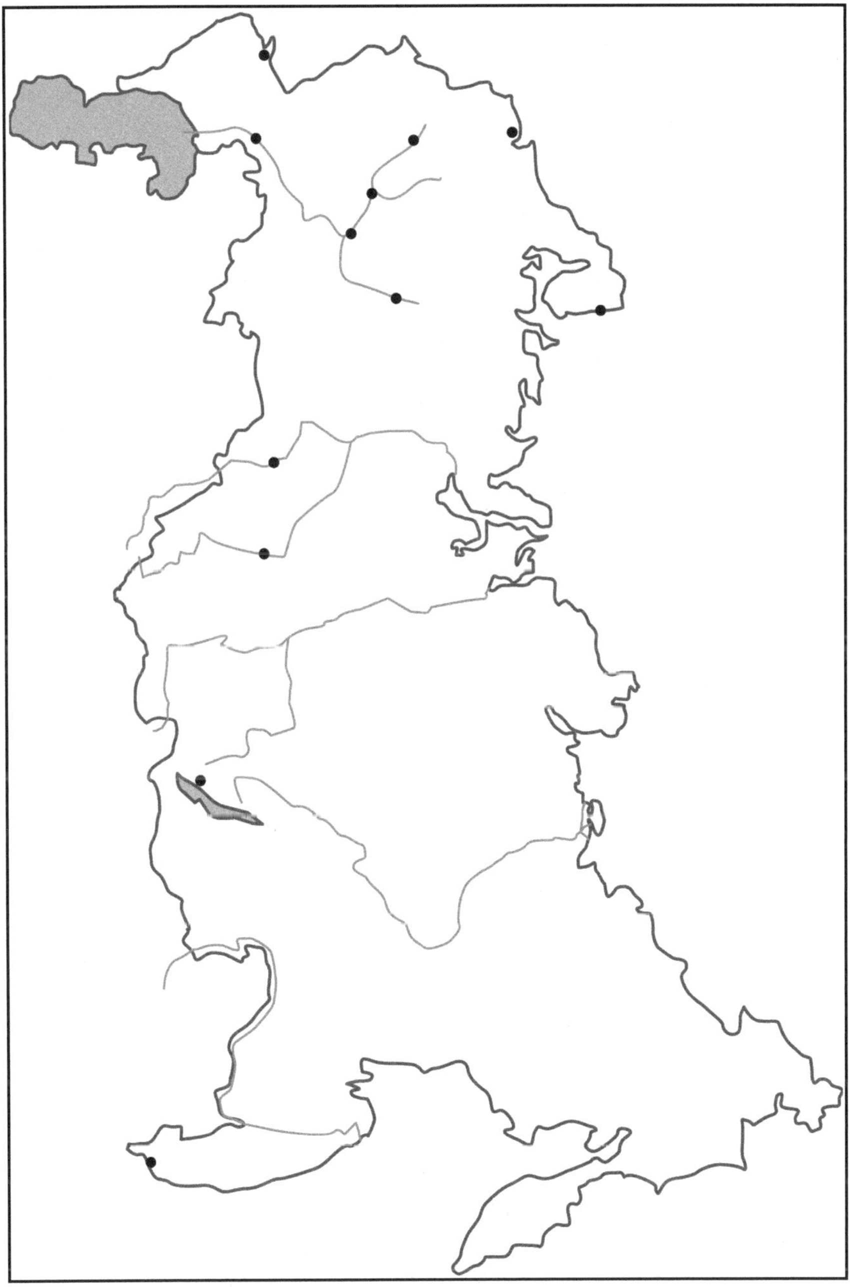

Chapitre 39

10 thèmes de citations

Dans ce chapitre :

- Une bonne citation est bienvenue dans une copie. Généralement, elle sert d'accroche à l'introduction.
- Elle peut aussi bétonner une solide argumentation en l'illustrant.
- Vous pouvez grappiller dans les quelques échantillons ci-dessous des phrases à graver dans le marbre de votre mémoire ou, tout simplement, quelques sujets de réflexion, ne serait-ce que pour savoir comment et pourquoi les utiliser judicieusement.

Sur la démocratie

« Personne ne prétend que la démocratie est parfaite ou sage. Il m'est arrivé d'entendre dire que c'est le pire des gouvernements à l'exception de tous ceux qui ont déjà été essayé. »

Winston Churchill dans un discours aux Communes, le 11 novembre 1947.

« Passer sa vie dans l'opposition est pour un homme politique ce que serait pour un poète se condamner à lire et à juger les vers des autres. »

Georges Pompidou, *Poésie et politique* – 28 avril 1969.

Sur la société de communication

« Les gagnants sont ceux qui restructurent la manière dont l'information circule au sein de leur entreprise. »

Bill Gates

« Ce que nous vendons à Coca-Cola, c'est du temps de cerveau humain disponible. »

Patrick Le Lay, président de TF1 le 14 septembre 2004.

Sur le colonialisme

« J'exprime l'opinion que l'Indochine devrait ne pas retomber sous la domination de la France. »

Franklin D. Roosevelt, 1945.

« C'est avec un profond chagrin que j'assiste au démantèlement de l'Empire britannique avec toutes ses gloires et toutes ses œuvres accomplies pour le bien de l'humanité. »

Winston Churchill discours aux Communes, février 1947.

Sur l'économie

« La charité a toujours soulagé la conscience des riches, bien avant de soulager l'estomac du pauvre. »

Alfred Sauvy, *Mythologies de notre temps*.

« Tous les hommes politiques appliquent sans le savoir les recommandations d'économistes souvent morts depuis longtemps et dont ils ignorent le nom. »

John M. Keynes, *Discours, entretiens et autres sources*.

Sur la guerre froide

« Il est logique que les États-Unis doivent faire tout ce qu'ils peuvent pour rétablir la santé économique du monde sans laquelle la stabilité économique et la paix assurée sont impossibles. »

George Marshall, discours du 5 juin 1947.

« Le principe de la coexistence pacifique est inapplicable aux rapports entre les oppresseurs et les opprimés, entre les colonialistes et les victimes du joug colonial. »

Leonid Brejnev, *Discours au XXIIIe Congrès du PCUS*, mars 1966.

Sur l'Europe

« L'Europe ne se fera pas d'un coup, ni dans une construction d'ensemble : elle se fera par des réalisations concrètes, créant d'abord une solidarité de fait. »

Robert Schuman, *Discours de l'Horloge*, 9 mai 1950.

« Nous n'avons pas repoussé les limites du pouvoir de l'État en Grande-Bretagne pour nous les voir réimposer au niveau européen avec un super État exerçant une nouvelle domination depuis Bruxelles. »

Margaret Thatcher, *Discours de Bruges*, 1988.

Sur la Cinquième République

« Le gouvernement n'a pas de propositions à faire, mais des ordres à donner »

Charles de Gaulle, *L'Appel.*

« Si la jeunesse n'a pas toujours raison, la société qui la méconnaît et qui la frappe a toujours tort. »

François Mitterrand, *extrait d'un discours à l'Assemblée nationale - 8 mai 1968.*

Sur la société française

« Il est parfaitement admissible que l'on se refuse à utiliser certains moyens contraceptifs. Mais cette possibilité d'utilisation ne doit pas être interdite par la loi, comme c'est le cas actuellement pour tous ceux qui la souhaitent »

Rapport du député Lucien Neuwirth, juillet 1967.

« Parce qu'aucun homme n'est totalement responsable, parce qu'aucune justice ne peut être absolument infaillible, la peine de mort est moralement inacceptable. »

Robert Badinter, *Discours sur l'abolition de la peine de mort*, septembre 1981.

Sur les citations

« La technique qui consiste à isoler du contexte de l'époque des phrases prononcées il y a quinze ou vingt ans n'est pas honnête. »

Jacques Chirac, interview à *L'Événement du Jeudi*, 13 avril 1995.

Chapitre 40

10 films à votre portée

Dans ce chapitre :

- Quelques films à connaître
- De Forrest Gump à Costa Gavras…

Tous vos manuels vous proposent des films illustrant le programme, vous n'échapperez pas à ce parcours obligé. Les films sont autant l'illustration de l'événement mis en scène que l'expression de l'époque où ils ont été tournés. Ils peuvent être analysés comme objet d'histoire, comme n'importe quel autre document, l'important est le contexte et l'interaction du film avec celui-ci.

La liste que je vous propose a été faite en fonction de l'actualité et de mon vidéo-club. Peut-être que le vôtre est un peu mieux alimenté, dans ce cas, vous pourriez trouver les autres films proposés pour approfondir le thème. C'est éminemment partiel, mais vous n'allez pas passer votre vie devant un écran, y'a le bac, c'est sérieux quoi…

La menace nucléaire

La somme de toutes les peurs (2002)

Film de l'après-guerre froide, les méchants ne sont plus tout à fait les Russes. Il y a de tout ; terroristes, affairistes, dissémination, rien que des thèmes d'actualité. La ficelle hollywoodienne est la même : on en prend un sacré coup, on est à genoux, mais on se redresse et on gagne à la fin.

Pour remonter dans le temps, regardez *Terminator II*, (1991) ; très didactique quant aux effets d'une bombe nucléaire sur Los Angeles, second d'une série de films qui accepte une apocalypse inéluctable, cela mérite une réflexion. Enfin si vous voulez avoir un regard critique comparez *Wargames* (1983) et *Docteur Folamour* (1964) et répondez à ces deux questions : qui a copié sur qui et à quelle période de la guerre froide ces deux films ont-ils été tournés ?

Évolution de la société américaine 1950-1960

Le sourire de Mona Lisa (2003)

Ambiance classique d'université anglo-saxonne avec un regard accentué sur la condition féminine. En 1953, l'éducation des jeunes filles de la haute société de Nouvelle-Angleterre n'est-elle destinée qu'à produire les accessoires utiles et indispensables à la réussite professionnelle et sociale de leur mari ?

Dans le même genre, un prof décalé qui bouscule tout et qui compte dans la maturation des personnalités adolescentes, regardez *Le Cercle des poètes disparus* (1989) et pour voir comment cet ordre se déglingue vraiment au cours des années 60, un petit regard sur *The party* (1968) s'impose.

Guerre froide, regel, glasnost et nouveau désordre mondial

À la poursuite d'Octobre Rouge (1990-John Mc Tiernan)

Damned, les soviets ont une arme redoutable, nous sommes surpassés. Encore heureux que l'intelligence n'ait pas de frontière, et que le commandant du sous-marin rouge soit James Bond dans le civil, alias Sean Connery. Même en fin de guerre froide, l'URSS est brandie comme une menace. Gorbatchev semble être compris, mais tous les Russes sont-ils comme lui ?

Plus confiant : *Double détente* (1988), Schwarzy en flic russe, aux manières rustiques, on flingue d'abord… puis on n'a plus rien à faire d'autre, travaillant en collaboration avec un collègue américain. Les méthodes ne sont pas si inacceptables pour lutter contre les mafias d'importation… Maintenant, si vous voulez goûter à un manichéisme plus primaire, regardez *Soleil de minuit* (1985) avec ce ballet de danseurs, Lionel Richie en bande-son et le grand orchestre du KGB. Enfin, *L'Étoffe des héros* (1983) illustre assez bien la compétition technologique entre les deux superpuissances et le lien entre course à l'armement et rivalité spatiale.

Maintenant, une fois l'ennemi de toujours effacé, d'autres combats doivent être menés, mais dans quel but ? *La Chute du faucon noir* (2001) rapporte de façon désabusée l'échec de l'intervention occidentale en Somalie. La même désillusion conduit *Lord of war* (2005), ce film est une véritable leçon d'éducation civique à rebours.

Enfin, pour jeter un œil sur la situation au Moyen-Orient, tenez compte de ce point de vue enfantin puis adolescent avec le trait particulier d'un dessin animé réussi. *Persepolis* peut vous faire comprendre la complexité de la situation iranienne. Ce film a été récompensé à Cannes en 2007 et figure sur la liste pour un Oscar à Hollywood. On ne peut qu'y voir une volonté d'informer l'opinion que l'Iran connaît une situation beaucoup plus complexe que certains dirigeants veulent le faire croire. À l'heure d'un chantage atomique, c'est important.

Le modèle soviétique

Good bye Lenin (2003-Wolfgang Becker)

Comment prendre soin et redonner le goût à la vie à sa maman en faisant revivre un passé qui s'effiloche par pans entiers. Film rempli de d'ostalgie* avec une évocation du quotidien d'une société soviétisée et d'un peuple qui, plutôt malgré que bon gré, s'en est accommodé.

Ce point de vue doit être confronté avec *La Vie des autres* (2006). Ce film fait la démonstration de l'efficacité prodigieuse de l'appareil d'espionnage et de répression qui soutient ce système. Dans cette histoire, un grain de sable sentimental et humain vient gripper la machine, mais là, c'est de la littérature.

Un autre aspect est illustré par *Soleil trompeur* (1994), situé un peu hors du champ de notre programme, en 1936. Ce film vous donne une idée de l'atmosphère pesante que faisait régner la terreur de masse stalinienne, même pour le plus convaincu des communistes soviétiques.

Avec *Tout le monde n'a pas la chance d'avoir des parents communistes* (1993), on peut avoir une idée de l'attirance que suscitait ce modèle du côté français dans les années 50-60.

Jacques Tati, regard sur la société française

Jour de fête (1947)

Le regard de certains réalisateurs est d'une aide utile. Tati est l'un d'eux. Jour de fête vous présente l'irruption de la modernité dans un petit bourg de province, sorte d'archétype d'une France éternelle qui n'aurait pas bougé de tout le XXe siècle. Dans les autres films, nous retrouvons un personnage perdu dans son nuage, M. Hulot, aux prises avec un monde réel qui semble se déshumaniser à mesure que l'on avance dans le temps. *Les Vacances de M. Hulot* (1952), vous font retrouver, sur la plage, l'ambiance bon enfant du précédent film. Avec *Mon Oncle* (1958) et *Play time* (1963), Hulot nous prend à témoin des dysfonctionnements d'une société qui se modernise. Trafic se veut décrier la société de consommation, avec un petit peu moins de réussite.

La guerre du Vietnam

Forest Gump (1994 - Robert Zemekis)

Beuhaaa... parcours cinématographique obligé, au vu de la kyrielle de films concernant cette période. *Forest Gump* vous fait un exposé proche de votre cours, donc simpliste, caricatural... et suffisant pour le bac. Il est truffé de références implicites, l'appareillage qui sert au jeune Forest à se tenir debout est le même que celui qu'employait le président Roosevelt. La séquence sur le Vietnam reprend le thème de *Né un 4 juillet* (1990), film plus engagé, avec Tom Cruise, comme belle victime dénonçant le gâchis perpétré alors. *Good Morning Vietnam* (1987) oscille entre un bon numéro de cabotinage de l'acteur principal et une critique plus soft du conflit. *Rambo II*, est caractéristique de la période de plein regel (1985). Grâce à ce film, des Américains se voient gagner au Vietnam, et ainsi se débarrassent du poids de leur échec. C'est un véritable outil thérapeutique, il n'y a plus de complexe pour intervenir militairement à nouveau.

Tout autres sont les films tournés à la fin des années 70. *Voyage au bout de l'enfer* (1978) me semble le plus riche en information, vous faisant passer en un plan d'un patelin minier du fond des Appalaches au milieu de la guerre. Le chasseur y est devenu une proie. Quant à *Apocalypse Now* (1979), n'allez surtout pas croire qu'il soit centré sur cette guerre. Ce film est bien plus vaste : c'est la retranscription au Vietnam du roman de Conrad, *Au cœur des ténèbres*. Il faut le voir comme une descente universelle vers le fond de l'horreur humaine.

Enfin, si vous avez les tripes qu'il faut, regardez *Les Bérets verts* (1968), film haut en propagande, John Wayne vient expliquer pourquoi ce combat doit être livré et les Vietcongs sont traités comme les apaches et les japs... Beuhaaa...

Colonisation, décolonisation

Nuit noire (2005-Alain Tasma)

Film français centré sur la ratonnade perpétrée par la police qui fit des centaines de victimes, à Paris, en octobre 1961. C'est encore courageux d'aborder ce thème de nos jours. Les archives sont encore verrouillées et une querelle, pas du tout historienne, sur le nombre de victimes rejaillit régulièrement d'un bord à l'autre de la Méditerranée. Vous pouvez aussi avoir un regard plus léger avec *Le Coup de sirocco* (1978) centré sur des pieds-noirs spectateurs de leur propre histoire.

Si vous avez raté le cours sur la décolonisation de l'Inde, faites-vous une séance de rattrapage en visionnant *Gandhi* (1982) : c'est une vaste saga didactique, le plus difficile sera de prendre des notes en même temps.

Enfin, si vous voulez vous imprégner de l'ambiance coloniale française, je vous conseille *Coup de torchon* (1981) et *La Victoire en chantant - Noirs et Blancs en couleur* (1976). Ce dernier film fut consacré à Hollywood par l'oscar du film étranger, c'est vous dire si les Français y sont à leur avantage. Enfin, il est indispensable de mentionner *Indigènes* (2006), vous n'avez pas pu passer au travers de la promotion du film… Savez-vous que la suite annoncée doit être elle aussi une nouveauté ? L'emploi de ces indigènes dans les troupes françaises combattant en Indochine et en Algérie n'ayant guère été abordé auparavant au cinéma.

Costa Gavras

Amen (2002)

Ce réalisateur s'est spécialisé dans les films engagés. Costa Gavras ponctue notre programme d'œuvres intéressantes, certes quelque peu pesantes par leur manichéisme, mais ce ne sont que des films, pas des thèses de troisième cycle. *Amen* ne bouscule plus de tabou, c'est une charge tardive, mais la dénonciation du silence de l'Eglise et de son chef, le pape Pie XII, sur l'extermination des juifs d'Europe y est bien présentée. *Missing* (1982) est centré sur la recherche d'un père essayant de retrouver son fils pris par les militaires lors du coup d'État de 1973 au Chili. A-t-il été éliminé comme tous ces éléments subversifs dont les cadavres s'accumulent ? *Section spéciale* (1982) dénonce l'organisation de tribunaux d'exception sous le régime de Vichy. *L'Aveu* démontre les mécanismes des purges staliniennes organisées en Tchécoslovaquie en 1948. Ce film est un écho de la répression du printemps de Prague. Enfin *Z* (1969) montre comment une dictature militaire s'est imposée en Grèce.

Mœurs politiques en Europe

L'Ivresse du pouvoir (2006 - Claude Chabrol)

On trouve en France peu de films focalisés sur la vie politique. Le thème est-il si peu rentable, les producteurs sont-ils timorés ? La sortie d'un film centré sur l'affaire Elf est une notable exception, d'autant plus que Chabrol ne se gêne pas d'appuyer là ou cela pourrait faire mal. Pour voir fonctionner les coulisses du pouvoir, il faut jeter un œil en Italie avec *Le Porteur de serviette* (1991). Un universitaire se retrouve à inventer des formules séduisantes pour un leader politique en pleine ascension. Bon exemple de la communication, qui semble avoir pris le dessus sur l'idéologie en politique.

Pour voir une évocation de Président français, vous pouvez regarder *Le Promeneur du Champ de Mars* (2005), mais c'est tout l'inverse d'un film d'action. *Le Bon Plaisir* (1983) nous dépeint un Président de la République froid et distant aux prises avec un chantage dénonçant son fils illégitime. Au moment de sa sortie, tout désignait VGE*. Maintenant, nous savons que ce personnage est la synthèse entre ce Président et François Mitterrand. Nous avons là une preuve du fossé entre le grand cercle des initiés et ceux qui étaient exclus du secret de polichinelle concernant la fille de Mitterrand. Enfin on ne peut pas faire la fine bouche devant une bonne farce. Pensez au discours en *play-back* dans *La Gueule de l'autre* (1979).

La société française de nos jours

L'Esquive (2004-Abdelatif Khedine)

Ce marivaudage en banlieue a l'avantage de ne pas se complaire sur les clichés de l'exclusion pour y jouer une petite note poétique. On retrouve aussi ce gentil décalage dans le *Thé au harem d'Archimède* (1984). En revanche, si vous voulez de la violence et une certaine esthétique, regardez *La Haine* (1995) film projeté dans les universités américaines pour donner une image de la France réelle à des étudiants apeurés… Dans la même veine vous pouvez prendre *Ma 6-T va craquer* (1997). Ce sont des films à la mesure des paroles de rap, exagérés, d'un rythme fort et travaillés par une esthétique facile et sommaire. *La Crise* (1992) vous met face à face inclus paumés et exclus clochardisés dans un bon numéro d'acteurs. Ce film semble idéal pour illustrer la fracture sociale*.

Cette crevasse dans la société est finalement bien plus profonde. Dans *la vie est un long fleuve tranquille* (1988), il est rendu compte de l'incompatibilité entre une bourgeoisie conformiste, catholique et bien sous tous rapports et des pauvres qui n'ont même plus la conscience d'être prolétaires mais qui se débrouillent.

Pour terminer, des films qui se rapportent au bac, regardez le *Péril Jeune* (1995), cela vaudra mieux que les *Sous-doués* (1980), surtout que la suite donne envie. Faire vos études supérieures dans *L'Auberge espagnole* (2002), ça ne vous tente pas ?

Glossaire-histoire

Les termes figurant dans le glossaire sont signalés dans le livre par un astérisque (*).

ALN (Armée de Libération Nationale) ; armée du FLN basée en Tunisie et au Maroc pendant la guerre d'Algérie.

BIT (Bureau International du Travail) ; organisme rattaché à l'ONU dont le siège est à Genève.

« 4 septembre » jour de la proclamation de la République à l'annonce de la défaite de Napoléon III à Sedan le 4 septembre 1870.

110 propositions programme électoral de François Mitterrand pour les présidentielles de 1981.

4+2 États-Unis, France, Royaume-Uni, URSS + RFA et RDA.

ADM (Arme de Destruction Massive) : dans le détail, arme nucléaire, gaz de combat et arme bactériologique.

AELE (Association Européenne de Libre-Échange) ; projet concurrentiel à la CEE reposant uniquement sur la libéralisation des échanges, regroupant l'Autriche, le Danemark, la Norvège, le Portugal, la Suède et la Suisse autour du Royaume-Uni.

AIEA (Agence Internationale de l'Énergie Atomique) ; agence dépendant de l'Onu chargée de contrôler l'utilisation des matières nucléaires.

Apartheid Régime de ségrégation décidé par le parti nationaliste blanc au pouvoir en 1948, séparant strictement les populations blanche, indiennes, noires et métisses en Afrique du Sud.

Apparatchick Membre de l'appareil du parti communiste soviétique.

Approfondissement Mécanisme d'intégration par l'harmonisation des politiques nationales et le transfert de compétence des États en faveur des institutions européennes.

Atlantisme Choix stratégique reposant sur la confiance envers les États-Unis pour se placer totalement sous sa protection militaire.

Baby-boomers Personnes nées entre 1940 et 1970, ont tendance actuellement à devenir des papy et mamy boomers.

Bavure Mort d'une personne due un excès de violence ou à un abus de pouvoir de policier en fonction.

Bombe à neutron Charge atomique de faible puissance dont l'effet de rayonnement est amplifié. Arme de champ de bataille destinée à détruire de petites unités militaires de la taille d'un escadron de char en tuant son équipage par les radiations.

Bundestag Assemblée nationale de la RFA.

Cabinet africain Secteur particulier de la diplomatie française où se retrouvent un secteur institutionnel, le ministère de la coopération, et un secteur plus informel, quelques conseillers de l'Élysée qui pilotent la politique africaine de la France au travers de leurs contacts personnels.

CAEM (Conseil d'Assistance Économique Mutuelle) ; organisme de coordination des économies des pays satellites à l'URSS.

CDL (Comité Départementaux de Libération) ; représentation des résistants dans les départements. Les CDL président à la désignation des responsables municipaux à la libération. Ils se sont vus très tôt retirer leur pouvoir au profit des Commissaires de la République.

CDU (*Christische Demokratische Union*), parti social démocrate allemand à l'execption de sa variante bavaroise, la CSU.

CECA (Communauté Européenne du Charbon et de l'Acier) ; haute autorité supranationale disposant du contrôle de la production d'acier et de charbon de tous les pays membres.

CED (Communauté Européenne de Défense) ; projet de constitution d'une armée européenne fonctionnant sur le même modèle que la CECA.

CEE (Communauté Economique Européenne) ; ou « marché commun », née par le traité de Rome en 1957, elle devient l'UE en 1992.

Celule Organisation de base du parti communiste.

CGT (Confédération Générale du travail) ; syndicat unifié en 1936, interdit en 1940 par Vichy, recrée à la libération puis éclaté en 1948, dès lors, syndicat le plus proche du Parti communiste jusqu'à nos jours.

Charte de l'Altantique Déclaration sollennelle signée dans les eaux internationales en 1941, véritable programme politique de l'Alliance contre le nazisme.

Chômage structurel Persistance d'un fort nombre de personnes inemployées sans que l'activité économique en soit trop affectée.

Chrétien-démocrates Parti de centre-droit, profondément anticommuniste, alliant l'acceptation de la compétition économique et la nécessité d'une forte protection sociale.

Cinquième colonne Partisan du camp adverse, implanté depuis longue date dans le pays même, permettant la victoire de l'ennemi par leur soudaine mise en action.

CMU (Couverture Mutuelle Universelle) ; protection médicale minimale garantie pour tous.

CNR (Conseil National de la Libération) ; organisme politique rassemblant tous les mouvements de résistance afin de rétablir la démocratie en France.

CNRS (Centre National de la Recherche Scientifique).

Commonwealth Organisme de coopération liant la grande Bretagne et les anciennes colonies.

Communauté française Structure confédérale proposée par de Gaulle en 1958, mêlant une réelle autonomie interne des anciennes colonies sans contrôle de la défense, de la diplomatie et de la monnaie qui restent aux mains de la France.

Compagnon de route Intellectuel, artiste ou savant engagé aux côtés des communistes sans pour autant adhérer au parti.

Conseil de l'Europe Première instance politique européenne dans l'histoire, elle n'a eu qu'un rôle symbolique et consultatif.

Containment/Endiguement Stratégie américaine voulant stopper la progression du communisme dans le monde à partir de 1947.

Contingent Ensemble des appelés faisant leur service militaire, se différencie des militaires engagés.

Coopération renforcée Possibilité donnée à des pays européens d'intensifier leur intégration sans avoir besoin de le faire uniformément pour tous les pays membres.

Couple mixte Couple comprenant des membres provenant d'horizons différents. Pour la France, couple ayant un membre de nationalité étrangère.

CPI (Cour Pénale Internationale) ; juridiction pénale internationale universelle instituée en 2002 chargée de pousuivre les individus pour crime de guerre, contre l'humanité et génocide.

Critères de Maastricht Cadre (inflation et niveau d'endettement réduits) dans lequel les budgets des pays signataires doivent entrer d'ici 2001 pour permettre la création de la monnaie unique européenne.

CSCE (Conférence pour la Sécurité et la Coopération en Europe).

CSG (Contribution Sociale Généralisée) ; cotisation sociale proposée par Michel Rocard en 1990.

D-C (*Democratzia Christiana*) ; parti chrétien-démocrate Italien.

DATAR Délégation à l'aménagement du territoire.

Démocratie populaire Dénomination officielle d'un pays au régime communiste ou règne un parti unique sensé incarner le peuple.

Dérive bonapartiste Peur qu'éprouve tout républicain dès qu'un militaire se met à faire de la politique du fait de l'action de la famille Bonaparte à l'encontre des premières et deuxième républiques. Bonaparte, sauveur de la république en 1795, en a pris la tête et a confisqué le pouvoir à son profit. Son neveu, le Prince-président Louis-Napoléon Bonaparte, élu en 1848 pour un mandat unique de quatre ans, fait de même par un coup d'État en 1852.

Dissident Nom donné aux opposants d'URSS et des pays satellites de 1970 à 1985-90.

Dissuasion nucléaire Armement nucléaire destiné à faire craindre des représailles massives envers quiquonque agresserait le pays.

Doctrine Brejnev Souveraineté limitée des pays du bloc soviétique autorisant tout pays frère à intervenir dès que la révolution est menacée.

Domaine réservé La politique étrangère, directement gérée par le Président de la République, les ministres des affaires étrangère n'étant souvent que des exécutants.

Dyarchie Commandement détenu par deux personnes, source probable de dysfonctionnement.

ECU (*Europêean Currency Unit*), indice constitué d'un panier de devises européenne permettant la fixation des seuils plancher et plafond pour chaque monnaie.

Einzatzgruppen Régiments de police liés à la Gestapo affectés à la liquidation des juifs et des communistes à l'arrière du front de l'Est durant la seconde guerre mondiale.

Empeachment Procédure de destitution du président des États-Unis par le Congrès.

Etat providence Système social, basé sur la redistribution des richesses, assignant à l'État l'obligation d'améliorer le confort de vie de l'ensemble de la population en assurant une protection contre la maladie, un système de retraite et un filet de protection contre le chômage.

États voyous Selon les États-Unis, États qui ne respectent pas les règles élémentaires du droit international, soutient les réseaux de terrorriste et cherche a mettre au point des armes de destruction massives. La liste comprend la Corée du Nord, Cuba, l'Irak, l'Iran, la Libye le Soudan et la Syrie.

Ethnocentrique Centré sur une nation, autre mot pour nationaliste.

Étranger proche Zone d'influence directe de la Russie, correspond plus ou moins aux contours de l'ex-URSS.

EURATOM Programme européen destiné à partager les frais et les fruits de la recherche atomique civile dans le but d'acquérir l'indépendance énergêtique.

Exception culturelle (clause soustrayant les productions à caractère culturel (*Astérix et Cléopatre*, *Taxi 1,2 et 3*, *Les Bronzés*) aux règles de libre concurrence et permettant à l'État de subventionner ces œuvres.

Exclus Cliché désignant les personnes démunies socialement, économiquement et culturellement.

Finlandisation Neutralité forcée obtenue par chantage militaire de la part de l'Union soviétique.

FIS (Front Islamique de Salut) ; parti musulman très populaire en Algérie dans les années 1980, distribuant une aumône salvatrice dans un pays aux prise avec des blocages économiques, parti interdit en 1992.

FLN (Front de Libération Nationale), mouvement indépendantiste algérien finissant par incarner à lui seul la lutte contre le colonisateur français.

Fordisme Mode de production en masse de produits standardisés par une main d'œuvre confortablement rémunérée.

Fracture sociale Thème majeur de la campagne électorale de Jacques Chirac en 1995 n'aboutissant qu'à la création du SAMU social.

Franc CFA (Communauté Financière Africaine) ; monnaie commune à 13 pays africains.

Françafrique Terme désignant l'ensemble néo-colonial reposant sur la complicité de l'administration et des entreprises françaises avec des dirigeants africains francophones.

Francophonie Espace commun aux peuples qui ont le français en partage.

FTA F... the army, slogan des étudiants et des appelés américain pendant la guerre du Vietnam. Le malaise est profond dans l'armée américaine, on a compté 500000 déserteurs sur toute la période et des cas de tirs sur les officiers n'ont pas été rares.

FTP (Franc-Tireur et Partisans) ; mouvement communiste de résistance combattante en France.

Gauche plurielle Alliance électorale et gouvernementale formée en 1997 entre les socialiste, les verts et les communistes.

Gender (*gender story*), histoire des rapports homme femme, plutôt centrée sur l'évolution de la condition féminine.

Gérontocratie Pouvoir détenu par des vieillards, pas des séniors, de véritable vieillards.

Gestapo (*Geheime Stadt Polizei*) ; police politique nazie placée sous le commandement de la SS.

GI (*Governement Issue*), propriété du gouvernement, lettres se trouvant sur tous les uniformes états-uniens, par extension, soldat de l'armée américaine.

Glacis Terme d'architecture militaire désignant une zone plate et dégagée où tout ennemi serait exposé au tir de défenseurs abrités derrière leur fortification.

Glasnost « transparence » ensemble de reformes politiques supprimant la censure, rétablissant les libertés fondamentales en URSS et introduisant la pluralité politique.

Godillot Surnom péjoratf donné aux députés de la majorité parlementaire soumis à la dicipline gouvernementale.

GPRF (Gouvernement Provisoire de la République Française) ; fondé en juin 44 à Alger, en fonction jusqu'en novembre 46.

Guerre asymétrique Guerre du faible au fort où la dissuasion atomique du plus puissant ne peut pas jouer.

Hégémonie Vient du grec Hegemon, commandant en chef d'une alliance, action d'une puissance donneuse d'ordres impératifs menant une alliance pour son propre compte.

Hyperpuissance Terme désignant les États-Unis après qu'ils aient rompus avec les pratiques multilatérales.

IDS (Initiative de Défense Stratégique), ou « *star wars* », projet américain de bouclier antimissile relançant la course aux armements dans les années 80.

Islamisme Idéologie politique pronant l'alignement de la société sur une lecture littérale du Coran et l'application de principes traditionnels pré-islamiques

Kanaks ou Canaques, peuple mélanésien, premiers habitants de Nouvelle Calédonie.

Keyneysianisme Doctrine économique faisant jouer à l'État un rôle moteur dans l'économie, la croissance étant initiée par de fortes dépenses publiques.

Khmers rouges Communistes maoïstes cambodgiens, ils exercent une dictature implacable de 1975 à 1979 sur le pays.

Kleptocratie Système politique se réduisant au détournement des richesses d'un pays au profit seul de ses dirigeants.

Kominform (Bureau d'information des partis communiste), renaissance du Kommintern, internationale communiste étroitement dirigée par l'Union soviétique.

Ligue Arabe en 1948 : Arabie Saoudite, Égypte, Irak, Liban, Transjordanie, Syrie, Yémen.

Malgré nous Alsaciens et lorrains, annexés au Reich, majoritairement enrôlés de force dans l'armée allemande de 1941à 1944.

MIT (*Massachussets Institute of Technology*).

MRP (Mouvement Républicain Populaire), parti chrétien démocrate français rassemblant le centre-droit et la droite colonialiste.

Multilatéralisme Politique internationale visant a recueillir l'assentiment de l'ONU et d'une grande partie des puissances pour imposer le règlement d'unconflit y compris en usant de la force militaire

Néo libéralisme Doctrine économique pronant le retour au libre jeu du marché et la recherche de la croissance par la réduction des impôts.

Néocolonialisme Maintien de liens de dépendance politique économique et militaire par le contrôle des richesses, des élites et des armées d'un pays du tiers-monde.

Néocolonialisme Politique consistant à conserver le contrôle d'une ancienne colonie par des liens économiques, militaires et culturels.

Népotisme Pratique privilégiant la famille ou le clan des dirigeants dans les relations d'affaire et de pouvoir.

Nomenklatura Ensemble de personnes, membres du partis, savants, artistes, et leur famille, inscrites sur la liste donnant accès à certain privlilèges, soins, alimentation, confort dans la Russie soviétique.

Non alignement Volonté des pays du tiers-monde de se soustraire à la logique des blocs, autre forme de dépendance vis-à-vis de pays plus riches.

Normalisation Restauration d'un communisme conforme au pratiques soviétiques, parti unique et contrôle de la production intellectuelle et artistique.

Noyauter Nomination d'une personne au sein d'une administration ou d'un organisme afin d'en prendre le contrôle ultérieurement.

OAS (Organisation de l'Armée Secrète) ; organisation terroriste clandestine regroupant des ultras de l'Algérie française.

OECE (Office Européen de Coordination Économique) ; devient l'OCDE en 1960.

OPEP (Organisation des pays exportateurs de pétrole, cartel de pays producteurs d'hydrocarbures.

OS Ouvrier Spécialisé, manœuvre, ouvrier non qualifié affecté à une tâche unique et répétitive.

Ostalgie Nostalgie de l'époque communiste à l'est de l'Allemagne.

Ostpolitick Politique d'ouverture diplomatique et économique de la RFA vis-à-vis des pays du bloc soviétique.

OTAN (Organisation du Traité de l'Atlantique Nord) ; alliance militaire regroupant autour des États-Unis la majorité des pays ouest européens, Turquie comprise, pays neutres exceptés.

OUA (Organisation de l'Unité Africaine).

PAC (Politique Agricole Commune) ; politique de modernisation de l'agriculture destinée à assurer l'indépendance alimentaire du continent tout en améliorant le niveau de vie des agriculteurs.

PACS (Pacte Civil de Solidarité) ; formule d'association civile permettant de reconnaître les couples homosexuels sans leur octroyer le statut du mariage.

Panarabisme Volonté de réunir tous les pays arabes en une seule instance politique afin de s'émanciper de l'occident et de moderniser cette région.

PCC (Parti Communiste Chinois).

PCF - PCI (Parti Communiste Français - Italien).

PCUS (Parti Communiste de l'Union Soviétique).

Pères de l'Europe Titre officieux donné, entre autre, à PH Spaak (Belgique), A de Gasperi (Italie), C. Adenauer (RFA) et Schumann et Monnet (France).

Perestroïka « restructuration » Ensemble de réforme économique initiées par M. Gorbatchev.

Petit livre rouge Recueil de citations de Mao Zedong, florilège d'une littérature politique prolifique et indigeste.

PIB (Produit Intérieur Brut) ; somme des richesses créées en une année par une population.

Plan Manhattan Nom de code désignant les travaux de recherche et de mise au point de la bombe atomique américaine pendant la seconde guerre mondiale.

PMF (Pierre Mendes-France) ; pour les gens pressés.

Proconsul Homme à qui l'on délègue tous les pouvoirs sur une région ou un pays conquis sans qu'il ait de compte à rendre au pouvoir central.

Putsch Mot d'origine allemande, « coup d'état militaire » *pronunciamento* en espagnol.

Quai d'Orsay Adressse du Ministère des affaires étrangères, écrin de la diplomatie française, magnifique batisse d'apparat construite sous Louis XV.

Quatrième âge Période ou la personne agée perd son autonomie.

Querelle scolaire Confrontation politique à propos du financement, par l'argent public, de l'enseignement confessionnel privé.

Radio périphérique Radio échappant au monopole d'État, vivant de la publicité, les éméteurs étant situés hors du territoire français (RTL - Europe 1 - RMC)

RDS (Remboursement de la dette sociale).

Realpolitik Diplomatie pragmatique faisant abstraction des choix idéologiques pour se concentrer sur l'efficacité immédiate.

Recherche et développement (R&D) ; recherche pratique appliquant les dernières innovations scientifiques dans la production industrielle.

Représailles massives Doctrine militaire menaçant l'adversaire d'une destruction quasi-totale de ses villes en cas d'attaque.

Riposte graduée Doctrine militaire limitant les représailles à l'intensité de l'agression tout en se tenant prêt en cas d'escalade.

RMI (Revenu Minimum d'Insertion) ; réalisation d'un revenu minimum de solidarité, promesse du candidat Mitterand en 1988, le dernier mot a été ajouté pour complaire aux députés UDF qui l'ont voté comm tel.

RPC (République Populaire de Chine) ; Chine communiste.

SALT (*Strategic Arms Limitation Talks*).

SDN (Société Des Nations) ; organisme de régulation international des conflits par la négociation créé à la suite de la 1e Guerre mondiale.

SFIO (Section Française de l'Internationale Ouvrière) ; parti des socialistes en France avant 1970.

Shoah Terme hébreux signifiant « destruction », mot se raportant au génocide des juifs pendant la seconde guerre mondiale.

Sionisme Idéal politique visant à la constitution d'un foyer national juif en Palestine. Depuis 1948 ce mouvement se consacre à la défense d'Israël.

SME (Système Monétaire Européen) ; système d'ajustement des monnaies européennes fixant une valeur plafond et plancher pour chaque devise.

SMIC (Salaire Minimum Interprofessionnel de Croissance) ; succède au SMIG en ayant l'ambition de faire croître le pouvoir d'achat des plus pauvres des salariés.

SMIG (Salaire Minimum Interprofessionnel Général) ; créé au début des année 50 pour unifier les salaires sur tout le territoire et garantir un minimum de confort.

Société duale Société où une ségrégation s'établit entre une minorité miséreuse et une majorité vivant confortablement.

Solidarnosc Syndicat libre de toute attache avec le parti communiste fondé en Pologne en 1980, dissous pendant le coup d'État de décembre 1981.

Spoil system « système des dépouilles », changement du personnel dirigeant les administrations américaines à l'installation d'un nouveau Président.

SS (*Schutzstaffel*) ; échelon de protection, au départ garde prétorienne de Hitler, devient progressivement un État dans l'État nazi englobant la police politique, le système concentrationnaire et exterminatoire, des régiments spécifiques et la recherche .

Stagflation Coincidence d'une forte inflation dans un contexte économique morose ; situation hétérodoxe selon bien des économistes.

START (*Strategic arms reduction talk*).

STO (Service du Travail Obligatoire) ; organisation crée en 1942 obligeant les jeunes français à travailler en Allemagne.

Subversion Mot désignant tout ce qui dérange l'ordre : gauchiste syndicaliste intellectuel et contestataire de tout ordre.

Supranationalité Délégation de pouvoirs d'une nation à un organisme placé au dessus de lui. Celle-ci ne peut être que partielle, un État perdant toutes ses fonction n'ayant plus de souveraineté.

Tactique du salami Terme inventé par Lazlo Rajk, ministre hongrois de l'intérieur, décrivant la lente prise de pouvoir des communistes en Europe de l'Est tranche par tranche.

Talibans Milice d'étudiants islamiques.

Taux de fécondité Rapport du nombre de naissance vivante sur une année par rapport à la population féminine de 15 à 50 ans.

Tiers-monde Expression inventée en 1953 par l'économiste Alfred Sauvy en référence du tiers-état de la société d'ancien régime.

Tonton Nom de code désignant F. Mitterrand, donné par les policiers assurant la protection du candidat pendant les présidentielles de 1981, devenu rapidement un surnom familier du Président.

Toyotisme Mode de production reposant sur une qualité de fabrication optimale, un stock réduit au minimum et la réactivité de toute la chaine de production.

TPI (Tribunal Pénal International).

TPIR (Tribunal Pénal International pour le Rwanda).

Tricontinentale Internationale anti-impérialiste, animée par Che Guevara, voulant soulever les peuples d'Asie, d'Afrique et d'Amérique latine contre la domination américaine, soutient les mouvement de guerrillas dans ce régions et justifie, pour les États-Unis, le soutien à des régimes dictatoriaux réprimant la « subversion ».

UDF (Union pour la Démocratie Française) ; coalition de partis de centre-droit et libéraux fondée en 1978, soutenant le président Giscard d'Estaing contre sont rival Chirac. Les libéraux ont rejoint l'UMP alors qu'une frange plutôt démocrate-chrétienne affirme encore son originalité.

Unilatéralisme Politique internationale se défiant de l'ingérence de l'ONU, justifiant l'usage de la force par un sentiment de légitime défense.

Verts Parti écologiste de gauche, ressemble plus à une pastèque qu'à tout autre fruit, vert à l'extérieur, rouge à l'intérieur.

VGE Valéry Giscard d'Estaing en abrégé.

Vietcong Guerilla communiste agissant au Sud Vietnam de 1954 à 1975.

Vietminh Mouvement d'indépendance armé luttant contre le colonisateur français de 1945 à 1954 pendant la guerre d'Indochine.

Village mondial Utopie médiatique unifiant le monde par le biais de la diffusion en simultané de l'information.

Vote protestataire Vote traduisant méfiance et mécontentement vis-à-vis des partis pouvant exercer les responsabilités gouvernementales.

ZEE (Zone Exclusive Économique), bande de 200 miles au large des côtes dont l'exploitation revient en droit au pays bordier.

ZUP Zone d'Urbanisation Prioritaire.

Disponibles dans la collection Pour les Nuls

Pour être informé en permanence sur notre catalogue et les dernières nouveautés publiées dans cette collection, consultez notre site Internet à www.efirst.com

Pour les Nuls **Pratique**

ISBN	Titre	Auteur
2-87691-644-4	CV (Le)	J.-L. Kennedy, A. Dumesnil
2-87691-652-5	Lettres d'accompagnement (Les)	J.-L. Kennedy, A. Dumesnil
2-87691-651-7	Entretiens de recrutement (Les)	J.-L. Kennedy, A. Dumesnil
2-87691-670-3	Vente (La)	T. Hopkins
2-87691-712-2	Business Plans (Les)	P. Tifany
2-87691-729-7	Management (Le)	B. Nelson
2-87691-597-9	Astrologie (L')	R. Orion
2-87691-610-X	Maigrir	J. Kirby
2-87691-604-5	Asthme et Allergies	W. E. Berger
2-87691-615-0	Sexe (Le)	Dr Ruth
2-87691-616-9	Relancez votre couple	Dr Ruth
2-87691-617-7	Santé au féminin (La)	Dr P. Maraldo
2-87691-618-5	Se soigner par les plantes	C. Hobbs
2-87691-640-1	Français correct (Le)	J.-J. Julaud
2-87691-634-7	Astronomie (L')	S. Maran
2-87691-641-X	Rêves (Les)	P. Pierce
2-87691-661-4	Gérez votre stress	Dr A. Elking
2-87691-657-6	Zen ! La méditation	S. Bodian
2-87691-646-0	Anglais correct (L')	C. Raimond
2-87691-681-9	Jardinage (Le)	M. MacCaskey
2-87691-683-5	Cuisine (La)	B. Miller, A. Le Courtois
2-87691-687-8	Feng Shui (Le)	D. Kennedy
2-87691-702-5	Bricolage (Le)	G. Hamilton
2-87691-705-X	Tricot (Le)	P. Allen
2-87691-769-6	Sagesse et Spiritualité	S. Janis
2-87691-748-3	Cuisine minceur (La)	L. Fischer, C. Bach
2-87691-752-1	Yoga (Le)	G. Feuerstein
2-87691-767-X	Méthode Pilates (La)	H. Herman
2-87691-768-8	Chat (Un)	G. Spadafori

Disponibles dans la collection Pour les Nuls

Pour être informé en permanence sur notre catalogue et les dernières nouveautés publiées dans cette collection, consultez notre site Internet à www.efirst.com

Pour les Nuls **Pratique**

ISBN	Titre	Auteur
2-87691-801-3	Chien (Un)	G. Spadafori
2-87691-824-2	Échecs (Les)	J. Eade
2-87691-823-4	Guitare (La)	M. Phillips, J. Chappell
2-87691-800-5	Bible (La)	E. Denimal
2-87691-868-4	S'arrêter de fumer	Dr Brizer, Pr Dautzenberg
2-87691-802-1	Psychologie (La)	Dr A. Cash
2-87691-869-2	Diabète (Le)	Dr A. Rubin, Dr M. André
2-87691-897-8	Bien s'alimenter	C. A. Rinzler, C. Bach
2-87691-893-5	Guérir l'anxiété	Dr Ch. Eliott, Dr M. André
2-87691-915-X	Grossesse (La)	Dr J.Stone
2-87691-943-5	Vin (Le)	Ed. Mcarthy, M. Ewing
2-87691-941-9	Histoire de France (L')	J.-J. Julaud
2-87691-984-2	Généalogie (La)	F. Christian
2-87691-983-4	Guitare électrique (La)	J. Chappell
2-87691-973-7	Anglais (L')	G. Brenner
2-87691-974-5	Espagnol (L')	S. Wald
2-75400-025-9	Mythologie (La)	Ch. et A. Blackwell
2-75400-037-2	Léonard de Vinci	J. Teisch, T. Barr
2-75400-062-3	Bouddhisme (Le)	J. Landaw, S. Bodian
2-75400-060-7	Massages (Les)	S. Capellini, M. Van Welden
2-75400-059-3	Voile (La)	J.-J. et Peter Isler
2-75400-062-3	Bouddhisme (Le)	J. Landaw, S. Bodian
2-75400-061-5	Littérature française (La)	J.-J. Julaud
2-75400-078-X	Golf (Le)	G. McCord
2-75400-093-3	Maths (Les)	J.-L. Boursin
2-87691-110-7	Histoire de France illustrée (L')	J.-J Julaud
2-75400-039-9	Italien (L')	F. Onufri, S. Le Bras
2-75400-102-6	Piano (Le)	B. Neely, M. Rozenbaum
2-75400-118-2	Claviers et Synthétiseurs	C. Martin de Montagu

Disponibles dans la collection Pour les Nuls

Pour être informé en permanence sur notre catalogue et les dernières nouveautés publiées dans cette collection, consultez notre site Internet à www.efirst.com

Pour les Nuls **Pratique**

ISBN	Titre	Auteur
2-75400-124-7	Guitare (La)	M. Philipps, J. Chappell
2-75400-123-9	Poker (Le)	R. D. Harroch, L. Krieger, F. Montmirel
2-75400-152-2	Éduquer son chien	J. et W. Volahrd
2-75400-137-9	Tai Chi (Le)	T. Iknoian
2-75400-151-4	Musique classique (La)	D. Pogue, C. Delamarche
2-75400-150-6	Franc-Maçonnerie (La)	C. Hodapp, P. Benhamou
2-75400-169-7	PNL (La)	R. Ready et K. Burton
2-75400-182-4	Catholicisme (Le)	Révérend J. Trigilio
2-75400-184-0	Napoléon	J. David Markham, B. Miquel
2-75400-185-9	Dessin (Le)	B. Hoddinot
2-75400-193-X	Couture (La)	J. Saunders Maresh
2-75400-212-X	Chinois (Le)	W. Abraham
2-75400-246-4	Thérapies comportementales et cognitives (Les)	R. Willson, R. Branch
2-75400-229-4	Histoire de l'art (L')	J.-J. Breton, P. Cachau, D. Williatte
2-75400-230-8	Climat et Météo	J.D. Cox
2-75400-245-6	Géographie française (La)	J.-J. Julaud
2-75400-256-1	Égypte ancienne (L')	F. Maruéjol
2-75400-244-8	Opéra (L')	D. Pogue, C. Delamarche
2-75400-257-X	Mythologie (La), nouvelle édition	A. Blackwell, G.Van Heems
2-75400-207-1	Chanson française (La)	B. Dicale
978-2-7540-0276-9	Bridge (Le)	E. Kantar, D. Portal, P. Marmion
978-2-7540-0277-6	Culture générale (La)	F. Braunstein, J.-F. Pépin
978-2-7540-0288-2	Guitare basse (La)	P. Pfeiffer
978-2-7540-0300-1	Rugby (Le)	F. Duboisset, F. Viard
978-2-7540-0313-1	Néerlandais (Le)	M. Kwakernaak, M. Hofland, A. Christiaens
978-2-7540-0321-6	Europe (L')	S. Goulard

Avec les Nuls,
apprenez à mieux vivre
au quotidien !

Disponibles dans la collection Pour les Nuls

Pour être informé en permanence sur notre catalogue et les dernières nouveautés publiées dans cette collection, consultez notre site Internet à www.efirst.com

Pour les Nuls **Pratique**

ISBN	Titre	Auteur
978-2-7540-0312-4	Arabe (L')	A. Bouchentouf, A. et S. Chraibi
978-2-7540-0322-3	Zen ! La méditation	S. Bodian
978-2-7540-0323-0	Améliorer sa mémoire	J.B. Arden
978-2-7540-0335-5	Politique (La)	P. Reinhard
978-2-7540-0351-3	Économie (L')	M. Musolino
978-2-7540-0353-7	Coaching (Le)	J. Mumford
978-2-7540-0352-0	Batterie (La)	J. Strong, L. Bataille
978-2-7540-0462-6	Chant (Le)	P.S. Philips, M. Jost
978-2-7540-0492-3	Créer sa boîte	L. de Percin
978-2-7540-0460-2	Philosophie (La), nouvelle édition	C. Godin
978-2-7540-0461-9	Vin (Le), nouvelle édition	Collectif
978-2-7540-0495-4	Japonais (Le),	E. Sato
978-2-7540-0494-7	Dessiner des mangas	K. Okabayashi
978-2-7540-0489-3	Histoire de la Suisse (L')	G. Audrey
978-2-7540-0586-9	Solfège (Le)	M. Pilhofer, J.-C. Jollet
978-2-7540-0553-1	Justice (La)	E. Pierrat
978-2-7540-0563-0	Moyen Âge (Le)	P. Langevin
978-2-7540-0564-7	Grammaire anglaise (La)	G. Woods
78-2-7540-0688-0	Marketing (Le), nouvelle édition	A. Hiam
978-2-7540-0647-7	Confiance en soi (La)	K. Burton
978-2-754-00621-7	Payer moins d'impôts	R. Matthieu
978-2-7540-0530-2	Immobilier (L'), nouvelle édition	L. Boccara, C. Sabbah
978-2-7540-0620-0	Ve République (La)	N. Charbonneau, L. Guimier
978-2-754-0531-9	Islam (L')	M. Clark, M. Chebel
978-2-7540-0732-0	Équitation (L')	A. Pavia, M. Martin
978-2-75400-596-8	Judaïsme (Le)	T. Falcon, J. Eisenberg
978-2-7540-0707-8	Vivre écolo	M. Grosvenor
978-2-7540-0707-8	Années 60 (Les)	S. Benhamou

Avec les Nuls, apprenez à mieux vivre au quotidien !

Disponibles dans la collection Pour les Nuls

Pour être informé en permanence sur notre catalogue et les dernières nouveautés publiées dans cette collection, consultez notre site Internet à www.efirst.com

Pour les Nuls **Poche**

ISBN	**Titre**	**Auteur**
2-87691-873-0	Management (Le)	Bob Nelson
2-87691-872-2	Cuisine (La)	B. Miller, A. Le Courtois
2-87691-871-4	Feng Shui (Le)	D. Kennedy
2-87691-870-6	Maigrir	J. Kirby
2-87691-923-0	Anglais correct (L')	C. Raimond
2-87691-924-9	Français correct (Le)	J.-J. Julaud
2-87691-950-8	Vente (La)	T. Hopkins
2-87691-949-4	Bureau Feng Shui (Un)	H. Ziegler, J. Lawler
2-87691-956-7	Sexe (Le)	Dr Ruth
2-75400-001-1	CV (Le)	J.-L. Kennedy, A. Dumesnil
2-75400-000-3	Zen ! La méditation	S. Bodian
2-87691-999-0	Astrologie (L')	R. Orion
2-75400-015-1	Jardinage (Le)	M. Mac Caskey
2-75400-014-3	Jardin Feng Shui (Le)	M. Ziegler, J. Lawler
2-75400-064-X	Astronomie (L')	S. Maran
2-75400-094-1	Business Plans	P. Tifany
2-75400-086-0	Entretiens de recrutement (Les)	J.-L. Kennedy, A. Dumesnil
2-75400-082-8	Lettres d'accompagnement (Les)	J.-L. Kennedy, A. Dumesnil
2-75400-165-4	Su Doku – Tome 1	A. Heron, E. James
2-75400-167-0	Su Doku – Tome 2	A. Heron, E. James
2-75400-213-8	Su Doku – Tome 3	A. Heron, E. James
2-75400-223-5	Méthode Pilates (La)	E. Herman
2-75400-180-8	Histoire de France (L') – Des origines à 1789	J.-J. Julaud
2-75400-181-6	Histoire de France (L') – De 1789 à nos jours	J.-J. Julaud
978-2-7540-0314-8	Bouddhisme (Le)	J. Landraw, S. Bodian
978-2-7540-0496-1	Mythologie (La)	Collectif
978-2-7540-0565-4	Généalogie (La)	F. Christian
978-2-7540-0555-5	Code de la route (Le)	Permisecole
978-2-7540-0751-1	Tests du code de la route (Les)	Permisecole

Disponibles dans la collection Pour les Nuls

Pour être informé en permanence sur notre catalogue et les dernières nouveautés publiées dans cette collection, consultez notre site Internet à www.efirst.com

Pour les Nuls **Poche**

ISBN	Titre	Auteur
978-2-7540-0611-8	Littérature française (La) – Du Moyen Âge au XVIIIe siècle	J.-J. Julaud
978-2-7540-0612-5	Littérature française (La) – Du XIXe siècle à nos jours	J.-J. Julaud
978-2-7540-0696-5	Franc-maçonnerie (La)	P. Benhamou
978-2-7540-0695-8	Paris – Rive gauche	D. Chadych, D. Leborgne
978-2-7540-0694-1	Paris – Rive droite	D. Chadych, D. Leborgne

Pour les Nuls **Bac**

ISBN	Titre	Auteur
978-2-7540-0735-1	Bac Français 2008 (Le)	G. Guilleron
978-2-7540-0736-8	Bac Philosophie 2008 (Le)	C. Godin
978-2-7540-0734-4	Bac Histoire-Géographie 2008 (Le)	H. Vessemont, N. Arnaud

Pour les Nuls **Guide de conversation**

ISBN	Titre	Auteur
978-2-7540-0177-9	Anglais (L')	G. Brenner, C. Raimond
978-2-7540-0178-6	Espagnol (L')	S. Wald, A.-C. Grillot
978-2-7540-0325-4	Italien (L')	F. Onifri, S. Le Bras
978-2-7540-0324-7	Allemand (L')	P. Christensen, C. Raimond
978-2-7540-0485-5	Chinois (L')	W. Abraham, J. Bellassen
978-2-7540-0484-8	Néerlandais (Le)	M. Kwakernaak, M. Hofland
978-2-7540-0653-8	Japonais (Le)	E. Sato, V. Grépinet

Achevé d'imprimer par Corlet, Imprimeur, S.A. - 14110 Condé-sur-Noireau
N° d'Imprimeur : 110889 - Dépôt légal : mars 2008 - *Imprimé en France*